中南财经政法大学本科教材项目

中南财经政法大学产业升级与区域金融湖北省协同创新中心项目

教育部金融学核心课程规划教材

保 险 学

Insurance

■ 主　编　董志华　余洋

■ 副主编　姚壬元　张洁

WUHAN UNIVERSITY PRESS

武汉大学出版社

图书在版编目(CIP)数据

保险学 / 董志华,余洋主编 ; 姚壬元,张洁副主编. -- 武汉 : 武汉大学出版社,2025. 5. -- 教育部金融学核心课程规划教材. -- ISBN 978-7-307-25021-5

Ⅰ.F840

中国国家版本馆 CIP 数据核字第 2025SY9951 号

责任编辑:唐　伟　　　责任校对:汪欣怡　　　版式设计:马　佳

出版发行:**武汉大学出版社**　(430072　武昌　珞珈山)

(电子邮箱:cbs22@ whu.edu.cn 网址:www.wdp.com.cn)

印刷:武汉中科兴业印务有限公司

开本:787×1092　1/16　　印张:22　　字数:523 千字　　插页:1

版次:2025 年 5 月第 1 版　　　2025 年 5 月第 1 次印刷

ISBN 978-7-307-25021-5　　　定价:59. 00 元

前　言

作为经济减震器和社会稳定器，保险业在推动经济社会高质量发展、助力中国式现代化进程中扮演着至关重要的角色。当前，我国保险业正由高速增长阶段迈向高质量发展阶段，面临着经济、人口、技术等外部环境的深刻变迁，同时，机构、产品与监管等内部要素亦在经历前所未有的变革。2024 年 9 月，《国务院关于加强监管防范风险推动保险业高质量发展的若干意见》正式发布，这是继 2006 年及 2014 年之后，国务院第三次专门就保险业发展进行顶层部署的重要文件，标志着保险业再次迈入一个重大的发展机遇期。

专业人才是保险行业高质量发展的重要驱动力。中南财经政法大学保险学专业办学历史悠久，底蕴深厚，长期以来为保险行业输送了大量的杰出人才，并于 2021 年入选国家级一流本科专业。作为我校保险学、精算学和金融学等经管类专业二年级学生的必修科目，“保险学”课程是学生从通识学习过渡到专业学习的衔接课程，也是培养学生的财经素养与专业自信的关键环节，该课程于 2022 年获批湖北省级一流课程(线上线下混合式)。为响应保险行业高质量发展对专业人才的迫切需要，并推进保险学一流专业和一流本科课程的建设，我们在借鉴和吸收现有优秀保险学教材精华的基础上，精心组织并编写了此部教材。

本教材共分为三编，依次为保险基础理论编、保险分类业务编以及保险经营实务编。在内容的编排上，我们力求体现时代性、融通性和思想性。首先，教材内容能充分反映保险实务领域的最新动态以及保险理论研究的新进展。其次，适当融入保险法、保险科技、保险行为经济学等相关交叉学科的知识，以体现新文科建设中学科交叉融合的导向。最后，将蕴含中国特色的保险实践典范、保险在服务国家战略中所展现的独特作用，以及保险行业所秉持的最大诚信原则等具备专业特征的思政元素，有机地融入教材。教材各章节均设置有学习目标、引言、案例分析、专栏介绍、本章小结、课后练习、实践探索以及课后荐读等部分，旨在通过多元化的模块设计，激发同学们探索性学习的兴趣与热情，引导他们在学习本教材的过程中，实现理论知识的系统积累、专业技能的显著提升以及综合素养的全面发展。

本教材由中南财经政法大学保险学课程组编写，具体分工如下：董志华负责第二章至第五章；余洋负责第十章至第十二章；姚壬元负责第六章至第八章，张洁负责第一章和第九章。全书由董志华、余洋统稿、修订并定稿。硕士研究生董力文、李超、李彤彤、刘洁、刘庭恺、余悦、张露文参与了资料收集与文字校对工作。

在本教材的编写过程中，我们参考借鉴了一些国内外保险学者的优秀研究成果和教材成果，在此表示诚挚的敬意。特别感谢中南财经政法大学的刘冬姣教授、胡宏兵教授及袁辉教授所提供的宝贵指导。同时，对武汉大学出版社唐伟老师所付出的辛勤努力，我们亦致以衷心的谢意。鉴于编者们的学识范畴与实践经验的局限性，本教材在编写过程中难免存在疏漏或不足之处，恳请相关领域的专家及广大读者朋友不吝赐教，予以指正。

目　录

第一编　保险基础理论

第一章　风险与风险管理……………………………………………………… 3
第一节　风险概述……………………………………………………………… 3
第二节　风险的分类…………………………………………………………… 6
第三节　风险管理……………………………………………………………… 9
第四节　可保风险 …………………………………………………………… 16

第二章　保险概述 …………………………………………………………… 22
第一节　保险的概念 ………………………………………………………… 22
第二节　保险的分类 ………………………………………………………… 26
第三节　商业保险的商品属性 ……………………………………………… 29
第四节　保险的产生与发展 ………………………………………………… 31
第五节　保险的功能与作用 ………………………………………………… 34

第三章　保险合同 …………………………………………………………… 40
第一节　保险合同概述 ……………………………………………………… 40
第二节　保险合同的要素 …………………………………………………… 45
第三节　保险合同的订立与履行 …………………………………………… 52
第四节　保险合同的变更与终止 …………………………………………… 56
第五节　保险合同的争议处理 ……………………………………………… 60

第四章　保险原则 …………………………………………………………… 65
第一节　保险利益原则 ……………………………………………………… 65
第二节　最大诚信原则 ……………………………………………………… 72
第三节　近因原则 …………………………………………………………… 80
第四节　损失补偿原则 ……………………………………………………… 82
第五节　损失补偿原则的派生原则 ………………………………………… 87

第二编　保险分类业务

第五章　人身保险 …… 99
第一节　人身保险概述 …… 99
第二节　人寿保险 …… 106
第三节　健康保险 …… 113
第四节　人身意外伤害保险 …… 119

第六章　财产损失保险 …… 128
第一节　财产保险概述 …… 128
第二节　火灾保险 …… 132
第三节　运输工具保险 …… 140
第四节　货物运输保险 …… 150
第五节　工程保险 …… 156
第六节　农业保险 …… 163

第七章　责任保险 …… 173
第一节　责任保险概述 …… 173
第二节　公众责任保险 …… 178
第三节　产品责任保险 …… 182
第四节　雇主责任保险 …… 186
第五节　职业责任保险 …… 189

第八章　信用和保证保险 …… 195
第一节　信用和保证保险概述 …… 195
第二节　信用保险 …… 200
第三节　保证保险 …… 208

第九章　再保险 …… 218
第一节　再保险概述 …… 218
第二节　再保险的合同形式 …… 222
第三节　再保险的业务类型 …… 224
第四节　再保险市场 …… 232

第三编 保险经营实务

第十章 保险经营……239
第一节 保险经营概述……239
第二节 保险经营环节……244
第三节 保险经营风险……261

第十一章 保险市场……269
第一节 保险市场概述……269
第二节 保险市场的供给与需求……274
第三节 保险市场的价格机制……280
第四节 世界主要保险市场……286

第十二章 保险科技……307
第一节 保险科技概述……307
第二节 保险科技的发展历程与现状……312
第三节 保险科技的核心技术及应用……324
第四节 中国保险科技发展趋势与展望……338

参考文献……345

第一编　保险基础理论

第一章　风险与风险管理

◎ 学习目标

了解风险的概念、特征和构成要素，熟悉风险的分类，了解风险管理的含义、目标与流程，掌握风险管理的基本方法及其适用性，深入理解可保风险的定义和构成要件。

◎ 引言

2023年，我国自然灾害以洪涝、台风、地震和地质灾害为主，干旱、风雹、低温冷冻和雪灾、沙尘暴与森林草原火灾等灾害也有不同程度发生。全年各种自然灾害共造成9544.4万人次不同程度受灾，因灾死亡失踪691人，紧急转移安置334.4万人次；倒塌房屋20.9万间，严重损坏62.3万间，一般损坏144.1万间；农作物受灾面积10539.3千公顷；直接经济损失3454.5亿元。与近5年均值相比，受灾人次、因灾死亡失踪人数和农作物受灾面积分别下降24.4%、2.8%和37.2%，倒塌房屋数量、直接经济损失分别上升96.9%、12.6%。

自然灾害对人类的生命财产安全造成了巨大损害，严重干扰了日常生活和生产活动的正常秩序，以及经济的持续发展。自然灾害是我们频繁遭遇却又不得不面对的风险。实际上，除了自然灾害，我们还面临着疾病、死亡和意外事故等多种风险。学习保险知识，首要任务是掌握风险的本质特征及其主要类别，随后在此基础上探索适当的风险管理策略。本章将从风险的基础理论入手，阐述风险的特征和主要分类，继而探讨风险管理的基本策略和核心环节。最终，基于可保风险的定义，分析哪些风险可以通过保险这一风险管理工具进行转移，并进一步阐释保险与风险管理之间的联系。

第一节　风险概述

一、风险的概念

什么是风险？不同的学者有不同的定义。一般而言，风险是指未来事件结果的不确定性。风险有广义与狭义之分，广义的风险是指某个事件发生导致损失或获利的不确定性，风险发生带来的结果可能是损失、获利或是既无损失也无获利。狭义的风险则特指损失发生的可能性。狭义风险与广义风险的主要区别在于，狭义风险不存在获利的可能，其结果仅限于损失或无损失。

保险领域中的风险被界定为狭义风险。在日常生活中，人们可能会遭遇各种不可预测的事故，这些事故可能会对个人的身体健康或财产安全造成损害。至于这些事故是否会发生、发生的具体时间以及可能造成的后果的严重程度，均无法事先准确预知，因此人们处于一种对未来不确定的状态，即面临风险。例如，暴雨可能导致汽车被水淹没，地震可能造成房屋结构崩塌，人们在面对生老病死的自然规律时，以及在遭遇可能导致人身伤害或财产损失的意外事故时，都可能感受到这种风险的存在。

不同风险所引发的危害程度各异，对风险大小的界定通常基于两个主要因素：其一为损失频率，即在特定时期内，一定数量的危险单位可能遭受损失的次数，通常以百分数形式表达。其公式为：

$$损失频率=损失发生次数/危险单位总数$$

另一个因素是损失程度，也即一次事故中，标的物遭受的损失的严重程度。其公式为：

$$损失程度=实际损失额/标的物的总价值$$

二、风险的特征

（一）客观性

风险是独立于人的主观意识的客观事实。人的生老病死，自然界的洪水、地震、台风和海啸等，其发生都是个人无法以一己之力改变的，这些风险都不以人的主观意志为转移。虽然随着科技进步，人能够在一定程度上改变风险，比如通过人工降雨缓解旱情，但是这需要云层满足一定条件才能进行，并且也只是在一定期间内改变了局部天气情况，从总体上看，旱情风险并没有被消除。风险的存在不仅具有客观性，还具有一定的规律性，比如洪水一般发生在夏季、地震的发生有很强的地域特点等。这些规律为人们认识风险、估测风险和管理风险，从而降低风险带来的负面影响提供了可能。风险的客观存在，也正是保险产生和发展的必要前提。

（二）普遍性

风险普遍存在于社会、企业、个人生活的方方面面，无时不有，无处不在。个人面临生病、死亡、意外伤害等风险；企业面临自然灾害、意外事故、市场波动和研发失败等风险；国家面临政治动荡、金融危机、战争、恐怖袭击等风险。风险的种类繁多，有些发生频繁，有些影响范围宽广，普遍且长期地存在于各个方面。

（三）偶然性

风险虽然是一种客观必然的现象，但是它的发生却是偶然的。其偶然性主要体现在时间、空间和结果三个方面。具体来看，一是发生时间的不确定性，比如人虽然终将死亡，但一般情况下无法预知具体的死亡时间；二是发生地点的不可测，比如交通事故每天都在发生，但依然无法提前判断事故会在哪个路段发生；三是事故发生后带来的损失不确定，同样是交通事故，有些可能是车身轻微掉漆，有些可能是车毁人亡。可见，就具体风险而言，其发生是随机的、偶然的和不确定的。

(四)可测性

尽管单个风险的发生是偶然的、不可预知的，但通过对大量风险事故的观察会发现，风险往往呈现出明显的规律性，这就是“大数法则”，也是整体风险可测的理论基础。根据以往资料数据，利用概率论和数理统计的方法可测算出风险事故发生的概率及其损失程度，并且可构造出损失分布的模型。运用统计方法去分析大量相互独立的偶发风险事故，其结果可以比较准确地反映风险的规律性。比如，死亡对于个别人来说是偶然的不幸事件，但是经过对某一地区人们的各年龄段死亡数量的长期观察统计，就可以准确地编制出该地区的生命表，从而可测算出各个年龄段的人的死亡率。所以，虽然单一风险不可测，但总体风险是可测的，风险的可测性为保险费率的厘定奠定了科学基础。

(五)可变性

风险普遍客观存在，但其并不是一成不变的，而是时刻都处于运动、变化之中。风险的变化，既有量的增加，也有质的改变，还有旧风险的消亡与新风险的产生。尤其伴随着当今技术的快速发展，风险的可变性也更加突出。比如大数据、人工智能技术可以帮助企业预测和识别出潜在的风险因素，并提供相应的解决方案，降低企业经营风险，但同时其又带来了隐私信息泄露、数据操纵和篡改等新的风险。

三、风险的要素

风险因素、风险事故和损失是风险构成的三要素。

1. 风险因素

风险因素是指引起或增加风险事故发生的机会或扩大损失程度的原因和条件。它是风险事故发生的潜在原因，是造成损失内在的或间接的原因。根据风险因素的性质可将其划分为实质风险因素、道德风险因素和心理风险因素三种类型。

(1)实质风险因素

实质风险因素是指有形的并能直接影响事件的物理功能的因素。即某一标的物本身所具有的足以引起或增加损失机会和损失程度的客观原因和条件。如地壳的异常变化、机器设备的内在缺陷、汽车刹车系统失灵、电路短路和网络系统故障等。

(2)道德风险因素

道德风险因素是指与人的品德修养有关的无形因素。个人的不诚实、不正直或不轨企图等因素有可能导致风险事故发生，从而引起社会财富损毁或人身伤亡，抑或加剧已发生的风险事故所造成的损失。比如电信诈骗、网络高利贷、为骗取车险赔款而故意制造交通事故、在火灾现场实施盗窃等均属于道德风险因素。

(3)心理风险因素

心理风险因素是指由于人们主观上的疏忽或过失，以致风险事故发生的机会增加或损失程度扩大的因素。如账号密码设置过于简单导致被盗号、躺在床上吸烟导致火灾发生、闯红灯导致被车辆撞伤等。

总体来看，实质风险因素与人无关，故也称为物质(物理)风险因素；道德风险因素和心理风险因素均与人密切相关，前者侧重于人的主观故意行为，后者侧重于人的无心之失，因此这两类风险也可并称为人为风险因素。

2. 风险事故

风险事故又称风险事件，是造成生命财产损失的偶发事件。风险事故是风险因素所诱发的直接结果，同时也是造成损失的直接原因。例如，汽车刹车失灵酿成车祸导致车毁人亡，其中刹车失灵是风险因素，车祸是风险事故，车毁人亡是损失。如果仅有刹车失灵而尚未造成车祸，那么没有风险事故发生，也不会造成人员伤亡和财产损失。需要注意的是，风险因素和风险事故的区分不是绝对的，某一事件在一定的条件下为风险因素，而在另一条件下可能为风险事故。判断是否为风险事故的标准是其是否直接引起损失。以台风为例，若台风直接造成财产损毁和人身伤亡，则台风属于风险事故；如果台风造成道路积水、能见度下降，进而引发交通事故，则台风属于风险因素，车祸为风险事故。

3. 损失

在风险管理和保险经营中，对损失的定义是非故意的、非计划的和非预期的经济价值的减少。该定义包括两个条件，一是损失必须是“非故意的、非预期的和非计划的”；二是损失必须是经济损失，即损失必须能以货币来衡量。这两个条件必须同时满足，才能认定为损失。比如折旧、馈赠，虽有经济价值的减少，但不满足“非故意的、非预期的和非计划的”这一条件，所以不能被认定为损失。又比如某人因病导致智力下降，虽然满足“非故意的、非预期的和非计划的”这个条件，但其所受影响无法用货币准确衡量，所以也不能被认定为损失。

在保险实务中，损失分为直接损失和间接损失。直接损失是实质的、直接的损失，是由风险事故直接带来的损失；间接损失是由直接损失进一步引发的负面影响，包括额外费用损失、收入损失和责任损失。其中，额外费用损失是指由于灾害事故的发生而额外支出的费用，比如交通事故中的施救费用。收入损失指因灾害事故丧失部分或全部经济收入的损失，如由于意外伤害丧失部分劳动能力所造成的收入减少。责任损失是指因疏忽或过失行为造成他人人身伤害或财物损失时，依法应承担的经济赔偿责任，比如驾车过程中因超速误伤行人的，驾驶员应依法赔偿对方医疗费和误工费用等。

4. 三者的关系

风险是由风险因素、风险事故和损失三者构成的统一体，风险因素引起风险事故发生或提升风险事故带来的损失程度，风险事故发生必然导致损失。风险事故是风险的主体，风险因素是风险事故的前因，而损失则是风险事故的后果。

第二节　风险的分类

基于不同的标准，可以把风险分成许多种类，这样便于我们识别风险、分析风险和管理风险。

一、按风险的性质分类

按风险的性质不同，可分为纯粹风险和投机风险。

（一）纯粹风险

纯粹风险指只有损失机会而没有获利可能的风险，即这种风险的结果只有“损失”和“无损失”两种，一定无法从中获利。例如，持续暴雨属于纯粹风险，因为其会带来人身伤亡和财产损失，最好的结果也只是可能暴雨下在偏僻的无人区，没有带来人身伤亡和财产损失。各种自然灾害、意外事故和疾病等，都属于纯粹风险。

（二）投机风险

投机风险指既有损失机会，又有获利可能的风险，即这种风险的结果有三种可能：获利、损失和既无获利也无损失。股票交易是典型的投机风险；新产品的研发如果成功会带来高额利润，如果失败会导致研发成本无法收回，所以也属于投机风险。

（三）纯粹风险与投机风险的比较

纯粹风险与投机风险的联系和区别主要体现在以下几个方面：

第一，纯粹风险和投机风险的共存性。即同一标的可能同时面临纯粹风险和投机风险，比如房屋，其所有人既面临火灾、地震等纯粹风险，也面临房屋市价涨落的投机风险。

第二，同一风险既可能是纯粹风险又可能是投机风险。如财产面临的火灾损失对于财产所有人来说是纯粹风险，而对承担大量这种火险业务并预期在经营中能获取一定利润的保险人来说，则变为投机风险。

第三，纯粹风险所致的损失是绝对的，即无论对每个人而言还是对社会整体而言都是损失。而投机风险所致损失则是相对的，某个人遭受损失，他人却可能盈利，就整个社会而言，不一定有损失。例如股票交易中，有人获利，有人亏损，如果股票价格持续上涨，那么整体而言是获利的。

第四，风险发生的规律性不同。纯粹风险发生在一定条件下，具有一定的规律性，一般可以通过大数法则加以测算，可以对风险损失发生的频率和强度作统计、估计和推断；而投机风险却往往更加复杂多变，难以用大数法则进行测算。

二、按风险的环境分类

按风险的环境分类，可分为静态风险与动态风险。

（一）静态风险

静态风险是指由于自然力的不规则作用，或者由于人们的错误或失当行为而招致的风险。例如各种自然灾害，人的患病和死亡，盗窃和欺诈等。静态风险一般与社会的经济、政治变动无关，在任何社会条件下都是不可避免的。

（二）动态风险

动态风险是指以社会经济或社会结构变动为直接原因的风险，通常由消费者偏好的变化、生产方式和生产技术以及产业组织的变化等引起。例如，消费者偏好转移导致企业产品滞销，市场结构调整导致企业破产，技术进步带来部分行业和部门的人员失业，低生育率导致母婴行业萧条等。

（三）静态风险与动态风险的区别

1. 风险性质不同

静态风险对个体和社会而言均构成纯粹风险；而动态风险对某些个体可能仅造成损失，属于纯粹风险，但对其他个体则可能带来利益，属于投机风险。从社会整体角度审视，动态风险未必导致损失，甚至可能带来收益。例如，消费者偏好的改变可能导致旧产品滞销和新产品畅销，对生产旧产品的厂商构成纯粹风险，而对生产新产品的厂商则构成投机风险。

2. 影响范围不同

静态风险一般只对局部少数社会成员产生影响，而动态风险的影响往往是社会性的，影响面更为广泛。

3. 发生的规律性不同

静态风险在一定条件下具有一定的规律性，可以基于经验数据进行分析和预测，而动态风险往往无规律可循。

三、按风险的载体分类

按风险事故发生的载体分类，可分为人身风险、财产风险、责任风险和信用风险。

（一）人身风险

人身风险是指可能导致人死亡、伤残或丧失劳动力的风险。如疾病、意外事故、自然灾害等。这些风险都会造成经济收入的减少或支出的增加，影响本人和家庭生活的安定。

（二）财产风险

财产风险是指导致一切有形财产毁损、灭失或贬值的风险。例如，车辆有遭受碰撞、雨水浸泡和盗抢等风险；房屋面临火灾、地震等风险。

（三）责任风险

责任风险是指对他人所遭受的人身伤害或财产损失应负的民事赔偿责任，或未履行契约致对方受损应负的合同赔偿责任。这类民事赔偿责任给承担责任者带来较大的损失，对责任承担者而言是风险。比如，顾客在商场内因电梯故障受伤，商场所有者和物业公司应当承担相应的赔偿责任，这是其面临的责任风险。

（四）信用风险

信用风险是指在经济交往中，权利人与义务人之间由于一方违约或有违法行为给对方带来经济损失的风险。比如在国际贸易中，因进口商到期不付款、不提货或破产等给出口商造成损失，就属于出口商面临的信用风险。

四、按风险产生的原因分类

按风险产生的原因分类，可分为自然风险、社会风险、经济风险和政治风险。

(一)自然风险

自然风险是指由于自然力的不规则变动导致财产损毁和人身伤亡的风险。自然风险具有如下特征：第一，自然风险形成的不可控性。自然灾害的发生是受自然规律作用的结果，不以人的意志而转移。第二，自然风险形成的周期性。虽然自然灾害的发生不可控，但它却具有周期性，使人类能够对灾害予以防御。如夏季易出现洪灾和高温灾害，冬季可能出现暴雪等。第三，自然风险事故引起后果的共沾性，自然风险事故一旦发生，其后果所涉及的对象往往很广。

(二)社会风险

社会风险是指由于个人或团体的行为，包括过失行为、不当行为及故意行为对社会生产及人们生活造成损失的可能性。如盗抢、恐怖袭击、电信诈骗等行为可能导致他人的人身伤害或者财产损失。

(三)经济风险

经济风险是指人们在从事经济活动时，由于市场预测失误、价格波动、消费需求变化、通货膨胀、汇率变动等原因在经济上可能遭受损失的风险。比如，炼油厂囤积了大量大豆但不久后市场上大豆价格大幅下跌；抑或汇率贬值导致厂商进口原材料的价格大幅上升，从而成本上涨带来亏损。

(四)政治风险

政治风险又称为国家风险，它是指在对外投资和贸易过程中，因政治原因或订约双方所不能控制的原因，使债权人可能遭受损失的风险。如因进口国为保护国内产业而对进口产品大幅提升关税；或因技术封锁出口国禁止出口高科技产品等。

第三节 风险管理

一、风险管理的含义

风险管理是指个人、家庭、企业或其他组织在对风险进行识别、评估和分析的基础上，选择合理的风险管理方法处置风险，从而达到以最小的成本获得最大安全保障的管理活动。

风险管理有以下几层含义：

第一，风险管理的对象不仅包括纯粹风险，也包含投机风险，并且逐渐发展为整体化风险管理，即把多种风险综合起来加以统筹处置。

第二，风险管理的基本程序是风险识别、风险估测、风险评价、选择风险管理技术和风险管理效果评价。

第三，风险管理的目标是以最小的成本获得最大安全保障。

风险的客观存在给人类的生产与生活造成巨大损失。科学地管理风险，不仅有助于降低风险对社会、企业和家庭的危害，减少风险损失和节约费用支出，而且可以直接或间接地增进社会福利，提高人们生活质量，消除人们对风险的忧虑和恐惧。

二、风险管理的目标

风险管理的总目标是科学处置风险、控制损失，以最小的成本付出获得最大限度的安全保障。这一目标可分解为两部分：损失发生前的目标和损失发生后的目标。

（一）损失发生前的目标

损失发生前的风险管理目标主要是事前防损，具体表现为：

第一，降低风险事故发生的概率。风险事故是发生损失的直接原因，降低风险事故发生的可能性，便能直接帮助人们获得安全保障。

第二，以最经济、最合理的方法预防潜在损失的发生。这需要对风险管理各项技术的运用进行成本和效益分析，力求以最小的代价获得最大的安全保障效果。

第三，减轻和消除心理压力。风险给人们带来了心理和精神上的紧张不安，通过合适的风险管理手段，减轻人们的心理焦虑情绪，提供一种心理上的安全感，有利于为生存、生活创造良好的环境。

（二）损失发生后的目标

损失发生后的风险管理目标主要是事后补（止）损，具体表现为：

第一，降低损失的危害程度。损失一旦出现，风险管理者应及时采取有效措施予以抢救和补救，防止损失的扩大和蔓延，将已出现的损失后果降到最低限度。

第二，及时提供经济补偿。让受损的企业或个人获得及时的经济补偿，帮助其尽快恢复正常的生产和生活。

三、风险管理的流程

风险管理的基本程序包括风险识别、风险估测、风险评价、选择风险管理技术和风险管理效果评价等环节。

（一）风险识别

风险识别是风险管理的第一步，它涉及系统地判断、归类、分析可能影响项目、过程或组织目标实现的风险因素，即对尚未发生的、潜在的和客观存在的各种风险，系统地、连续地进行识别和归类，并分析产生风险事故的原因。存在于企业、家庭或者个人周围的风险是多种多样、错综复杂的，因此必须采取有效的方法和途径识别潜在风险，并进行经验判断和归纳整理，对风险的性质予以鉴定。

(二)风险估测

在识别出潜在风险后，下一步是通过对所收集的大量详细的损失资料加以分析，运用概率论和数理统计，估计和预测风险发生的概率及损失程度。这一环节通常涉及量化分析，如使用概率分布、影响矩阵等工具来估计风险的可能性和影响程度。风险估测不仅使风险管理建立在科学的基础上，而且使风险分析定量化。损失分布的建立、损失概率和损失期望的预测值为风险管理者进行风险决策、选择最佳管理技术提供了可靠的科学依据。

(三)风险评价

风险评价是指在风险识别和风险估测的基础上，把风险发生的概率、损失程度，结合其他因素全面考虑，评估发生风险的可能性及其危害程度，并通过与预定的风险标准或可接受的风险水平进行比较，以确定风险的优先级和是否需要采取进一步的管理措施。此步骤可能涉及对风险进行排序，其目的在于为选择合适的风险处理办法提供依据。通过定性、定量分析风险的性质并比较应对风险所支出的费用，来确定风险是否需要处理以及处理的程度，进而判定处理风险所支出的费用是否有效益。

(四)选择风险管理技术

选择风险管理技术是风险管理中最为重要的环节。在风险评价的基础上，对于需要优先应对的风险，决策者选择适当的风险管理技术。风险管理的技术可以分为控制型和财务型两类。前者的目的在于降低事故发生的可能性和损失程度，重点在于改变引起损失事件发生或扩大损失的各种条件。后者的目的在于在损失发生后，通过提供经济补偿的形式，来实现风险管理的目的。

(五)风险管理效果评价

风险管理效果评价是指对风险管理工具的适用性及有效性情况进行分析、检查、修正与评估，以确认是否达到了预期的风险管理目标。这包括监测风险的变化情况，评估风险管理措施的有效性，并根据需要调整风险管理策略。

整个风险管理流程是一个动态循环的过程，需要不断地进行迭代和调整，以应对不断变化的环境和新的风险因素。

四、风险管理的基本方法

风险管理的核心在于选择合适的风险管理方法。风险管理的方法主要有控制型和财务型两大类。控制型风险管理方式是损失形成前防止和减轻风险损失的技术性措施，通过降低风险损失的发生概率或减少风险的损失程度来控制风险；财务型风险管理方法并不对风险本身进行干预，而是通过事先的财务计划筹措资金，在风险事故发生并带来损失后进行及时而充分的经济补偿。

(一)控制型风险管理方式

1. 避免

避免是指通过放弃某项活动来避免损失发生的可能性，从而彻底消除特定风险的策略。尽管规避风险是一种简单且彻底的处理方式，但其本质上是一种消极的风险管理手段。鉴于几乎所有经济活动都与风险相伴，规避风险的同时也意味着放弃了与之相关的经济收益。例如，企业在新技术的应用和新产品开发方面可能会面临风险，若企业选择放弃这些计划，那么获取新技术和新产品可能带来的利润的机会也随之丧失。此外，并非所有风险都是可以避免的，比如死亡风险。再者，避免一种风险可能会导致另一种风险的产生，例如避免了乘坐飞机的风险，却可能面临乘坐火车或其他交通工具的风险。因此，规避风险通常是在风险损失极大且无有效转移手段，或风险导致的损失与承担风险可能带来的利益相比，弊大于利的情形下所采取的策略。

2. 预防

预防是指风险发生前为了消除或减少可能引发损失的各种风险因素而采取的处理风险的具体措施，其目的在于通过消除或减少风险因素，以降低损失发生的概率。其主要措施有减少风险因素，如提高安全意识、改善设备性能等。例如，企业制定详细的安全规章制度和操作规程，如穿戴防护装备、定期检查设备、实施安全培训等，以减少工伤事故和职业病的发生。这些措施通过规范员工行为和工作流程，从源头上降低了风险发生的可能性。

3. 抑制

抑制是指在风险事故发生时或者发生后采取的防止损失扩大的各项措施。如在建筑物上安装火灾自喷淋系统和火灾警报系统，可以减轻火灾损失的程度，防止损失扩大。再如在乘坐汽车时系戴安全带，在座位前安装安全气囊袋，可以减轻交通事故对人身的损害。

(二)财务型风险管理方式

1. 自留

自留风险是指经济单位和个人自己承担风险后果的一种风险管理方法。自留按性质可分为主动自留和被动自留。主动自留是对于自身有能力承担的风险，在权衡利弊的基础上主动承担风险，如家庭储蓄以备医疗支出、企业留有后备基金等。被动自留是对于那些没能事先预知风险的存在，或者对潜在损失承担估计不足，抑或已知风险存在但无法转移或分散，只能选择自己承担，如车辆保险免赔额以内的风险损失。风险自留虽然可以节省费用支出并取得基金运用收益等，但是一旦发生风险事故，就可能因损失过大而带来财务困境。

2. 分散

分散风险是指增加同类风险单位的数目以提高风险损失的可预测性，降低风险事故产生的损失额度。对于纯粹风险，由于风险单位的增加，在大数法则的作用下，实际损失率更接近预期损失率，达到降低风险损失的目的。对于投机风险，可通过组合投资，增加风险单位，提高风险的可预测性，把握风险、分担风险，或通过兼并、扩张联营等方式，使原来各自独立的风险单位集合成为一个大集团企业，增强对风险的抵抗能力，达到降低风险成本的目的。

需要说明的是，分散风险的方式，既有财务型的方式也有控制型的方式。例如，企业在投资组合中采用多样化的策略，将资金分散投资于不同行业、地区或产品。这样可以降低单一因素对整个投资组合的影响，分散风险并提高整体收益的稳定性，是一种财务型的风险分散方式。又如，教师上课带两个 U 盘，以减少因 U 盘损坏而导致无法正常使用课件的概率，这是一种控制型的风险分散手段。

3. 转移

转移风险是指为避免承担风险损失，将风险损失或与之有关的财务后果转移给其他经济单位或个人承担的一种风险管理技术。转移风险包括保险转移和非保险转移。

(1)保险转移

保险转移是指经济单位或个人通过投保某种保险的方式将相应的风险转移给保险公司。保险转移在风险管理中具有独特的地位和作用。尤其是在人们对风险的识别、评估、处置技术不足，通过控制型和财务型风险管理方式均无法彻底有效地管理风险的情况下，将风险转移给专业的保险公司，是一种十分经济、便捷、有效的风险管理方式。

(2)非保险转移

非保险转移是指经济主体或个人通过非保险性质的经济合同，将潜在损失或与之相关的财务风险转移给其他经济主体或个人。此类转移风险的常见方式包括：其一，利用资本市场进行风险转移。此方式涉及通过交易金融产品，如期货、期权、事件债券和风险证券化等，将个人或企业的风险转移给资本市场，作为一种风险融资的手段。其二，通过承包、租赁、担保等方式转移风险。在承包方式中，企业与承包者签订合同，将企业的经营管理权在一定期限内全部或部分转移给承包者，由承包者负责企业的经营管理，并承担相应的经营风险以及享有企业收益。租赁方式则是将不动产或设备等资产出租给他人，通过收取租金来转移与资产相关的财产风险。担保方式涉及债权人通过担保契约，将可能遭受的信用风险损失转嫁给担保人承担。

五、风险管理的方法的选择策略

在前述内容中，已阐述了多种风险管理策略。然而，在实际的风险管理情境中，应选择何种策略，这主要取决于风险管理的目标、风险的特性，以及决策者对风险的评价。表 1-1 概述了针对不同风险特性，通常采纳的风险管理策略。

表 1-1　风险管理方法选择

风险的类型	损失概率	损失强度	风险管理方法选择
1	低	低	预防、自留
2	高	低	预防、避免、自留
3	低	高	预防、抑制、转移、分散
4	高	高	避免、预防、转移、分散

一般来说，对于所有的风险采取预防措施总是必要的，对于能够抑制损失扩大的风险采取抑制措施也是必要的。对第一种风险采用自留风险的方法最为适宜。对第二种风险应该加强预防管理，并辅之以自担风险和超额损失保险。保险方法最适用于应对第三种风险，损失程度严重意味着巨灾可能性存在，而低的损失概率表明购买保险在经济上承担得起。这种类型的风险包括火灾、爆炸、龙卷风、责任诉讼等，决策者也可结合使用自留风险和商业保险来应对这类风险。应对第四类风险的最好方法是避免，因为自留风险的办法一般不可行，也难以通过商业保险进行转移，即使能够取得也需要缴付高额保险费。

需要说明的是，表 1-1 所示的风险管理方法选择策略仅仅是一般性的做法，具体方法的选择很大程度上取决于决策者对于风险的评价。尽管人们对风险的估测是客观的，但对于风险的评价却通常是主观的，即损失概率或强度达到多少算"高"，多少又算"低"，不同的人会有不同的判断，因此其风险管理的策略并不一定严格地遵循以上的策略。例如，对于第三类风险，过度自信的人往往倾向于采用风险自留的策略，而非大多数人倾向采用的保险。近年来，随着行为经济学的发展，开始有专门的学者研究心理主观因素对保险决策的影响，感兴趣的读者可以参考本章"课后荐读"中列出的一些参考文献。此外，以上风险管理的方法并不是相互排斥的，决策者可能同时采用多种风险管理的手段。

六、风险管理与保险的关系

风险管理与保险无论是在理论渊源上，还是在实践中，都有着密切的关系。首先，风险管理与保险都以风险为研究对象。风险的存在是保险存在的前提，无风险便无保险。同时，风险管理也致力于识别、评估和控制各种风险。其次，风险管理与保险都以概率论等数理统计原理作为分析基础和方法，通过对风险的量化分析来制定相应的风险管理策略和保险方案。最后，在风险管理中，保险是最有效的措施之一。通过购买保险，企业或个人可以将部分或全部风险转移给保险公司，从而减轻自身承担的风险压力。

尽管两者之间有着密切的联系，但还是有一些区别。最主要的区别表现在，虽然风险管理与保险都以风险为研究对象，但风险管理涉及的范围更广，包括所有类型的风险(如纯粹风险、投机风险等)，而保险主要关注可保风险，即那些可以通过保险合同进行转移和分散的风险。因此，无论从性质上还是从形态上来看，风险管理都远比保险复杂、广泛得多。

【专栏 1-1】

风险决策理论

风险决策是指在不确定性的状态下，决策者对多个行动方案进行比较和选择，最后确定最优行动方案的过程。作为经济学的重要内容之一，风险决策理论随着时代的发展在不断演进：从早期的期望值理论(Expected Value Theory)，到后来的期望效用理论(Expected Utility Theory)，再到以前景理论(Prospect Theory)为代表的其他决策理论。

一、期望价值理论

期望价值理论的核心观点认为，在面对风险决策时，人们会选择期望价值高的选项。期望价值的算法是价值的数学期望。

例如，某企业有两种方案来减少由于市场风险带来的损失风险，经过推演，在两种方案下，可能的损失结果如表 1-2 所示。

表 1-2 某企业的损失风险

方 案 一		方 案 二	
损失(元)	概率	损失(元)	概率
0	0.8	0	0.8
10000	0.2	5000	0.1
		10000	0.1

根据期望价值理论，人们会选择方案二，因为其期望损失 1500 元低于方案一的期望损失 2000 元。

二、期望效用理论

期望价值理论为人们提供了一个很好的风险决策标准，但该理论预测却常与实际不符，如圣彼得堡悖论。圣彼得堡悖论是由数学家尼古拉·伯努利在 1738 年提出，基于一个简单的掷币游戏。在这个游戏中，玩家投掷一枚公平的硬币，直到硬币首次出现反面为止。如果第 n 次投掷成功(即前 $n-1$ 次都是正面，第 n 次是反面)，玩家将获得 2 的 n 次方元奖金。

按照期望价值理论，这个游戏的期望值是无穷大，因此无论这个游戏的收费是多高，人们都应该毫不犹豫地参加该游戏。但实际上人们参与这类游戏的意愿却非常有限。实验发现，很少有人愿意支付超过 25 元来参与这样一个可能会获得巨额奖金的游戏。

为了解释这一现象，尼古拉·伯努利的表弟丹尼尔·伯努利在 1738 年提出期望效用理论，认为人们的决策追求的是期望效用的最大化，而非期望价值的最大化。效用函数将客观的价值转化为主观的效用，反映了人们对风险的态度。由于人是风险厌恶的，那么效用函数 $u(x)$ 二次导小于 0，即凸函数。例如，如果将财富的效用函数设置为对数函数，即 $u(x)=\ln(x)$，那么，在上述的游戏中，容易证明，人们参加该游戏的期望效用为 ln4，而非无穷大，这样就解释了为什么人们不愿意花很多钱来参加这个游戏。

三、前景理论

尽管期望效用理论在大多数情况下能够较好地解释人们在风险决策中的行为，但其分析框架以“理性人假设”为基础。然而，在现实生活中，决策人往往并非“理性”的。

试考虑在以下两种情形下，你会选择哪一种方案？

情形一：方案A：有100%的可能赢得100元；方案B：有50%的可能赢得200元，50%的机会赢得0元。

情形二：方案A：有100%的可能赔100元；方案B：有50%的可能赔200元，50%的机会不赔钱。

可以发现，大多数人在情形一中会选择方案A，而大多数人在情形二中会选择方案B。这就表明，不同人的风险偏好不同，同一人在面对不同情形时也可能表现出不同的风险态度。

期望效用理论能够解释为何大多数人在面对情形一时会选择方案A，但却无法解释为何在情形二中大多数人会选择方案B。对此，由丹尼尔·卡内曼和阿莫斯·特沃斯基于1979年提出的前景理论给出了合理的解释。该理论认为，决策者的价值函数通常是S形的(见图1-1)。在处于收益状态时，大部分人是风险厌恶者(情形一)，而当处于亏损状态时，大部分人是风险偏好者(情形二)。

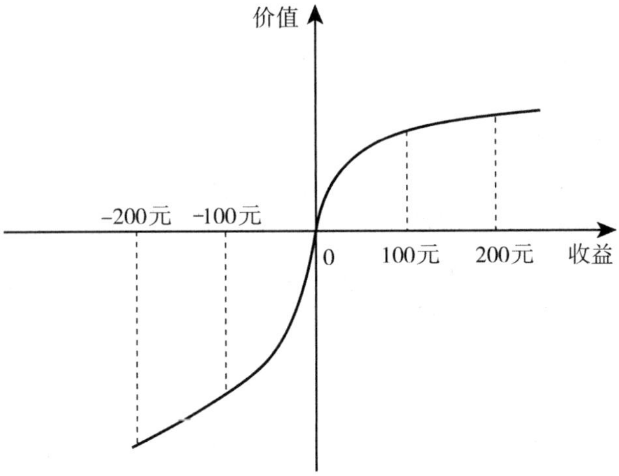

图1-1　前景理论中的价值函数

前景理论不仅适用于个人决策领域，还广泛应用于金融市场分析、公共政策制定等多个领域。有关前景理论还有许多其他的重要结论，如“框架效应”与“损失规避效应”，感兴趣的读者可以参阅本章“课后荐读”中推荐的相关文献。

第四节　可保风险

一、可保风险的概念

如上一节所述，保险是风险管理的重要方式，经济单位或者个人可以通过投保的方式将自身风险转移给保险公司，但是并非所有的风险都可以通过保险进行转移。

那些能够被保险公司接受，并且可以通过保险机制进行转移的风险，被称为可保风险。可保风险是一个动态的概念，特定风险可能随着时空的变迁，由原先的不可保转变为可保。

二、可保风险的条件

(一)风险必须是纯粹风险

保险人承保的风险必须是纯粹风险，即仅有损失可能而无获利可能的风险。比如股票交易中，股价涨跌既可能带来损失也可能带来收益，对于这类投机风险，保险人是不能承保的。因为一方面股票交易有很强的个人性和主观性，投机风险带来损失的频率和损失程度难以测算，无法进行合理的费率厘定；另一方面，承保投机风险有可能促使保险持有人选择更为冒险的投资方式，这可能会放大风险，与保险的基本原则背道而驰。

在保险实务中，随着各类保险产品的不断创新，可保风险对“纯粹风险”这一条件的要求逐渐有所放松，一些可能会给人们带来不便利性或造成间接经济损失的风险也被当作可保风险，并出现相应的保险产品，例如航班延误险、上下班下雨险。

(二)风险必须是偶然的、意外的

风险的偶然性是对于单个标的而言的，风险发生的时间、空间具有不确定性，风险发生后造成的损失程度是不可知、偶然的。如果风险肯定不会发生，就没有必要购买保险了；如果风险已经发生或者必然发生，保险公司仅仅收取少量的保费，却要支付大额的保险赔款，则有失公平。比如汽车在已经发生碰撞后再去买保险，保险公司自然是不能承保的；房屋、机器设备等由于自然损耗、折旧和磨损导致的损失是不可避免的，这类风险通常也不在保险承保范围内。

风险必须是意外的包含两层意思：一是风险的发生或风险损害后果的扩大不能是投保一方故意行为所造成的，因为此类风险属于道德风险，保险人不予赔偿；二是风险的发生是无法提前预知的，比如适航的轮船在海上出险是不可预知的；而不适航的轮船的出险概率更高，如果在海上出险，则不应被视作意外。因此，对于不适航的轮船，保险公司不会承保。

(三)风险发生导致的损失程度是适度的

可保风险发生导致的损失程度既不能过大，也不能太小。一方面，对于可能造成极大损失的风险，保险公司可能因为“保不起”而放弃承保。例如，核战争或未知瘟疫事件所带来的风险。另一方面，即便面对损失较小的风险，保险公司仍需承担核赔和理赔的成本。因此，对小额损失进行承保实际上是一种经济上不划算的做法。在实际操作中，小额损失通常通过免赔额机制不予赔付，这类损失通常被视为不可保风险，或者认为没有必要承保。

随着科技的快速发展，许多曾经被视为不可保的“大损失”或“小损失”风险，也逐渐被保险公司所接受。例如，以往巨灾风险被认为是大到不可保的。然而，随着巨灾风险预测技术的不断进步以及再保险市场的日益成熟，巨灾保险取得了显著的发展。又如，随着网购的蓬勃发展，退货运费险应运而生，成为一种新兴的保险产品。当消费者在网购过程中需要退货时，若产生运费，保险公司将依照事先约定的条款对消费者的退货运费进行相应的赔偿。这种风险呈现出“小额高频”的特点，尽管保险金额和保费都相对较低，但其保单数量和赔付次数却极为庞大。此外，这类保险的核保和赔付流程简便快捷，这不仅为保险公司带来了可观的保费收益，同时也缓解了买家在退货时的后顾之忧。

(四)存在大量、独立、同质的风险标的

大数法则是保险经营的科学基础，其应用的前提条件是存在大量、独立且同质的标的，这些标的可能遭受风险损失。首先，标的的数量必须足够庞大，以确保大数法则的适用性。其次，各个标的之间发生风险事件的概率必须是独立的，即一个标的发生风险事件不会对其他标的产生影响。否则，将引发系统性风险，导致无法通过保险来分散风险。最后，同质性意味着标的的风险损失具有相同的概率分布，这使得我们能够准确观察到此类标的发生风险的统计特征，从而为风险管理提供可靠的依据。

以上有关可保风险的各个条件是相互联系的，必须同时满足，风险才可能被保险公司接受。但是，可保风险与不可保风险的界限是相对的，可以在一定条件下进行转化。事实上，随着保险市场需求的不断扩大、科技的进步以及社会法律制度的健全，可保风险的范围正在不断扩大，许多以前不可保的风险逐渐变成可保风险。

【专栏 1-2】

巨灾保险织密灾害防护网

近年来，巨灾保险在提高社会韧性、服务社会治理等方面的功能越来越受到重视。“从全球平均水平看，重大灾害事故的损失补偿中，40%左右由保险业承担，而我国这一比例仅为10%左右。”2024年6月，国家金融监督管理总局局长李云泽在第十五届陆家嘴论坛上表示，保险业在完善国家应急保障体系方面，有潜力、有能力发挥更大作用。

我国巨灾保险起步较晚，2015年，45家保险公司发起成立了我国第一个全国性的巨灾保险共同体——中国城乡居民住宅地震巨灾保险共同体，整合行业承保能力，共同应对地震灾害。2024年，共保体更名为“中国城乡居民住宅巨灾保险共同体”。两字之差，意味着我国巨灾保险的保障范围向前迈出一大步。

根据2024年初金融监管总局、财政部联合印发的《关于扩大城乡居民住宅巨灾保险保障范围进一步完善巨灾保险制度的通知》，共同体产品保障责任由原有单一地震，扩展增加台风、洪水、暴雨、泥石流、滑坡等自然灾害；同时翻番提升居民住宅基本保险金额，由城镇居民住宅每户5万元、农村居民住宅每户2万元，提升至城镇

居民住宅每户 10 万元、农村居民住宅每户 4 万元。

巨灾风险具有典型的"低频高损"和大面积灾害的特点，较难通过大数法则进行分散。中国人寿财险公司财产保险部总经理邹红认为，充分、有效分散巨灾风险，是巨灾保险面临的一大挑战。"目前巨灾风险分散手段相对单一，主要依靠再保险，由于全球再保险处于'硬市场'周期，再保供给趋紧、分保成本持续攀升，巨灾风险分散面临较大压力。"提升巨灾保险的供给能力，需要联合保险行业的力量。"单一的主体哪一家都不足以应对。把国内财产保险的主体共同联合起来，组成共保体，把大家的资源集约整合，才能发挥更大的撬动效应。"中国人寿财险公司副总裁周海涛说。

再保险市场是巨灾保险的有力承托。邹红表示，公司积极构建再保险保障体系，增进与再保险公司的沟通协作，积极引进巨灾风险管理先进经验，持续加强承保能力建设。尤其是巨灾天气指数保险，相较于传统巨灾保险，具有数据可量化、理赔公允、管理成本低、理赔时效快的优势，能够较好地借助再保险市场实现风险分散。

巨灾保险还需撬动政府的资源和财力。"从国际上看，巨灾保险往往需要协同政府部门分地域、分领域提供更精准的巨灾保险产品，这对保险业也是一个新的挑战。"周海涛认为，传统的农业保险更具有普适性，相较而言，巨灾保险在不同地域的风险成因不完全相同，需要因地制宜。

此外，逐步丰富巨灾模型应用也至关重要。通过提升风险识别与定价精准度，做好大灾预警，加强风险减量服务，有助于降低事故风险和损失程度，助力提升全社会灾害治理水平。"要整合应急部门、国土资源部门、林业部门、农业部门等多方的资源和信息平台，然后和保险行业平台打通，形成立体多维的巨灾防控平台，才能更好地把保险的服务和政府的治理通过科技手段有机融合，全链条、全周期地把巨灾保险推到新的高度。"周海涛说。在第十五届陆家嘴论坛上，中国再保险(集团)股份有限公司总裁庄乾志表示，2018 年中国再保成立我国首家聚焦巨灾风险管理的科技公司——中再巨灾风险管理股份有限公司，成功迭代研发具有自主知识产权的地震、台风、洪涝巨灾模型。在气候变化风险管理领域，中国再保积极配合中国人民银行开展保险业气候变化物理风险压力测试，为保险业有效应对气候变化风险、服务国家气候变化治理提供积极助力。

面对巨灾，防重于赔。"巨灾是低频高损的，怎样把保险、科技、政府的力量相结合，在灾前及时做到预警防御，尽可能减少物质损失，特别是避免人员的伤亡，这是一个重要的课题。"周海涛表示，过去保险更关注灾后的及时赔付，如今风险防范、恢复重建都需要保险行业贡献价值。"防、救、赔"的有机结合，对于保险价值的延展是一项新的考验。人保财险总裁于泽表示，风险减量服务是保险服务实体经济发展的有效手段之一，对于提高社会抗风险能力、降低社会风险成本具有积极作用，人保财险将推进风险减量服务标准化、数字化、机制化、专业化建设，推动风险减量服务从点上创新到面上推广。

（资料来源：杨然．巨灾保险织密灾害防护网[N]．经济日报，2024-07-16(007).）

三、可保风险的例外

在保险实践中，存在一些可保风险的例外情况，即某些保险产品所覆盖的风险并不符合上述可保风险的条件。例如，针对名人面部或足球运动员脚部的特定保险产品，其对应的风险显然不符合"大数"和"同质"的要求，本质上属于保险公司与投保人之间的一种对赌协议。又如，航天发射活动中可能出现的事故及其导致的损失，由于潜在损失额度巨大，此类风险通常无法满足"损失适度"的要求，同时也不具备"大数"和"同质"的特征。在这种情况下，航天保险的承保公司通常会采用再保险和共同保险等手段来进一步分散风险，以缓解"大数"不足所带来的影响。伴随着我国航天事业的迅猛发展，航天保险在其中扮演了至关重要的风险保障角色，成为我国探索太空的"守护者"。

◎ 本章小结

1. 风险是指事件未来结果的不确定性。广义的风险强调事件发生的"不确定性"，其结果可能是损失、获利或既无损失也无获利。狭义的风险强调"损失"发生的可能性，其结果可能是损失或不损失，而无获利的可能性。风险具有客观性、普遍性、偶然性、可测性、可变性等特征。风险的要素包括风险因素、风险事故和损失。
2. 风险按照不同的标准可以进行不同的分类。其中，按照风险的性质可以分为纯粹风险和投机风险。保险处理的对象是纯粹风险。
3. 风险管理的目标是利用最小的成本获得最大的安全保障，具体可以分为事前防损和事后补（止）损。风险管理的基本流程包括风险识别、风险估测、风险评价、方法选择和效果评价。风险管理的基本方法可以分为控制型和财务型。保险是一种重要的财务型风险管理方法。
4. 可保风险即保险公司可以承保的风险，其必须具备以下特征：必须是纯粹风险、必须是偶然、意外的风险；风险造成的损失是适度的；风险主体必须是大量的、同质的、独立的。可保风险是一个动态的概念，可能会随着时间或空间的变化而发生变化。

◎ 课后练习

1. 风险有什么特征？如何衡量风险的大小？
2. 举例说明风险因素、风险事故和风险损失与风险之间的关系。
3. 风险的分类对风险管理有何帮助？
4. 风险管理的意义是什么？有哪些主要的风险管理方法？这些方法适用于哪些情形？
5. 可保风险需要满足哪些条件？举例说明，为何可保风险是一个动态的概念？
6. 可保风险必须满足大量、独立、同质的条件，应如何理解大量与同质这两个条件的内在联系？

◎ 实践探索

1. 作为在校大学生，大家面临哪些风险？这些风险能否成为可保风险？

2. 相对于传统车辆，无人驾驶汽车的风险特征发生了哪些变化？你认为应当如何应对这些风险变化？
3. 请举例说明，哪些当前被视为不可保的风险，在未来可能转变为可保风险？

◎ 课后荐读

1. 丹尼尔·卡尼曼．思考：快与慢[M]．胡晓姣，等，译．北京：中信出版社，2012.
2. 格尔德·吉仁泽．风险与好的决策[M]．王晋，译．北京：中信出版社，2015.
3. 米歇尔·渥克．灰犀牛：个人、组织如何与风险共舞[M]．冯毅，等，译．北京：中信出版社，2021.
4. 郭振华．行为保险经济学[M]．上海：上海交通大学出版社，2020.
5. 王和．大数据时代保险变革研究[M]．北京：中国金融出版社，2014.

第二章　保险概述

◎ 学习目标

掌握保险的定义、特性及其分类体系，理解保险的商品属性，掌握保险的起源及其发展历程，熟悉我国保险市场的历史演变和发展现状，深刻理解保险的功能与作用。

◎ 引言

《国务院关于加快发展现代保险服务业的若干意见》提出，保险是现代经济的重要产业和风险管理的基本手段，是社会文明水平、经济发达程度、社会治理能力的重要标志。加快发展现代保险服务业，对完善现代金融体系、带动扩大社会就业、促进经济提质增效升级、创新社会治理方式、保障社会稳定运行、提升社会安全感、提高人民群众生活质量具有重要意义。

2023 年，我国保险业的保费收入首次超过 5 万亿元，达到 51247 亿元，保费增速同比上升 9.14%。在地缘政治冲突、大国竞争以及主要经济体实施货币紧缩政策等多重不确定性因素影响下，我国保险市场依然展现出显著的韧性和增长潜力。尽管如此，从我国保险市场的发展水平来看，2023 年我国的保险密度和保险深度分别为 3635 元/人和 3.88%，均显著低于世界平均水平。此外，从金融业资产结构来看，我国保险资产规模约为 30 万亿元，已经连续七年保持世界第二大保险市场的地位，但仅占我国金融总资产的 7%。可见，尽管我国已经成为保险大国，但距离保险强国的目标仍存在相当大的差距。

从宏观的角度来看，保险被誉为金融体系的“三驾马车”之一，在国家经济体系中占据着至关重要的地位。从微观的角度观察，尽管广大民众对“保险”这一概念并不陌生，但其理解往往局限于金融产品的范畴。那么，保险的本质究竟是什么？其运作机制如何？保险又具备哪些特征？它又有哪些功能和作用，以至于在现代经济体系中占据如此关键的地位？本章节将对这些问题进行深入的探讨。

第一节　保险的概念

一、保险的定义

在日常生活的语境中，人们常说“这样做保险吗?”或“为了保险起见”，其中“保险”一词在此被赋予了“保证、有把握、稳妥可靠”的含义。然而，在保险学这一专业领域，保险具有其特定的定义与内涵。它源自英文词汇“insurance”或“assurance”，并最早在我国的广东省被引入，起初被译为“燕梳”（即 insurance 的音译），随后逐渐统一为现今所广泛使用的“保险”一词。

关于保险的定义，学术界迄今尚未达成广泛共识。归纳起来，大致可以分为“损失说”与“非损失说”两大流派。其中，“损失说”可以进一步细分为“损失赔偿说”“损失分担说”及“风险转嫁说”。具体而言，“损失赔偿说”主张保险旨在弥补因偶发事件所致的个人损失，将其视为一种损失赔偿的契约形式；“损失分担说”则强调在损失赔偿过程中，多人间的互助合作与共同承担；“风险转嫁说”则将保险视为一种经济制度，其本质在于通过汇聚资金以应对风险的不确定性，实现个人风险向集体或机构的转移。事实上，“损失说”的三个分支分别从保险的实施目标、实现路径及最终效果三个维度进行了阐述。

另一方面，“非损失说”则更侧重于保险的经营技术层面及其在社会经济中的应用价值，它具体包含“技术说”“需要说”“经济确保说”“金融说”及“二元说”等学说。“技术说”聚焦于保险运营中大数法则的核心作用；“欲望满足说”由损失补偿理论衍生而来，主张以满足替代补偿，以需求填补损失；“经济确保说”则认为参与保险的动机普遍在于为不确定的未来风险提供经济保障；“金融说”则将保险视为类似于银行和信用社一样的金融机构，发挥着资金融通功能；“二元说”则提出财产保险与人身保险在性质上应区别对待，前者旨在损失赔偿，而人身保险的标的不能用金钱衡量，其损失亦不能用金钱衡量，因此人身保险则侧重于保险金给付。

本书坚持保险“损失说”一元论的立场，将保险的定义概括为：“保险是集合具有同类风险的众多单位和个人，以合理计算分担金的形式，实现对少数成员因该风险事故所致经济损失的补偿行为。”

对于该定义，说明如下：

第一，此定义界定了保险的“属”性范畴，而非“种”类划分。保险的定义需能概括所有保险经济活动的外延，而不能是各类保险概念的简单叠加。例如，人身保险与财产保险，虽各具特性，却共同隶属于保险这一基本范畴，并展现出保险所共有的属性。

第二，该定义揭示了保险的本质内涵。具体而言，保险的本质体现在参与损失补偿分摊的单位或个人之间形成的一种特定的经济分配关系。这种关系通过“一人受损，众人分担”的互助共济机制，使少数遭遇损失的个体能够获得远超其保费支出的经济补偿，这构成了保险最为本质的特征。在此，需明确区分保险的本质特征与保险所具备的功能，后者乃是基于保险本质属性的进一步延伸与展现。

第三，此外，该定义同样适用于人身保险领域。首先，尽管人的身体或生命难以直接以货币价值来衡量，但人身保险所关注的保险利益，恰恰在于人身风险（如死亡、疾病、残疾）可能导致的经济损失（收入减少或支出增加）。① 其次，人的生存状态亦可视为一种潜在的“风险事故”，特别是对于那些面临失业风险或养老资源匮乏的个体而言，其生存状况往往与财务困境紧密相连。最后，需要强调的是，虽然在人身保险运行过程中，保险

---

① 美国学者休伯纳 1924 年提出的“生命价值说”认为，人的生命价值即人体内所具各种经济型力量产生赚钱能力之货币价值，是可以计算的。该学说直接挑战了保险“二元说”的理论基础。

的“储蓄”功能有所体现，但该功能并非其本质属性。保费中约定的返还部分，并不具备“补偿”损失的直接性质。

《中华人民共和国保险法》(下称《保险法》)第二条明确规定：“本法所称保险，是指投保人根据合同约定，向保险人支付保险费，保险人对于合同约定的可能发生的事故因其发生所造成的财产损失承担赔偿保险金责任，或者当被保险人死亡、伤残、疾病或者达到合同约定的年龄、期限等条件时承担给付保险金责任的商业保险行为。”可见，我国的《保险法》是一部有关商业保险的法律。此外，该定义采用了保险“二元说”，将“保险”界定为“财产保险”和“人身保险”两个种类，这本质上还是采用了“种”概念的范畴。

二、保险的要素

保险的本质是参与分担损失的单位或个人之间形成的一种分配关系，它通过货币的转移来实现互助的目的。保险的基本要素包括：

(一)特定风险事故的存在

风险具有普遍性和客观性，保险正是产生于风险管理的实践，因此风险是保险存在的前提条件。但是，并非任何风险都可以使用保险来进行管理，只有符合特定条件的可保风险才会被保险公司承保。

(二)大量同质风险的结合

保险是通过集合大量同质风险来实现其补偿职能的，即由多数人参加保险来分担少数人的损失，这也是保险经营的基本要求。如果参保人数不足，风险就得不到足够的分散。此外，这些风险还需要具有同质性。仅当风险单位展现出相似的风险特征时，方能观察到风险的规律性，从而通过保险机制实现风险的集中与分散。因此，风险的分类是决定保险分类的基础。例如，人身风险和财产风险分别对应着人身保险和财产保险。营运客车与家用汽车因为风险事故发生的概率和损失强度不同，也无法使用同一保险产品来进行承保。

(三)保险费率的科学厘定

保险是一种商品交换行为，其费率的设定以概率论和数理统计为基础，有赖于对风险发生概率和强度的科学评估。若费率过高，则会加重被保险人的负担，进而削弱保险的保障意义；反之，若费率过低，则无法为被保险人的损失提供充分且可靠的补偿，亦将丧失保险的保障意义。因此，保险费率的设定必须经过科学的计算。

(四)保险基金的建立

保险基金是通过商业保险形式建立起来的后备基金，主要来源于保险公司的自有资金和向投保人收取的保险费。它是保险赔付的保障，没有保险基金的建立，就没有保险的补偿和给付，也就无保险可言。

三、保险的特征

(一)保险的基本特征

1. 经济性

经济性是保险的本质属性。保险是一种经济保障活动，是整个国民经济活动的一个有机组成部分。其保障对象(财产和人身)属于社会再生产中的生产资料和劳动力两大经济要素；其实现保障的手段，最终都必须采取支付货币的形式进行补偿或给付；其保障的根本目的无论从宏观的角度还是从微观的角度，都是为了发展经济，安定人们的经济生活。

2. 互助性

互助性是保险社会属性的重要体现。保险基于“人人为我，我为人人”的互助精神，通过用多数投保人缴纳的保险费建立的保险基金，对少数遭受损失的被保险人提供补偿或给付。

3. 契约性

法律性是保险活动的重要保障。保险是一种合同行为，是依法按照合同的形式体现其存在的。保险合同的签订和履行必须遵守国家法律法规的规定。同时，法律也赋予了保险人和被保险人相应的权利和义务，保障了双方当事人的合法权益。

4. 科学性

科学性是保险经营的技术支撑。现代保险经营以概率论和大数法则等科学的数理理论为基础。保险费率的厘定、保险准备金的提存等都是以精准的数理计算为依据的。

(二)比较特征

1. 保险与储蓄

保险和储蓄都是个人或家庭进行财务规划和风险管理的重要手段，两者都是以现在的资金节余作将来的准备，体现了未雨绸缪的思想，尤其是一些人寿保险的险种本身就带有长期储蓄性质。

保险与储蓄之间的区别主要体现在以下几个方面：

(1)经济范畴不同。储蓄属于货币信用范畴，是货币借贷行为，它是一种自助行为；而保险是独立于货币信用之外的另一个范畴，它必须依赖多数经济单位或个人才能实现，是一种联合互助的行为。

(2)需求动机不同。储蓄的需求动机一般是基于购买准备、支付准备和预防准备，储户的心理主要是把存款用于预计的费用支出；而保险是基于特定事故发生与否的不确定性，发生时间和损失程度都是不确定的。

(3)运行机制不同。储蓄主要受诸如利率、物价水平、工资水平及流动性偏好等因素的影响，而且无需特殊的计算技术；而保险主要受风险损失的不确定性影响，且需要特殊计算技术，即需要精算技术与方法计算保险费率。

2. 保险与赌博

保险与赌博在表面上看确有一定的相似性，因为它们都涉及对未来不确定事件的处理和风险的承担。换言之，保险与赌博都可能因为偶然事件而获得经济收入，但两者存在着本质上差异。

保险与赌博之间的区别主要体现在以下几个方面：

(1)对象不同。保险关系中的投保人或被保险人必须对保险标的拥有法律上认可的保险利益，而赌博的对象可以是与参与者无关的任何财产或事件。

(2)目的不同。保险旨在弘扬社会互助共济的精神，以稳定社会经济生活为目的，追求的是利己利人的效果，而赌博则以欺诈和贪婪的心态，试图通过侥幸获得巨额利益，其本质是损人利己。

(3)风险性质不同。保险涉及的是纯粹风险，投保人在其中没有获利的可能，而赌博则涉及投机风险，其结果可能导致损失或获利。

3. 保险与救济

保险与救济都是对风险事故带来的损失进行补偿的行为，都能减轻事故给人们造成的影响，促使社会生产尽快恢复、人民生活保持稳定。在现代保险制度出现之前，对自然灾害、意外事故等风险事件造成的损失，主要是通过民间组织救济或政府救济来进行补偿的。

保险与救济之间的区别主要体现在以下几个方面：

(1)权利义务的不同

救济是一种基于人道主义的单方面施善行为，是单务性的，没有对应的责任与义务关系，救济者没有责任一定要对受灾者或者贫困者施舍救济。接受救济的一方不需要向救济方履行义务，也不能强行要求别人给予救济。而保险是一种商业行为，参与的双方有对等的责任义务，遭受风险损失的一方以缴纳保费和遵守合同义务为前提，有权向保险公司申请赔偿金。

(2)给付对象不同

救济的给付对象不确定，可以是国内外的受灾者、生活贫困者等各种有需求的人群；而保险的给付对象是在合同中事先确定的被保险人或受益人。

(3)提供的主体不同

救济包括民间救济和政府救济，由个人、企业、社会组织(比如慈善机构)或政府机构提供。保险则主要是由商业保险公司来提供。

(4)保障水平不同

保险的赔付额度与损失金额及投保人的缴费额度存在直接关联，故在充分投保的情形下，被保险人的实际损失能够得到较为全面的赔偿。相对而言，救济额度与实际损失之间并无必然联系。民间救济因其灵活性和不确定性，可能导致受灾者获得的救助金额低于或高于实际损失。而政府救济则须依照法律规定执行，其标准通常较低。

第二节 保险的分类

保险根据不同的标准可以划分为不同的类别，以下是几种主要的分类方法。

一、按照保险标的分类

1. 人身保险

人身保险是以人的寿命、身体或健康为保险标的的保险。当人们遭受不幸事故或因疾病、年老以致丧失工作能力、伤残、死亡或年老退休时，保险人根据保险合同的约定，对被保险人或受益人给付保险金或年金，以解决其因病、残、老、死所造成的经济困难。人身保险包括人寿保险、健康保险与意外伤害保险。

2. 财产保险

财产保险是以财产及其有关利益为保险标的的保险。狭义的财产保险仅指以物质财产为保险标的的保险，如财产损失保险、农业保险、海上保险等。广义的财产保险还包括责任保险、信用保险和保证保险，其中，责任保险的保险标的是被保险人的民事赔偿责任。信用保险和保证保险的标的是信用风险。信用风险是指债务人未能履行其合同义务，导致债权人遭受损失的可能性。

二、按照储蓄功能分类

1. 保障型保险

保障型保险，其主要功能是提供风险保障，即在被保险人遭遇特定风险（如财产损失、疾病、意外、死亡等）时，保险公司按照合同约定向被保险人或受益人支付保险金。只有发生特定风险事故，被保险人或受益人才能获得保险金，如果未发生，那么所缴纳的保费是不予返还的，因此保障型保险在保险实务中也称为非返还型保险或消费型保险。这类保险通常不包含或较少包含储蓄功能，保费相对较低，主要关注于风险转移和损失补偿。财产保险一般属于保障型保险的范畴。此外，定期寿险、意外伤害保险、健康保险（如重疾险、医疗险）都是常见的保障型人身保险。

2. 储蓄型保险

储蓄型保险，也称为投资型保险或返还型保险。此类保险除了提供基本的保障功能外，还附加了储蓄或投资功能。这意味着在保险期间内，被保险人除了获得保险保障外，还能通过保险产品的运作获得一定的储蓄收益或投资回报。相较于保障型保险，这类保险通常保费较高，具体额度主要取决于投保人的支付能力和投保意愿。常见的储蓄型保险包括终身寿险、年金保险、分红保险、万能保险、投资连结保险（变额寿险）等。这些产品在设计时都考虑到了客户的储蓄和投资需求，通过不同的方式（如固定利率、分红、投资账户等）来实现资金的保值增值。在当前的人身保险市场中，保费收入主要来源于储蓄型保险产品。

三、按照保险的实施方式分类

1. 强制保险

强制保险又称法定保险，是由国家（政府）通过法律或行政手段强制实施的一种保险。

2. 自愿保险

自愿保险是指在自愿原则下，投保人与保险人双方在平等的基础上，通过订立保险合同而建立的保险关系。

四、按照保险主体分类

1. 个人保险

个人保险是以个人或家庭的财产、生命、健康等作为保险标的的保险。

2. 团体保险

团体保险是以集体为承保对象，以团体名义进行投保，并由保险公司出具一份统一的保险合同。根据该合同条款，保险公司向团体成员提供相应的保障。此类保险通常作为企业为员工提供的福利之一。

五、按照承保方式分类

1. 原保险

原保险又称直接保险，是指保险人对被保险人因保险事故所致的损失承担直接的、原始的赔偿责任的保险。

2. 再保险

再保险又称分保，保险人在原保险合同的基础上，通过签订分保合同，将其所承保的部分风险和责任向其他保险人进行保险的行为。

3. 共同保险

共同保险，又称共保，是指两个或两个以上的保险人共同承保同一保险标的、同一保险利益、同一保险事故，且保险金额之和不超过保险价值的保险。每个保险人按照约定的比例承担保险责任。

4. 重复保险

重复保险是指投保人就同一保险标的、同一保险利益，在同一保险期间内，与两个以上的保险人订立保险合同，且保险金额的总和超过保险价值的保险。

六、按业务性质分类

1. 商业保险

商业保险，亦称作合同保险或自愿保险，是一种以市场机制为基础、以营利为目的的保险类型。该保险形式允许个人或企业基于自愿原则选择投保，涵盖人寿保险、健康保险、财产保险等多种险种。商业保险以其灵活性和多样性为特点，能够根据市场需求提供定制服务。在社会保障体系中，商业保险发挥着补充作用，通过提供多种保险产品，以满足社会不同层次的保障需求。

2. 社会保险

社会保险是一种由政府主导的社会保障形式，旨在通过强制的保险机制为社会成员提供基本的保障，如养老保险、医疗保险等。社会保险的特点是强制性、普遍性和基本性，它通过政府的管理和调控，确保所有社会成员都能获得基本的生活保障。社会保险不以营利为目的。

3. 政策性保险

政策性保险是一种特殊的保险形式，它通常由政府发起或主导，旨在实现特定的社会政策目标，如农业保险、出口信用保险、巨灾保险等。政策性保险的特点是政策导向性强，它通过政府的政策支持和补贴，实现对特定风险的管理和控制。政策性保险既可以由政府直接运营，也可以通过与商业保险公司的合作来进行。

表 2-1　商业保险与社会保险

类别	商业保险	社会保险
实施方式	自愿性，自主选择是否购买及保额，少数险种强制(如交强险)	强制性，必须参加
行为依据	依据合同，民事行为	依法实施，政府行为
保费来源	投保人(个人或企业)支付	个人、企业、政府共同分担
保障范围与水平	覆盖人身、财产、责任、信用等多种风险，保障水平高，灵活	覆盖生老病死等人身风险，覆盖人群广泛，保障程度较低
经营主体	具有法人资格的企业组织，以营利为经营目的	各级政府或其指定机构，不以营利为经营目的

第三节　商业保险的商品属性

一、商业保险的商品形态

商业保险以保险作为经营的对象，因此取得了商品的形态，保险产品也就具有商品的属性。保险之所以能成为买卖的商品，是因为其具有经济损失补偿的功能，从而满足人们风险管理的需要。保险取得商品形态的根本原因还在于市场经济条件下保险基金的筹集和保险补偿一般不可能采取直接的摊派方式，而只能采取保险人出售保险单和投保人缴付保险费的买卖方式得以实现。保险的商品形态是保险分配关系得以实现的一种形式，换言之，就是保险分配关系的商品化。

二、保险商品的价值和使用价值

价值和使用价值是商品的两个基本属性。由于保险取得了商品形态，因此它同其他商品一样，也具有价值和使用价值。下面从质和量两个方面分别考察保险商品的价值和使用价值。

(一)保险商品价值的质和量

1. 质的规定性——物化劳动

商品的内在价值是人类同质的抽象劳动的凝结。保险商品的价值是物化于保险本身的劳动，即用来生产因风险损失引起的保险补偿过程中所必须消耗的那部分生产资料和生活资料的劳动。然而保险商品与一般商品的区别在于：一般商品的价值形成，无论是有形商品还是无形商品，都可划分为物化劳动和活劳动，物化劳动是旧价值向新价值的转移，并以活劳动为前提；而保险商品的价值形成中并不存在活劳动的部分，而且其物化劳动部分(指净费率)仅用于补偿损失，是风险消费所必需的部分。因此，我们可以将物化于保险本身的劳动，等价地视作为风险消费所必需的劳动，它构成了保险商品的价值实体。

2. 量的规定性——纯(净)保费率

保险商品的价值量由保险标的的平均损失率决定，与一般商品价值量不同的是：一般商品的价值量是由生产该商品的社会平均必要劳动时间决定，价值规律在其中发生了作用；而保险商品的价值量则由风险损失的概率来决定，即由损失概率所要求的生产资料或生活资料的价值量决定。因此，保险商品价值量的决定不受价值规律支配，而是受风险损失发生的或然率支配。

(二)保险商品使用价值的质和量

1. 质的规定性——提供经济保障

保险商品对于保险人是价值，对于被保险人是使用价值。保险商品的使用价值表现为它为被保险人提供经济保障。在现实生活中消费保险商品时，这种保障性具体表现为免除恐惧(精神上、心理上的消费)和补偿损失(实质上的消费)。实质性消费是保险商品精神性消费的物质基础，但对于绝大多数未出险的被保险人，保险商品的消费主要是精神上的消费，体现出“我为人人，人人为我”的互助共济理念。

2. 量的规定性——保险金额

保险商品的使用价值是以货币为衡量单位，具体表现为保险金额。保险金额是保险人在约定的保险事件发生后，进行赔付或给付的最高责任限额。

三、保险商品等价交换原理

保险商品的交换是等价的吗？有人持否定观点，因为有些人缴了保费却没有得到赔偿，相反，得到赔偿的人所得到的赔偿金额却超过所付保费的数倍、数十倍、百倍甚至千倍以上；也有人持肯定观点，因为从保险交换的集约性上看是等价的，即以保险人总体为一方和被保险人总体为另一方的双方交易是等价的，即个体不等价，而总体是等价的。

以上两种看法都混淆了保险商品价值量与使用价值量的区别。保险商品的价值量的货币表现是保险费(纯保费+附加保费)，问题的关键是保险商品的使用价值也是以货币表现的，即保险金额。正是这一点模糊了人们的视线。个别不等价说是把个别保费与保险金额比较，而总体等价说则是把总保费与个别或若干个保险金额比较。两种观点都是把保险商品的价值量与使用价值量进行比较，因而在等价原理说上都是欠妥的。

商品交换必须服从价值规律的要求，交换必须等价，至少交换双方认为是等价的，无论是个别交换，还是总体交换，都不能违背等价原则，保险商品的交换也不例外。实际上，保险费是单个保险的市场价格，投保人支付这个价格取得保险保障。投保人之所以愿意为保单付费，是因为他们在比较不同风险管理的机会成本时，认为保险所提供的保障物有所值，对于保险费可以接受，因而两相情愿的买卖就是等价交换。

第四节 保险的产生与发展

一、古代保险思想

人类社会从开始就面临着自然灾害和意外事故的侵扰，在与大自然抗争的过程中，古代人们就萌生了应对灾害事故的保险思想和原始形态的保险方法，较能体现我国早期保险思想的是古代仓储制度。例如，孔子提出的“拼三余一”，是这一思想的典型代表。孔子认为，每年如能将收获粮食的三分之一积储起来，连续积储三年便可存足一年的粮食，以应对可能出现的灾荒。如果连续地积储粮食，经过三十年便可储备十年的粮食，达到太平盛世。他主张“老有所终，壮有所用，幼有所长；鳏寡孤独废疾者皆有所养”，一个国家必须建立应付灾害意外的后备，以备赈恤救济之用。随后，在春秋战国时期，出现了名为“委积”的实物救济后备仓制度；汉朝时期，设立了“常平仓”；隋朝时期，则建立了“义仓”。这些制度均以实物形式存在，用以备荒。到了宋明两朝，民间出现了“社仓”；宋朝还特别设立了“广惠仓”，专门用于赡养老幼及贫病之人。这些均属于早期的人身救济后备制度。此外，我国古代特有的镖局也可以视作一种类似于货物运输保险的形式。客户在委托镖局护送货物时，需要支付一定的费用，称为“镖银”。如果货物在运输过程中遭遇意外损失，镖局会按照约定的赔偿标准进行赔偿。这种机制在一定程度上减轻了商人的风险，使他们能够更加安心地进行贸易活动，与现代保险的作用机制有类似之处。

国外的早期保险理念起源于古巴比伦、古埃及等历史悠久的文明古国。这些国家地处东西方贸易路线的关键位置，频繁的商业交易和文化互动催生并推动了早期保险理念的形成与实践。早在公元前 2500 年，古巴比伦王国的国王就曾命令僧侣、法官和村长等官员收取赋金，用以救济遭受火灾及其他天灾的人们。这种形式的保险被称为“救济税”，是全世界最早的保险形式之一。此外，古巴比伦的《汉谟拉比法典》中也有关于海上保险意识萌芽的描述，这部法典颁布于公元前 18 世纪，相当于中国的夏朝晚期。在《汉谟拉比法典》中，规定了共同分摊补偿损失之条款，体现了早期海上保险的思想。此外，古罗马士兵会通过集资为阵亡将士遗属提供生活费。这些实践都体现出通过集体力量来分摊个体风险的互助思想，为现代保险制度的发展奠定了基础。

二、近代保险业的产生与发展

(一) 海上保险

近代保险体系的发端可追溯至海上保险。关于海上保险的起源，学界提出了四种学说：共同海损说、海上借贷说、合伙经营说、家族团体说。在这些理论中，共同海损说与海上借贷说较为广泛地被接受。

共同海损说认为，海上保险源于海上贸易中由参与各方约定的损失分摊规定，也称为共同海损分摊制度。根据该制度，在海上运输中，当船舶、货物或其他财产面临共同危险时，为了保护整体的安全而采取的有意且合理的措施所造成的特殊牺牲或支付的特殊费用，如为减轻船舶载重而将货物投弃于大海所造成的损失，应由所有受益方按比例分摊，这一制度体现了风险分散与损失分摊这一保险的基本原则。这一原则在《罗地安海商法》和罗马法典中得到正式规定，至今仍被各国海商法采用。

海上借贷说又称冒险借贷说。海上借贷起源于中世纪意大利和地中海沿岸城市中盛行的商业抵押借贷，即冒险借贷。船长和货主常以船舶或船上的货物向当地商人进行抵押借款，如果船舶安全到达目的地，则本利均需偿还；若船舶中途沉没，则债权消除，借款人无须偿还款项。放款人在这种借贷中承担了较高的风险，因此利息较高，通常为本金的三分之一到四分之一，高出普通利息的部分相当于保险费。这种借款被认为是海上保险的初级形式。

海上保险起源于 14 世纪中叶的意大利；随后，随着海上贸易重心的迁移，15 世纪起，海上保险的中心亦随之从地中海地区转移至大西洋沿岸；至 17 世纪，英国成为全球海上贸易的核心，海上保险的重心亦随之迁至英国。1601 年，伊丽莎白女王颁布了首部海上保险相关法律——《海上保险法》，确立了英国在海上保险及保险法律领域的中心地位。此外，当今国际保险市场中赫赫有名的劳合社，其最初也是专门从事海上保险业务的机构，其发展历程在一定程度上反映了英国海上保险业的演进。

(二) 火灾保险

近代火灾保险制度的形成可以追溯到 17 世纪的英国。1666 年 9 月 2 日，伦敦一家面包店起火，引发了历史上著名的伦敦大火。这场大火持续了四天，几乎将整个城市化为灰烬。这场灾难不仅造成了巨大的物质损失，还促使人们开始思考如何通过保险机制来分散和减轻火灾带来的风险。在伦敦大火之后，英国社会对火灾保险的需求日益增长。1680 年，英国成立了第一家火灾保险公司——“伦敦保险公司”，该公司由牙医尼古拉斯·巴蓬和一些商人共同创立，旨在为房屋提供火灾保险。巴蓬也是一位具有远见的经济学家和建筑师，他认识到火灾保险的重要性，并积极推动这一制度的发展，被称为“现代保险之父”。随后，其他保险公司也相继成立，火灾保险制度逐渐完善。1705 年，英国议会通过了《伦敦保险公司法案》，正式承认了火灾保险的合法地位，并对其运营进行了规范。这一法案的通过标志着近现代火灾保险制度的正式形成。

进入 18 世纪，火灾保险制度进一步扩展到欧洲其他国家和北美地区。1750 年，美国第一家火灾保险公司——费城保险公司成立。该公司由本杰明·富兰克林等人创立，采用了一种独特的风险评估方法，对投保房屋进行严格的审查，以确保其防火安全。

随着时间的推移，火灾保险制度不断演进，逐渐涵盖了更多的风险保障内容。现代火灾保险不仅包括房屋本身的损失赔偿，还扩展到家具、电器等室内财产的损失。此外，火灾保险还与其他保险产品相结合，形成了综合性的财产保险计划，为人们提供了更为全面的风险保障。

(三) 人寿保险

尽管通过集体力量分摊个体人身风险的思想很早就已出现，例如古埃及石匠的丧葬互助组织，但人寿保险制度的产生要晚于海上保险。15 世纪，随着海上贸易的发展，海上保险逐渐发展起来。当时，奴隶也被作为商品在海上进行贩运。为了保证奴隶的价值，出现了以奴隶生命为标的的人身保险，后又拓展到对船员的人身保险。到16世纪，出现了对旅客的人身保险。

在生命表诞生之前，早期的人寿保险的保费计算和风险评估主要依赖于个人的经验和直觉。随着商业活动的日益频繁，人们开始意识到需要一种更为系统和可靠的方式来保障家庭和财产的安全。1693年，英国天文学家埃德蒙·哈雷编制了第一张真正意义上的生命表，为现代人寿保险制度奠定了基础。随后，英国和欧洲其他国家开始逐步建立和完善人寿保险制度。18世纪，英国出现了第一家正式的人寿保险公司——公平人寿保险公司，该公司采用均衡保费理论来计算保费，标志着人寿保险制度开始走向成熟。

三、中国保险业的产生与发展

随着近代中国社会的变革和经济的发展，保险业逐渐在中国萌芽并发展壮大。早在19世纪中叶，一些外国保险公司开始在中国设立分支机构，如“永安保险”和“友邦保险”。这些外资保险公司的进入，为中国带来了现代保险的理念和技术。

19世纪末至20世纪初，中国民族保险业开始兴起。1865年，上海华商义和保险行成立，这是我国第一家自办的保险企业，其成立打破了外国保险公司对中国保险市场的垄断，为之后民族保险业的兴起奠定了基础。1875年，招商局创办仁和保险，较大规模的民族保险企业开始出现。此后，越来越多的民族保险公司相继成立，如“华安保险”“永安保险”等。这些民族保险公司在与外资保险公司的竞争中不断发展壮大，逐步占据了国内市场的重要份额。

中华人民共和国成立前夕，大量外国保险资本逃离中国市场，华商保险公司为快速抽逃资金也大量乱放折扣进行不正当竞争，保险市场正常的经营秩序遭到严重破坏。整顿和改造私营保险业、创办国营保险公司以及清退外国保险公司，是当时国家政治经济形势发展的要求。1949年10月，中国人民保险公司成立，标志着中国保险业进入了一个新的发展阶段。中国人民保险公司作为国家唯一的保险公司，承担了全国的保险业务。在此后的几十年里，中国人民保险公司逐步完善了保险制度，推动了保险业务的发展。

20世纪六七十年代是中国保险业发展的低谷期，由于历史原因，保险业的发展陷入了长达二十年的停滞期。1958年12月，全国财政会议做出停办国内保险业务的决定。1959年1月，中国人民保险公司召开第七次全国保险工作会议，全面停办国内保险业务，仅保留少量的涉外保险业务。

改革开放以来，中国保险业迎来了新的发展机遇。1980年，中国人民保险公司恢复国内业务，揭开了中国保险业全面发展的序幕。此后，各类保险公司如雨后春笋般涌现，保险市场逐步形成了多元化竞争格局。1992年，美国友邦保险公司获准在上海设立分公司，外资保险公司开始进入中国市场。这不仅带来了先进的保险理念和技术，也促进了中国保险业的国际化进程。

进入21世纪，中国保险业进入了一个快速发展的新时期。随着经济的持续增长和居民收入水平的提高，保险需求日益旺盛。保险产品不断创新，保险服务不断优化，保险市场逐步扩大。2006年，国务院颁布《国务院关于保险业改革发展的若干意见》（也称“国十条”)，成为指导保险业发展的纲领性文件。2009 年，我国《保险法》修订实施，进一步规范了保险市场秩序，保护了保险消费者的合法权益。2014 年，国务院发布《国务院关于加快发展现代保险服务业的若干意见》(也称“新国十条”)，保险业再次迎来快速发展的契机。2024 年，国务院发布《关于加强监管防范风险推动保险业高质量发展的若干意见》(也称“国十条 3.0”)，提出围绕强监管、防风险、促高质量发展这三大中心任务，充分发挥保险业的经济减震器和社会稳定器功能，大力提升保险保障能力和服务水平，推进金融强国建设，服务中国式现代化。

展望未来，中国保险业将继续保持快速发展的势头。在国家政策的支持下，保险业将进一步深化改革，扩大开放，推动保险市场与国际接轨。同时，保险业将积极应对人口老龄化、气候变化等挑战，不断创新保险产品和服务，满足人民群众多样化的保险需求，为经济社会的稳定和发展提供有力保障。

【专栏 2-1】

中国保险业画像

保费规模：5.12 万亿元，首次突破 5 万亿元，规模稳居世界第 2。

保费结构：人身险 3.76 万亿元，财产险 1.36 万亿元，产寿险比例约为 1∶3。

资产规模：29.96 万亿元，占金融业资产比重 6.53%，相较于全球发达金融市场，仍有较大提升空间。

发展水平：保险深度 4.1%，保险密度 3635 元/人，与全球保险市场平均发展水平仍存在差距。

保险公司：244 家，其中，保险集团 12 家，保险控股公司 1 家，财产险公司 87 家，人身险公司 96 家，再保险机构 14 家，保险资产管理公司 29 家，其他类型保险公司 5 家(具体包括农村保险互助社、财产相互保险社、专属财产保险公司等)。

中介机构：2561 家，其中，保险代理 1691 家，保险经纪 494 家，保险公估 376 家。

以上数据截至 2023 年 12 月。

(资料来源：《中国保险发展报告 2024》及历年《中国保险统计年鉴》。)

第五节　保险的功能与作用

保险的功能特指保险作为一种制度安排，在其运作过程中所固有的、内在的、独特的职能，保险的作用则体现了保险功能所带来的社会与经济效应。保险的功能反映了保险的本质，保险本质上是一种经济补偿制度。这一制度通过合理计算分担金的形式，建立保险基金，实现对少数成员因特定风险事故所致的经济损失进行补偿或给付。保险的功能可以分为两类：基本功能和派生功能，前者是其自设计之初所固有的功能，后者则是在其运行过程中所派生出的一些功能。

保险的功能是保险本质的客观要求并表现保险的本质，而保险的作用则是保险功能所发挥出来的社会和经济的效应。

一、保险的功能

(一)基本功能

1. 风险分散

保险的风险分散功能核心体现在其通过汇聚大量具有相似性质的风险，以分担金的形式，将某一单独风险主体可能遭受的巨额损失有效分散至多个风险主体之中，进而减轻每一风险主体所面临的潜在损失风险。此风险分散机制不仅跨越空间界限，也能跨越时间维度。然而，需明确的是，保险作为一种风险管理工具，其本质并不在于减少风险事件发生的概率或降低事故所引致的损失程度。

2. 损失补偿

保险的损失补偿功能，是在保险事故发生后，保险人严格依据保险合同的条款与约定，对被保险人所遭受的因保险事故导致的损失进行精确的货币补偿。就财产保险而言，保险事故主要引发的是与保险标的物直接相关的经济损失，补偿的具体数额则严格依据保险合同的保障程度及标的物的实际损失情况来确定。而对于人身保险，鉴于保险标的的损失难以直接用货币进行量化评估，因此，保险金额通常在保险合同订立时即已明确约定。在保险事故发生后，保险人会严格按照合同规定，向被保险人或其指定的受益人“给付”双方事先约定的保险金。

分散风险和损失补偿是手段和目的的统一，是保险本质特征的最基本反映，最能够表现保险分配关系的内涵。因此，这两项是保险的基本职能。

(二)派生功能

1. 资金融通

保险的派生功能主要体现在资金融通和社会管理两个方面。资金融通功能是在保险的基本功能——经济补偿的基础上发展起来的，反映了保险的金融属性，这一功能主要体现在保险资金的积聚和运用过程之中。

一方面，投保人通过购买保险将当前时期的闲置资金转移给保险人，在未来损失时可以获得补偿资金，或者投保人通过购买保险或退保行为来获得预期收益，是一种进行理财、投资的金融活动，能够通过保险这一媒介在不同时间阶段进行资金融通。

另一方面，由于保险赔付与保费收取之间存在时间差异，留存的保费形成保险基金。此基金具有较强的保值和增值需求，这就使得保险基金的运用成为可能。保险公司就如资金的中介，资金在一集一散中实现了资金的融通。特别地，由于保险资金具有规模大、期限长、成本低、来源稳定等特点，可通过投资股权、债券、资管产品等多种形式进行投资，是国家战略、实体经济和民生工程建设的重要的、稳定的资金供给方。保险公司也是资本市场中重要机构投资者，保险资金具有“耐心资本”的特征，有利于促进资本市场的资金优化配置。

2. 社会管理

保险的社会功能则体现在保险业通过提供各种保险产品和服务，参与到社会风险管理和社会保障体系中，能够促进、协调社会各领域的正常运转和有序发展，起到“社会润滑剂”的作用。保险的社会管理功能是在保险业逐步发展成熟并在社会发展中的地位不断提高之后衍生出来的功能，具体体现在保障社会民生、调和社会关系、支持防灾防损等方面：

(1)保障社会民生。商业保险是社会保障体系的重要组成部分，它在弥补社会保险不足、提高个人和家庭保障水平方面发挥着重要作用。例如，为积极应对人口老龄化问题，促进我国多层次、多支柱养老保险体系发展，我国先后出台了个人养老金和商业养老金制度，商业保险是这两类制度实施的主要载体。

(2)调和社会关系。此作用主要体现在责任保险的使用之中。具体地，由责任保险的承保公司及时向受害人赔偿，或代替家人承担赡养、抚恤等责任，可以降低受害人索赔成本，减少社会矛盾纠纷，有利于民事赔偿制度得到落实。例如，机动车辆第三者责任保险能使受害人得到及时救治和经济补偿，减少致害人与受害人之间的纠纷，从而起到调节社会矛盾的作用。

(3)支持防灾防损。在承保之后，为了降低潜在的赔付成本，保险公司将强化对保险标的风险的监控和对被保险人的指导，旨在减少风险事故的发生频率和损失程度。例如，保险公司可能会要求被保险人采用必要的风险管理技术和设施，或指导被保险人优化其风险管理流程。保险公司还可能通过提供保费优惠等措施，激励被保险人积极参与防灾工作。此外，在与风险长期打交道的过程中，保险公司积累了丰富的风险统计数据与资料。这些资料为政府的防灾防损部门提供了宝贵的管理风险的参考依据。积极主动地参与和配合社会防灾减损部门的工作，是保险行业履行其社会责任的重要体现。

二、保险的作用

(一)保险的微观作用

保险的微观作用主要是指其对个体、企业等微观经济主体的影响。具体来说，保险的微观作用包括以下几个方面：

1. 有助于受灾企业及时恢复生产或经营

当企业遭受自然灾害或意外事故等风险时，保险可以为其提供经济补偿，帮助企业及时修复受损设备、恢复生产，从而避免因灾害而导致的长时间停产和经济损失。

2. 有助于企业加强财务管理和风险管理

保险作为企业财务管理和风险管理的重要工具，可以促使企业更加注重风险防范和资金安全。通过购买保险，企业可以将部分风险转移给保险公司，减轻自身的财务压力，并更加专注于核心业务的发展。

3. 有助于安定人民的生活

对于个人而言，保障型保险可以为其提供医疗、养老、意外等多方面的保障，减轻因疾病、伤残、死亡等风险给家庭带来的经济负担，从而有助于安定人民的生活。储蓄型保险则通过长期的缴费和累积，可以在个人需要时提供资金支持，如退休后的养老金、子女教育金等，有助于个人实现财务收支的均衡和长期规划。

4. 有助于保证民事赔偿责任的履行

在民事活动中，如果因过失等原因给他人造成损失，可能需要承担相应的赔偿责任。而责任保险可以通过提供经济补偿的方式，替代被保险人履行民事赔偿责任，从而保障受害人的利益。

(二)保险的宏观作用

保险的宏观作用则是指其对整个社会、国民经济总体等宏观经济层面的影响。具体来说，保险的宏观作用包括以下几个方面：

1. 保障社会再生产的正常运行

在社会再生产过程中，各生产部门之间需要保持合理的比例关系以确保再生产的连续性和稳定性。然而，自然灾害和意外事故等风险可能导致这种比例关系失衡或再生产中断。保险通过提供经济补偿和修复服务，可以迅速恢复受灾单位的生产能力，从而保障社会再生产的正常运行。

2. 促进社会经济的发展

保险在商品流通和消费中发挥着重要作用，为交易双方提供了信用风险和产品质量风险的保障。这有助于降低交易成本、提高交易效率、促进市场繁荣和经济发展。

3. 有利于对外经济贸易发展

在对外经济贸易中，保险是不可或缺的环节。它为进出口商提供了货物运输、海外投资等方面的风险保障，有助于降低贸易风险、促进贸易发展。同时，保险还可以帮助国家平衡国际收支、维护国家经济安全。

4. 有利于科学技术的研发与应用

科学技术的研发和应用往往伴随着各种风险，包括技术风险、市场风险以及可能发生的自然灾害和意外事故等。这些风险一旦发生，可能给科技项目的投资者和开发者带来巨大的经济损失。而保险作为一种风险转移机制，可以通过为科技项目提供保险保障，降低投资者和开发者在科技应用过程中的经济风险。

三、保险在国民经济中的地位

保险作为现代市场经济的基础性制度安排，连接各行各业、关系国计民生，是促进经济发展、改善民生保障、助力共同富裕的有力手段。保险源于互助共济、风险共担，蕴含的“人人为我、我为人人”理念，与金融工作的人民性天然契合。保险是现代经济的重要产业和风险管理的基本手段，在保障和改善民生、防灾减损、服务实体经济等方面具有重要作用，在国民经济中扮演着经济减震器和社会稳定器的角色。

《国务院关于加快发展现代保险服务业的若干意见》明确指出，加快发展现代保险服务业，对完善现代金融体系、带动扩大社会就业、促进经济提质增效升级、创新社会治理方式、保障社会稳定运行、提升社会安全感、提高人民群众生活质量具有重要意义。要坚持市场主导、政策引导，坚持改革创新、扩大开放，坚持完善监管、防范风险，使现代保险服务业成为健全金融体系的支柱力量、改善民生保障的有力支撑、创新社会管理的有效机制、促进经济提质增效升级和转变政府职能的重要抓手，使保险成为政府、企业、居民风险管理和财富管理的基本手段，成为提高保障水平和质量的重要渠道，成为政府改进公共服务、加强社会管理的有效工具。

◎ 本章小结

1. 保险是集合具有同类风险的众多单位或个人，以合理计算分担金的形式，建立保险基金，实现对少数成员因特定风险事故所致经济损失进行补偿或给付的行为。保险的本质是参与风险分摊的主体之间形成的一种分配关系。保险具有经济性、互助性、契约性、科学性等特征，与储蓄、赌博、救济有一定相似之处，但存在显著差异。
2. 保险根据不同的标准可以划分为不同的类别，表 2-2 展示了主要的分类方法。

表 2-2　保险的分类

分 类 依 据	具 体 分 类
保险标的	人身保险、财产保险
储蓄功能	保障型保险、储蓄型保险
实施方式	强制保险、自愿保险
保险主体	个人保险、团体保险
承保方式	原保险、再保险、共同保险、重复保险
业务性质	商业保险、社会保险

3. 保险产品具有商品的属性。与一般的商品一样，保险商品具有价值与使用价值。物化于保险本身的劳动形成了保险商品的价值实体，而保险商品的使用价值体现在其能够为消费者提供风险保障的功能之上。商业保险是双方当事人以平等互利、等价有偿为条件的合同交易行为，遵循等价交换原理。
4. 保险的产生与发展是一个历史悠久且不断演进的过程。保险产生于人们在风险管理中的互助行为，中西方传统文化中都蕴含着“一人为众、众人为一”保险思想。现代保险起源于海上保险，随着风险保障需求的不断扩大和生命表等精算技术的出现，火灾保险与人寿保险相继出现并得到快速的发展。
5. 保险的功能分为基本功能和衍生功能。保险的基本功能包括风险分散与损失补偿，保险的衍生功能包括资金融通和社会管理。基于保险的这些功能，保险在个人生活、企业经营和社会发展中都有着独特的作用，保险业在国民经济中具有重要的地位。

◎ 课后练习

1. 可保风险具有哪些特征？这些特征如何体现在保险的定义之中？
2. 你还能想到哪些保险分类的方法？
3. 如何理解保险的使用价值？

4. 基于保险的要素，思考为何现代保险起源于海上保险？
5. 举例说明保险的资金融通功能和社会管理功能。
6. 相较于银行储蓄和其他投资理财产品，储蓄型保险有何特点？

◎ 实践探索

1. 你如何看待商业保险与社会保险之间的关系，是相互替代、相互促进，还是存在竞争与合作？请查阅相关文献，并结合我国保险市场的发展阶段，阐述你对二者关系的理解。
2. 2023 年 6 月 16 日，中国人民银行、金融监管总局、中国证券监督管理委员会、财政部、农业农村部共同发布了《关于金融支持全面推进乡村振兴 加快建设农业强国的指导意见》。请查阅该文件，并基于保险的三大核心功能，深入思考保险在推进乡村振兴与建设农业强国的进程中能够发挥的具体作用。
3. 2017 年 5 月 11 日，中国保险监督管理委员会颁布了《关于规范人身保险公司产品开发设计行为的通知》(保监人身险〔2017〕134 号)，旨在规范各人身保险公司产品开发设计的行为，确保人身保险产品能够充分发挥其保障功能，回归保险的本质，并预防经营风险。该通知被业界称为史上最严新规，其中有关投资属性较强的保险产品的限制性规定，引起了保险市场的广泛关注，许多保险专业人士视其为“一个时代的结束”。请查阅该文件，并结合 2017 年及前后人身保险市场的发展状况，分析监管机构发布该通知的动因，并探讨如何以理性与客观的态度审视保险的资金融通功能。

◎ 课后荐读

1. 陈恳．迷失的盛宴：中国商业保险史 1919—2023[M]．天津：天津人民出版社，2024.
2. 胡鑫磊．重述社会保险和商业保险关系的历史渊源与发展脉络——基于法律文本的考察[J]．保险研究，2024(2)：57-70.
3. 梁鹏．“保险”的概念——重新定义《保险法》中的“保险”[J]．保险研究，2024(8)：3-14.
4. 林宝清．论保险功能说研究的若干逻辑起点问题[J]．金融研究，2004（9）：19-24.
5. 粟芳．“保险姓保”的理论探析与监管保障[J]．保险理论与实践，2017（6）：16-34.
6. 孙祁祥．从保险大国迈向保险强国[J]．中国金融，2021（Z1）：59-61.
7. 王和．保险的逻辑(上下册)[M]．北京：中国金融出版社，2015.
8. 魏华林．保险的本质、发展与监管[J]．金融监管研究，2018（8）：1-20.

第三章　保险合同

◎ 学习目标

了解保险合同的概念、特征与种类，理解保险合同的主体、客体与主要内容，了解保险合同的履行与变更方式，掌握保险合同的解释原则和争议处理方式。

◎ 引言

2018年7月31日，最高人民法院颁布《关于适用〈中华人民共和国保险法〉若干问题的解释(四)》，对保险法中涉及财产保险合同的法律适用问题进行阐释。此举旨在正确审理保险合同纠纷案件，切实维护当事人的合法权益。此前，最高人民法院分别于2009年、2013年、2015年发布了关于适用《中华人民共和国保险法》的解释(一)、(二)、(三)，对《保险法》合同章节的一般规定以及人身保险部分进行了详细解释。

最高人民法院针对《保险法》合同章节所作出的多次司法解释，凸显了保险合同的专业性和复杂性。在本章，我们将深入研究保险合同的相关概念、特征、种类，以及保险合同所涉及各方主体的权利与义务，并对保险合同的订立、履行、变更、终止以及争议解决等实务操作进行详尽介绍。

本章节内容涉及众多与《保险法》相关的专业性知识，建议在深入学习本章节之前，先行参阅《保险法》的相关条款。

第一节　保险合同概述

一、保险合同的概念

保险合同，又称保险契约，指保险双方当事人为了实现经济保障的目的，明确双方权利与义务关系，订立的一种在法律上具有约束力的协议。保险合同的基本功能是保障保险人、投保人与受益人的权益。投保人按照合同规定向保险人支付保险费，当发生合同中约定的不可预料或不可抗拒的事故时，保险人向投保人或受益人进行补偿或给付保险金。这种安排体现了实施保险行为的基本目的：风险转移和经济补偿。

保险合同是一种基于投保人和保险人之间的自由意志和一致意见而形成的特殊民事合同。保险商品的交易与普通消费品的交易不同。普通消费品为可触知的实体物品，而保险商品则以保险单作为其主要表现形式。保险合同内容旨在明确界定并约定保险双方当事人之间的权利与义务关系，这些内容并非通过触觉或视觉直接感知，而是依赖于法律文本的明确记载。因此，保险商品的交易实质上体现了双方之间的契约合同关系，即一种受法律约束与保护的权利与义务关系。

二、保险合同与一般合同的共性

保险合同属于合同范畴中的一种，因此，其具有一般合同的法律特征，主要体现在以下几个方面：

第一，合同的当事人必须具有民事行为能力。所谓民事行为能力，是指民事主体独立地以自己的行为为自己或他人取得民事权利和承担民事义务的能力。我国《民法典》规定，十八周岁以上的自然人为成年人，具有完全民事行为能力，可以独立实施民事法律行为。

第二，保险合同是双方当事人意思表示一致的行为，而不是单方的法律行为。因此保险合同的签订是完全自愿达成的，某些强制保险除外。

第三，保险合同必须合法。保险合同属于合同范畴，同时由于保险商品经营的特殊性，因此，其经营必须受到《民法典》《保险法》等法律的约束，以保障保险合同当事人的利益。

三、保险合同的特性

（一）双务性

依双方当事人是否互负义务，合同可分为双务合同和单务合同。在双务合同中，当事人双方均承担合同义务，并且双方的义务具有对应关系，一方的义务就是对方的权利，反之亦然。双务合同是合同的主要形态，《民法典》所规定的多数合同均为双务合同。单务合同是指只有一方当事人承担义务的合同。如赠与合同、无偿借贷合同等都属于单务合同。之所以说保险合同具有双务性，是因为保险合同的投保人负有按约定缴付保险费的义务，而保险公司则负有在保险事故或约定事件发生时赔偿或给付保险金的义务。但保险合同的双务性与一般双务合同有所不同，双方当事人不是同时对等给付，虽然投保人缴纳了保险费，但只有在保险事故发生后，保险人才履行赔偿或给付保险金的义务。鉴于此，一些英美法系的学者认为保险合同具有单务性合同特征。

（二）射幸性

射幸性，也称为机会性，是指保险合同的履行结果建立在不确定性事件的基础上。这种特性使得保险合同具有不确定性，即保险人并不必然履行赔付义务，而投保人则可能获得远大于所支付保险费的效益，也可能没有利益可获。射幸是碰运气、赶机会的意思。“射幸”一词的英文“aleatory”来源于拉丁文的“alea-torius”，而拉丁文“aleator”的意思是“玩骰子的人”（dice player）。因此，“射幸”在本质上就是碰运气的意思。这种概念在保险合同中得到了充分体现，因为保险事故的发生具有不确定性，投保人购买保险就是希望在不幸发生时能够得到经济上的补偿，但这种补偿是否发生则取决于保险事故是否发生。

保险合同的射幸性来自保险事故发生的偶然性，这在财产保险合同中表现得尤为明显。而在人寿保险中，在大部分场合，由于保险人给付保险金的义务是确定的，只是存在给付时间不确定的问题，因此，人寿保险合同中的射幸性特征相对较弱。需要指出的是，保险合同的射幸性特点是针对单个保险合同而言的，如果从承保的保险合同总体来看，由于保险费率的厘定是以精确的数理计算为基础的，收入和支出应该保持平衡，所以保险合同整体上不存在射幸性。

(三)补偿性

保险合同的补偿性主要体现在财产保险合同或费用型医疗保险合同之中，具体是指保险人对投保人所承担的义务仅限于对损失部分的补偿，且补偿的金额不能高于实际损失的数额。保险的一个最重要的目的是为了让被保险人恢复到损失发生前时的经济状况，而不是改善被保险人的经济状况。因此，财产保险合同只能是补偿性的，被保险人不能通过保险行为获取额外利益。

(四)附和性

保险合同的附和性主要体现在，保险人根据一定的规则制定出保险合同的标准条款，投保人在知悉条款后，只能选择同意或不同意，而没有修改条款的权利。即便在极少数情况，需要对保险单的某些内容进行修改或补充时，通常也只能采用保险人事先准备的格式化的附加条款或附属保单，而不能根据投保人的意思随意做出改变。

保险合同之所以呈现出附和性特征，一是保险产品具有较强的专业性。保险合同的设计依赖精算模型、大数法则和风险概率计算，涉及复杂的统计学与金融学知识，并需要符合需符合监管要求，普通投保人难于参与。二是出于对交易效率与经济成本考量，若每单合同均需逐一协商条款，将大幅增加人力、时间成本。标准化条款可重复使用，显著提升交易效率，实现规模化经营。

正是由于保险合同具有附和性的特点，当保险合同出现由于条款的歧义而导致的法律纠纷时，按照国际上的通常做法，法院往往会做出有利于被保险人的判决。

(五)条件性

所谓合同的条件性，是指只有在合同规定的条件得到满足的情况下，合同的当事人一方才履行自己的义务。例如，保险合同中规定投保人具有按约定时间缴付保险费的义务和损失事件发生时及时通知保险人的义务，如果当损失事件发生时投保人未履行其通知义务，保险人就可以不履行赔偿保险金义务。

(六)个人性

保险合同的个人性是指，在财产保险中，保险合同的保障对象明确指向遭受损失的被保险人本人，而非直接针对受损的财产本身。鉴于个体的特质、行为模式等因素对于风险标的物可能遭受损失的概率及程度具有显著影响，保险公司在评估投保人的申请时，需综合考量各被保险人的具体情况及所投保财产的状态，进而做出是否接受投保、拒绝投保或附带条件地接受投保的决定。因此，投保人在转让其财产权益时，并不自动享有转让相关保险合同的权利，除非此转让行为事先获得保险公司的明确许可。

四、保险合同的分类

保险合同按照不同的标准可以划分为多种类型，常见的划分方式有以下几种：

(一)按保险赔付目的

1. 补偿性保险合同

补偿性保险合同是指当约定的保险事故发生后，保险人根据保险标的因事故发生所造成的实际损失额，对被保险人进行经济补偿的合同，主要是针对财产保险而言。

2. 给付性保险合同

给付性保险合同是指因保险合同约定的特定事件出现或者保险期限届满，保险人必须按照保险双方事先约定的保险金额支付保险金的合同，主要是针对人身保险合同而言(医疗费用保险除外)。

(二)按保险标的价值确定与否

1. 定值保险合同

定值保险合同是指保险合同双方当事人事先确定保险标的的保险价值并在合同中载明作为保险金额的保险合同。定值保险合同多应用于保险标的价值波动较大或难以确定的财产保险中，如艺术品保险、货物运输保险等。

2. 不定值保险合同

不定值保险合同是指，保险双方当事人在订立保险合同时，并不事先约定保险价值，仅在合同中列明保险金额作为赔偿的最高限额，而在保险事故发生后再估算保险标的价值，确定损失的保险合同。大多数的财产保险合同都属于不定值保险合同。

(三)按保险金额与保险价值的关系

1. 足额保险合同

足额保险合同是指，保险金额与保险价值相等的保险合同。在足额保险合同中，当保险事故发生造成保险标的全部损失时，保险人应依据保险价值进行全部赔偿。当保险事故发生造成部分损失时，保险人按实际损失赔偿相应的损失金额。如果保险标的存有残值，则保险人对此享有物上代位权，也可以作价给被保险人，在赔偿保险金中扣除这部分价值。

2. 不足额保险合同

不足额保险合同是指，保险金额小于保险价值的保险合同。当保险事故发生并造成保险标的损失时，保险人的赔偿方式有两种：一种是比例赔偿方式，即按照保险金额与财产实际价值的比例计算赔偿额。另一种是第一损失赔偿方式，即不考虑保险金额与保险价值的比例，在保险金额限度内，按照损失多少，赔付多少；而对超过保险金额的损失，超过部分不负赔偿责任。我国《保险法》第五十五条第四款规定："保险金额低于保险价值的，除合同另有约定外，保险人按照保险金额与保险价值的比例承担赔偿保险金责任。"

3. 超额保险合同

超额保险合同是指保险金额超过保险价值的保险合同。由于超额保险容易诱发道德风险，因此各国保险立法对超额保险合同均加以严格限制。我国《保险法》第五十五条第三款规定："保险金额不得超过保险价值。超过保险价值的，超过部分无效，保险人应当退还相应的保险费。"产生超额保险的情况通常有以下几种：①投保人由于不了解市场行情或者对保险标的物的实际价值认识不清，导致过高估计财产价值而进行超额投保。②投保人出于恶意，故意以高价投保，企图在保险事故发生后获得不正当利益。③经双方当事人特别约定，按照保险标的重置成本投保，从而使约定保险金额高于保险标的实际价值。④保险合同签订后，因保险标的的市场价格跌落，导致保险事故发生时的保险金额超过保险标的价值。

(四) 按保险标的数量

1. 单个保险合同

单个保险合同是以一人或一物为保险标的的保险合同。这种保险合同是最常见的，例如，某人为自己投保一份医疗保险。

2. 团体保险合同

团体保险合同是将性质相似的保险标的集合起来签订一份保险合约，而每一保险标的分别定有各自的保险金额的保险合同。例如，某车队将其经营的所有营运车辆与保险人签订一份保险合约，且每辆车的保险价值都有事先确定的保险合同。如果发生了保险事故，保险人对每一保险标的在其保险金额限度内给予赔偿。

3. 综合保险合同

综合保险合同是指保险人对承保的多个保险标的仅确定一个总的保险金额，而非对每一保险标的规定保险金额的保险合同。这种合同的保险标的通常面临同一风险因素，此类合同常见于财产保险、责任保险与团体意外伤害保险。

(五) 按承保风险范围

1. 指定险保险合同

指定险保险合同是指在合同中约定由保险人承保具体的一种或多种风险的保险合同。

这种保险合同还可以细分为单一风险保险合同和多种风险保险合同。在保险实务中，仅承保一种风险的保险合同非常少见了，大多数保险合同是承保多种风险的。

2. 一切险保险合同

一切险保险合同是指保险人承保除责任免除以外的所有风险的保险合同。这类合同的特点是保险人在保险合同中并不明确列举所承保的风险，而是以“除外责任”条款来确定自己不承保的风险，进而来界定其承保风险的范围。其优点是容易明确保险人的责任范围，但这种承保方式容易使保险人陷于被动的局面，一些发生概率极小的事故可能会给保险人造成巨大的损失。

(六)按保险人不同承保情况

1. 原保险合同

原保险合同是指投保人与保险人之间直接签订的保险契约。投保人通过缴纳保费与保险人确立保险关系，进而将保险事故可能带来的风险转移给保险人。

2. 再保险合同

再保险合同是指原保险人将其所承保的业务的一部分，以契约的形式分给另一个或几个保险人的保险合同。再保险合同承保的保险标的与原保险合同不同，它承保的保险标的是原保险人的保险责任。再保险合同的订立是以原保险合同的存在为前提的，两者之间有着密切的联系。

3. 共同保险合同

共同保险合同是指由两家或两家以上的保险人联合直接承保同一标的、同一保险利益、同一风险责任而总保险金额不超过保险标的可保价值的保险合同。共同保险的各保险人在各自承保金额限度内对被保险人负赔偿责任。

第二节 保险合同的要素

保险合同的要素由保险合同的主体、客体和内容三方面组成。

一、保险合同的主体

保险合同的主体是指在保险合同订立、履行过程中的参与者，通常将主体划分为保险合同的当事人、关系人和辅助人。具体而言，保险合同的当事人包含投保人与保险人两方。一般合同的订立系基于当事人自身的利益考量，而保险合同的订立既可以服务于投保人的自身利益，也可以为其他人的利益而设。保险合同本质上是一种保障性质的契约，其保障对象系指因风险事件而可能遭受财产或身体损害之人，即与保险合同存在重要关联的被保险人。因此，在保险合同中，除投保人、保险人外，受益人与被保险人亦作为合同关系人，其身份与权益均在合同中予以明确界定与记载。此外，由于保险合同的复杂性，一些辅助人会参与保险合同的订立、履行与变更等环节，例如经纪人、代理人与公估人。

(一)保险合同的当事人

保险合同的当事人是指直接参与保险合同订立，确立合同的权利与义务的行为人，包括保险人和投保人。

1. 保险人

保险人亦即保险公司，是指专门经营保险业务的承保人。保险人根据保险合同向投保人收取保险费，当保险事故发生或者约定的期限届满时，履行赔偿责任或给付保险金义务。保险人既可以是法人，也可以是自然人。各国法律对保险人的资格都有所规定，只有少数国家法律允许自然人作为保险人，最具代表性的是英国的“劳合社”。

我国《保险法》第六条规定：“保险业务由依照本法设立的保险公司以及法律、行政法规规定的其他保险组织经营，其他单位和个人不得经营保险业务。”

2. 投保人

投保人也称要保人，指向保险人申请订立保险合同，并负有缴付保险费义务的人。自然人和法人都可以作为投保人，但无论何种主体作为投保人，按照《保险法》规定，都必须具备一定的条件：

(1)投保人具有完全的民事权利能力和行为能力

保险合同关系是一种民事法律关系，因此保险合同当事人须具有民事权利能力和相应的民事行为能力。未成年人、精神病患者等不能成为合同的当事人。但这也不是绝对的，如限制行为能力的人在监护人同意的情况下订立合同，则合同有效。法人的民事权利能力和民事行为能力以它的组织章程或者核准登记的范围为限。

(2)投保人对保险标的具有保险利益

保险利益是指投保人对保险标的具有法律上承认的利益。投保人对保险标的无保险利益的，保险合同无效。投保人可以为自己的利益投保，也可以为他人的利益投保。投保人在为他人利益投保时，在未经委托的情况下，应征得他人的同意并应让保险人知晓投保的目的，以让保险人决定是否承保。保险利益原则的详细内容将在后面章节讨论。

(3)投保人必须具有缴纳保险费的能力

保险合同为有偿合同，投保人取得经济保障的代价就是支付保险费。不论保险合同是为自己的利益还是为他人的利益而订立，投保人均需承担缴纳保费的义务。在后一种情况下，如果投保人未能按时履行缴纳保费的义务，保险合同关系人可以代投保人缴纳，但这只是代付性质，而并不是说保险合同关系人有缴纳保险费的义务。保险人不得以关系人非当事人为由，而拒收关系人代付的保费，从而影响保险合同的效力。

(二)保险合同的关系人

保险合同的关系人是指与保险合同有一定的经济利益关系，而未必直接参与保险合同订立的人。保险合同关系人包括被保险人、受益人、保单所有人。

1. 被保险人

被保险人是指其财产、利益或者生命、身体、健康等受保险合同保障的人。在财产保险中，被保险人是保险财产的权利主体。在被保险财产发生保险事故时，保险人对被保险人的损失进行赔偿；在人身保险中，被保险人是其生命、身体和健康受保险合同保障的人，同时也是保险事故发生的本体(载体)；在责任保险中，被保险人是对他人的财产毁损或人身伤亡负有民事赔偿责任，因而要求保险人代其进行赔偿，由此对自己的利益进行保障的人。

2. 受益人

受益人也叫保险金受领人，即在保险合同中约定，在保险事故发生后直接向保险人行使赔偿请求权的人。

受益人的确立须满足下列要件：

(1)受益人是享有赔偿请求权的人

受益人有资格享受保险合同利益，但却不用承担缴纳保险费的义务，保险人不得向受益人追索保险费。需要注意的是，受益人与保险人的法律关系只是在被保险人死亡时才发生。在发生保险事故后，受益人有义务及时通知保险人。

(2)受益人必须是由被保险人或投保人指定的人

如果投保人、被保险人不是同一个人，则最终决定受益人权利的应当是被保险人而不是投保人。投保人可以在保险合同中明确规定受益人，也可以规定指定受益人的方法。例如，规定以继承人为受益人。投保人或被保险人必须对保险标的具有保险利益，但受益人不必如此。

通常来说，有两种形式的受益人：一种是不可撤销的受益人，这种情况下，只有在受益人同意时才可以更换受益人；另一种是可撤销的受益人，这种情况下，被保险人或投保人可以中途变换受益人，或者撤销受益人的受益权。受益人的撤销或变更须经被保险人同意，不必征得保险人的同意，但必须通知保险人。如果在改变了受益人的情况下没有通知保险人，保险人在向原指定的受益人做出给付后，不承担对被更改的受益人的义务。

如保险合同中未明确受益人，保险金一般由被保险人的法定继承人以继承权受领。但应特别注意的是，虽然受益人与继承人都在他人死亡后受益，但是两者的性质是不同的。受益人享有的是受益权，是原始取得；而继承人享有的是遗产的分割权，是继承取得。受益人没有用其领取的保险金偿还被保险人生前债务的义务；但如果是继承人的话，则在其继承遗产的范围内有为被继承人偿还债务的义务。

3. 保单所有人

在保单签发之后，对保单拥有所有权的个人或企业被称作保单所有人或保单持有人。这一称谓主要适用于人寿保险合同。由于财产保险合同大多是一年左右的短期合同，保单没有现金价值，并且绝大多数投保人都是以自己的财产作为保险标的来进行投保(成为被保险人)，在发生保险事故时获得保险赔偿(成为受益人)的，因此，投保人、被保险人、受益人和保单所有人通常就是同一人，所有人在这里并没有太大的意义。但在人寿保险中，由于大多数人寿保险合同所具有的储蓄性，且投保人、被保险人与受益人有可能并非同一人，此时，有必要明确保单资产的所有人。保单所有人既可以是一个人，也可以是一个组织结构；既可以与受益人为同一人，也可以是其他的任何人。但一般来说，在投保时与保单存续期间，投保人就是保单所有人；事故发生后，被保险人是保单所有人的情况较为普遍；如果被保险人不具有行为能力，则投保人应为保单所有人；如果被保险人在事故中死亡，则受益人成为保单所有人。

保单所有人通常拥有的权利包括：①在保险事故发生后索赔保险金；②在保险存续期间退保以及领取退保金；③领取分红保单红利和投连保单收益；④以保单作为抵押品进行借款；⑤在保单现金价值的限额内申请贷款；⑥放弃或出售保单的一项或多项权利；⑦指定或变更受益人(须经被保险人同意)；⑧指定新的所有人。

(三)保险合同的辅助人

保险合同的辅助人，也称保险中介人，是指协助保险合同当事人签署保险合同或履行保险合同，并协助办理有关保险事项的人，主要包括代理人、经纪人和公估人。

1. 代理人

保险代理人是根据保险人的委托，向保险人收取佣金，并在保险人授权的范围内代为办理保险产品推销业务的机构或者个人。保险代理人以保险人的名义从事业务活动必须要有保险人的委托授权，其授权一般采用书面委托授权书的形式。

在我国，根据《保险代理人监管规定》，保险代理人分为保险专业代理机构、保险兼业代理机构和保险个人代理人三种。保险专业代理机构是指依法设立的专门从事保险代理业务的保险代理公司及其分支机构。保险兼业代理机构是指利用自身主业与保险的相关便利性，依法兼营保险代理业务的企业，包括保险兼业代理法人机构及其分支机构。例如，银行、邮政储蓄机构等可以利用其广泛的客户接触点为客户代办保险业务；旅行社可以代理客户旅游险。个人保险代理人是指与保险公司签订委托代理合同，从事保险代理业务的人员。《保险法》第一百二十五条规定："个人保险代理人在代为办理人寿保险业务时，不得同时接受两个以上保险人的委托。"

2. 保险经纪人

保险经纪人是基于投保人的利益，为投保人与保险人订立保险合同、提供中介服务，并依法向保险人收取佣金的机构或者个人。在我国，根据《保险经纪人监管规定》，保险经纪从业人员是指在保险经纪人中，为投保人或者被保险人拟订投保方案、办理投保手续、协助索赔的人员，或者为委托人提供防灾防损、风险评估、风险管理咨询服务、从事再保险经纪等业务的人员。

3. 保险公估人

保险公估是指评估机构及其评估专业人员接受委托，对保险标的或者保险事故进行评估、勘验、鉴定、估损理算以及相关的风险评估。保险公估人是专门从事上述业务的评估机构，包括保险公估机构及其分支机构。保险公估从业人员是指在保险公估人中，为委托人办理保险标的承保前和承保后的检验、估价及风险评估，保险标的出险后的查勘、检验、估损理算及出险保险标的残值处理，风险管理咨询等业务的人员。保险公估从业人员包括公估师和其他具有公估专业知识及实践经验的评估从业人员。公估师是指通过公估师资格考试的保险公估从业人员。

二、保险合同的客体

保险合同的客体是保险利益。保险利益也称可保利益，是指投保人或被保险人对保险标的所具有的法律上承认的利益。保险利益与保险标的不同，保险标的是保险合同中所载明的投保对象，是保险事故发生所在的本体(载体)，即作为保险对象的财产及其有关利益或者人的生命、身体和健康。

保险合同的订立并非旨在确保保险标的本身的安全，即便在保险购买之后，也无法阻止损失或损害的发生。其真正目的是，在保险标的遭受损失或损害之后，为被保险人或受益人提供经济补偿或给付。因此，保险合同实际上保障的是被保险人对保险标的所具有的利益，即保险利益。

三、保险合同的内容

保险合同的内容即保险条款，是指规定保险双方当事人的权利和义务及其他有关事项的文字条文。它是当事人双方履行合同义务、承担法律责任的依据，根据合同内容的不同，保险条款可以分为基本条款、附加条款、保证条款等。

(一)基本条款

基本条款是关于保险合同当事人和关系人权利和义务的规定以及按照法律规定一定要记载的事项。根据《保险法》第十八条的规定，保险合同的基本条款包括以下事项：

(1)保险人的名称和住址。

(2)当事人和关系人的名称和住所。该事项确立了保险合同中权利和义务的承担者，明确了保险合同的履行地点和合同纠纷的诉讼管辖等。

(3)保险标的。该事项明确了保险的对象，以便于确定投保人是否具有保险利益，并为确定保险价值、保险金额和赔偿金额提供依据。

(4)保险责任和责任免除。该条款是保险合同的核心内容，也是区别各险种的重要标志。保险责任是指保险人按合同约定的保险事故发生后所应承担的保险金赔付责任，旨在明确保险人承担责任的范围。责任免除也称除外责任，是指在合同中列明的保险人不予承担的保险赔偿与保险金给付责任。在保险实践中，保险合同纠纷大多出现在责任范围方面。

(5)保险期限和保险责任开始时间。保险期限是指保险合同的有效期，也就是保险合同从开始生效到终止的这一期间。保险期限既是计算保费的依据，也是保险人履行其赔偿或给付义务的根据。只有在保险期限内发生保险事故，保险人才承担赔偿或给付的责任。保险期限通常有两种设定方法：较为常见的是按日历年、月来设定。例如，车险的保险期限通常为一年，人身保险的存续期间较长，有 5 年、10 年、15 年、20 年甚至终生。另一种方法是以一项事件的始末作为保险期限。例如，如货物运输险以一个航程为有效期，又如建筑、安装工程保险的保险期限，通常以工程施工日起至履约验收为止。

(6)保险责任期限则是指保险人履行保险赔付责任的时间期限。保险合同的责任开始时间一般由保险合同双方在合同中约定，责任开始时间通常与保险期限的起点一致。我国《保险法》第 14 条规定："保险合同成立后，投保人按照约定交付保险费，保险人按照约定的时间开始承担保险责任。"

(7)保险金额。保险金额也称保额，是指保险人承担赔偿或给付保险金责任的最高限额。在财产保险中，保险金额不超过保险标的的价值，也不得超过投保人对保险标的所拥有的保险价值。在人身保险中，保险金额一般由保险双方当事人协商决定，投保人本身支付保费的能力、保险人的承保意愿以及法律规定等因素都会影响保险金额。

(8)保险费以及缴费方式。保险费也称保费，是投保人向保险人购买保险商品支付的费用。保险费的缴付方式有趸缴、分期缴费、限期缴费等多种方式。趸缴保险费是投保人在订立保险合同时一次性缴清全部保险费；分期缴费是将保险费均分为若干期，按约定时间间隔如年、季、月各缴纳一次保险费；分期缴费中如果缴费期和保险期限一致就称为全期缴费方式，缴费期短于保险期限，则称为限期缴费方式。

(9)保险金赔偿或者给付办法。在财产保险中，通常按实际损失计算赔偿金额。在人身保险中，通常按约定的保险金额给付保险金。保险金赔偿一般采用现金给付的方式，但特别约定的，也可以用修复、置换或重置的方式予以赔偿。

(10)违约责任和争议处理办法。

(11)订立合同的日期与地点。

(二)附加条款

附加条款是指保险人为满足投保人或被保险人的特殊需要，在保险合同基本条款的基础上增加一些补充内容，以扩大承保的责任范围的条款。

有些险种不能独立承保，只能附加在某一个主险项下承保，这时就需要附加条款来扩大承保责任范围。除此之外，保险合同订立后如果需要进行变更补充，通常采用在原合同上加贴附加条款的方式。

(三)保证条款

保证条款是投保人或被保险人履约的一种承诺。该类条款规定了投保人或被保险人的义务，如投保人或被保险人未能履行义务，保险人有权解除保险合同，或者不履行赔偿或给付保险金义务。保证条款通常由法律规定或保险行业协会指定，具有一定的规范性，以避免投保人滥用保险合同的附和性特点，在保险合同中过度地规定投保人或被保险人的义务。我国《保险法》第十九条规定："采用保险人提供的格式条款订立的保险合同中的下列条款无效：(一)免除保险人依法应承担的义务或者加重投保人、被保险人责任的；(二)排除投保人、被保险人或者受益人依法享有的权利的。"

四、保险合同的形式

保险合同的形式主要是指保险合同的书面形式，这些形式详细记录了保险双方的权利和义务，是保险业务中不可或缺的一部分。具体来说，保险合同的形式包括以下几种：

(一)投保单

投保单一般是由保险人准备的统一格式的书据，载有保险合同的必要条款，由投保人依其所列事项逐项填写。投保单本身不是保险合同的书面形式，而是投保人向保险人提出保险要约的书面形式，但一经保险人接受后，即构成保险合同的组成部分，是保险合同成立的重要凭证。

(二)暂保单

暂保单又称临时保单，它是在出立正式保险单或保险凭证之前出具的临时性的保险证明。暂保单通常只记载保险单中的重要事项以及保险单的特别约定。暂保单在保险单未签发前，与保险单具有同样的法律效力。但其有效期较短，通常以30天为期限，并在正式保险单签发时自动失效。保险人可以在正式保险单签发前终止暂保单效力，但必须提前通知投保人。在保险实践中，为了避免由于“空口无凭”而产生的纠纷，暂保单一般采用书面的形式。

暂保单通常在下列情形中可能会签发：

(1)保险代理人在争取到业务但尚未向保险人办妥保险单之前，对被保险人临时开出的证明。

(2)保险公司的分支机构在接受投保时，需要请示总公司审批，或者还有一些条件尚未全部谈妥。在这种情况下，保险公司的分支机构向投保人开出暂保单。

(3)正式保单须由电脑统一处理，而投保人又急需保险凭证。在这种情况下，保险人在保单做成交付前先签发暂保单，作为保险合同的凭证。

(三)保险单

保险单简称保单，它是保险人向投保人签发的约定当事人权利和义务的正式书面文件。一般由保险人在保险合同成立时签发，并将正本交由投保人收执，表明保险人已经接受投保人的投保申请。它是投保人与保险人履行权利和义务的依据，是保险合同中最重要的书面形式。

(四)保险凭证

保险凭证又称小保单，实际是一种简化了的保险单，在法律上具有与一般保险单同样的效力。保险凭证的内容比较简单，凡是保险凭证未记载的事项都以保险单的条款为准。与暂保单不同，保险人出具和交付保险单的行为并不导致保险凭证的失效。例如，某些附有意外伤害保险的车船票就是一种保险凭证。再如，在团体保险中，整个团体人员共一张保单，但团体保险中的每一个被保险人应持有一张保险凭证。

(五)批单

批单是保险合同双方就保险单内容进行修改和变更的证明文件。批单的法律效力优于保险单。若多次批改，应以最后一次批改为准。

第三节 保险合同的订立与履行

一、保险合同的订立与生效

保险合同的订立是投保人与保险人之间基于意思表示一致而进行的法律行为。我国《保险法》第十三条规定："投保人提出保险要求，经保险人同意承保，保险合同成立。保险人应当及时向投保人签发保险单或者其他保险凭证。"

(一)保险合同的订立程序

保险合同的订立程序包括要约和承诺两个环节。

要约，是指当事人一方以订立合同为目的而向对方做出的意思表示。保险合同的要约通常由投保人提出。在保险实务中，保险公司及其代理人通常会主动"推销"保险，但其实质上是由保险公司或其代理人在邀请或者促成投保人做出订立合同的意思表示，即仍然是投保人提出要约，投保人是要约方。

承诺，是指承诺人向要约人表示同意与其缔结合同的意思表示。保险合同的承诺也叫承保，通常由保险人作出，当投保人按投保单所列事项逐一填好后，经保险人审查，认为符合要求的，将予以接受；经签章后，即做出承保后，保险合同随之成立。

(二)保险合同的成立与生效

保险合同的成立是指投保人和保险人就保险合同内容达成协议，即经过投保人要约和保险人承保，合同即告成立。保险合同的生效是指保险合同对当事人双方发生约束力，即合同条款产生法律效力。

保险合同的成立并不一定意味着保险合同的生效，保险合同成立时并不一定发生法律效力。通常情况下，当投保人缴付保险费或首期保费后，已订立的保险合同开始生效。在保险合同订立后，若保险合同还未生效，在此期间发生保险事故的，保险人不承担保险责任。保险合同生效后，合同当事人均受合同条款的约束。

【案例 3-1】

保险合同"零时生效"规定是否有效?

2020 年 4 月 19 日 18 时 36 分，邓某某驾驶电动摩托车撞到范某某停靠在路边的自卸货车，造成邓某某当场死亡。经交警大队认定，邓某某、范某某承担事故同等责任。经查，范某某驾驶肇事车辆在保险公司投保了交强险及商业三者险，缴费时间为 2020 年 4 月 19 日 16 时 20 分，投保人认为保险公司已收取保费，保险期间应按照收费时间起算。但是，保险公司认为保单上约定的保险期间为次日零时开始，事故发生时保险还未生效，保险公司不应承担赔偿责任。

对于本案中保险合同生效时间的计算，有两种不同的意见：

第一种意见认为，本案所涉保险合同应按“即时生效”计算合同生效时间。理由是：保单及投保人声明等均是保险公司打印的固定格式条款，投保人无法选择什么时候开始保险生效，保险合同也不是一种需要相关部门登记审批的合同，保险合同是收取保费即生效。

第二种意见认为，本案所涉保险合同应按合同约定的“次日零时”时间，计算合同生效时间。理由是：案涉合同约定“次日零时”生效是双方当事人的一致真实意思表示。

你认可哪一种意见？为什么？请在中国法院网中查阅本案例的完整解析。

（资料来源：李海军，罗兰兰．保险合同“零时生效”规定是否有效[N/OL]．[2020-10-22]．中国法院网．https：//www.chinacourt.org/article/detail/2020/10/id/5540483.shtml.）

二、投保人的义务

投保人应履行的义务有缴纳保险费义务、通知义务、预防损失和避免损失扩大义务。

（一）缴纳保险费的义务

缴纳保险费是投保人最重要的义务。投保人必须按照合同中约定的时间和方式来缴纳保险费。在保险实务中，保险费也可以由有利害关系的第三人缴纳。如果投保人未能按照合同规定履行缴纳保险费的义务，将产生下列法律后果：

第一，在约定保费按时缴纳为保险合同生效要件的场合，保险合同不生效。

第二，在财产保险合同中，保险人可以请求投保人缴纳保险费及退延利息，也可以终止保险合同。

第三，在人身保险合同中，如果投保人未按约定期限（包括宽限期在内）缴纳保险费，保险人应进行催告，投保人应在一定期限内缴纳保险费，否则保险合同自动终止。

（二）通知义务

投保人的通知义务主要有两个：一是保险标的“危险增加”的通知义务；二是保险事故发生时的通知义务。

在保险合同中，危险增加是指在订立保险合同时，当事人双方未曾估计到的保险事故危险程度的增加。如果危险增加的原因是投保人或被保险人行为所致，比如将投保的房屋变更用途等，投保人应主动告知保险人；如果危险增加的原因是投保人或被保险人以外的原因，投保人知道后也应通知保险人。保险人接到通知后，通常会采取提高保险费率或解除保险合同两种做法。保险人在得知风险增加后，应在一定期限内作出提高费率或解除合同的决定，如果不做任何表示，则可视为默认，以后不得再主张提高费率或解除保险合同。

保险合同生效后，如果在保险期限内发生保险事故，投保人、被保险人或受益人应及时通知保险人，以便于保险人及时调查事故原因，明确责任，或采取适当措施防止损失的扩大。如果投保人等未能履行该义务，则保险人可以免除保险责任或者解除保险合同。我国保险法第二十一条规定："投保人、被保险人或者受益人知道保险事故发生后，应当及时通知保险人。故意或者因重大过失未及时通知，致使保险事故的性质、原因、损失程度等难以确定的，保险人对无法确定的部分，不承担赔偿或者给付保险金的责任，但保险人通过其他途径已经及时知道或者应当及时知道保险事故发生的除外。"

（三）预防损失和避免损失扩大的义务

投保人或被保险人有义务预防保险事故的发生。《保险法》第五十一条规定："投保人、被保险人未按照约定履行其对保险标的的安全应尽责任的，保险人有权要求增加保险费或者解除合同。"

在保险事故发生后，投保人和被保险人不仅应及时通知保险人，还应当采取各种必要的措施，进行积极的施救，以避免损失的扩大。《保险法》第五十七条规定："保险事故发生时，被保险人应当尽力采取必要的措施，防止或者减少损失。"投保人、被保险人未履行施救义务的，对于由此而扩大的损失，应当承担责任。

三、保险人的义务

保险合同生效后，一旦保险事故发生，保险人即按照保险合同的规定赔偿或给付保险金。在履行这一义务之前，保险人首先需要确定损失赔偿责任。

（一）确定损失赔偿责任

险种不同，保险人的责任范围也不同。保险合同对责任范围的限定主要是从三个方面做出的：基本责任、附加责任以及除外责任。

基本责任即保险人依据保险合同的基本条款对被保险人所承担的赔偿或给付的责任。

附加责任即附加于保险人基本责任范围之上的责任。它是投保人与保险人协商增加的保险责任。

除外责任是指保险标的的损失不属于保险责任范围内的保险事故所导致的结果，保险人不予承担的责任。

（二）履行赔偿给付义务

在保险有效期限内，如果发生保险责任范围内的保险事故，保险人应向被保险人或受益人赔偿或给付保险金，这是保险方履行赔偿责任的行为。《保险法》第二十三条规定："保险人收到被保险人或者受益人的赔偿或者给付保险金的请求后，应当及时作出核定；情形复杂的，应当在三十日内作出核定，但合同另有约定的除外。保险人应当将核定结果通知被保险人或者受益人，对属于保险责任的，在与被保险人或受益人达成赔偿或者给付保险金的协议后十日内，履行赔偿或者给付保险金义务。保险合同对赔偿或者给付保险金的期限有约定的，保险人应当按照约定履行赔偿或者给付保险金义务。"

保险人承担赔偿责任的行为主要包括赔偿金的内容和赔偿金的给付方式。

1. 保险金的主要内容

赔偿金的内容包括以下几个方面：①赔偿给付金额。在财产保险合同中，在保险金额限度内按实际损失赔偿；在人身保险合同中，则以约定的保险金额为最高限额。②施救费用。《保险法》第五十七条规定："保险事故发生后，被保险人为防止或者减少保险标的的损失所支付的必要的、合理的费用，由保险人承担；保险人所承担的费用数额在保险标的损失赔偿金额以外另行计算，最高不超过保险金额的数额。"③为了确定保险责任范围内的损失所支付的受损标的的检验、估价、出售的合理费用。

2. 赔偿金的给付方式。

保险人通常以现金的形式赔偿给付保险金，而不负责实物补偿或恢复原状，保险合同中有特殊约定的除外。

(三)督促、指导、预防保险标的遭受损失的义务

《保险法》第五十一条规定："保险人可以按照合同约定对保险标的的安全状况进行检查，及时向投保人、被保险人提出消除不安全因素和隐患的书面建议……保险人为维护保险标的的安全，经被保险人同意，可以采取安全预防措施。"

【案例 3-2】

私家车跑"顺风车"是否改变保险合同约定的"家庭自用车辆"使用性质?

案情简介：柴某为其所有的机动车在保险公司处投保了交强险及机动车损失保险、第三者责任保险、车上人员责任险(乘客)等商业险。使用性质为家庭自用汽车。在保险期间，柴某驾驶被保险车辆在高速公路上撞到了公路中间隔离墩，导致柴某车辆受损，路产受损，车上乘客范某受伤。该事故经公安交通管理部门认定，柴某负此次事故的全部责任。柴某称其事发前在共享汽车平台注册，并通过平台接了顺风车订单，但乘客取消订单，后该乘客与柴某联系并达成一致，一同前往目的地。柴某认为这是其与车上人员同行的拼车行为，收取的费用是车辆损耗及汽油费等，并非运营费用。经法庭询问，柴某称其收取乘客的费用与平台确定的费用金额一致。事故发生，保险公司拒赔，柴某诉至法院要求保险公司承担其为修理被保险车辆支付维修费、赔偿路产损失、拖车费、乘客损害赔偿金共计 9 万余元。

法官分析：该案认定的关键在于柴某通过平台接洽乘客，并按照平台核算的金额向乘车人收取费用，此行为是否改变了保险合同中约定的"家庭自用车辆"使用性质，增加了保险标的的危险程度，是否符合保险法第五十二条规定的免责情形。

(资料来源：张勤缘．私家车跑"顺风车"是否改变保险合同约定的"家庭自用车辆"使用性质[N/OL]．[2019-08-20]．中国法院网．https：//www.chinacourt. org/article/detail/2019/08/id/4333026. shtml.)

"顺风车"是否属于"改变车辆使用性质"的情形？在此案例中，保险公司是否应该赔付？请在中国法院网中查阅本案例的完整解析。

第四节　保险合同的变更与终止

在已订立的保险合同履行过程中，由于某些情况的变化需要对合同中的某些条款进行补充或修改。保险合同的变更是指在保险合同的存续期间，保险单的主体、内容及效力等有所改变。凡保险合同变更的，均必须经保险人审批同意，并出立批单或进行批注。

在保险合同的履行过程中，若因某些情况变化需对合同条款进行补充或修改，此过程称为保险合同的变更。变更涉及保险合同的主体、内容及其法律效力的调整。所有保险合同的变更均须得到保险人的批准，并通过出具批单或进行批注的形式予以确认。保险合同的变更通常包括合同主体的变更和合同内容的变更及合同效力的变更。

一、保险合同主体的变更

保险合同主体的变更包括当事人和关系人的变更。

(一)保险人的变更

保险人一般不会发生变更，只有当保险公司出现合并、分拆、破产等情况时才会出现保险人的变更。

(二)投保人的变更

分期交费保单或者含有现金价值的保单的投保人可能由于保单的有偿转让(表现为保单贴现)或者无偿转让(包括赠予、继承等)而变更。实践中有时可能是事实上发生变更，但转让当事人并没有到保险公司办理相关变更手续。对于一次性缴费且不含有现金价值的保单，投保人变更一般没有什么实质性意义，较少出现。

(三)被保险人的变更

在财产保险合同中，被保险人可能随着保险标的的某项物权发生转移而自动变更。我国《保险法》第四十九条第二款规定：“保险标的转让的，被保险人或者受让人应当及时通知保险人，但货物运输保险合同和另有约定的合同除外。”人身保险是以被保险人的生命或身体作为保险标的的，与被保险人紧密相连，一旦被保险人发生变化，保险合同所保障的标的风险状况一般也会发生变化，原保险合同就会失去存在的基础。因此，通常情况下人身保险合同的被保险人不能变更，但是，团体人身保险合同由于团体人员变化可能出现被保险人变更。

(四)受益人的变更

保险合同的受益人可以由投保人或者被保险人进行变更。保险合同质押有时也是通过约定或变更受益人来实现的，而且质押权人成为(新)受益人后应该是不可变更的受益人，其受益次序和受益金额都不得在未经质押权人同意后变更，投保人转让保单也应该征得质押权人的同意。不过，《保险法》并没有对此予以明确。

二、保险合同内容的变更

保险主体不变时，保险合同内容的变更主要是指主体权利与义务的变更，即合同条款的变更。包括被保险人地址的变更；保险标的数量、品种、价值或存放地点的变更；保险期限、保险金额的变更；保险责任范围的变更；货物运输保险合同中的航程变更；船期变更等。这些变更都会影响到保险人所承担的风险大小。

各国保险立法一般都规定，保险合同订立后，投保人可以提出变更合同内容的请求，但须经保险人同意，办理变更手续，有时还需增缴保费，合同方才有效。

三、保险合同效力的变更

(一)合同的无效

合同的无效是指合同虽已订立，但在法律上不发生任何效力。根据不同的无效因素可以有以下几种形式：

1. 约定无效与法定无效

根据不同的原因来划分，无效有约定无效与法定无效两种。约定无效是由合同的当事人约定，只要约定的理由出现，则合同无效。法定无效是由法律明确规定，法律规定的无效原因一旦出现，则合同无效。各国保险法通常都规定，在下列情况出现时，保险合同无效：(1)合同系代理他人订立而不作声明；(2)恶意的重复保险；(3)人身保险中未经被保险人同意的死亡保险；(4)人身保险中被保险人的真实年龄已超过保险人所规定的年龄限制。

2. 全部无效与部分无效

根据不同的范围来划分，无效可以分为全部无效与部分无效两种。全部无效是指保险合同全部都不发生效力。部分无效是指保险合同中仅有一部分无效，其余部分仍然有效。例如，对于善意的超额保险，保险金额超过保险价值的部分无效，但在保险价值限额以内的部分仍然有效。

3. 自始无效与失效

根据时间来划分，无效分为自始无效和失效两种。自始无效是指合同自成立起就不具备生效的条件，合同从一开始就不生效。例如，投保人就非法获得的保险标的所签订的保险合同，就是自始无效的。合同失效是指合同成立后，因某种原因而导致合同无效。如被保险人对保险标的失去保险利益，保险合同即失去效力。失效不需要当事人作意思表示，只要失效的原因一出现，合同即失去效力。

(二)合同的解除

保险合同的解除是指在保险合同到期之前，一方当事人依照法律或约定行使解除权，提前终止合同效力的法律行为。解除保险合同的法律后果集中表现在，它使保险合同的一切效力消失，并恢复到合同订立前的状态。

合同的解除与合同的无效是不同的。前者是行使解除权而效力溯及既往；后者则是根本不发生效力。解除权有时效规定，可因时效而丧失解除权；而无效合同则并不会因时效而成为有效合同。

行使解除权的法律效力是，双方都负有恢复到合同订立以前的状态的义务。因此，已获得的保险费或保险金应返还给对方；责任方对他方所造成的损失，须承担损害赔偿的责任。但如果保险合同的解除系由投保人的不当行为所致，在这种情况下，要求保险人返还保费，显然不利于行使解除权的保险人，因此，有时在法律或合同条款上明确规定，在上述情况下，保险人无须返还保费。

(三)合同的中止与复效

保险合同的中止是指在保险合同存续期间内，由于某种原因的发生而使保险合同的效力暂时归于停止。在合同中止期间发生的保险事故，保险人不承担赔偿给付责任。这种现象多出现在人寿保险期缴方式中。《保险法》第三十六条规定：“合同约定分期支付保险费，投保人支付首期保险费后，除合同另有约定外，投保人自保险人催告之日起超过三十日未支付当期保险费，或者超过约定的期限六十日未支付当期保险费的，合同效力中止，或者由保险人按照合同约定的条件减少保险金额。”《保险法》第三十七条规定：“经保险人与投保人协商并达成协议，在投保人补交保险费后，合同效力恢复。但是，自合同效力中止之日起满两年双方未达成协议的，保险人有权解除合同。”因此，被中止的保险合同可以在中止之日起两年内申请复效。

保险合同的复效是指保险合同的效力在中止以后又重新开始。保险合同生效后，可能会由于某种原因，合同的效力暂时中止。例如，在分期缴付保险费的人寿保险合同中，投保人缴付首期保费后，未在合同约定的期限内缴付保险费，保险合同的效力由此中断，在此期间，如果发生保险事故，保险人无需承担赔付责任。但复效期内(一般为两年)，经投保人提出恢复保险合同效力，保险人同意后，合同的效力即可恢复。

(四)保险合同的终止

保险合同的终止是指在保险期限内，由于某种法定或约定事由的出现，致使保险合同当事人双方的权利和义务不复存在。

导致保险合同终止的原因主要有以下几种：

1. 合同因履行而终止

保险事故发生后，保险人经核实确定责任并赔偿给付保险金后，保险责任即告终止。例如，终身人寿保险中的被保险人死亡，保险人给付受益人全部保险金额后；或财产保险中，保险标的被火灾焚毁，保险人赔付了全部赔偿金后，合同即告终止。

2. 合同因期限届满而终止

保险合同订立后，虽然未发生保险事故，但如果合同的有效期已届满，则保险人的保险责任即自然终止。这种自然终止是保险合同终止的最普遍、最基本的原因。

3. 合同因解除而终止

《保险法》第十五条规定：“除本法另有规定或者保险合同另有约定外，保险合同成立后，投保人可以解除合同，保险人不得解除合同。”由此可知，投保人可根据自己的实际情况在保险中途退保，但保险人不能无故解除保险合同。在保险实务中，保险合同的解除分为法定解除、约定解除和任意解除三种。

(1)法定解除

法定解除是指法律规定的原因出现时，保险合同当事人一方依法行使解除权，使保险合同关系消失。法定解除是一种单方面的法律行为。从程序上来说，依法有解除权的当事人向对方作出解除合同的意思表示，即可发生解除合同的效力，而无须征得对方的同意。

(2)约定解除

约定解除是当满足合同中约定的解除条件时，一方或双方行使解除保险合同的权利，使保险合同终止。约定解除习惯上又称为“协议注销”。保险合同一经注销，保险人的责任亦告终止。

(3)任意解除

任意解除是指在限制条件得到满足时，允许双方当事人行使合同解除权。但是，并非所有的保险合同都是可以由当事人任意解除和终止的，它一般有着严格的条件限制。

我国《保险法》规定，投保人或被保险人有下列所述行为之一者，可以构成保险人解除保险合同的条件：

(1)投保人故意隐瞒事实，不履行如实告知义务的，或者因重大过失未履行如实告知义务，足以影响保险人决定是否同意承保或者提高保险费率的；

(2)被保险人或受益人在未发生保险事故的情况下，谎称发生了保险事故，向保险人提出赔偿或者给付保险金的请求的；

(3)投保人、被保险人故意制造保险事故的；

(4)投保人、被保险人未按照约定履行其对保险标的安全应尽责任的；

(5)在合同有效期内，保险标的风险程度增加，被保险人未及时通知保险人的；

(6)投保人申报的被保险人年龄不真实并且其真实年龄不符合合同约定的年龄限制的(但合同成立后逾两年的除外)；

(7)自合同效力中止之日起两年内双方未达成协议的；

(8)因保险标的转让导致风险程度显著增加的，保险人可以按照合同约定增加保险费或者解除合同。

4. 合同因违约失效而终止

因被保险人的某些违约行为，保险人有权使合同无效。例如，终身保险合同的保费缴纳一般有季缴、半年缴、年缴等方式。如果投保人不能如期(包括宽期限在内)缴纳保险费，则保险人可以使合同中途失效。但在一定条件下，中途失效的合同经被保险人履约并被保险人所接受，还可以恢复效力。然而，并不是所有的保险合同在失效后都可以复效。不能如期缴纳保险费而被中止的合同，其后果也可能不同。一般来说，人寿保险和简易人身保险，因不能如期缴纳保险费而被暂时中止效力的，被保险人可以争取合同复效；但财产保险合同因不能如期缴纳保费而被终止合同的，则通常不能恢复合同效力。

需要说明的是，合同自始无效与违约失效是不同的。前者是指被保险人以欺诈、捏造或隐瞒真实情况等不诚实的手段，欺骗保险人而签订保险合同，当其真相暴露时，合同的无效性应溯及过去，也就是说，合同从签订之时起就没有约束力。所以，合同自始无效，也就不存在效力终止的问题。

第五节　保险合同的争议处理

在保险合同履行过程中，保险合同主体可能会由于各种原因产生意见分歧或纠纷。这种意见分歧或纠纷有些是由合同双方对合同条款的理解互异造成的，有些则是由违约造成的。当发生保险合同的争议时，要按照一定的原则和方式处理。

一、保险合同的解释原则

保险合同的解释是指保险当事人在对合同条款的理解上出现分歧时，依据法律规定或普遍接受的解释方法，对保险合同的条款或文字含义进行明确或阐释。在对保险合同进行解释时，既要考虑合同订立时双方当事人的真实意愿，也不能完全脱离合同文本。合同的解释通常需要遵循以下原则：

（一）文义解释原则

文义解释原则是解释保险合同条款的最重要的方法。所谓文义解释，是指按照保险合同的条款所使用文句的通常含义和保险法律、法规及保险业习惯，并结合合同的整体内容对保险合同条款所作的解释。合同条款属于一般文句的，对条款的解释使用公认的表面含义和其语法含义去解释，双方有争议的，以权威性工具书或专家的解释为准。

合同条款中涉及保险专业术语和法律专业术语的，有立法解释的，以立法解释为准；没有立法解释的，以司法解释、行政解释为准；无上述正式解释的，可按行业习惯或保险业公认的含义解释。

（二）意图解释原则

意图解释原则是指当保险合同因使用的文字词语概念混乱、意思表示不清而产生纠纷时，应根据双方当事人订立合同时的真实意图来进行解释。一般要根据订立合同时的背景情况等综合分析，在文字表达清晰时，不得按字面意思任意推测。

（三）有利于被保险人解释原则

有利于被保险人的解释原则是指当合同双方对合同条款有争议时，法院或仲裁机构通常会做出有利于被保险人的解释。之所以有这样的解释原则，是因为保险合同是附和性合同，且有很强的专业性。在订立保险合同时，投保人只能表示接受或不接受保险人事先已经拟定好的条款。为了避免保险人利用其有利地位，侵害投保人的利益，各国普遍使用这一原则来解决保险合同当事人之间的争议。鉴于此，保险人在拟定合同条款时应尽量使用语言明确的表达；在订立合同时向投保人准确说明合同的主要内容。我国《保险法》第三十条规定：“采用保险人提供的格式条款订立的保险合同，保险人与投保人、被保险人或者受益人对合同条款有争议的，应当按照通常理解予以解释。对合同条款有两种以上解释的，人民法院或者仲裁机构应当作出有利于被保险人和受益人的解释。”

关于该规定的适用，需特别留意：并非所有涉及保险条款的争议均需作出对被保险人及受益人有利的解释。当双方对保险条款的理解出现分歧时，应秉持公平和诚信原则，首先依据条款的通常含义，结合具体词句、逻辑结构以及保险交易中的惯常做法进行合理阐释。对于具有专业解释需求的条款，例如涉及死亡、地震、暴雨等情况，应依据专业术语的定义进行解释。只有当保险条款存在歧义或可产生多种解释时，方可依据前述规定，作出对被保险人及受益人有利的解释。如此操作，方能避免对该原则的滥用，确保不偏离立法初衷。

(四)批注(批单)优于正文的解释原则

订立保险合同后，合同当事人可进一步协商，采用批注、批单或附加条款等对原保险合同予以修改。无论以什么方式更改条款，如果前后条款内容有矛盾或互相抵触，后加的批注、条款应当优于原有的条款。保险合同更改后应该标明批改日期，如果未写明批注日期而导致分歧，手写的批注优于打印的批注，加贴的批注优于正文的批注。

(五)补充解释原则

补充解释原则是指当保险合同条款约定的内容有遗漏或不完整时，借助商业习惯、国际惯例、公平原则对保险合同的内容进行合理的补充解释，以便合同的继续执行。

【案例 3-3】

保单约定存在歧义 保险公司拒赔败诉

2011 年 10 月下旬，崔某在某保险公司成都支公司为其小轿车投保了含多种险种的机动车损失保险，该保险合同第五条载明，因雷击、暴风、暴雨、洪水、龙卷风等原因造成保险机动车的全部或部分损失，保险人依照合同约定负责赔偿；第九条第五项又载明，发动机进水后导致的发动机损坏，保险人不负责赔偿，并加黑标注作特别提示。

2012 年 9 月 10 日上午，崔某投保的车辆在四川泸州当地行驶过程中突遇暴雨，致车辆发动机进水损坏。出险当日，其投保的保险公司出具了估损单并加盖了该公司的理赔专用章。后经出险当地一汽车销售服务公司维修，共产生 37896 元的维修费和 400 元的施救费。

随后，崔某向保险公司申请理赔，保险公司却以被保险车辆系因发动机进水致损，属保险合同约定的免责情形为由不予理赔，从而引发纠纷。

法院一审认为，本案中，原、被告双方对被保险车辆在保险期间因暴雨造成车辆受损的事实均无异议。虽被告保险公司提出，被保险车辆是发动机进水后导致的损坏，依保单第九条第五项约定，此情形保险人不负责赔偿。但该保单第五条同时约定，因暴雨造成保险机动车的全部或部分损失，保险人依照保险合同约定负责赔偿，而发动机作为机动车的一部分，依照该条款的规定又属于保险赔付范围。虽上述两条款对赔付范围的约定存在歧义与冲突，按通常理解，因暴雨造成车辆受损应当包括暴雨导致发动机进水造成的车辆受损。依照我国《保险法》，采用保险人提供的格式条款订立的保险合同，保险人与投保人、被保险人或者受益人对合同条款有争议的，应当按照通常理解予以解释。对合同条款有两种以上解释的，人民法院或者仲裁机构应当作出有利于被保险人和受益人的解释的规定，保险公司应承担赔偿责任。

一审宣判后，保险公司提起上诉。成都中院二审依法驳回其上诉，维持原判。

（资料来源：王鑫，陈敏军，陈睿．保单约定存在歧义 保险公司拒赔败诉[N/OL]．[2015-03-19]．中国法院网．https：//www.chinacourt.org/article/detail/2015/03/id/1569859.shtml.）

二、保险合同争议的解决方式

保险合同的争议处理方式通常有以下四种：

（一）协商

协商是指合同双方基于自愿和互谅的原则，通过直接沟通和友好磋商，消除纠纷，力求达成一致意见。自行协商解决方式简便，有助于增进双方的进一步信任与合作，并且有利于合同的继续执行。

（二）调解

调解是在协商无效的情况下，在合同管理机关或法院的参与下，通过说服教育，促使双方达成一致意见，使合同继续履行的做法。调解必须遵循法律、政策与平等自愿原则。如果一方当事人不愿意调解，则不能用此方式解决。如调解无效果或调解后又反悔，可以申请仲裁或直接向法院起诉。

（三）仲裁

仲裁是指当事人双方按照仲裁协议，自愿将彼此间的争议交由双方共同信任的、法律认可的仲裁机构居中调解，并做出裁决。仲裁的结果具有法律效力，当事人必须予以执行。

（四）诉讼

诉讼是指合同双方将争议诉至人民法院，由人民法院依法定程序解决争议、进行裁决的方式。当事人双方因保险合同发生纠纷时，有权以自己的名义直接请求法院通过审判给予法律上的保护。当事人提起诉讼应当在法律规定的时效以内。

◎ 本章小结

1. 保险合同是保险双方当事人为了实现经济保障目的所订立的一种具有法律约束力的协议。保险合同既具有一般合同的共性，又具有双务性、射幸性、附和性、补偿性等特征，为理解保险合同的法律本质和运作机制提供了基础。保险合同按照不同的维度，有多种分类方式。

2. 保险合同的要素包括主体、客体和内容。其中，主体包括当事人(保险人、投保人)、关系人(被保险人、受益人)和辅助人(代理人、经纪人、公估人)。投保人与保险人有着不同的权利与义务(见图 3-1)。保险合同的客体是保险利益，而非保险标的。保险合同的主要内容包括基本条款、附加条款和保证条款。保险合同通常由投保单、保险单等多份文书组成。

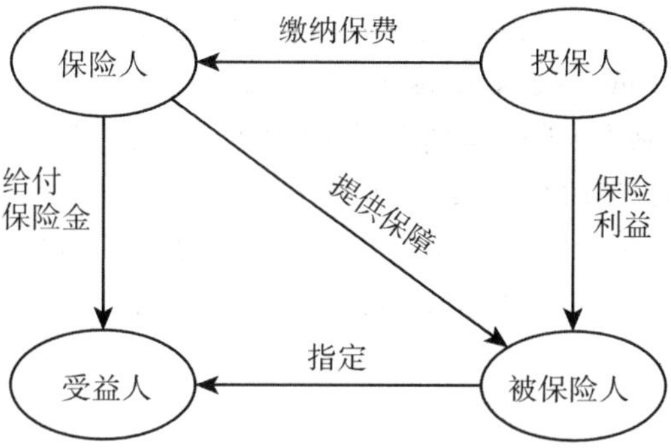

图 3-1　保险合同主体

3. 保险合同的订立过程包括要约和承诺两个环节。保险合同的成立不等同于生效。保险合同规定，投保人负有缴纳保险费、及时通知、预防损失与避免损失扩大等义务，保险人负有确定损失赔偿、履行赔偿给付以及督促、指导、预防损失的义务。
4. 除非保险公司出现合并、分拆、破产，保险合同的保险人一般不会发生变化。在一些情形中，保险合同的其他主体可能发生变化。保险合同订立后，投保人可以提出变更合同内容的请求，但须经保险人同意。保险合同的无效是指合同虽已订立，但在法律上不发生任何效力，多种原因都可能会导致合同无效。保险合同在特定情况下，还可能会出现中止、复效和中止的情况。保险合同的争议处理需要遵循文义解释、意图解释、有利于被保险人解释等原则。保险争议的解决方式包括协商、调解、仲裁与诉讼。

◎ 课后练习

1. 保险合同与一般合同相比，具有哪些共性和特性？
2. 保险合同有哪些形式？不同单据的法律效力有何差异？
3. 保险合同成立、生效与保险期间开始有何关系？
4. 导致保险合同的中止、复效与终止的原因是什么？
5. 试从保险合同的特性的角度，分析保险合同争议处理需要遵循有利于被保险人原则的原因。怎样才能保证“有利于被保险人的解释原则”不被滥用？

◎ 实践探索

1. 查找一份健康保险的保险条款，观察并阅读其中加黑或加粗的条款内容，思考：为何这些内容需要被突出显示？这反映出保险合同的哪些特征？

2. 参照以上的条款的结构安排与核心内容，设计一款创新性的保险产品（比如外卖丢失险、运动会意外伤害险），并制作相应的保险条款，内容上至少包括总则、保险标的、保险期间、保险责任、责任免除等必要模块。

◎ 课后荐读

1. 史卫进，孙宏涛．保险法实务案例精要［M］．北京：北京大学出版社，2019.
2. 国家金融监督管理总局．保险经纪人监管规定［EB/OL］．［2018-02-01］．https：//www. cbirc. gov. cn/cn/view/pages/rulesDetail. html？ docId＝102562z9&itemId＝4214.
3. 中国政府网．保险专业代理机构监管规定［EB/OL］．［2009-09-25］．https：//www. gov. cn/gongbao/content/2010/content_1599576. htm.
4. 中国政府网．保险公估人监管规定［EB/OL］．［2018-02-01］．https：//www. gov. cn/gongbao/content/2018/content_5288835. htm.

第四章　保险原则

◎ 学习目标

掌握保险利益原则、最大诚信原则、近因原则、损失补偿原则以及由此派生的代位追偿原则和重复保险分摊原则的基本含义，理解遵循这些原则的重要意义，并能够将这些原则应用于分析和处理现实生活中相关的保险案例。

◎ 引言

2024年2月27日，最高人民法院推出的新的"公共法律服务产品"——人民法院案例库，正式上线并向社会开放，这是促进法律正确、统一适用的重要举措，是深化诉源治理的重要抓手和优化司法公开的重要载体，也是提升法官司法能力的有效途径。此举对于推动裁判规则的统一与尺度的标准化，确保"同案同判"的公正原则得以遵循具有重要的意义。

近年来，随着经济社会发展和保险服务领域的拓展，人民法院审理涉保险合同纠纷案件呈现增多的趋势。保险的专业性较强，保险合同条款通常较为复杂，且涉及保险人、投保人、被保险人、受益人等多个相关主体，加之保险活动中存在着突出的双向信息不对称问题，如司法部门处理不当，非常容易成为社会关注的热点。此次案例库收录了82件保险纠纷案例，其中，指导性案例4件，参考性案例78件。相关案例的裁判要旨充分体现了"保险利益""最大诚信""近因原则""损失补偿"等保险的核心原理，这些保险相关参考性案例的公开，对维护行业规范、推动行业平稳健康发展起到了积极的导向作用。

本章将深入介绍以上保险原则的具体含义和实践应用。

第一节　保险利益原则

一、保险利益原则的含义

保险利益原则是指在签订和履行保险合同的过程中，投保人或被保险人对保险标的必须具有保险利益。保险利益是投保人或被保险人对保险标的具有的法律上承认的利益，一般表现为经济或情感上的利害关系。保险利益可以是财产及其相关利益或人的寿命和身体。这意味着，无论是财产保险还是人身保险，投保人都必须对保险对象有实际的利害关系或法律上的认可利益。例如，李女士是一名家庭主妇，她的丈夫是家庭的唯一经济来源。如果丈夫不幸去世，家庭将失去经济支柱。因此，李女士对丈夫的生命有着保险利益，可以为丈夫购买人寿保险，以保障家庭的经济安全。又如，张先生拥有一辆价值20万元的汽车，他拥有对这辆车的所有权，如果汽车发生事故或被盗，张先生会遭受经济损失。因此他对该车辆具有保险利益，可以购买汽车保险以转移这种风险。

保险利益既是订立保险合同的前提条件，也是保险合同生效及在存续期间保持效力的前提条件。无论是财产保险还是人身保险，投保人只有对保险标的具有保险利益，才有条件或资格与保险人订立保险合同，签订的保险合同才能生效。而且财产保险还要求被保险人在保险事故发生时对保险标的具有保险利益，否则不得向保险人请求赔偿保险金。

二、坚持保险利益原则的意义

第一，更好地体现保险的宗旨。保险作为一种经济保障制度，其宗旨在于对被保险人因保险标的出险所遭受的损失进行合理补偿，同时严格禁止被保险人通过保险行为获取任何形式的额外利益。为此，要求投保人或被保险人在保险标的上必须具备相应的经济利益，并将此经济利益作为保险保障的最高限额。在保险实践中，投保人需要依据保险利益来确定保险金额，而保险人也将在保险利益的范围内支付相应的保险金，以确保被保险人在得到足额补偿的同时，有效避免其不当得利的行为。因此，保险利益原则为投保人获取保险保障以及保险人提供保险补偿提供了明确且客观的依据，充分彰显了保险的宗旨与原则。

第二，有效地防止道德风险的发生。道德风险是指被保险人或受益人出于获得保险赔偿或给付的目的，蓄意违背道德准则，甚至进行犯罪活动，促使保险事故发生，或在事故发生时故意纵容损失扩大的行为。保险赔偿或保险金的支付，均基于保险标的遭受损失或保险事件的实际发生。若投保人或被保险人对保险标的无保险利益，则标的受损不仅不会带来损失，反而可能获取保险赔偿，这样就可能诱发投保人或被保险人为牟取保险赔款而故意破坏保险标的的道德风险。反之，若投保人或被保险人对保险标的有保险利益，其参与保险旨在获取经济保障，根据保险利益原则，保险事故发生时仅能获得损失补偿，无法额外获利，从根本上消除了道德风险的源头。此外，确立保险利益原则能促使投保人或被保险人更加关注保险标的的安全，积极履行防损防险的职责。在人身保险领域，保险利益的存在尤为重要，若允许投保人基于任何人的死亡获得保险金，将带来难以预料的道德风险。

第三，确保保险不同于赌博行为。保险本质上是社会成员基于互助共济的原则所形成的一种损失补偿机制，旨在确保社会再生产的顺畅运行和人民生活的安宁。相较之下，赌博则是基于一种不劳而获的心态，意图通过小额赌注追求巨额收益，这种行为具有潜在的损人不利己特质，与保险所倡导的"互助共济"精神背道而驰。赌博行为不仅威胁到家庭和社会经济生活的稳定，还可能诱发刑事犯罪行为。尽管在形式上，保险与赌博都具有射幸性，结果均取决于不确定性事件。但是，保险利益原则明确规定了投保人必须对保险标的具有实际的保险利益，只有在经济利益受损的情况下，被保险人才能获得相应的保险赔偿，这一原则从根本上区分了保险与赌博。若保险未能坚持保险利益原则，则其性质将趋近于赌博。

三、保险利益的要件

投保人或被保险人对保险标的所拥有的利益能成为保险利益必须具备下列条件。

（一）合法性

投保人或被保险人对保险标的的利益必须是法律认可的利益。例如，在财产保险中，投保人对保险标的的所有权、占有权、使用权、收益权或对保险标的所承担的责任等。因违反法律规定或损害他人或社会公共利益而产生的利益是不能成为保险利益的。例如，因盗窃、抢夺、走私、诈骗、贪污等非法行为所得的利益是不能投保的。

（二）经济性

投保人或被保险人对保险标的的保险利益必须是能够用货币衡量的经济价值。保险的目的是弥补被保险人因保险标的出险所遭受的经济损失，这种经济损失正是基于当事人对保险标的所拥有的经济利益为前提。如果投保人或被保险人的利益不能用货币来计量，则保险赔偿金或保险金的给付就无法实现。在财产保险中，保险利益一般可以精确计算。在人身保险中，由于人的生命与身体是无法用价值来衡量的，人身保险的保险利益有一定的特殊性，其经济性表现为投保人与保险人事先约定的保险金额。当发生保险事故时，保险人将依据保险金额按约定的方式向被保险人或受益人提供经济补偿。

（三）确定性

保险利益必须是一种确定的利益，确定的利益包括已经确定和能够确定的利益。已经确定的利益指事实上的利益，即现有的利益，如投保人已取得财产所有权或使用权而由此享有的利益；能够确定的利益指客观上可以实现的利益，即预期利益，如货物运输保险的保险金额可以按货物到达目的地的销售价格确定，其中包括预期利润。又如，果农可对自己种植的果树的未来收获量进行投保，这些均为预期利益。预期利益是基于现有利益而合理预期未来可以获得的利益，必须具有客观根据，仅凭主观预测、想象可能会获得的利益不能成为保险利益。

四、各类保险的保险利益

不同种类的保险所覆盖的风险各异，因此在判定保险利益及应用保险利益原则时，也呈现出相应的差异性。

（一）财产保险的保险利益

在财产保险中，投保人或被保险人如果会因保险事故发生而遭受经济上的损失，则认为存在保险利益。财产保险的保险标的是物质财产及其相关利益，因此，财产保险的保险利益反映的是投保人或被保险人与保险标的之间的经济利益，体现为对保险标的所拥有的各种权利，主要包括以下几个方面：

1. 财产所有权

财产所有人对其所拥有的财产具有保险利益。例如，房屋与汽车的所有人、私营企业的业主、家庭财产的所有者等权利主体都可凭借其具有的所有权而享有保险利益，投保不同种类的财产保险。

2. 财产经营权、使用权、承运权与保管权

财产经营者或使用者，即便不拥有财产所有权，但基于其对财产拥有经营权或使用权，从而享有因此产生的经济利益，并承担相应的责任，因此具有相应的保险利益。同样地，财产的承运人或保管人，由于他们与所运输或保管的财产之间存在法律认可的经济利益关系，因此也具备相应的保险利益。例如，承运人在履行货物运输合同时，如能按照约定，安全、准时地将货物送达目的地，将获得运费收入；若货物在运输过程中遭遇意外损失，承运人则需承担赔偿责任。基于这种经济利益关系，承运人可将承运权作为保险利益向保险公司投保，以此将潜在的风险转移给保险公司。

3. 财产抵押权和留置权

抵押是一种债权担保方式。债务人提供的抵押担保财产，在法律上并不转移其所有权或占有权，然而，一旦债务人无法按照约定偿还借款，债权人则依法享有对抵押财产进行处置的权利，并从中获得相应补偿。因此，抵押权人对抵押财产具有经济上的利害关系，即存在保险利益。

留置同样作为债权担保的一种形式，其特点在于债权人在债权得到清偿之前，对作为债务担保的财产拥有占有权，即留置权。当债务人未能如期履行债务时，留置权人同样有权处理该留置财产，并因此享有保险利益。以银行的抵押贷款为例，银行作为抵押权人，对抵押财产具有明确的保险利益，因为抵押财产的任何损失均可能给银行带来经济损失。然而，需明确的是，这种保险利益仅限于银行所借出的款项范围内，一旦借款人完成还款，银行对抵押财产的抵押权即告消失，相应的保险利益也随之终止。

（二）人身保险的保险利益

人身保险的保险标的是被保险人的生命或身体。因此，只有当投保人对被保险人的生命或身体具有某种利害关系时，投保人才能对被保险人具有保险利益。常见的利害关系包括：

1. 自身关系

任何人对其自身的生命或身体都具有最大的利害关系，因此投保人对自己的生命或身体具有保险利益，可以以自己的生命或身体作为保险标的进行投保。

2. 亲属血缘关系或合法的赡养与收养关系

亲属血缘关系主要是指配偶、父母、子女、兄弟姐妹、祖父母、孙子女等家庭成员。合法的赡养与收养关系指的是依照法律程序确立的，具有法律约束力的赡养与收养义务关系。由于家庭成员之间具有婚姻、血缘、抚养和赡养关系，在经济上具有密切的利害关系，所以彼此之间就具有保险利益。

3. 经济利益关系

经济利益关系主要包括雇佣与债权债务关系。因企业员工或雇主所雇佣的雇员的健康状况与生命安危会影响到企业或雇主的经济利益，所以企业或雇主对其员工或雇员具有保

险利益；同理，由于债务人的生死存亡也直接关系到债权人的切身利益，因此债权人对债务人也具有保险利益，但所具有的保险利益以其债务量为限。需要注意的是，这种利益关系所形成的保险利益是不可逆转的，如债权人对债务人具有保险利益，但债权人的生死安危对债务人并无利害关系。

在确定人身保险的保险利益方面，各国采取的方式不同。英美法系国家通常采取“利益主义原则”，即认为保险利益是关系到人身保险合同能否成立的要件，以投保人与被保险人之间是否存在利益关系来确定是否具有保险利益。大陆法系国家大多采取“同意主义原则”，认为人的生命、身体等具有人格，不能未经被保险人同意即作为保险标的，而且经被保险人同意或认可，能有效地防止道德风险。其他还有一些国家采取“法定主义原则”，即通过法律形式规定一定范围的亲属之间或具有某种法律关系的人之间具有保险利益。也有的国家将上述三种方式结合起来，确定人身保险的保险利益。

《保险法》第三十一条规定：

投保人对下列人员具有保险利益：

(一)本人；

(二)配偶、子女、父母；

(三)前项以外与投保人有抚养、赡养或者扶养关系的家庭其他成员、近亲属；

(四)与投保人有劳动关系的劳动者。

除前款规定外，被保险人同意投保人为其订立合同的，视为投保人对被保险人具有保险利益。

由此可见，我国人身保险采用的是利益主义和同意主义相结合的原则。

此外，《保险法》第三十三条规定：

投保人不得为无民事行为能力人投保以死亡为给付保险金条件的人身保险，保险人也不得承保。

父母为其未成年子女投保的人身保险，不受前款规定限制。但是，被保险人死亡给付的保险金总和不得超过国务院保险监督管理机构规定的限额。

(三)责任保险的保险利益

责任保险是以被保险人依法应负的民事损害引起的经济赔偿责任或经特别约定的合同责任为保险标的的一种保险。这些责任一旦产生，便会给被保险人带来经济上的损失，因此被保险人对此具有保险利益。但是，因故意犯罪行为导致的赔偿责任不属于责任保险的承保范围。根据常见的责任保险分类方法，责任保险的保险利益主要包括以下几种：

第一，公共场所经营者或管理人的保险利益体现在，他们需依法对在商场、饭店、医院、娱乐场所、公园、公共交通工具等公共经营管理场所内，因遭受人身伤害或财产损失的顾客、观众或其他人员承担赔偿责任。这些责任使经营者或管理人具备保险利益，从而可选择投保公众责任险。但值得注意的是，为避免与交通工具保险中的责任保险构成重复，公众责任保险通常不包括各种交通工具责任保险。

第二，产品生产者、销售商(或其他相关责任人)因其生产、销售的产品存在缺陷，导致消费者或他人受到人身伤害或财产损失时，依法需承担赔偿责任。这种责任使他们具备保险利益，可选择投保产品责任保险。《民法典》第一千两百零二条明确规定：“因产品存在缺陷造成他人损害的，生产者应当承担侵权责任。”因此，产品生产者对其产品可能造成的损害赔偿责任具有明确的保险利益。

第三，雇主(用人单位)的保险利益体现在当雇员(员工)在受雇期间因工作罹患职业病或遭受伤、残、死亡等，雇主依法需承担赔偿责任。这种责任使雇主具备保险利益，从而可选择投保雇主责任保险。

第四，律师、医师、会计师、设计师、工程师等专业技术人员，在工作中若因疏忽致使顾客或他人遭受人身或财产损失，依法需承担赔偿责任。这种责任使他们同样具备保险利益，可选择投保相应的职业责任险。

(四)信用保险和保证保险的保险利益

信用保险和保证保险的保险标的是义务人的信用。在社会经济活动中，义务人的信用好坏影响权利人的利益。当义务人因种种原因不能履行应尽义务时，会使权利人遭受损失。因此，权利人对义务人的信用存在保险利益。权利人就其面临的义务人的信用风险向保险人投保的是信用保险。例如在借贷活动中，债权人作为投保人和保险人订立的信用保险合同，在债务人不履行债务时，由保险公司代为补偿。

另一方面，义务人对自身信用存在着保险利益。这是由于义务人因对合同约定的义务会发生损益关系。义务人就其自身的信用风险向保险人投保的是保证保险。例如，在商品房按揭还贷合同的履行过程中，若债务人能按时向债权人偿还贷款，那么当合同约定的履行期限结束后，债权人将顺利收回全部贷款，债务人则能完整享有该房屋的产权。然而，如果债务人连续出现未能按时还贷的情况，不仅需承担合同中规定的违约金、逾期复利罚息等违约责任，债权人还有权依法行使抵押权，通过拍卖或变卖债务人所购商品房的方式，将所得款项用于清偿贷款，导致债务人无法继续享有对该房屋的占有权和使用权，甚至可能面临居无定所的困境。

因此，债务人与其投保的履约能力存在着必然的经济利益，对其自身信用存在着保险利益。

五、保险利益的变动与适用时限

(一)保险利益的变动

保险利益的变动包括保险利益的灭失和转移。

1. 保险利益的灭失

保险利益的灭失，是指投保人或被保险人失去保险利益，即在保险合同成立后，因为发生某种法律事实而引起投保人或被保险人丧失对保险标的所具有的利害关系。在财产保险中，如保险标的灭失，则保险利益亦灭失；在人身保险中，当被保险人因人身保险合同责任免除规定的原因死亡，如保险生效两年内自杀、刑事犯罪被处决等，均构成保险利益的灭失。

2. 保险利益的转移

保险利益的转移是指在保险合同有效期间，投保人将保险利益转移给受让人，而保险合同依然有效。

在财产保险中，保险利益的转移可能因财产的转让、经营管理权的变更、企业的破产清算等多种原因而发生，这些变动通常会导致保险利益从原被保险人名下转移到新的被保险人。在保险事故尚未发生之前，如果被保险人(特指自然人)不幸去世，除合同中有特殊规定外，其保险利益将自动转移至其继承人，且保险合同继续生效。此外，若保险标的的所有权发生转让(或经营管理权发生变更)，且保险合同随之转移，除合同中有其他约定外，保险利益也将随之转移至受让人，受让人随即获得对该标的的保险利益。在破产情况下，被保险人一旦破产，保险利益将转移给破产债权人或破产管理人，但此转移通常设有一个有效期限，在此期限内若发生保险事故，破产债权人或破产管理人将享有相应的请求权；一旦超过此期限，保险合同将终止。

然而，在人身保险中，情况则有所不同。由于人身保险的标的是自然人的生命或身体，因此其保险利益的转移具有特定的限制。除非是因债权、债务关系而订立的人身保险合同，保险利益可以随同债权一同转让外，通常情况下，人身保险的保险利益是不能转移的。

(二)保险利益的适用时限

保险利益在保险实践中对财产保险与人身保险的适用时限有所不同。

1. 财产保险

财产保险着重强调被保险人在保险事故发生时对保险标的具有保险利益，如果投保人或被保险人在订立保险合同时具有保险利益，但在保险合同履行过程中失去了保险利益，则保险合同随之失效，保险人不承担经济赔偿责任。《保险法》第十二条第二款规定："财产保险的被保险人在保险事故发生时，对保险标的应当具有保险利益。"这一规定有助于确保财产保险的本质特征——损失补偿，防止不当得利现象的发生，并保护被保险人的经济利益。

2. 人身保险

人身保险着重强调投保人在订立保险合同时对被保险人必须具有保险利益。这主要是因为人身保险的保险标的是被保险人的生命和身体，人身保险合同生效后，当被保险人的生命或身体受到伤害，获得保险金给付利益的是被保险人或其指定的受益人，投保人不会因被保险人发生保险事故而必然享有领取保险金的权利。因此，在发生保险事故时，投保人是否对被保险人具有保险利益没有意义。即便投保人对被保险人因离异、雇佣合同解除或其他原因而丧失保险利益，也不会影响保险合同的效力，保险人仍负有向被保险人或受益人给付保险金的责任。最高人民法院《关于适用〈中华人民共和国保险法〉若干问题的解释(三)》第四条规定："保险合同订立后，因投保人丧失对被保险人的保险利益，当事人主张保险合同无效的，人民法院不予支持。"

【案例 4-1】

2013 年 3 月，某福利院院长李某在保险代理人王某的多次劝说下，为福利院的

14 名弃婴分别与保险公司签订了人身保险合同。其中孙某的保单中载明：福利院李某为投保人，被保险人为孙某，受益人为某福利院。保险期限为 2013 年 3 月 7 日零时起至 2014 年 3 月 6 日 24 时止。保险金额为意外伤害身故 60000 元，并约定：被保险人在保险期间因意外伤害导致身故或全残的，保险人向受益人给付意外伤害保险金，本合同终止。在合同备注中写有“意外伤害事故是指由于意外伤害事故导致被保险人或投保人在意外事故发生 180 天内身故”。2013 年 10 月 4 日，孙某发高烧，某福利院工作人员以为孙某感冒，就给孙某连服了三天的感冒药，但孙某的烧都没有退下。第四天突然出现全身抽搐、说胡话等症状，某福利院赶紧把孙某送往县人民医院。县人民医院诊断为“病变性脑膜炎”，已错过最佳治疗时机。虽经医院奋力抢救，孙某没有脱离危险，10 月 8 日县人民医院向某福利院出具了孙某死亡证明书。某福利院院长李某持该死亡证明书向保险公司索赔。但保险公司经调查后发现，李某并非孙某的亲生父母，没有资格为孙某投保人身伤害险，而且在孙某患病之际，福利院未能积极履行治疗义务，对孙某的死亡有重大过失，因此保险公司拒绝理赔。双方为此发生纠纷。福利院李某遂起诉至法院，请求保险公司按照双方签订的人身保险合同承担保险责任。

（资料来源：何俊斌，王军．关于人身意外险投保人资格的案例分析[N/OL]．[2022-12-20]．中国法院网．https：//www. chinacourt. org/article/detail/2014/08/id/1358363. shtml.）

在此案例中，福利院院长对孙某是否具有保险利益？请在中国法院网中查阅该案例，了解案例评析观点。

第二节 最大诚信原则

一、最大诚信原则的含义

最大诚信原则是指保险合同双方在合同的订立和执行过程中，应采取最大努力以各种合适有效的方式自觉、主动、及时、充分、准确地向对方告知或说明有关保险交易的所有重要事项并严格履行所做的各种承诺或保证。该原则是民法中诚实信用原则的体现，但在保险活动中，对当事人的诚信度要求高于一般的民事活动，因此，称之为最大诚信原则。

诚信是一切合同有效的内在要求，保险合同概莫例外。然而，由于保险关系的特殊性，保险合同对于诚实信用的要求远远大于其他合同，故各国的理论和实践均认为保险合同是“最大诚信合同”。《保险法》第五条规定：“保险活动当事人行使权利、履行义务应当遵循诚实信用原则。”

最大诚信原则的起源可以追溯到 1766 年发生在英国的一则判例 Carter v Boehm，该事件发生在 1766 年，一家东印度公司为其马尔堡工厂投保后，因法国海盗攻击导致的损失索赔。案件经过多次审理，最终判决强调了保险合同中双方应遵守的诚信义务，特别是被保险人需如实告知关键信息。这一判决虽未直接使用“最大诚信原则”一词，但确立了保险法中一个核心原则的基础，即双方应以最大程度的诚信相待，这对于保护保险交易的公平性和维护市场信任具有重要意义，为后世保险法律制度的完善奠定了基石。到了20世纪初，最大诚信原则在英国《1906年海上保险法》中得到了确立，该法律要求人们在保险行为中相互真诚对待，不做虚假的事实讲述，不隐瞒重要的事实。这标志着最大诚信原则从一个具体的判例演变为一项正式的法律原则，并在随后的法律实践中得到了广泛应用和发展。

二、规定最大诚信原则的理由

在保险活动中，规定最大诚信原则的根本原因在于保险合同的当事人之间存在着突出的双向信息不对称问题。一方面，投保人可能利用自己更了解保险标的的危险情况，影响保险人的风险估算；另一方面，保险人也可能利用自己的专业知识优势，在缔约中给被保险人不公平的对待，损害其合法利益。

(一)保险经营的特殊性

保险人经营的是风险，保险人对可保风险提供保险保障的承诺。因此，对保险人而言，风险的性质和大小直接决定着保险人是否承保及保险费率的高低。然后，保险标的种类繁多，且风险情况各异，投保人对保险标的的风险情况往往最为了解。保险人需要根据投保人的介绍和叙述来确定是否承保并确定保险费率。这种信息不对称性要求投保人必须诚实地告知相关情况，以便保险人能够准确评估风险。

(二)保险合同的附和性

保险合同属于附和性合同，保险条款一般由保险人单方面事先拟定，具有较强的专业性和技术性，一般的投保人或被保险人不易理解和掌握。这就要求保险人在订立合同时，必须以最大的诚信将保险合同的主要内容及双方的权利义务向投保人、被保险人作详细说明。根据《保险法》第十七条的要求，保险人在订立保险合同时应当向投保人说明保险合同的条款内容，并对责任免除条款进行明确说明。这些规定体现了最大诚信原则在保险合同订立过程中的重要性。

(三)风险的不确定性

由于保险事故的发生是不确定的、随机的，其损失程度也是不确定的。这种不确定性要求保险人和投保人在订立和履行保险合同时，都必须秉持最大的诚信，以确保合同的公平性和有效性。对有些险种来说，投保人购买保险仅仅支付了较少的保费，但当保险标的发生危险事故时，被保险人所能获得的赔偿或给付金额将是保费的数十倍甚至是数百倍。这种利益关系的不平衡性更加凸显了最大诚信原则的重要性。如果投保人不能按照诚实信用原则来进行保险活动，保险人可能将无法长久地进行保险经营，最终也会损害其他投保人或被保险人的利益。

三、最大诚信原则的主要内容——对投保方的要求

最大诚信原则是签订和履行保险合同所必须遵守的一项基本原则。对于投保方(即投

保人、被保险人、受益人)，最大诚信原则的主要要求包括告知与保证。

(一)告知

1. 告知的内容

在合同订立前及在合同有效期内，投保方对已知或应知的与保险标的有关的重要事项，应据实向保险人作口头或书面申报。重要事项指对保险人评估风险、确定费率或决定承保有决定性影响的事实，如有关投保人和被保险人的详细情况、有关保险标的的详细情况、危险因素及危险变化、增加的情况、过去发生的损失赔付情况、曾经遭到其他保险人拒绝承保的情况等。投保方的告知内容具体包括以下五个方面：

第一，在保险合同订立时，根据保险人的询问，投保方对已知或应知的与保险标的及其危险有关的重要事项进行如实回答。《保险法》第十六条规定："订立保险合同，保险人就保险标的或者被保险人的有关情况提出询问的，投保人应当如实告知。"在具体的操作中，通常是保险公司让投保人首先填写投保单，在投保单上列出投保人、被保险人及保险标的等详细情况让投保人填写；或由代理人按投保单内容问询，代为填写，由投保人确认。

第二，保险合同成立后，在保险合同有效期内，保险标的的危险程度增加或减少时，应及时告知保险人。《保险法》第五十二条规定："在合同有效期内，保险标的的危险程度显著增加的，被保险人应当按照合同约定及时通知保险人，保险人可以按照合同约定增加保险费或者解除合同。"特别是在财产保险中，保险标的危险程度增加时的及时告知显得更为重要，有相当多的实例表明，保险公司的拒赔大多都源于此。

第三，保险标的发生转移或保险合同有关事项有变动时，投保人或被保险人应及时通知保险人，经保险人确认后可变更合同并保证合同的效力。当保险标的转让引起危险程度显著增加时，保险人对变动的确认是重要的，它表明保险公司接受变动并对由此产生的可能的保险损失承担赔偿责任。

第四，保险事故发生后投保人、被保险人或受益人应及时通知保险人。《保险法》第二十一条规定："投保人、被保险人或者受益人知道保险事故发生后，应当及时通知保险人。"

第五，有重复保险的投保人应将有关情况通知保险人。《保险法》第五十六条规定："重复保险的投保人应当将重复保险的有关情况通知各保险人。"

2. 告知的方式

投保方的如实告知方式通常包括无限告知和询问回答告知两种。无限告知，也被称为客观告知，意味着在法律或保险人对告知内容无明确具体规定的情况下，保险双方主体有义务将所有与保险标的状况、重要事项或保险合同条款含义相关的内容如实向对方披露。这种告知形式对投保人的要求较高，目前已被法国、比利时以及英美法系国家的保险立法所采用。

另一方面，询问回答告知，即主观告知，要求投保人仅就保险人对保险标的或被保险人的相关询问提供如实回答，对于保险人未提及的事项，投保人无需主动告知。这种告知形式为大多数国家的保险立法所采纳，包括我国在内的保险实践中也采用了这一方式。

(二)保证

1. 保证的含义

所谓保证，是指保险人在签发保险单或承担保险责任之前，所要求投保人或被保险人就某一事项的作为或不作为、某种事态的存在或不存在所作出的明确承诺或确认。保证条款构成保险合同的重要组成部分，违反将导致保险人免责。保证的设立旨在有效控制潜在风险，确保保险标的及其所处环境维持在一个安全、稳定的状态。对于被保险人而言，保证的要求尤为严格，即便违反保证的事实对保险风险的影响并不显著，一旦发生违反行为，保险人仍有权宣告保单失效。

2. 保证的种类

根据保证事项是否已存在可分为确认保证与承诺保证。

确认保证是指投保人或被保险人对过去或现在某一特定事实的存在或不存在的保证。确认保证是要求对过去或投保当时的事实做出如实的陈述，而不是对该事实以后的发展情况作保证。例如，投保人身保险时，投保人保证被保险人在过去和投保当时健康状况良好，但不保证今后一定如此。

承诺保证是指投保人或被保险人对将来某一事项的作为或不作为的保证，即对该事项今后的发展作保证。例如投保家庭财产保险时，投保人或被保险人保证不在家中放置危险品；投保家庭财产盗窃险时，保证家中无人时，门窗一定要关好、上锁，这些都属于承诺保证。

根据保证存在的形式可分为明示保证与默示保证。

明示保证是指以文字或书面的形式载明于保险合同中的约定事项或指保险合同的保证条款。明示保证以文字的规定为依据，是保证的重要形式。例如，我国机动车辆保险条款中有“被保险人必须对保险车辆妥善保管、使用、保养，使之处于正常技术状态”，即为明示保证。

与明示保证不同，默示保证并没有在合同中明确以文字形式表述出来。它是基于法律规定或合同的性质、目的以及交易习惯等因素，自动隐含在合同之中的。这种保证虽未明确写出，但法律上仍视其为合同的一部分，对合同双方具有约束力。默示保证常见于海上保险，主要包括三项：一是适航性保证，要求被保险船舶在构造、性能、人员及装备等方面均须达到适合预定航线的标准，确保航行安全；二是不绕航保证，即船舶应遵循最短或习惯性航线航行，除非出于安全或救助等合理原因，否则不得擅自偏离；三是合法性保证，强调被保险人从事的航运或贸易活动必须合法合规，不得涉及任何非法或违规操作。

(三)告知与保证的关系

告知与保证都是对投保人或被保险人诚信的要求，但二者还是有区别的，具体表现为三点：第一，告知是在订立保险合同时投保人所作的陈述，而保证构成合同内容的一部分。如果将告知的事项订入合同中，则其性质已成为保证。第二，告知并不假定真实，其真实与否由保险人在主张解除合同时证明。第三，告知不真实而造成错误的，若非证明属于欺诈，则并不使合同失效，而只是授予对方以解除合同的权利。保证则是在法律上推定全部为真实，否则就使合同失效。

四、最大诚信原则的主要内容——对保险人的要求

对保险人来说，最大诚信原则包括告知、保证以及弃权与禁止反言。

（一）告知

1. 保险人告知的内容

第一，保险合同订立时，保险人应主动地向投保人说明保险合同条款的内容，特别是必须明确说明免责条款的内容。《保险法》第十七条规定："订立保险合同，采用保险人提供的格式条款的，保险人向投保人提供的投保单应当附格式条款，保险人应当向投保人说明合同的内容。""对保险合同中免除保险人责任的条款，保险人在订立合同时应当在投保单、保险单或者其他保险凭证上作出足以引起投保人注意的提示，并对该条款的内容以书面或口头形式向投保人作出明确说明；未作提示或者明确说明的，该条款不产生效力。"

第二，在保险事故发生时或保险合同约定的条件满足后，保险人应按合同约定如实履行赔偿或给付义务；若拒赔条件存在，应发送拒赔通知书。《保险法》第二十四条规定："保险人依照本法第二十三条的规定作出核定后，对不属于保险责任的，应当自作出核定之日起三日内向被保险人或者受益人发出拒绝赔偿或者拒绝给付保险金通知书，并说明理由。"

2. 保险人告知的方式

保险人告知的方式分为明确列明和明确说明。

明确列明是指保险人将保险的主要内容、条款、条件等以清晰、明确的方式列明在保险合同或相关附件中。然而，需要注意的是，在保险实践中，"明确列明"并不直接等同于"已告知投保人"。尽管保险人将保险的主要内容明确列明在合同中，但这只是保险合同成立和履行的基础之一。为了确保投保人或被保险人对保险条款有充分的理解和认识，保险人通常还需要采取额外的措施来履行其告知义务。

明确说明则是指保险人不仅应将保险的主要内容明确列明在保险合同中，还必须对投保人进行正确的解释和说明，特别是针对保险合同中的免责条款、特别约定等重要内容。这种方式的主要目的是确保投保人在充分理解保险合同内容的基础上作出是否投保的决定。

根据《保险法》的相关规定，保险人在订立合同时应当向投保人明确说明保险合同的条款内容，特别是对于免除保险人责任的条款，需要以书面或者口头形式做出足以引起投保人注意的提示，并对该条款的内容进行明确说明。这一规定体现了最大诚信原则的要求，即保险合同双方都应遵守诚实信用的原则，保险人有义务确保投保人对合同内容有充分的理解。

(二)保证

对保险人而言，保证是指保险人在签发保险单后，严格遵守保险单中所承诺的保证。特别要求保险人遵守履行保险赔付责任的保证，这是保险业赖以存在的根本。《保险法》第二十三条中规定：“对属于保险责任的，在与被保险人或者受益人达成赔偿或者给付保险金的协议后十日内，履行赔偿或给付保险金义务。保险合同对赔偿或者给付保险金的期限有约定的，保险人应当按照约定履行赔偿或者给付保险金义务。保险人未及时履行前款规定义务的，除支付保险金外，应当赔偿被保险人或者受益人因此受到的损失。”

(三)弃权与禁止反言

1. 弃权

弃权是指保险合同中的一方当事人(通常是保险人)放弃其在合同中的某项权利，包括解约权和抗辩权。弃权通常涉及保险人放弃因投保人违反告知或保证义务而产生的解除合同权利。弃权行为可以是明示的，也可以是默示的。构成保险人的弃权必须具备两个要件：一是保险人知悉权利的存在：保险人必须知道自己在保险合同中有某项可以行使的权利，如解约权或抗辩权；二是保险人须有放弃该权利的意思表示，这种表示可以是明示的(如书面通知、口头声明等)，也可以是默示的(如继续收取逾期保险费、接受有瑕疵的损失证明等)。又如，根据《保险法》第十六条的规定，投保人违反如实告知义务保险人有合同解除权，但是自保险人知道解除事由起超过 30 天不行使而消灭。这也是一种关于保险人默示弃权的规定。

2. 禁止反言

禁止反言，也称为禁止抗辩，是指保险合同一方在放弃其在合同中的某种权利后，将来不得再向他方主张这种权利。它是对弃权行为的进一步约束，防止保险人出尔反尔。禁止反言的常见适用情形包括以下几个方面：

(1)保险人明知合同存在问题仍签发保单

当保险人在明知保险合同存在违背条件、无效、失效或其他可解除的原因时，仍然向投保人签发保险单并收取保险费。此时，保险人不得在后续阶段以这些原因为由主张合同无效或拒绝承担保险责任。《保险法》第十六条第六款规定：“保险人在合同订立时已经知道投保人未如实告知的情况的，保险人不得解除合同；发生保险事故的，保险人应当承担赔偿或者给付保险金的责任。”

(2)保险代理人错误解释条款

保险人的代理人在就投保申请书及保单上的条款进行解释时，如果作出了错误的解释，导致投保人或被保险人信以为真并进行了投保。在这种情况下，如果投保人或被保险人因信赖这些错误解释而遭受损失，保险人不得再以此为由拒绝承担保险责任。

(3)保险代理人故意填写不实事项

在保险代理人代替投保人填写投保申请书的过程中，如果代理人为了使投保申请容易被保险人接受，故意将不实的事项填入投保申请书或隐瞒某些重要事项，而投保人在签发保单时并不知情。此时，如果因这些不实事项导致投保人或被保险人遭受损失，保险人同样不得拒绝承担保险责任。

(4)保险人或其代理人未实施承诺行为

保险人或其代理人向投保人或被保险人表示已经依照其请求完成了某一行为(如保单批注、批准等)，但实际上并未实施该行为。如果投保人或被保险人因信赖保险人的这一表示而遭受了损失(如未能及时获得保险赔付)，则保险人不得再以其未实际实施该行为为由进行抗辩。

(5)对被保险人身份或职业的错误分类

保险人或其代理人在对被保险人的身份或职业进行分类时，如果作出了错误的分类且被保险人对此并不知情或未经其同意。这种错误分类可能导致保险费率或保险责任的误判，进而损害投保人或被保险人的利益。在此情况下，保险人也不得以其错误分类为由拒绝承担保险责任。

禁止反言原则在保险中的适用旨在保护投保人和被保险人的信赖利益，防止保险人利用其在合同关系中的优势地位进行不公平的行为。当保险人或其代理人的先前行为或陈述导致投保人或被保险人产生信赖并因此遭受损失时，保险人应受到禁止反言原则的约束，不得再以此为由拒绝承担保险责任。这一原则的实施有助于维护保险合同的公平性和稳定性，保护投保人和被保险人的合法权益不受侵害。

五、违反最大诚信原则的法律后果

(一)违反告知义务的法律后果

1. 投保方未履行告知义务的法律后果

根据保险法相关规定，如果投保人故意隐瞒事实，不履行如实告知义务，或者因过失未履行如实告知义务，且这些未告知的事实足以影响保险人决定是否同意承保或者提高保险费率的，保险人有权解除合同。具体又分为两种情况：

一是投保方故意不履行如实告知义务。在投保方故意不履行如实告知义务的情况下，保险人对于保险合同解除前发生的保险事故，不承担赔偿或者给付保险金的责任，并且不会退还保险费。这是因为投保人的故意隐瞒行为严重违背了最大诚信原则，损害了保险人的合法权益。

二是投保方过失未履行如实告知义务。如果投保方因过失未履行如实告知义务，且对保险事故的发生有严重影响，保险人对于保险合同解除前发生的保险事故同样不承担赔偿责任，但可以退还保险费。这种情况下，虽然投保人并非故意隐瞒，但其过失行为仍然对保险事故的发生产生了影响，因此保险人有权拒绝赔偿。

2. 保险人未履行告知义务的法律后果

如果保险人在订立保险合同时未对免除保险人责任的条款进行明确说明，那么这些条款在保险合同成立时对投保人不产生效力。这意味着，在发生保险事故时，保险人不能依据这些未明确说明的免责条款来拒绝承担保险责任。《保险法》第十七条规定：“保险合同中规定有关保险人责任免除条款的，保险人在订立合同时未履行责任免除明确说明义务的，该条款不产生效力。”

（二）违反保证的法律后果

由于保险约定的保证事项均为重要事项，是订立保险合同的条件和基础，因而各国立法对投保人或被保险人遵守保证事项的要求极为严格，凡是投保人或被保险人违反保证事项，不论其是否有过失，亦不论是否对保险人造成损失，保险人均有权解除合同，不予承担责任。对于保证的事项，无论故意或无意违反保证义务，对保险合同的影响是相同的，无意的破坏，不能构成投保人抗辩的理由；即使违反保证的事实更有利于保险人，保险人仍可以违反保证为由使合同无效或解除合同。而且，对于破坏保证，除人寿保险外，一般不退还保险费。

与告知不同的是，保证是对某一特定事项的作为或不作为的承诺，而不是对整个保险合同的保证。因此，在某种情况下，违反保证条件只部分地损害了保险人的利益，保险人只应就违反保证部分拒绝承担保险赔偿责任。即当被保险人在何时、因何事项违反保证，保险人即从何时开始拒绝赔付并就此时此次的保证破坏额而拒绝赔付，但不一定完全解除保险合同。

【案例 4-2】

2019 年 8 月 22 日，刘某某因肺恶性肿瘤在重庆巫山县红叶医院住院 4 天，并在此前有多次购药、诊断历史。2018 年 11 月 3 日，刘某某之子刘某作为投保人，以刘某某为被保险人，通过手机 App 向中国平安人寿保险股份有限公司提交电子版人身保险投保书，在投保过程中，刘某对电子投保书中设置的健康告知栏中健康询问事项全部进行了否定勾画。2020 年 6 月，刘某某因病住院治疗，被诊断为右肺鳞癌，同年 8 月 16 日死亡。其后，刘某向中国平安人寿保险股份有限公司提出理赔申请，双方因此发生纠纷，刘某起诉至人民法院。

人民法院经审理认为：保险活动当事人行使权利、履行义务应当遵循诚实信用原则，本案中，从刘某某购药、就诊、其子刘某投保的全过程来看，刘某在投保时对刘某某的身体状况是明知的。在此情况下，其在投保书中设定的健康告知栏仍进行了全否定性的勾画，导致中国平安人寿保险股份有限公司在保险合同订立的过程中未能了解刘某某的真实身体情况，严重影响了该公司的承保决定，遂对刘某要求保险公司给付保险金的诉讼请求未予支持。

（资料来源：马学文．重庆二中法院发布人身保险合同纠纷典型案例[N/OL]．[2022-12-20]．重庆市高级人民法院．http：//cqgy. cqfygzfw. gov. cn/article/detail/2022/12/id/7060607. shtml.）

在此案例中，刘某具体违反最大诚信原则的哪些要求？请在重庆市高级人民法院网站中查阅该案例，并了解案例评析观点。

第三节 近因原则

一、近因原则的含义

所谓近因原则，是指保险人只有在造成损失的最直接、最有效、起决定性作用的原因为承保范围内的保险事故时才承担保险责任，对承保范围外的原因引起的损失，不负赔偿责任。近因是指在风险和损失之间，导致损失的最直接、最有效、起决定作用的原因，而不一定是时间上或空间上最接近的原因。

二、规定近因原则的原因

近因原则对于明确保险责任、防止不合理索赔、保护被保险人权益具有重要意义。它要求保险人在处理赔案时，必须准确判断导致损失的近因，并据此确定是否承担赔偿责任。因此，近因原则在司法实践中具有重要的指导作用，是判断风险事故与保险标的损失之间因果关系的核心原则。坚持近因原则，有利于正确合理地判定损害事故的责任归属，从而确定保险公司是否应承担赔偿责任，是理赔中必须遵循的重要原则之一。

虽然《保险法》并未直接规定近因原则，但在司法实践中，近因原则已成为判断保险人是否应承担保险责任的一个重要标准。最高人民法院在相关司法解释中，对近因原则有所体现，支持保险人以承保风险为近因造成的损失承担赔偿责任的主张。

三、近因原则的实践运用

保险标的的损害并不总是由单一原因造成的，其表现形式是多种多样的，有的是多种原因时断时续地发生。近因原则要求从中找出哪些属于保险责任，哪些不属于保险责任，并据此确定保险人是否进行赔偿。在保险实践中，保险人通常要区分以下几种情况分别进行判定：

(一)单一原因致损近因的判定

所谓单一原因致损，是指造成保险标的损失的原因只有一个，且这个原因就是近因。在此情形下，该单一原因对损失的发生具有有效性、决定性和现实性的影响。保险人是否承担责任，主要取决于该原因是否属于承保风险。若该原因属于承保风险，则保险人需承担赔付保险金的责任；若该原因是未承保风险或除外风险，则保险人可以免责。例如，货物在海上运输途中遭受雨淋而受损，如果被保险人在水渍险的基础上加保了淡水雨淋险，保险人应负赔偿责任；如果被保险人只投保了水渍险，则保险人免责。

(二)多种原因同时致损近因的判定

所谓多种原因同时发生共同致损，是指多种原因之间没有或者无法区别因果关系，无法区别其在时间上的先后发生顺序，且各个原因对损害结果的产生都具有根本、有效、决定性的影响，则这多种原因都应认为是损失的近因。此时保险人是否应负赔偿责任还要视情况而定。

1. 多种原因均属保险责任

在这种情况下，保险人应在保险责任范围内全责赔付。例如，货物在海上运输途中无法判断是遭受雨淋而受损，还是遭受海水浸渍而受损，但被保险人在水渍险的基础上加保了淡水雨淋险，无论是遭受雨淋还是海水浸渍都属于保险责任，因此保险人应在保险责任范围内全责赔偿。

2. 多种原因均属于除外责任

在这种情况下，保险人不承担任何赔偿责任。例如，货物在海上运输途中无法判断是遭受雨淋而受损，还是遭受海水浸渍而受损，但被保险人既没有投保水渍险，也没有投保淡水雨淋险，无论是遭受雨淋还是海水浸渍都不属于保险责任，因此保险人不承担赔偿责任。

3. 多种原因既有保险责任又有除外责任

在这种情况下，如果保险责任与除外责任所造成的损失能够划分，保险人只对保险责任范围内所引起的损失负赔偿责任；如果保险责任与除外责任所造成的损失无法分清，则有三种主张：一是损失由保险人与被保险人平均分摊；二是保险人可以完全不负赔偿责任；三是保险人应该负完全赔偿责任。例如，货物在海上运输途中无法判断是遭受雨淋而受损，还是遭受海水浸渍而受损，且被保险人只投保了水渍险，因此遭受海水浸渍而受损的属于保险责任，而遭受雨淋的则不属于保险责任，这样在核定赔偿时就要选择依据何种主张了。

（三）多种原因连续发生致损近因的判定

当损失发生是由一连串原因所致，且这一连串原因有前因后果的关系时，则最先发生并造成一连串事故的原因为近因。如果该近因为保险责任，保险人应负赔偿责任，否则不负责任。例如，某人对其拥有的住房投保了家庭财产保险，在一次地震中导致线路短路引起火灾，造成该住房全损。因地震是导致住房全损的根本原因，而地震又属于除外责任，所以保险公司不承担赔偿责任。

（四）多种原因间断发生致损近因的判定

当损失发生是由一连串原因所致，但这一连串原因的因果关系有中断情形时，则其中对损失发生起根本作用的原因为近因。对其处理方法与多种原因同时致损基本相同。例如，某人投保了一份火灾险，在保险期限内，家中不幸失火，在灭火后，大量财物却遭人偷窃。在此案例中，导致家中财物损失的原因有两个，一是火灾，二是偷窃，这两个原因没有直接的因果关系。保险公司只要对火灾造成的财物损失进行赔付保险金，对于被偷窃的财物，保险公司则没有责任承担这一部分的损失。

在司法实践中，在近因难以确定的情况下，法院可能会采用分摊原则，根据公平原则按比例判定理赔金额，体现了司法解释对近因原则的灵活运用。

【案例 4-3】

2009 年 9 月 10 日，王某在延庆某保险公司(以下简称延庆保险公司)为其所有的客车投保了机动车损失保险及不计免赔特约条款，其中机动车损失保险责任限额为 3.8 万元，保险期间自 2009 年 9 月 10 日起至 2010 年 9 月 9 日止。保险合同同时约定：保险期间内，被保险人或其允许的合法驾驶人在使用被保险机动车过程中，因下列原因造成被保险机动车的损失，保险人依照本保险合同的约定负责赔偿：……(三)外界物体坠落、倒塌；(四)暴风、龙卷风……

2010 年 3 月 20 日，王某将投保车辆停放在延庆某商贸公司楼下，当日风雨大作，该公司房屋的屋顶被风掀翻，致使投保车辆损坏。王某通知延庆保险公司后，延庆保险公司的查勘人员赶到事故现场就现场和车辆损失情况拍摄了照片。后王某应延庆保险公司要求，申请气象部门对当天的风速进行了鉴定并支付气象服务费 300 元。经鉴定，当天风速为 18 米/秒。受损车辆交由延庆某车辆修理厂修理，王某支付修理费 6136 元。事故发生后，王某就投保车辆损失到延庆保险公司理赔，延庆保险公司以事故发生当天的风力未达到暴风标准为由不予赔偿，故王某提起诉讼，要求延庆保险公司支付保险赔偿金 6436 元。

(资料来源：刘芳，石菲．保险近因原则在"多因致损"保险案件中的适用[N/OL]．[2016-04-20]．中国法院网．https：//www.chinacourt.org/article/detail/2016/04/id/1843149.shtml.)

在此案例中，造成车辆损失的近因是什么？保险公司是否应承担赔付责任？请在中国法院网中查阅该案例，了解法院判决意见以及案例评析观点。

第四节 损失补偿原则

一、损失补偿原则的含义

损失补偿原则是指当保险标的发生保险责任范围内的损失时，被保险人有权按照保险合同的约定，获得全面而充分的保险赔偿，但被保险人不能因保险赔偿而获得额外利益。该原则包括以下三个基本要点：

第一，损失补偿以保险责任范围内的损失发生为前提，即有损失发生才有损失赔偿，无损失则无赔偿。

第二，损失补偿以被保险人的实际损失为限，即通过保险补偿使被保险人的经济状态得到相应的恢复而不能使其获得额外的利益。被保险人的实际损失既包括保险标的的实际损失，也包括被保险人为防止或减少保险标的损失所支付的必要的、合理的施救费用和诉讼费用。

第三，损失补偿原则只适用于具有补偿性的保险，如财产保险和人身保险中的医疗费用保险，而对于给付性的人身保险，如人寿保险则不适用。这是由于损失补偿的适用范围是价值补偿，像人的生命和身体这种无法用价值来衡量的损失，也就无法进行损失补偿。因此，损失补偿原则主要适用于财产保险以及其他补偿性的人身保险。

二、坚持损失补偿原则的意义

第一，充分发挥保险的经济补偿功能，保障双方的合法权益。保险的基本功能是损失补偿，损失补偿原则正是该功能的体现：有损失就赔偿，无损失不赔偿，并限定赔偿额。坚持损失补偿原则维护了保险双方的权益：一方面，被保险人经济损失得到补偿，保险功能得以实现；另一方面，保险人承担赔偿责任时，其权益也受到了损失补偿限额的保护，超过保险金额或实际损失的金额无须赔付。

第二，充分体现了保险的宗旨，防范道德风险。

损失补偿原则规定，只有实际发生的损失才能得到赔偿，且赔偿金额以实际损失为限，被保险人不能获得额外利益。这有效防止了被保险人为了获取保险赔偿而故意制造损失的行为，降低了道德风险的发生概率。此外，坚持损失补偿原则，有助于引导公众树立正确的保险观念，增强诚信意识，减少欺诈、骗保等不法行为的发生，从而维护社会的公序良俗。

三、损失补偿原则的基本内容

(一)被保险人请求损失赔偿的条件

被保险人请求保险赔偿时必须具备以下条件：

1. 被保险人对保险标的具有保险利益

根据保险利益原则，财产保险不仅要求投保人或被保险人投保时对保险标的具有保险利益，而且要求在保险合同履行过程中，特别是保险事故发生时，被保险人对保险标的必须具有保险利益，否则不能获得保险赔偿。

2. 被保险人遭受的损失在保险责任范围之内

遭受损失的必须是保险标的，且保险标的的损失必须是由保险的风险造成的。只有符合这两个条件，被保险人才能要求保险赔偿，否则保险人不承担赔偿责任。

3. 被保险人遭受的损失能用货币衡量

保险金赔偿是用货币进行支付的，如果被保险人遭受的损失不能用货币衡量，保险人就无法核定损失，从而也无法履行保险赔付。

(二)保险人履行损失赔偿责任的限度

坚持损失补偿原则，就要求保险人在履行赔偿责任时，必须把握三个限度，以保证被保险人既能补偿受损的经济利益，又不会由于保险赔款而额外受益。

1. 以实际损失为限

实际损失是指按照保险事故发生时的市场价格计量的保险事故所造成的损失。如果补偿金额超过了实际损失，那就形成了额外利益，这不符合损失补偿原则。因此，保险人只能以实际损失为限来确定保险赔偿金额(定值保险与重置保险例外)。例如，某栋建筑物按实际价值 200 万元投保，因火灾遭受全损，损失当时市场房价跌落，该建筑物的市价为 160 万元，则保险人只能按市价，即实际损失赔偿被保险人 160 万元。

2. 以保险金额为限

保险金额是在签订保单时约定的保险人承担赔偿责任的最高限度，所以保险赔款不能超过保险金额，否则，将使保险人处于不平等的地位。如上例，假设损失当时市场房价上涨，该建筑物市价是220万元，这时虽然被保险人的实际损失是220万元，但由于保险金额是200万元，所以，保险人只能以保险金额为限，赔付200万元。

3. 以保险利益为限

被保险人对所遭受损失的保险标的具有保险利益是保险人赔偿的基础与前提条件。由此，被保险人所获得的赔款也不得超过其对被损财产所具有的保险利益，否则就会获得额外利益。如在财产保险中，保险标的受损时，被保险人的财产权益若不再拥有，则被保险人对该财产的损失不具有索赔权。债权人对抵押的财产投保，当债务人全部偿还债务后，债权人对该财产不再具有保险利益，即使发生标的损失，债权人也不再对此具有索赔权。

在上例中，如果房屋的所有人按市价200万元将房屋抵押给银行，获得贷款100万元，银行在完成贷款后作为抵押权人对该房屋具有保险利益，为该房屋投保房屋火灾保险。如果在保险期间内发生保险责任范围的保险事故导致房屋全损，那么银行只能在保险利益范围内向保险公司索赔，即最多只能获得100万元的赔付。假设在火灾发生时，贷款余额只剩下60万元，此时的保险利益也就是60万元，那么银行业只能获得最多60万元的赔付。

（三）损失赔偿的计算方式

1. 限额赔偿方式

限额赔偿方式，又称第一损失赔偿，或第一危险赔偿，是指保险人在承保时把责任或损失分为两部分：第一部分是小于或等于保险金额的损失；第二部分是大于保险金额的损失，也称第二部分损失。保险人仅对第一部分的损失承担赔偿责任，第二部分损失不在保险责任范围内，应由被保险人自己负责。其具体计算公式为：

$$\text{赔偿金额}=\min\{\text{保险金额，损失金额}\}$$

这种赔偿方式对被保险人较为有利。当保险金额高于实际损失时，按实际损失赔偿；当保险金额低于实际损失时，按保险金额赔偿。家庭财产保险通常采用第一危险赔偿方式。例如，某人投保家庭财产的保险金额为20000元，发生保险责任范围的保险事故后，经剔除折旧因素并扣减残值，保险财产的实际损失为26000元；由于保险金额为20000元，保险人支付20000元赔款后结案。

2. 比例赔偿方式

比例计算赔偿方式是指保险人按照保障程度对被保险人损失进行赔付。保障程度是指保险金额占损失当时保险标的实际价值的比例。其具体计算公式为：

$$\text{赔偿金额}=\text{损失金额}\times\text{保障程度}=\text{损失金额}\times\frac{\text{保险金额}}{\text{损失时保险标的的实际价值}}$$

当采用这种方式时，保障程度越高，赔偿金额也就越接近损失金额。如果保险金额等于损失时保险标的的实际价值，那么赔偿金额就等于损失金额。企业财产保险通常采用比例赔付方式。例如，某企业投保企业财产保险，保险金额为3200万元，保险事故发生时，保险价值为4000万元，保障程度为80%，若发生全部损失，没有残值，则保险人应赔偿3200万元；若发生部分损失，损失金额为1000万元，则按比例计算的赔偿金额为1000×80%=800万元。

3. 免赔额赔偿方式

免赔额赔偿方式是指保险人事先规定一个免赔限度，在损失超过该限度时才予以赔偿的方式。该方式可减少保险人因大量小额赔偿的工作量，降低经营管理成本，同时有助于增强被保险人的责任感。免赔额赔偿方式可进一步分为绝对免赔与相对免赔。

相对免赔是指当保险标的的损失程度超过规定的免赔限度时，保险人按全部损失予以赔偿。绝对免赔方式是指当保险标的的损失程度超过规定限度时，保险人只对超过限度的那部分损失予以赔偿的方式。

例如，某被保险人向保险公司投保家庭财产险，保险金额为100万元。在保险期间被保险人家中失火，假设免赔率为5%，家庭财产损失2万元时，保险公司应赔偿多少呢？

如果采用绝对免赔方式，当保险事故损失小于免赔额即5万元时，保险人不负责赔偿。所以，当家庭财产损失2万元时，保险公司无需赔偿。若上例中家庭财产损失8万元时，保险事故损失大于或等于免赔额即5万元时，保险人承担的赔偿责任等于实际损失减去免赔额后剩余的差额，即超出免赔额的部分。所以，当家庭财产损失8万元时，保险公司只负责赔偿8-5=3万元。

如果采用相对免赔方式，当保险事故损失小于免赔额即5万元时，同绝对免赔一样，保险人不负责赔偿。如果家庭财产损失8万元，保险事故损失大于免赔额即5万元，保险人负责赔偿全部损失8万元。

4. 共付方式

共付方式，又称为比例分担方式，是指在损失发生后，由保险人与被保险人按照约定的比例共同分担损失，保险人按照约定的赔付比例来计算赔偿金额。此类方式多用于补偿性的医疗保险，并常与免赔额赔偿方式同时使用。

【专栏4-1】

某医疗保险条款关于保险金计算的规定

对于在保险责任范围内的医疗费用，按照如下公式计算每次就诊应当给付的保险金：每次就诊应当给付的保险金=（被保险人每次就诊发生的属于保险责任 范围内的医疗费用-被保险人从公费医疗、基本医疗保险以及其他政府举办的医疗保障项目取得的医疗费用补偿金额总和-被保险人从工作单位、本公司在内的商业保险机构等任何其他途径取得的医疗费用补偿金额总和-年免赔额余额）*赔付比例。

说明：

（1）每次就诊指一次住院或一次门诊。一次住院指被保险人自入院日起至出院日止之期间；但如果因同一原因再次住院，且前次出院与下次住院间隔未超过30日，视为同一次住院。一次门诊指被保险人在一日内在同一所医院同一个科室的就诊。

（2）免赔额：本合同所指免赔额均指年免赔额。在保险期间内，被保险人通过公费医疗、基本医疗保险以及其他政府举办的医疗保障项目获得的医疗费用补偿，不可用于抵扣免赔额，但从工作单位、本公司在内的商业保险机构等任何其他途径取得的医疗费用补偿可用于抵扣免赔额。本合同的免赔额为2万元人民币。

(3)赔付比例：如投保时被保险人以有公费医疗或基本医疗保险身份投保，本次就诊时被保险人使用公费医疗、基本医疗保险或其他政府举办的医疗保障项目，该赔付比例为100%；如投保时被保险人以有公费医疗或基本医疗保险身份投保，但本次就诊时被保险人未使用公费医疗也未使用基本医疗保险也未使用其他政府举办的医疗保障项目，则该赔付比例为60%；如投保时被保险人以无公费医疗和基本医疗保险身份投保，该赔付比例为100%。

四、损失补偿原则的例外

(一)定值保险

所谓定值保险，是指保险合同双方当事人在订立保险合同时，约定保险标的的保险价值，并以此为保险金额，视为足额投保。当保险事故发生时，保险人不论保险标的在损失时的市场价值如何，即不论保险标的的实际价值大于或小于保险金额，均按损失程度十足赔付。其计算公式为：

$$赔偿金额=保险金额\times损失程度$$

在这种情况下，赔偿金额可能超过实际损失，如市价跌落，则保险金额可能大于保险标的的实际价值。因此，定值保险是损失补偿原则的特例。海洋运输货物保险通常采用定值保险的方式，这是因为运输货物出险地点不固定，各地的市价也不一样，如果按照损失当时的市价确定损失，不仅比较麻烦，而且容易引起纠纷，故采用定值保险的方式。

(二)重置保险

重置保险是指以被保险人重置或重建保险标的所需费用或成本确定保险金额的保险。一般财产保险是按保险标的的实际价值投保，发生损失时按实际损失赔付，使受损的财产恢复到原来的状态，由此恢复被保险人失去的经济利益。但是由于通货膨胀、物价上涨等因素，有些财产(如建筑物或机器设备)即使按实际价值足额投保，当财产受损后，保险赔款也不足以进行重置或重建。为了满足被保险人对受损财产进行重置或重建的需要，在特定情况下，保险人允许投保人按超过保险标的实际价值的重置或重建价值投保，发生损失时按重置费用或成本赔付。这样就可能出现保险赔款超过实际损失金额的情况。

(三)施救费用的赔偿

保险合同通常规定，保险事故发生后，被保险人有义务积极进行施救，防止保险标的的损失扩大。被保险人抢救保险标的所支出的合理费用由保险人负责赔偿。《保险法》第五十七条规定："保险事故发生时，被保险人应当尽力采取必要的措施，防止或者减少损失。保险事故发生后，被保险人为防止或者减少保险标的的损失所支付的必要的、合理的费用，由保险人承担；保险人所承担的费用数额在保险标的损失赔偿金额以外另行计算，最高不超过保险金额的数额。”这样保险人实际上承担了两个保险金额的补偿责任，扩展了损失补偿的范围与额度，这也是损失补偿原则的例外。这主要是为了鼓励被保险人积极抢救保险标的，减少社会财富的损失。

在以上这些例外情况中，实际的赔偿金额可能会超过前面设定了三个限额。但是，无论是哪种情况，被保险人都并未获得额外利益。

第五节　损失补偿原则的派生原则

一、代位追偿原则

（一）代位追偿原则的含义

代位追偿原则是指在财产保险中，保险标的发生保险事故造成推定全损，或者保险标的由于第三者责任导致保险损失，保险人按照保险合同约定履行赔偿责任后，依法取得对保险标的的所有权或对保险标的的损失负有责任的第三者的追偿权。代位是指保险人履行损失赔偿后，取代投保人或被保险人而获得追偿权或对保险标的的所有权。

（二）坚持代位追偿原则的意义

第一，确保被保险人不会因保险事故的发生而获得超额赔偿。当保险标的发生的损失是由第三者责任所致时，被保险人依法享有向造成损害的第三者追偿的权利，同时亦有权根据保险合同向保险人提出赔偿请求。然而，若被保险人同时行使这两项损害赔偿请求权，则可能导致其就同一损失获得超过实际损失乃至双重的赔偿，此举显然违背了损失补偿原则的基本精神。

第二，维护社会公共利益，保障公民、法人的合法权益不受侵害。社会公共利益要求致害人应对受害人承担经济赔偿责任，如果致害人因受害人享受保险赔偿而免除赔偿责任，这不仅使得致害人通过受害人与保险人订立保险合同而获益，而且损害保险人的利益，这不符合社会公平的原则。

第三，确保被保险人能够迅速获得经济补偿。现实中，被保险人往往面临无法及时获得来自第三者的赔偿的困境，而保险人向被保险人支付赔偿的时限在法律上有着明确的规定。《保险法》第二十三条规定：“保险人收到被保险人或者受益人的赔偿或者给付保险金的请求后，应当及时作出核定。”“对属于保险责任的，在与被保险人或者受益人达成赔偿或者给付保险金的协议后十日内，履行赔偿或者给付保险金义务。”

总之，坚持代位追偿原则，既可以使被保险人得到充分、及时的赔付，同时也使致害人不可逃避应承担的民事赔偿责任，有效地维护保险双方当事人的合法利益。

代位追偿原则的主要内容包括权利代位和物上代位。

(三)权利代位

权利代位即追偿权的代位，是指在财产保险中，保险标的由于第三者责任导致保险损失，保险人向被保险人支付保险赔款后，依法取得对第三者的索赔权。《保险法》第六十条第一款规定：“因第三者对保险标的的损害而造成保险事故的，保险人自向被保险人赔偿保险金之日起，在赔偿金额范围内代位行使被保险人对第三者请求赔偿的权利。”

在财产保险中，当保险标的发生损失，既属于保险责任，又属于第三者负有经济赔偿责任时，被保险人有权向保险人请求赔偿，也可以向第三者责任方请求赔偿。如果被保险人已从责任方取得全部赔偿，保险人可免去赔偿责任；如果被保险人从责任方取得部分赔偿，保险人在支付赔偿金时，可以相应扣减被保险人从第三者已取得的赔偿。如果被保险人首先向保险人提出索赔，保险人应当按照保险合同的规定支付保险赔款，被保险人取得保险赔款后，应将向第三者责任方追偿的权利转移给保险人，由保险人代位行使向第三者追偿的权利。被保险人不能同时取得保险人和第三者的赔款而获得双重或多于保险标的实际损害的补偿。

1. 权利代位产生的条件

(1)损害事故发生的原因，受损的标的，都属于保险责任范围。只有保险责任范围内的事故造成保险标的的损失时，保险人才负责赔偿，否则，保险人无须承担赔偿责任。受害人只能向有关责任方索赔或自己承担损失，与保险人无关，也就不存在保险人代位追偿的问题。

(2)保险事故的发生是由第三者的责任造成的，肇事方依法应对被保险人承担民事损害赔偿责任，这样被保险人才有权向第三者请求赔偿，并在取得保险赔款后将向第三者请求赔偿权转移给保险人，由保险人代位追偿。

(3)保险人按合同的规定对被保险人履行赔偿义务之后，才有权取得代位追偿权。因为代位追偿权是债权的转移，在债权转移之前是被保险人与第三者之间特定的债的关系，与保险人没有直接的法律关系。保险人只有依照保险合同的规定向被保险人给付保险赔偿金以后，才能依法取得对第三者请求赔偿的权利。

2. 保险人在代位追偿中的权益范围

保险人在代位追偿中享有的权益以其对被保险人赔付的金额为限，如果保险人从第三者责任方追偿的金额大于其对被保险人的赔偿，则超过的部分应归被保险人所有。这是由于保险代位追偿的目的在于防止被保险人取得双重赔款而获得额外的利益，从而保障保险人的利益。同样地，保险人也不能通过行使代位追偿权而获得额外的利益，损害被保险人的利益。

当第三者造成的损失大于被保险人支付的赔偿金额时，被保险人有权就未取得赔偿部分对第三者请求赔偿。《保险法》第六十条第三款规定：“保险人依照本条第一款规定行使代位请求赔偿的权利，不影响被保险人就未取得赔偿的部分向第三者请求赔偿的权利。”

3. 保险人取得代位追偿权的方式

一般地，保险人可以通过两种方式取得代位追偿权：一是法定方式，即权益的取得无须经过任何人的确认；二是约定方式，即权益的取得必须经过当事人的磋商、确认。根据

《保险法》第六十条的规定，保险人代位追偿权的取得是采用法定方式，保险人自向被保险人赔偿保险金之日起，在赔偿金额范围内代位行使被保险人对第三者请求赔偿的权利，而无须经过被保险人的确认。但是在实践中，保险人支付保险赔款后，通常要求被保险人出具“权益转让书”。从法律规定上看，“权益转让书”并非权益转移的要件，所以，被保险人是否出具“权益转让书”并不影响保险人取得代位追偿权。但这一文件能起到确认保险赔款时间和赔偿金额，同时确认保险取得代位追偿权的时间和向第三者追偿所能获得的最高赔偿的作用。

虽然保险人支付保险赔款后即依法取得代位追偿权，但由于代位追偿权是被保险人转移其债权的结果，因此，被保险人与第三者之间债的关系如何，对保险人能否顺利履行和实现其代位追偿权是至关重要的。所以，法律对被保险人放弃对第三者的请求赔偿权所应承担的责任作了规定。《保险法》第六十一条规定：“保险事故发生后，保险人未赔偿保险金之前，被保险人放弃对第三者请求赔偿的权利的，保险人不承担赔偿保险金的责任。”

保险人向被保险人赔偿保险金后，被保险人未经保险人的同意放弃对第三者请求赔偿的权利的，该行为无效。由于被保险人的过错致使保险人不能行使代位请求赔偿的权利的，保险人可以相应扣减保险赔偿金。被保险人不得弃权或因过失而侵害保险人代位追偿的权益，同时还负有协助保险人向第三者追偿的义务，包括提供必要的文件和其所知道的有关情况。

4. 代位追偿的对象及其限制

保险人代位追偿的对象为对保险事故的发生及保险标的的损失负有民事赔偿责任的第三者，它既可以是自然人，也可以是法人。此外，《保险法》第六十二条规定：“除被保险人的家庭成员或者其组成人员故意造成本法第六十条第一款规定的保险事故外，保险人不得对被保险人的家庭成员或者其组成人员行使代位请求赔偿的权利。”这是因为被保险人的家庭成员或者其组成人员（如职工）往往与被保险人具有一致的利益，即他们的利益受损，被保险人的利益也同样遭受损失；他们的利益得到保护，实质上也就是保护被保险人的利益。如果保险人对被保险人先行赔偿，而后向被保险人的家庭成员或其组成人员追偿损失，则无异于又向被保险人索还，被保险人的损失将得不到真正的补偿。因此，保险人不得向被保险人的家庭成员或其组成人员行使代位求偿权，除非他们故意造成保险事故的发生。

（四）物上代位

物上代位是指保险标的遭受保险责任范围内的损失，保险人按保险金额全数赔付后，依法取得该项标的的所有权。

1. 物上代位产生的基础

物上代位通常产生于对保险标的作推定全损的处理。所谓推定全损，是指保险标的遭受保险事故虽尚未达到完全损毁或完全灭失的状态，但实际全损已不可避免；或者修复或施救费用将超过保险价值；或者失踪达到法定时间，按照全损处理的一种推定性损失。

由于推定全损是保险标的并未完全损毁或灭失，即还有残值，而失踪可能是被他人非法占有并非物质上的灭失，日后或许能够得到索还，所以保险人在按全损支付保险赔款后，理应取得保险标的的所有权，否则被保险人就可能由此而获得额外的利益。

2. 物上代位权的取得

保险人获得物上代位权主要是通过委付。所谓委付是指保险标的发生推定全损时，投保人或被保险人将保险标的的一切权益转移给保险人，而请求保险人按保险金额全数赔付的行为。委付是一种放弃物权的法律行为，常见于海上保险。委付的成立必须具备一定的条件：

第一，委付必须由被保险人向保险人提出。我国《海商法》第二百四十九条第一款规定："保险标的发生推定全损，被保险人要求保险人按照全部损失赔偿的，应当向保险人委付保险标的。保险人可以接受委付，也可以不接受委付，但是应当在合理的时间内将接受委付或者不接受委付的决定通知被保险人。"委付通知是被保险人向保险人做推定全损索赔之前必须提交的文件，被保险人不向保险人提出委付，保险人对受损的保险标的只能按部分损失处理。委付通知通常采用书面的形式。

第二，委付应就保险标的的全部提出请求。由于保险标的的不可分性，委付也具有不可分性，所以委付应就保险标的的全部而为。如果仅委付保险标的的一部分，而其余部分不委付，则容易产生纠纷。但如果保险标的是由独立可分的部分组成，其中只有一部分具备委付条件，可仅就该部分保险标的请求委付。

第三，委付不得附有条件。我国《海商法》第二百四十九条第二款规定："委付不得附带任何条件。"例如，船舶失踪而被推定全损，被保险人请求委付，不得要求日后如船舶被寻回，将返还其受领的赔偿金而取回该船。因为这会增加保险合同双方关系的复杂性，从而增加保险人与被保险人之间的纠纷。

第四，委付必须经过保险人的同意。被保险人向保险人发出的委付通知，必须经保险人的同意才能生效。保险人可以接受委付，也可以不接受委付。因为委付不仅将保险标的的一切权益转移给保险人，同时也将被保险人对保险标的的所有义务一起转移给保险人。我国《海商法》第二百五十条规定："保险人接受委付的，被保险人对委付财产的全部权利和义务转移给保险人。"所以，保险人在接受委付之前必须慎重考虑，权衡利弊，即受损保险标的的残值是否能大于将要因此而承担的各种义务和责任风险所产生的经济损失。例如，船舶因沉没而推定全损，被保险人提出委付，保险人要考虑打捞沉船所能获得的利益是否大于打捞沉船以及由此而产生的各项费用支出。

被保险人提出委付后，保险人应当在合理的时间内将接受委付或不接受委付的决定通知被保险人。如果超过合理的时间，保险人对是否接受委付仍然保持沉默，应视作不接受委付，但被保险人的索赔权利并不因保险人不接受委付而受影响。在保险人未做出接受委付的意思表示以前，被保险人可以随时撤回委付通知。但保险人一经接受委付，委付即告成立，双方都不能撤销，保险人必须以全损赔付被保险人，同时取得保险标的物的代位权，包括标的物上的权利和义务。

3. 保险人在物上代位中的权益范围

由于保险标的的保障程度不同，保险人在物上代位中所享有的权益也有所不同。《保险法》第五十九条规定："保险事故发生后，保险人已支付了全部保险金额，并且保险金额等于保险价值的，受损保险标的的全部权利归于保险人；保险金额低于保险价值的，保险人按照保险金额与保险价值的比例取得受损保险标的的部分权利。”这表明在足额保险中，保险人按保险金额支付保险赔偿金后，即取得对保险标的的一切权利，包括被保险人放弃的保险标的所有权和对保险标的的处分权。在这种情况下，由于保险标的的所有权已经转移给保险人，保险人在处理标的物时所获得的利益如果超过所支付的赔偿金额，超过的部分归保险人所有。此外，若对第三者提出损害赔偿请求权，索赔金额超过其支付的保险赔款金额，超过部分也同样归保险人所有，而在权利代位中，保险人只获得保险金额内的追偿权。在不足额保险中，保险人只能按照保险金额与保险价值的比例取得受损标的的部分权利。由于保险标的的不可分性，所以保险人在依法取得受损保险标的的部分权利后，通常将该部分权利作价折给被保险人，并在保险赔偿金中作相应的扣除。

(五)代位追偿原则不适用于人身保险

代位追偿原则是损失补偿原则的派生原则，是对损失补偿原则的补充和完善，所以代位追偿原则与损失补偿原则一样只适用于各种财产保险，而不适用于人身保险。《保险法》第四十六条规定：“被保险人因第三者的行为而发生死亡、伤残或者疾病等保险事故的，保险人向被保险人或者受益人给付保险金后，不享有向第三者追偿的权利，但被保险人或者受益人仍有权向第三者请求赔偿。”因为人身保险的保险标的是无法估价的人的生命和身体机能，因而不存在由于第三者的赔偿而使被保险人或受益人获得额外利益的问题，所以，如果发生第三者侵权行为导致人身伤害的情况，被保险人可以获得多方面的赔偿而无须权益转让，保险人也无权代位追偿。

【案例 4-4】

2014 年 7 月 8 日 14 时 47 分许，刘甲未取得机动车驾驶证驾驶车辆(该车辆车主是刘乙)沿学府路由西向东行驶至柳和街口处时，与由南向北李某驾驶的电动自行车相撞，后刘甲驶入对向车道又与由东向西张某驾驶的公交车相撞，造成车辆损坏、刘甲受伤、李某死亡的交通事故。发生事故后，刘甲离开现场。该事故经交警部门认定刘甲负事故的全部责任。事故发生后，死者家属起诉车辆投保的某保险公司。法院判决某保险公司在交强险范围内赔偿死者家属损失 11 万元，刘甲赔偿 45 万余元，刘乙因将车提供给无驾驶资格的刘甲使用，存在过错，承担连带赔偿责任。2015 年 12 月 24 日，保险公司赔偿给死者家属 11 万元。

另查明，2016 年 11 月 18 日，经法院主持调解，刘乙与死者家属达成和解协议，赔偿死者家属 20 万元，死者家属不再追究刘乙任何责任。

保险公司向法院提起诉讼，请求判令被告刘乙连带赔偿原告保险公司垫付的交强险赔偿款 11 万元，另外承担本案诉讼费用。

(资料来源：吕伟，王卫国．当事人已达成和解，保险人仍有权追偿[N]．中国保险报，2018-11-29(006).)

在此案例中，被告刘乙已经在法院的调解下，与死者家属达成协议，已经赔偿了 20 万元，保险公司是否有权向刘乙追偿 11 万元？请自行思考后，根据资料来源查阅该案例的判决结果及解析。

二、重复保险的分摊原则

(一)重复保险分摊原则的含义

重复保险分摊原则也是损失补偿原则的派生原则。重复保险分摊原则是指在重复保险的情况下，当保险事故发生时，各保险人应采取适当的分摊方式分配赔偿责任，使被保险人既能得到充分的补偿，又不会超过其实际损失而获得额外的利益。

重复保险是指投保人对同一保险标的、同一保险利益、同一保险事故分别与两个以上保险人订立保险合同，且保险金额总和超过保险价值的保险。构成重复保险需满足以下条件：第一，同一保险标的。两份保险的保险标的若不相同，则不存在重复保险的问题。第二，同一保险利益。例如，房屋所有权人与具有房屋抵押权的银行就同一房屋分别投保，两份保单所对应的保险利益不同，亦不存在重复保险的问题。第三，同一保险期间。例如，保险合同期满后办理的续保不会构成重复保险。第四，同一保险危险。如果以同一保险标的及同一保险利益同时投保不同的危险，也不构成重复保险。例如，同一家庭财产可同时投保火灾保险和盗窃险。第五，与两个以上保险人订立多个保险合同，且保险金额总和超过保险价值。如投保人与多个保险人订立多个保险合同，但保险金额总和不超过保险价值，则为复合保险。只有既与数个保险人订立数个保险合同，又使保险金额总和超过保险价值，才构成重复保险。

由于重复保险是投保人以同一保险标的，同一保险利益，同时向两个以上的保险人投保同一种危险，且保险金额总和超过保险标的的价值，这就有可能使得被保险人在保险事故发生时，就同一标的的损失从不同保险人处获得超额赔款，这就违背了损失补偿原则的要求。确立了重复保险分摊原则，正是为了防止被保险人由于重复保险而获得额外的利益，由各保险人按相应的责任，共同公平地分摊损失赔款，使被保险人所获得赔款总额与其实际损失相等。可见，重复保险分摊原则也是由损失补偿原则派生的，是损失补偿原则的补充和体现，同样也只适用于财产保险补偿性保险合同，不适用于人身保险。

重复保险原则上是不允许的，但事实上却可能存在。其原因通常是由于投保人或被保险人的疏忽，或者为求得更多的安全感，当然也有为牟取超额赔款而故意进行重复保险。对于重复保险，各国保险立法都规定，投保人有义务将重复保险的有关情况告知保险人。《保险法》第五十六条规定：“重复保险的投保人应当将重复保险的有关情况通知各保险人。”投保人不履行该项义务，其后果与违反告知义务相似，保险人有权解除保险合同或不承担赔偿责任。

(二)重复保险的分摊方式

在出现重复保险的情况下，保险人分摊损失的方式主要包括比例责任分摊、限额责任分摊和顺序责任分摊三种方式。

1. 比例责任分摊方式

比例责任分摊方式是指各保险人按其所承保的保险金额占保险金额总和的比例分摊保

险事故造成的损失。其计算公式为：

$$各保险人承担的赔偿=损失金额\times\frac{各保险人承保的保险金额}{所有保险人承保的总保险金额}$$

例如：某公司以其价值 100 万元的设备，分别向 A、B、C 三家财产保险公司投保，三家保险公司承保的金额分别为 80 万元、120 万元、200 万元，此即为重复保险。假定在此保险有效期内，设备遭受火灾损失 160 万元，则 A、B、C 三家财产保险公司如何分摊赔偿责任？

采用比例责任分摊方式：

A 保险公司承担的赔款 = 160×80/400 = 32（万元）

B 保险公司承担的赔款 = 160×120/400 = 48（万元）

C 保险公司承担的赔款 = 160×200/400 = 80（万元）

即三家保险公司各承担 32 万元、48 万元、80 万元，赔付总额为 160 万元，正好等于被保险人的实际损失。比例责任分摊方式在各国保险实务中运用比较多，《保险法》第五十六条第二款规定："重复保险的各保险人赔偿保险金的总和不得超过保险价值。除合同另有约定外，各保险人按照其保险金额与保险金额总和的比例承担赔偿保险金的责任。"

2. 限额责任分摊方式

限额责任分摊方式是以在没有重复保险的情况下，各保险人依其承保的保险金额而应负的赔偿限额与各保险人应负赔偿限额总和的比例承担损失赔偿责任。其计算公式为：

$$各保险人承担的赔款=损失金额\times\frac{各保险人的赔偿限额}{各保险人的赔偿限额之和}$$

如上例，在没有重复保险的情况下，A 保险公司应承担 80 万元的赔偿责任，B 保险公司应承担 120 万元的赔偿责任，C 保险公司应承担 160 万元的赔偿责任。现按照限额责任分摊方式计算：

A 保险公司承担的赔款 = 160×80/360 = 35. 6（万元）

B 保险公司承担的赔款二 160×120/360 = 53. 3（万元）

C 保险公司承担的赔款 = 160×160/360 = 71. 1（万元）

即 A 保险公司承担赔款 35. 6 万元，B 保险公司承担赔款 53. 3 万元，C 保险公司承担赔款 71. 1 万元，三家保险公司赔款总和也是 160 万元。限额责任分摊方式与比例分摊方式的共同点是各保险人都是按照一定的比例分摊赔款责任；二者的区别是计算分摊比例的基础不同，前者以赔偿责任为计算基础，后者则是以保险金额为计算基础。

3. 顺序责任分摊方式

顺序责任分摊方式即由先出单的保险人首先负责赔偿，后出单的保险人只有在承保的标的损失超过前一保险人承保的保额时，才依次承担超过的部分。

仍以上例为例，采用顺序责任分摊方式，先出单的 A 保险公司应承担赔款 80 万元，后出单的 B 保险公司则在其保险金额范围内承担剩下的赔偿责任 80 万元，而 C 保险公司则不必承担赔偿责任。假定设备全部被烧毁，即损失 200 万元，则由 A 保险公司先赔偿 80 万元，B 保险公司在其保险金额范围内再承担 120 万元部分的损失，而 C 保险公司则不必承担赔偿责任。三家保险公司的赔偿总额为 200 万元，正好等于被保险人的实际损失，使得被保险人既能够得到充分的补偿，又不能通过重复保险而获得额外的利益。

顺序责任分摊方式下各承保公司的责任分担有欠公平，因而在保险实务中较少采用这种分摊方式。

◎ 本章小结

1. 保险原则是在保险实务发展过程中，由保险参与各方共同约定并遵守的一系列准则与规范。这些原则对于保险业务的顺利进行以及保险纠纷的有效处理具有至关重要的作用。它们不仅反映了保险行业的核心价值，而且保障了投保人、被保险人以及保险人的合法权益，对促进保险市场的健康稳定发展具有重要意义。
2. 保险利益原则构成了保险合同生效的核心要件，规定了投保人或被保险人必须对保险标的拥有法律认可的经济或情感上的利害关系。此原则确保了保险的宗旨在于补偿损失而非谋取不正当利益，同时预防了道德风险的产生，并且明确了保险与赌博行为之间的界限。在人身保险中，要求投保人在投保时对保险标的拥有保险利益；而在财产保险中，则强调在保险事故发生时，投保人对保险标的必须具备保险利益。
3. 最大诚信原则是保险合同中的一项核心原则，要求合同双方在订立和执行过程中，必须以最大的诚信度进行信息的告知和承诺的履行。设置该原则的主要原因是保险活动中存在着突出的信息不对称问题，因而要求保险参与各方恪守更为严苛的诚信要求。该原则对保险人和投保方(投保人、被保险人)提出了不同的要求。
4. 近因原则是确定保险责任的关键原则，它明确指出只有当损失的最直接、最有效原因属于保险责任范围内时，保险人才承担赔偿责任。这一原则有助于合理界定保险责任范围，避免不合理的索赔。
5. 损失补偿原则是保险理赔的核心准则，其核心要义在于保险赔偿应当以实际发生的损失为基准，确保被保险人因保险事故所遭受的损失得到恰当的经济补偿，同时避免被保险人因保险赔偿而获得不当利益。
6. 损失补偿原则派生出的代位追偿原则与重复保险分摊原则，进一步保障了保险赔偿的合理性和公正性。依据代位追偿原则，保险人在完成赔偿后，可获得对第三方的追偿权或对残余价值的所有权。而重复保险分摊原则规定，在存在重复保险的情形下，各保险公司应依照既定规则共同分担赔偿责任，以防止被保险人获得超出实际损失的赔偿。

◎ 课后练习

1. 如何判定人身保险和财产保险中是否存在保险利益？
2. 在人身保险和财产保险中，对保险利益存在的时间要求有何不同？
3. 设置最大诚信原则的原因和意义是什么？
4. 最大诚信原则对保险人和投保方(投保人、被保险人)分别有哪些要求？
5. 如何确定保险事故发生的近因？
6. 物上代位与权利代位有何区别？

◎ 实践探索

1. 爷爷或奶奶可以作为投保人给孙子或孙女购买保险吗？请通过电话或网络向保险公司的客服人员咨询。
2. 互联网上流行一种说法："熬过两年，带病投保也能赔"，即在健康保险中，如果投保人在投保时未尽到对身体健康状况的如实告知义务，只要等到两年后，那么保险公司也不能以此为由解除合同，如果发生保险事故，保险公司也需要赔付。你认可这种说法吗？请查阅《保险法》第十六条第一款和第二款，并在中国裁判文书网中以"带病投保"为关键词查阅相关案例。
3. 损失补偿原则是否适用于医疗保险和疾病保险？请在互联网上查找一份医疗保险条款和一份疾病保险的保险条款，比较两者关于保险金计算的方式。

◎ 课后荐读

1. 党振朝．带病投保是否构成保险诈骗罪[J]．上海保险，2023（1）：23-25.
2. 李宏阳．保险法视域下不可抗辩条款研究[J]．经济研究导刊，2024（6）：141-144.
3. 梁鹏，汪林茜．续保合同与不可抗辩条款的适用[J]．中国保险，2022（9）：55-59.
4. 于海威．保险法近因原则的司法适用研究[J]．保险职业学院学报，2023，37(1)：88-91.
5. 张梦雅．论损失补偿原则于医疗保险的适用性[J]．上海保险，2021（8）：58-61.
6. 赵新歌．"带病投保"超两年保险公司能否解除保险合同[J]．中国保险，2023(5)：58-60.

第二编　保险分类业务

第五章　人身保险

◎ 学习目标

了解人身保险的概念、特征与分类；理解人身保险合同的主要条款；熟悉人寿保险、人身意外伤害保险、健康保险和团体人身保险的承保范围和业务特点。

◎ 引言

2021年10月15日，中国银保监会办公厅发布《关于进一步丰富人身保险产品供给的指导意见》(下称《意见》)。《意见》提出，提高老年人、儿童保障水平。进一步提高投保年龄上限，加快满足70岁及以上高龄老年人保险保障需求。适当放宽投保条件，对有既往症和慢性病的老年人群给予合理保障。科学厘定产品价格，简化投保、理赔流程，积极开发适应老年人群需要和支付能力的医疗保险和老年人意外伤害保险产品。加强老年常见病的研究，加快开发老年人特定疾病保险。围绕儿童生活、教育、医疗等方面实际需求，积极开发有特色的教育年金保险、残障儿童保险、儿童特定疾病保险等产品，加大对儿童先心病、罕见病等的医疗保障。

人身保险作为服务民生保障、提升人民福祉的重要工具，是体现金融工作政治性与人民性的重要载体。随着人民生活水平的日益提高和人口老龄化程度的不断加剧，除了生命风险与伤残风险，人们愈发关注对健康风险、长寿风险的管理，对人身保险的需求更趋多元化与个性化。那么，什么是人身保险？不同类型的人身保险有哪些特征与功能？本章将系统地介绍人身保险特有的规律与内容。

第一节　人身保险概述

一、人身保险的概念及特征

(一) 人身保险的概念

人身保险是指以人的生命和身体为保险标的，当被保险人在保险期限内发生死亡、伤残、疾病、年老等事故或保险期满时，由保险人向被保险人或受益人给付保险金的一种保险。由于人身保险的保险标的的特殊性，人身保险相较于财产保险表现出以下特征。

(二)人身保险的特征

1. 保险标的的不可估价性

人身保险的保险标的是人的生命和身体，其价值无法用货币衡量。因此，与财产保险根据保险标的价值确定保险金额不同，人身保险的保险金额通常是在保险合同当事人双方约定的基础上根据投保人的需要和缴费能力来确定。

2. 保险金的定额给付性

当被保险人发生责任范围内的保险事故时，人身保险不会像财产保险那样根据事故发生时财产损失的实际程度来支付保险赔款(医疗费用保险等除外)，而是按照保险合同规定的保险金额来给付保险金。

3. 保险期限的长期性

人身保险，尤其是人寿保险，保险期限通常较长。人身保险(除短期的医疗险外)的保险期限通常在3年以上，有的险种长达几十年，甚至终生。其长期性特征使得寿险的价值在很大程度上受到利率、通货膨胀等因素的影响。

4. 均衡费率与储蓄性

人身保险的保费计算通常采用均衡费率的方法，即每年收取相同数量的保费。与均衡费率相对应的另一种保费计算方式是自然费率，其保费随着人的年龄增长而增加。这是因为，如图5-1所示，随着被保险人年龄的增长，所面临的死亡风险也逐渐增多，因此自然保费也会随之增加。显然，采用均衡费率是为了平滑被保险人的保费支出，用早期多缴的保费弥补后期不足，以均衡投保人经济负担，特别是减轻被保险人在年老退休后收入减少时的缴费压力。

期限较长的人身保险通常具有储蓄性。这是由于这类保险采取了均衡费率的保费缴纳方式，在保险期限的前期，实际缴纳的保费超出了自然保费，那么多出来的部分可以视作投保人放在保险公司的一笔“储蓄”，在保单生效一定时间后，保单所有人享有对保险的储蓄利益，其利益的多少通过保单规定的现金价值来确定，还可以用保单向保险公司进行抵押贷款。此外，有些保险产品的设计初衷就是为了储蓄。例如，近年来受到市场追捧的增额终身寿险和年金产品，就具有较强的储蓄性质。

5. 保险利益的特殊性

人的生命或身体是无价的，因此，人身保险的保险利益无法用货币估算或衡量，即只考虑投保人对被保险人是否具有保险利益，而不考虑保险利益的具体金额。在人身保险中，保险利益的存在是订立保险合同的前提条件，但不是维持保险合同效力、保险人给付保险金的必要条件。

二、人身保险的分类

(一)按保障范围分类

按保障范围划分，人身保险可分为人寿保险、人身意外伤害保险和健康保险。

人寿保险是以被保险人的生命为保险标的，以保险人在保险期限内死亡或生存到保险

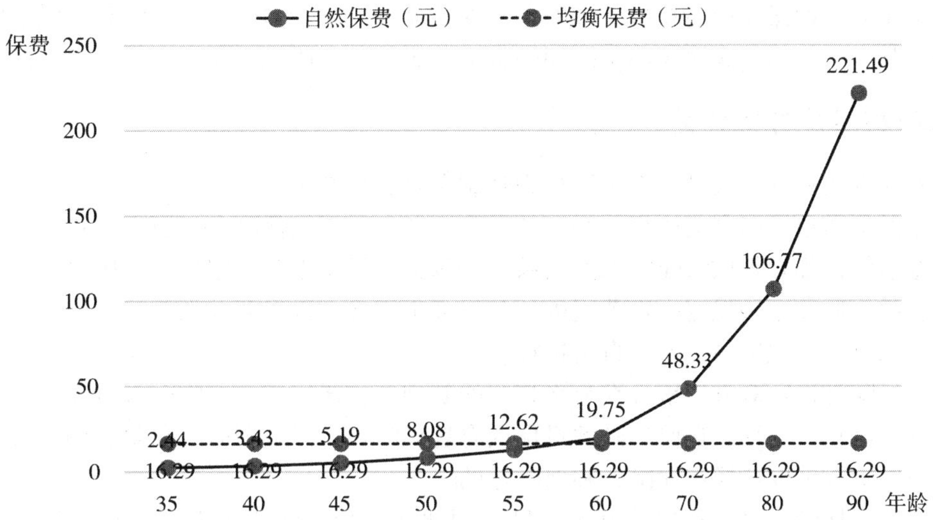

图 5-1　自然保费与均衡保费

资料来源：作者自行绘制。

期满为给付保险金条件的人身保险。人寿保险合同期限一般较长，部分产品带有储蓄或投资性质。人寿保险是人身保险公司经营的主要业务。

健康保险是以被保险人的身体为保险标的，以被保险人在保险期限内因患病、生育或意外事故所致医疗费用支出和工作能力丧失、收入减少及因疾病、生育致残或死亡为保险事故的人身保险，主要包括医疗保险、疾病保险、失能收入损失保险、护理保险以及医疗意外保险等。

人身意外伤害保险简称意外伤害保险或意外险，是以被保险人因在保险期限内遭受意外伤害造成死亡或残疾为保险金给付条件的一种保险。在保险实务中，意外险通常还会附加意外伤害医疗费用保险，用来补偿被保险人因意外伤害而产生的医疗费用。

(二) 按投保方式分类

按投保方式划分，人身保险可分为个人保险和团体保险。

个人保险是指单个被保险人在自愿选择的基础上投保人身保险。

团体保险是以团体为保险对象，以集体名义投保并由保险人签发一份总的保险合同，保险人按合同规定向其团体中的成员提供保障的保险。它不是一个具体的险种，而是一种承保方式。团体保险一般有团体人寿保险、团体年金保险、团体意外伤害保险和团体健康保险等险种。

(三) 按保险期间分类

按保险期间划分，人身保险可分为短期业务、一年期业务和长期业务。

短期业务是保险期间不足一年的人身保险业务，如保险期间为 7 天的旅行意外险。

一年期业务是保险期间为一年的人身保险业务，如百万医疗保险与综合意外险。

长期业务是指保险期间超过一年的人身保险业务，绝大多数人寿保险的保险期限都超过一年。此外，一些疾病保险的保险期间也会达到数十年或几十年。

（四）按实施方式分类

按实施方式划分，人身保险可以分为强制保险和自愿保险。

强制保险是根据国家法律规定开办的保险业务，无论被保险人是否愿意投保或保险人是否愿意承保，都必须依法建立保险关系，所以强制保险也叫法定保险。国家为了保护社会公共利益，通过立法规定一定范围内的公民或组织必须投保某种强制保险，保险金额和保险期间也是统一规定的，不能自由选择。

自愿保险是保险双方当事人在公平自愿的基础上，通过签订保险合同自愿缔结保险关系，双方均可自由选择。自愿保险的投保人有选择险种、保险期间、保险金额以及退保的权利，而保险人可以选择被保险人和保险标的。

商业人身保险以自愿投保为基本原则，因此在人身保险业务中，强制保险只占极少数，一般只有意外伤害保险等少数险种属于强制保险，社会保险一般属于强制保险。凡是没有国家立法规定必须投保的保险都属于自愿保险。

（五）按是否是纯保障型分类

按保单是否为纯保障型，人身保险可分为纯保障型保险和非纯保障型保险。

纯保障型保险是指该保险只具有保障功能，仅在保险责任事故发生后进行保险赔付，不具有投资等其他功能。例如，意外险、医疗险与定期寿险等险种仅具有保障功能。这类保险的特征是，如果在保险期间内未发生保险事故，保险人无需向投保人或被保险人给付任何形式的保险金，且收取的保费不予退还。

非纯保障型保险，也称为储蓄型保险，是指该保险不仅具有保障功能，还具有储蓄或投资理财等其他功能。这类保险的特征是除了提供保障功能，还通过设定投资账户的形式让其具备了一定的投资功能。比如，在分红保险中，保险人会定期将此类保险业务经营所获得的盈利以红利的形式分享给投保人。又如，增额终身寿险在一定的保险期限之后，相较于投保人所缴纳的总保费，具有较高的现金价值，表现出较强的储蓄投资功能。

（六）按被保险人风险程度分类

按被保险人的风险程度划分，人身保险可分为标准体保险和次健体保险。

标准体保险又称为健体保险，是指生命危险程度可依保险公司所订标准或正常费率来承保的人寿保险，前面提及的普通人寿保险一般都是健体保险。

次健体保险又称为弱体保险，是指危险程度较高而不能按正常费率承保，除非由保险人和投保人商定以特别条件来承保的一种特殊人寿保险形式，因此该险种属于特种人寿保险。

三、人身保险合同的常见条款

(一)不可抗辩条款

不可抗辩条款又称为不可争议条款。该条款规定，在保险单生效一定时期(通常为两年)后，就成为不可争议的文件。保险人不得以投保人在投保时的误告、漏告和隐瞒重要事实等为由，否定保单的有效性。《保险法》第十六条规定：“自合同成立之日起超过二年的，保险人不得解除合同；发生保险事故的，保险人应当承担赔偿或者给付保险金的责任。”这项条款主要是为了保护受益人的利益，防止保险人滥用最大诚信原则，随意解除保险合同。

(二)年龄误告条款

年龄误告条款规定了投保人在投保时误告被保险人年龄情况下的处理办法。投保人申报的被保险人年龄不真实，并且其真实年龄不符合合同约定的年龄限制的，保险人可以解除合同，并按照合同约定退还保险单的现金价值。如投保人在投保时误报了被保险人的年龄，致使投保人支付的保险费少于或多于应付保险费的，保险合同仍然有效，但保险人有权更正并要求投保人补缴保险费或向投保人退还多缴保费，或者根据被保险人的真实年龄予以调整保险金额。

(三)宽限期条款

该条款是对人身保险分期缴费过程中投保人未按时缴费时保险合同效力的规定。当投保人未按时缴纳保险费时，在宽限期内，保险合同仍然有效，若发生保险事故，保险人应承担保险责任。超过宽限期，则保险合同效力中止。宽限期条款的规定一般是为了防止投保人因疏忽、经济变化或其他原因，不能及时缴纳保费而导致保险合同失效，宽限期一般为 30 天或 60 天。

(四)保费自动垫缴条款

该条款规定，投保人未能在宽限期缴纳保费且保单具有现金价值的，保险人可以使用保单的现金价值自动垫缴投保人所欠保险费，使保单继续有效。如果垫缴后，投保人仍未缴付，垫缴应继续进行，直到累计垫缴本息达到保单的现金价值数额为止，此时若投保人仍不缴纳保险费，则保单合同效力中止。

(五)复效条款

该条款规定，若保单因投保人不按期缴纳保险费失效后，自失效之日起的一定时期内(一般是两年)，投保人有权向保险人申请复效，经过保险人审查同意后，投保人补缴失效期间的保险费及其利息，保险合同即恢复效力。保险人对失效期间发生的保险事故不承担责任，即使复效后仍不承担失效期间的保险责任。

(六)不丧失价值条款

不丧失价值条款规定，长期寿险合同的保单所有人享有保险单现金价值的权利，不因保险合同效力中止而丧失，保单所有人有权选择有利于自己的方式来处理保单所具有的现金价值。保险公司往往将现金价值的数额列在保单上，说明计算方法及采用的利率，使保单所有人可以随时掌握保单的现金价值量。

现金价值的处理可以有三种方式：

(1)保单所有人退保，保险人退还现金价值。

(2)将原有保单变更为减额缴清保险，变更原保险单的保险金额，原保险单的保险期限与保险责任保持不变。

(3)将保单变更为展期保险，变更原保险单的保险期限，原保险单的保险金额与保险责任保持不变。

(七)保单贷款条款

保单贷款条款规定，人寿保险合同生效满一年或两年后，投保人可以以保单为抵押向保险人申请贷款，贷款金额以该保险单项下积累的责任准备金或退保金即保单的现金价值为限。如果在归还本息之前发生了保险事故或退保，保险人则从保险金额中扣还贷款本息。当贷款本息等于或超过保单的现金价值时，保单所有人应在保险人发出通知后的一定期限内还清款项，否则保单失效。该条款使投保人在遇到急需款项的情况时，能迅速将保险单变现以应急，增加了保单资产的流动性。

(八)保单转让条款

人寿保险单作为一项金融资产，是保单持有人的资产，保单持有人对其拥有财产所有权。保单转让条款规定，只要不是出于不道德或非法的考虑，在不侵犯受益人权利的情况下，保单可以转让。对于不可变更的受益人，未经受益人同意，保单不可转让。将保单所有权完全转让给一个新的所有人的转让方式称为绝对转让，转让时，被保险人必须在世。把一份具有现金价值的保单作为被保险人的信用担保或贷款的抵押品，受让人得到保单的部分权利，这一种转让类型被称为抵押转让。

(九)受益人条款和共同灾难条款

受益人条款包括两方面内容：一是明确规定受益人；二是明确规定受益人是否可以更换。

投保人在签订合同时约定的受益人为原始受益人，当被保险人死亡后有权领取保险金。当原始受益人先于被保险人死亡，投保人或被保险人再次确定后继受益人。若投保人或被保险人没有继续指定受益人，或是受益人依法丧失受益权和主动放弃受益权而无其他受益人的，则在被保险人死亡后，保险金作为遗产由被保险人的继承人继承。

共同灾难条款是为确定在发生被保险人与受益人同时遇难的事件时使用的，如果第一受益人与被保险人同时死于同一次事故中，且无法证明谁先死亡，则推定第一受益人先死亡。若保险合同中有第二受益人，则保险金由第二受益人领取；若无其他受益人，保险金则作为被保险人的遗产处理。

(十)自杀条款

自杀条款是包括死亡给付责任的人寿保险合同中列示的保险人的免责条款。《保险法》第四十四条规定："以被保险人死亡为给付保险金条件的合同，自合同成立或者合同效力恢复之日起二年内，被保险人自杀的，保险人不承担给付保险金的责任，但被保险人自杀时为无民事行为能力人的除外"。在保险公司不承担给付保险金责任的情况下，应当按照合同约定，将保险单的现金价值退还给被保险人或其指定的受益人。该条款的设置是为了防止产生道德风险，避免出现被保险人故意自杀以谋取保险金的情况。

(十一)红利任选条款

在分红型人寿保险中，若保险公司实现盈利，根据合同条款，投保人有权参与分配公司盈余，从而获得保单红利。通常，红利的领取方式有多种：投保人可以选择直接领取现金；或者用红利抵扣未来保费，减少后续的保险费用；亦可选择将红利存放在保险公司，按照公司的保证利率累积利息；此外，投保人还可以利用红利作为一次性保费，购买增额缴清保险，以实现保险金额逐年增长，并相应提升保单的现金价值。

(十二)保险金给付任选条款

人身保险的保单中通常会列出多种保险金给付方式供投保人选择，常见的方式有以下几种：

1. 一次性给付现金方式。
2. 利息收入方式，受益人将保险金存在保险公司可以定期获得保证利率利息，也可以随时提取本金。
3. 定期收入方式，由受益人选定期间，以分期支付的方式进行给付。
4. 固定收入方式，即按受益人确定的某一金额给付，直至本息用尽。
5. 终身收入方式，即在受益人的预测终身期间按期支付年金。

【案例 5-1】

某日，何某为自己向某保险公司投保，投保险种的基本险为终身重大疾病险，初始基本保额 4 万元，保险期限终身，保费 1760 元；附加险为人身意外伤害险和人身意外伤害附加医疗险，保险金额分别为 3 万元、1 万元，保险期限为一年，保险费分别为 90 元、60 元；被保险人为何某，受益人为何某妻子及其女儿。当日，何某向保险公司缴纳了保险费共计 1910 元；同时，何某在该投保书的健康告知书"被保险人或者家属是否患有精神病"和"直系家庭成员中是否有因疾病早于 60 岁以前去世者"两栏内均填写为"否"。保险公司提供的"终身重大疾病保险条款"第三条第一款保险责任约定："被保险人因意外伤亡或者于合同生效(或复效)一年后因疾病导致身故或者身体全残：本公司按有效保险金额给付身故或全残保险金，本合同终止。"第五条第一款责任免除约定："被保险人在本合同生效(或复效)之日起二年内自杀，本公司不负给付保险金责任。"投保一年后，何某患上抑郁症，在当地医院住院治疗，但住院期间病情一直未见明显好转。某日晚上九点，护士查房时发现何某已用病员服在住院楼层的厕所里上吊自杀。医院提供的何某死亡诊断书上写明的死因为抑郁症、自杀。另查明，何某之兄曾患躁狂症自杀死亡。何某的后事处理完后，本保险合同的受益人向保险公司提出理赔申请，请求保险公司支付终身重大疾病保险金4万元以及人身意外伤害保险金3万元。

(资料来源：许飞琼．经典保险案例分析100例[M]．北京：中国金融出版社，2020：149-150.)

请分析在此案例中，保险公司是否应承担赔付责任？如果应承担，那么应承担哪些的赔付责任？

第二节　人寿保险

一、人寿保险的概念与分类

(一)人寿保险的概念

人寿保险是以被保险人的生命为保险标的，以生存或死亡为给付保险金条件的一种人身保险。人寿保险是人身保险的主要组成部分，涵盖死亡和期满生存两类保障。在保险期限内，若被保险人发生死亡或生存期满，均可视为保险事故。人寿保险作为一种风险管理工具，经历了漫长的发展过程。从古埃及和罗马时期的丧葬社团，到中世纪商人间的保险合同，人寿保险的早期形式逐渐显现。17世纪，随着数学家埃德蒙·哈雷对生命表的创立，人寿保险开始步入科学化发展阶段。18世纪工业革命推动了人寿保险向工人阶级的普及，保险产品更趋多样化。20世纪，人寿保险经历了前所未有的增长，特别是在第二次世界大战后，人们对家庭财务安全的重视推动了人寿保险需求的激增，万能寿险和变额寿险等新型保险产品应运而生，为投保人提供了更多选择。

(二)人寿保险的分类

根据不同的分类标准，可以对人寿保险进行不同的分类。常见的分类方式有：

1. 按保险功能分类

(1)传统人寿保险。传统人寿保险是指仅仅具有保障功能和储蓄功能的人寿保险。传统型寿险包括死亡保险、生存保险、生死两全保险、年金保险等。这类产品的主要特点是固定给付，即在投保之时就基本确定了到期给付的金额。

(2)创新人寿保险。随着社会经济的发展，一些创新型人寿保险不断涌现，例如变额寿险、万能险、分红险、投资连结险等。这些产品主要的特点是收益具有浮动性，即未来保险金给付的金额存在不确定性，而与保险公司的经营管理水平与投资能力关联较大，能够用于抵御通胀，同时为客户提供更全面的保障和更灵活的选择。

2. 按投保方式分类

(1)个人人寿保险。个人人寿保险是指以个人为投保人，根据自身对保险保障需要以及缴费能力而投保的人寿保险，该类保险的一张保单只承保一名被保险人。

(2)团体人寿保险。团体人寿保险是指保险公司以特定团体中的一群被保险人的生命或者健康为保险标的签发的保单。团体人寿保险通常作为雇主为雇员提供员工福利的一部分。

【专栏 5-1】

存款利率下行凸显保险产品竞争力，一季度人身险有望延续增长趋势

预定利率切换、银保渠道“报行合一”、万能险实际利率下调……回顾 2023 年，人身险业有不少关键词引发全行业关注，也深刻影响着整个行业的发展。

国家金融监督管理总局发布的数据显示，2023 年，保险业原保险保费收入达到 5. 12 万亿元，同比增长 9. 136%。其中财产险保费收入 1. 59 万亿元，按可比口径同比增长 6. 73%；人身险保费收入 3. 54 万亿元，按可比口径同比增长 10. 25%，增长率一举反超财产险。

2023 年，长期利率下行、资本市场动荡、预定利率切换等多重因素影响下，人身险销售迎来一波热潮。对于 2024 年的发展，华西证券研报认为，当前银行面临较大的息差收入压力下，预计 2024 年定期存款利率仍将维持较低水平。考虑到中国居民储蓄率较高、储蓄意愿较为强烈的国情，预计接下来很多家庭财富配置可能会把部分定期储蓄以及其他理财产品投资迁移至长期储蓄型保险产品。

方正证券研报认为，当前居民储蓄需求旺盛、保险产品竞争力强劲，银保渠道报行合一将严格推进，银行以量补价策略叠加银保产品 NBVM(新业务价值倍数，可以衡量保险销售利润率)有望持续提升背景下，储蓄型产品或迎量价齐升，2024 年一季度人身险有望延续增长趋势。

在渠道端，东海证券研报谈及今年开门红产品时认为，据调研了解，去年下半年启动以来的相关改革已达成阶段性成果，险企与银行的“总对总”签约已基本完成，与网点间的合同重新厘定也在陆续推进，调整后的银保渠道首年手续费率大约降至 9%—12%，且部分尾部中小险企被挤出市场，头部险企新签了一定量的地方性银行，行业马太效应持续强化。

“在存款利率下行的背景下，规范后的银保产品较其他银行储蓄类产品仍具有一定的优势，且银行中间收入的下滑有望促进更大力度的产品销售，费率的优化将进一步提升渠道价值率水平。”东海证券研报指出。

(资料来源：存款利率下行凸显保险产品竞争力，一季度人身险有望延续增长趋势[N/OL]. [2024-02-12]. https：//new. qq. com/rain/a/20240212A0459800.)

阅读以上材料，思考为何存款利率下行有利于储蓄型保险产品的销售？

3. 按保险利益分配与否分类

(1)分红人寿保险。分红人寿保险是指保险公司在每个会计年度结束后，将上一会计年度该类保险的可分配盈余按一定比例，以现金或增值红利的方式分配给保单受益人的一种人寿保险。

(2)不分红人寿保险。又称无利益分配寿险，是指投保人缴付保险费后，无营业盈余分配的一种人寿保险。

根据不同的属性，人寿保险还有多种分类方式。例如，按保险金的给付方法，可以分为一次给付保险和分期给付保险；按保险期限是否超过一年，可以分为短期人寿保险和长期人寿保险；按保险费支付方式，可以分为趸交人寿保险和期缴人寿保险；按保险金额是否可变，可以分为定额人寿保险和变额人寿保险。

此外，按储蓄功能的强弱划分，人寿保险还可以分为储蓄型人寿保险(如年金险、增额终身寿险)和保障型人寿保险(如传统寿险)，前者的杠杆率较低(保险金额/保费的值较小)，配置该类保险的主要目的是储蓄或投资，而后者仅具有保障功能，杠杆率通常较高。过去几十年间，我国保险市场规模的快速增长主要得益于储蓄型人寿保险的深度渗透。

二、传统人寿保险

(一)死亡保险

死亡保险是指以被保险人在保险期限内死亡为保险金给付条件的人寿保险。死亡保险是人寿保险最原始、最基本的表现形态，保险人承担的责任在于，当被保险人在保险期限内身故时，向受益人支付约定的保险金。根据保险期限的差异，死亡保险可分为定期死亡保险和终身死亡保险，简称定期寿险和终身寿险。

1. 定期寿险

定期寿险是以被保险人在确定的保险期限内死亡作为保险金给付条件的人寿保险。当被保险人在保险期间内死亡时，保险人向其受益人给付保险金；如保险期间届满，被保险人仍然生存，则保险合同终止，保险人也不承担给付责任。定期寿险具有以下特点：

第一，非必然给付。与终身寿险不同，定期寿险只提供一个确定的保障期限，通常为10年、20年或更长时间。如果被保险人在保障期限内去世，保险公司将向受益人支付保险金。然而，如果被保险人在保障期满时仍然健在，那么保险合同将到期终止，且不返还任何保费。这种设计使得定期寿险成为一种纯保障型产品，专注于提供死亡风险的保障。

第二，期限较短。定期寿险的保障期限通常较短，这与终身寿险提供的终身保障形成对比。定期寿险的期限可以根据被保险人的需求和预算来选择，从一年到几十年不等。这种灵活性使得定期寿险特别适合那些只需要短期保障的人，例如有特定财务责任或在特定时期内需要保障的个人。

第三，费率较低。由于定期寿险不包含储蓄或投资成分，且是非必然给付的。因此，其保费相对较低。这意味着对于相同的保险金额，定期寿险的保费通常远低于终身寿险。低费率使得定期寿险对于预算有限但需要足够保障的家庭来说是一个经济实惠的选择。

2. 终身寿险

终身寿险是为被保险人提供终身死亡保障的人寿保险。无论被保险人何时死亡，保险人都将承担保险金给付责任。

终身寿险具有以下特点：

第一，必然给付性。终身寿险没有确定的保险期限，自保险合同生效之日起至被保险人死亡为止。大部分终身寿险所使用的生命表都假设105岁为人的生命极限，当被保险人生存至105岁，从保险人的角度看相当于定期寿险到期，则被保险人被视为死亡，保险人给付全部保险金。

第二，储蓄性。由于终身寿险的期限较长，保单具有现金价值，若保单所有人在保险期间中途退保，可获得一定数额的退保金。因此，终身寿险具有较强的储蓄性，适用于长期储蓄或资产的代际传承。

第三，费率较高。由于终身寿险为必然给付的保险，且其杠杆功能远不如定期寿险。因此，终身寿险的费率要远高于定期寿险。

终身寿险可分为分红终身寿险和不分红终身寿险。分红终身保险可以在每个保单周年日分享保险公司的可分配盈余，还可以抵御利率变化的风险。

（二）普通生存保险

普通生存保险是以被保险人在保险期满或达到某一年龄时仍然生存为给付条件，并一次性给付保险金的保险。只要被保险人生存到约定时间，保险人就按约定给付保险金。若在保险期间内被保险人死亡，则保险人不给付保险金，且所缴保费不予退还。

（三）两全保险

两全保险是指无论被保险人在保险期间内死亡或保险期满时生存，保险人均需给付保险金的保险。具体而言，若被保险人在保险有效期内不幸离世，保险公司将依据合同规定支付死亡保险金；同时，若被保险人安全健康地生存至保险期满，保险公司亦将按照合同约定支付生存保险金。

两全保险具有以下特点：

1. 保障全面。两全保险是人身保险中承保责任最全面的一个险种，被保险人无论是生是死都可以得到保险人的给付，是死亡保险和生存保险的结合。

2. 费率较高。由于两全保险每张保单的给付是必然的，其费率理论上等于具有相同保险金额的终身年金的费率加上定期寿险的费率。因此，两全保险相对于单独的终身寿险或定期寿险而言，其费率更高。

3. 储蓄性。无论被保险人生存与死亡，受益人都能得到保险金，因而使其具有储蓄性。该性质使保单与终身寿险一样具有现金价值，保单所有人享有由现金价值带来的权益。

（四）年金保险

年金保险也称生存年金保险，是指以生存为给付保险金条件，且保险金以年金方式支付的保险。只要被保险人生存，被保险人就能在一定时期内(或终身)按规律领取保险金。与普通生存保险的一次性给付方式不同，年金保险的保险金是逐期有规律发放的。年金保险有以下多种分类方式：

按缴费方法的不同，年金可分为趸缴年金和分期缴费年金。趸缴年金又称为一次缴清保费年金，即投保人一次性缴清全部保费。期缴年金指投保人采用分期缴纳的方式缴纳保费。

按年金给付开始时间不同，年金可分为即期年金和延期年金。即期年金是指缴纳所有保费且保险合同成立生效后，保险人立即按期给付保险金的年金保险。延期年金是指保险合同成立生效后，经过一段时间或被保险人达到一定年龄后，保险人才开始给付年金的年金保险。

按被保险人不同，年金可分为个人生存年金、最后生存年金和联合生存年金。个人生存年金的被保险人为独立的一人，以其生存为给付条件的年金。最后生存年金是指两个或两个以上的被保险人中，在约定的给付开始日，至少有一个生存即给付保险年金，直至最后一个生存者死亡为止。但通常此种年金数额在一人死亡后按约定比例减少金额。联合生存年金是两个或两个以上的被保险人中，只要其中一个死亡则保险金给付即终止的年金，它是以两个或两个以上的被保险人同时生存为给付条件。

按给付期限不同，年金可分为定期年金、终身年金和最低保证年金。定期年金是指保险人与被保险人有约定的给付期限的年金。例如，从被保险人 60 岁开始每年领取保险金，到 80 岁结束。终身年金是指保险人以被保险人死亡为终止给付保险金的时间，只要被保险人生存，被保险人就可以一直领取的保险金。最低保证年金是为了防止被保险人过早死亡而丧失领取年金的权利而产生的年金形式。最低保证年金又分为两种：一种是确定给付年金，其规定了一个最低保证确定年数，在规定期间内无论被保险人生存与否，被保险人或受益人均可得到保险金。另一种是退还年金，当年金受领人死亡而其年金领取总额低于年金购买价格时，保险人以现金方式一次或分期向其继承人退还其差额。

按给付额是否变动，年金可分为定额年金与变额年金。定额年金的保险金的给付额是固定的，不因为市场通货膨胀的存在而变化。因此，其性质与银行储蓄相似。而变额年金，作为一种新型的寿险产品，设有专门的投资账户，其保险年金给付额将随着投资账户资产收益的变化而有所调整。由于变额年金与投资收益直接挂钩，因此能够有效地抵御通货膨胀带来的负面影响。

三、创新型人寿保险

创新型人寿保险，亦被业界称为非传统寿险、储蓄型保险或投资型保险。其显著特点在于，除了传统的保障功能外，还融合了储蓄或投资功能。该类保险通常含有一个或多个投资账户，客户至少在一个投资账户中拥有相应的资产价值。此类保险产品允许客户直接参与由保险公司管理的投资活动，以此实现保障与收益的双重目标。新型寿险与传统寿险的显著差异体现在其具备的储蓄与投资功能，以及由于保费和保险金额的可变性带来的收益浮动性。

创新型人寿保险主要有变额人寿保险、万能人寿保险、变额万能人寿保险和分红保险。

（一）变额人寿保险

变额人寿保险是一种投资连结保险，其保险金额随其所设的保费投资账户中投资基金业绩变化而变化。

变额寿险产品与传统寿险产品相比，具有以下特点：

1. 保险金额可以变动

变额寿险保费的保险金额在保证一个最低限额的条件下可以变动。变额寿险保险金额的变动取决于投保人所选择的投资账户的投资收益。

2. 实行单独账户管理

变额寿险通常开设有一个投资账户或多个投资子账户，由投保人或保单所有人自由选择，由保险公司本身或委托基金公司专业经营。投保人缴纳的保费减去费用和死亡给付分摊额后被存入选择的投资账户。在这种保单的死亡给付中，一部分是保单约定的固定的最低死亡给付额，一部分是其投资账户的投资收益额。保险人根据资产运用情况，对投资账户的资产组合不断进行调整；保单所有人也可以至少每年一次地在各种投资产品中自由选择调整组合。所选择投资账户的投资收益高，则保单的现金价值高，死亡保险金也高；反之，则保单的现金价值低，死亡保险金也低。

3. 现金价值可以变动

变额寿险保单的现金价值随着投保人所选择投资组合中投资业绩的状况而变动，某一时刻保单的现金价值决定于该时刻其投资组合中投资账户资产的市场价值。变额寿险产品的投资风险是由保单所有人承担，保险人只负责管理投资账户，保单的现金价值可能因投资账户的收益不佳而为零。

（二）万能人寿保险

万能人寿保险简称为万能险，是一种缴费灵活、保险金额可调整的人寿保险。万能险是创新型寿险中的主流产品。

灵活性是万能险的主要特点，投保人在缴纳首期保费后可选择在任何时候缴纳任何数量的保费，只要保单的现金价值足以支付保单的相关费用，有时可以不用缴纳保费。投保人还可以在保单不失效的前提下，提高保额或降低保额。保险公司为万能寿险设立单独投资账户，在投保时此账户设定有一个最低保证利率，后期的实际结算利率不得低于最低保证利率。

万能险投保人所缴纳的保险费在扣除风险保障账户的费用后，并不能完全进入投资账户，而是还要扣除一笔初始费用，主要包括公司的经营管理费用、保单管理费、贷款账户管理费、附加险保险费等。

（三）变额万能人寿保险

变额万能寿险是变额寿险与万能险相结合的产物。变额万能寿险遵循万能寿险的保费缴纳方式，而且保单持有人可以根据自己的意愿将保额降至保单规定的最低水平，也可以在具备可保性的条件下，将保额提高。但是其资产由投资账户保存，现金价值的变化与变额寿险相同，没有最低投资收益率和本金的保证，即现金价值可能降为零。

变额万能寿险也是多种投资基金的集合。保单所有人可以在一定时期内将其现金价值从一个账户转移到另一个账户，但其死亡保险金采取与万能寿险相同的方式，可由投保人选择。此外，保单所有人承担了其投资账户上资产的全部投资风险。如果投资账户的投资增值，不会发生什么收益减少，则保单也有效；但一旦保单的现金价值减少为零，若没有缴纳足够的保费，则保单将会失效。

(四)分红保险

分红保险是保险公司将其实际经营成果优于定价假定的盈余，按一定比例向保单持有人进行分配的人寿保险产品。分红保险是一种结合了传统保险保障功能和投资功能的保险产品，其特点在于投保人除了可以获得传统保险的保障外，还可以分享保险公司经营成果的红利。分红保险的红利来源于寿险公司的死差益、利差益和费差益。红利的分配方法主要有现金红利法和增额红利法。在现金红利的分配方式下，红利可以采用多种领取方式：现金、累计生息、抵缴保费和购买缴清增额保险。

【专栏 5-2】

2023“开门红”产品主打“年金/两全+万能账户”

10 月中旬开始，保险业已缓慢拉开了新一年“开门红”的序幕。

继中国人寿于 10 月率先发布了鑫享未来系列产品，中国平安、泰康人寿分别发布了 2023 平安人寿御享财富 23，以及泰康惠赢人生(爱家版)等产品。

从产品形态来看，2023 年开门红，险企还是以“年金/两全保险+万能账户”以及增额终身寿险作为“开门红”产品的主要方案。在“年金/两全保险+万能账户”产品组合中，投保人可在主险“养老年金”或“两全保险”中附加万能账户，实现让养老年金或生存保险金在未被领取时依然具有保值增值的能力，抵御通货膨胀影响，达到长期增值的目的。

附加了万能账户以后，保单养老金或生存金在未被领取的情况下，就会自动转入相对应的万能账户进行生息，从而达到财富持续增长的目的。

万能账户均设有最低保证利率，即“保底利率”。据记者了解，目前市场上万能账户保底利率大多在 1.75%—3%的区间范围，并主要停留在 1.75%—2.5%这一区间。目前，仅有小部分万能险产品的保底利率可达到 3%。

(资料来源：李晶晶.“年金+万能”组合产品仍是“开门红”主打，“双被保人”能否成为增额终身寿险的“新卖点”[EB/OL].［2022-10-27］. 21 世纪经济报道 . https：//m. 21jingji. com/article/20221027/herald/e37a4ea02b7e27c653d67b51da826eaa_ths. html，有所节选。)

阅读以上材料并思考，为何保险公司在“开门红”活动中主打“年金/两全+万能账户”保险？该产品组合有何特征？

第三节 健康保险

一、健康保险的概念与特征

(一)健康保险的概念

健康保险是指以被保险人的身体为保险标的，保险人承担对被保险人在保险期限内因患疾病、分娩或发生意外事故受到伤害时所导致的医疗费用或收入损失进行补偿的一种保险。医疗费用是指用于住院、手术、药品和其他医疗服务的费用，而收入损失是指被保险人因疾病造成残疾以及因分娩、疾病或意外伤害暂时或永久不能工作而造成的劳动收入减少。在银保监会2019年12月发布的《健康保险管理办法》中，健康保险被定义为由保险公司对被保险人因健康原因或者医疗行为的发生给付保险金的保险，主要包括医疗保险、疾病保险、失能收入损失保险、护理保险以及医疗意外保险等。

健康保险与意外伤害保险有所不同，虽然健康保险也对因意外伤害事故造成的医疗费用提供保障，但其适用的是财产保险中的“补偿原则”，即只对实际发生的医疗费用支出提供“补偿”。而意外伤害保险是指被保险人因意外伤害事故造成死亡或残疾时，保险人依据合同约定的保险金额直接向受益人“给付”伤残或死亡保险金的保险。在意外险实务中，通常将意外伤害医疗费用保险作为意外险的附加险，用来补偿被保险人因遭受意外伤害事故所致医疗费用，其本质上仍属于健康保险中的费用补偿型医疗保险。

(二)健康保险的特征

1. 精算技术较为复杂

在制定人寿保险费率时，核心考量因素涵盖死亡率、费用率以及利息率。相较之下，健康保险费率的主要制定依据则聚焦于疾病率、伤残率以及疾病(伤残)的持续时长。健康保险费的计算过程，其核心基于保险金额损失率。对于年末未到期责任准备金，通常按照当年保费收入的一定比例进行提取。此外，健康保险合同中明确规定的等待期、免责期、免赔额、共付比例、给付方式以及给付限额等条款，亦对最终费率的确定产生重要影响。

2. 经营风险突出

健康保险经营的是疾病发生的风险，相较于人寿保险，其影响因素显得更为复杂。特别是在逆向选择和道德风险方面，健康保险面临的情况更为严峻。为有效遏制逆向选择风险，健康保险的核保流程相较于人寿保险和意外伤害保险更为严格；同时，道德风险所引发的索赔欺诈现象也对健康保险的理赔工作提出了更为严格的要求。因此，在进行风险评估及保费计算时，精算人员除了依据详尽的统计资料外，还需融合医学领域的专业知识，以确保风险评估的准确性和保费的合理性。

3. 合同条款复杂

健康保险合同中，除适用一般寿险的不可抗辩条款、宽限期条款、不丧失价值条款等外，还采用一些特有的条款，如等待期条款、免赔额条款、既存状况条款等。此外，健康保险合同中有较多的医学名词定义，有关保险责任部分的条款也比较复杂。

二、健康保险的分类

(一) 按保险保障范围分类

按照保险保障的内容不同，健康保险可划分为医疗保险、疾病保险、失能收入损失保险、长期护理保险和医疗意外保险。

医疗保险是指按照保险合同约定为被保险人的医疗、康复等提供保障的保险。

疾病保险是指发生保险合同约定的疾病时，为被保险人提供保障的保险。

失能收入损失保险是指以保险合同约定的疾病或者意外伤害导致工作能力丧失为给付保险金条件，为被保险人在一定时期内收入减少或者中断提供保障的保险。

护理保险是指按照保险合同约定为被保险人日常生活能力障碍引发护理需要提供保障的保险。

医疗意外保险是指按照保险合同约定发生不能归责于医疗机构、医护人员责任的医疗损害，为被保险人提供保障的保险。

(二) 按保险期限分类

按照保险期限，健康保险可划分为长期健康保险和短期健康保险。长期健康保险是指保险期间超过一年或者保险期间虽不超过一年但含有保证续保条款的健康保险。保证续保条款，是指在前一保险期间届满前，投保人提出续保申请，保险公司必须按照原条款和约定费率继续承保的合同约定。重疾险的保险期限一般较长，甚至可以是终身。此外，长期护理保险的保险期间一般不得低于 5 年。

短期健康保险是指保险期间为一年以及一年以下且不含有保证续保条款的健康保险。医疗费用保险，通常采取一年期的短期合同形式。此做法主要是由于医疗费用具有较强的不确定性，保险人难以精准计算出一个在长期内适用的保险费率。

(三) 按给付方式分类

按照保险金的给付方式，健康保险可划分为费用补偿型和定额给付型。费用补偿型健康保险，是指根据被保险人实际发生的医疗、康复费用支出，按照约定的标准确定保险金数额的保险。费用补偿型健康保险严格遵循损失补偿原则，保险公司赔付的保险金不得超过被保险人实际发生的医疗、康复费用金额。例如，在保险市场中一直较为热销的百万医疗保险就属于此类保险。

定额给付型医疗保险是指按照约定的数额给付保险金的医疗保险。对于此类保险，无论实际发生的医疗费用是多少，保险公司按约定的数额给付保险金，如疾病保险、住院补贴医疗保险等。

(四)按投保方式分类

按照投保方式，健康保险可划分为个人健康保险和团体健康保险。

个人健康保险是保险公司与保单所有人之间订立的一种合同，是对某一个人或某几个人提供保障的保险。

团体健康保险则是保险公司与团体保单持有人(雇主或其他法定代表)之间订立的合同，它对主契约下的人群提供保障。团体健康保险与人寿保险中团体保险的性质相似，通常作为单位给员工的福利。相较于个人健康保险，团体健康保险的核保通常更为宽松。

(五)按照组织性质分类

按照组织性质，健康保险可划分为商业健康保险、社会健康保险、管理式医疗保险、自保计划。

商业健康保险是指投保人与保险人双方遵循自愿原则，以双方所达成的保险合同为基础，在被保险人出现合同中约定的保险事故时，由保险人给付保险金的一种保险。

社会健康保险是指国家通过立法形式，采取强制的方式对劳动者因患病、生育、伤残等原因所支出的费用和收入损失进行物质帮助而实施的一种制度。

管理式医疗保险，是一种集融资和供应、医疗与保险为一体的医疗保险模式，它通过整合医疗服务提供者和保险机构的资源，以控制医疗成本并提高服务质量。在美国，管理式医疗保险已成为主流的医疗保险模式，涵盖了商业医疗保险以及 Medicare 和 Medicaid 等公共医疗保险制度。这种模式通过建立医疗保险交易平台和设立成本控制规则等措施，实现了对管理式医疗的支持与监管。

自保计划是指企事业单位或雇主，通过部分或完全自筹资金的方式承担其职工或雇员的医疗费用开支，并为此承担部分或全部损失赔偿责任。

除了上述比较常见的划分外，还可以按险种结构把健康保险划分为健康保险主险和健康保险附加险。前者即单独开办的一张保险单，保险人所承保的责任仅限于健康保险或包括健康保险在内的几项保险责任的组合。后者是附加于主险之上，并且是与主险同时投保的健康保险，如危险疾病保险、特别治疗费用保险、附加意外伤害医疗费用保险等。

三、健康保险的常见险种

(一)医疗费用保险

医疗费用保险，又称医疗保险，医疗保险是指按照保险合同约定为被保险人的医疗、康复等提供保障的保险。医疗保险保障的是被保险人因患疾病或生育需要治疗时的医疗费用支出，包括医生的医疗费和手术费、药费、诊疗费、护理费、各种检查费和住院费及医院杂费等。

在医疗保险中，疾病发生导致被保险人遭受的实际医疗费用损失可以用货币来衡量，所以医疗保险具有补偿性，即保险人在保险金额的限度内补偿被保险人实际支出的医疗费用。当然，医疗保险也可以采用定额给付方式，但仅适用于某些特定保障项目，如住院医疗费、手术费、护理费等。不同的医疗保险所保障的费用项目和补偿内容各有不同，常见的医疗保险包括基本医疗保险、补充医疗保险和特种医疗费用保险等。

1. 基本医疗保险

基本医疗保险主要补偿被保险人因疾病和意外伤害所导致的直接费用。常见的基本医疗保险包括门诊医疗保险、住院医疗保险、手术医疗保险和综合医疗保险。

门诊医疗保险是为被保险人的门诊费用提供保障的医疗保险，主要包括检查费、化验费、药费等。门诊医疗保险的保费通常较低，为大众型医疗保险。但由于医药费用和检查费用的支出控制有一定的难度，保险公司面临较高的道德风险，所以，这种保单一般设定有免赔额和比例给付规定。

住院医疗保险用于保障住院所发生的费用。由于住院所发生的费用相对于门诊费用通常较高，故将住院的费用作为一项单独的保险，住院保险的费用项目主要是床位费、治疗费、设备费、手术费、药费等。为控制道德风险，除了免赔额和免赔比例，该类保险通常还设定有每日支付的限额、免赔天数和最长给付天数等条件。

手术医疗保险用于保障被保险人因接受手术治疗而产生的费用。手术医疗保险既可以作为独立险种，也可作为附加险形式存在。

综合医疗保险是保险人为被保险人提供的一种全面的医疗费用保险，其费用范围则包括医疗和住院、手术等的一切费用，它可以视作是前面几个险种的组合，因此这种保险的保费相对较高。

2. 补充医疗保险

补充医疗保险是对特定的医疗费用提供保障的医疗保险产品，其常见的类型包括住院津贴保险、高额医疗费用保险、特殊疾病医疗保险。

住院津贴保险是指根据住院日数按日给付住院津贴，或根据手术等治疗项目的使用次数按次给付治疗津贴的医疗保险。

高额医疗费用保险是对被保险人因疾病所致高额医疗费用提供补偿的一种保险。与基本医疗保险不同的是，高额医疗费用保险的保险金额更高、保险责任更高，保险费也更高。

特殊疾病医疗保险是针对特定疾病的治疗提供保障的医疗保险。当被保险人患上合同规定的特色疾病时，保险公司按照约定方式进行费用补偿。特殊疾病医疗保险通常承保某一类特定疾病，最常见的是恶性肿瘤。例如，当前市场上较为流行的各类百万医疗险通常将“恶性肿瘤赴日医疗保险”作为附加险。

3. 特种医疗保险

特种医疗保险主要是指为满足被保险人某些特定需求而设计的保险。例如牙科保险、齿科保险、处方药保险等。此外，随着人们生活水平的不断提高，越来越多的人群开始关注并选择高端医疗保险，以满足他们对高品质医疗服务的需求。高端医疗保险是一种针对高净值人群设计的医疗保险产品，其特征包括高额的保额、广泛的医疗服务覆盖范围以及高质量的服务体验。这类保险对被保险人就医的机构通常没有限制，被保险人可以选择更加昂贵的私立医院，且通常能够提供包括国际医疗服务、无现金直付、多学科诊疗等增值服务。

（二）疾病保险

疾病保险，通常称为重大疾病保险或重疾险，是一种专门针对严重疾病提供保障的保险产品。疾病保险主要覆盖那些可能威胁生命或需要高额医疗费用的重大疾病，例如恶性肿瘤、急性心肌梗死、脑中风后遗症等。2020 年 11 月，中国保险行业协会、中国医师协会发布《重大疾病保险的疾病定义使用规范（2020 年修订版）》，规定了重疾险产品必须涵盖的 28 种重疾和 3 种轻疾，并对恶性肿瘤、急性心肌梗死、脑中风后遗症三类核心重疾病种进行分级，以便于制定更加科学合理的赔付标准。在保险实务中，重疾险产品所涵盖的重疾种类往往多达一百多种。

与医疗保险相比，疾病保险的一个显著区别在于其给付方式。医疗保险通常是根据实际医疗费用来赔付的，而疾病保险则是按照固定的保险金额进行一次性赔付。虽然重疾发生的概率远低于门诊或住院的概率，但由于重疾险的保险金额通常高达数十万元，因此重疾险的保费价格普遍远高于补偿型的医疗保险。此外，重疾险的保费一般采用期缴的方式，保险期限通常较长，甚至是终身。

（三）失能收入保险

失能收入损失保险是指以保险合同约定的疾病或者意外伤害导致工作能力丧失为给付保险金条件，为被保险人在一定时期内收入减少或者中断提供保障的保险。

失能收入保险的赔付通常是定期支付，例如按月或按周给付，以补偿被保险人因失能而无法工作的收入损失。失能收入保险一般设定有三个月到半年的免责期，以排除那些因为小伤小病短期无法工作的情况。短期的失能收入保险的给付期限通常为 1 到 5 年，长期失能收入保险的给付期限可达 5 到 10 年，有部分险种将给付期限设定为 60 岁或 65 岁以前。

（四）长期护理保险

长期护理保险，也称老年护理保险或长护险，旨在针对因年老、疾病、伤残等因素导致失能或需要长期护理的个体，提供经济援助与全面服务。该保险的保障范围广泛，涵盖居家护理、社区护理及入住养老院等多种形式的护理服务。其核心宗旨在于缓解长期护理需求所带来的经济压力，确保被保险人在丧失自理能力时，能够享有必要的护理支持。

长期护理保险的保险期限往往相对较长，甚至可涵盖被保险人的一生。在给付方式上，长期护理保险不仅以货币补贴的形式提供支持，还通过购买服务的方式，为参保者提供专业化的长期护理服务，这些服务可以直接面向居家或在养老机构的老年人。长期护理保险的保障内容和形式呈现出多样化的特征，能够根据被保险人的个性化需求，提供不同等级和类型的护理服务，包括但不限于医护人员看护、中级看护、照顾式看护和家中看护等。

依据经营主体的不同，长期护理保险可细分为商业长期护理保险与政策性长期护理保险。商业长期护理保险主要由保险公司负责运营，鉴于其涉及的经营风险相对较高，且保费普遍较为昂贵，因此，商业长期护理保险的市场规模相对有限。随着我国人口老龄化趋势的加剧以及对高龄人群护理需求的日益凸显，我国政府近年来持续致力于长期护理保险制度的探索与试点，即政策性长护险。2016 年，人力资源社会保障部办公厅正式发布《关于开展长期护理保险制度试点的指导意见》，标志着长护险的第一批试点工作的启动。随着制度的稳步推进，2020 年，第二批试点城市相继开展，试点范围扩大至 49 个城市。2024 年，政府工作报告明确提出"推进建立长期护理保险制度"，这一举措标志着我国长期护理保险制度已由试点阶段迈向全面建设的新阶段。

四、健康保险专有条款

(一) 等待期条款

等待期，也称为观察期或免责期。等待期条款规定，自合同生效之日起，对一段时间内发生的保险事故不承担给付保险金责任。例如，重大疾病的等待期通常为 90 天。设置等待期的主要目的是为了防范被保险人带病投保的行为。在保险实务中，因意外伤害引起的保险事故，保险责任通常无等待期。

(二) 免赔额条款

在健康保险合同中通常对医疗费用保险有免赔额条款的规定，即在规定的免赔额以内的医疗费用支出由被保险人自己负担，保险人不予赔付。

在医疗费用保险中，通常规定有明确的免赔额。在规定的免赔额范围内的医疗费用支出，由被保险人自行承担，保险公司仅对超出规定免赔额的医疗费用支出进行补偿。设置免赔额条款的目的，首先在于减少因小额医疗费用支出所引发的频繁理赔，帮助保险公司更为有效地控制经营管理成本。同时，此举也是为了防范被保险人在治疗轻微疾病时可能出现的过度治疗行为，从而降低道德风险的发生。

(三) 共保比例条款

共保比例条款，也称共同分摊条款。该条款规定，在保险赔款的计算过程中，保险人与被保险人需根据合同所约定的比例，共同承担被保险人的医疗费用。类似于免赔额条款，设置共保比例条款旨在鼓励被保险人合理控制医疗费用，防范过度医疗行为，以降低潜在的道德风险。在医疗保险的实际应用中，免赔额条款与共保条款往往同时纳入保险合同之中。

(四) 既存状况条款

既存状况条款规定，在保单生效的约定期间内，保险人对被保险人的既往病症不给付保险金。既往病症是指在保单签发之前被保险人就已患有，但却未在投保时如实告知的疾病或伤残。设置该条款的目的主要是为了防止被保险人隐瞒带病投保的情况。

(五)续保条款

一般的医疗保险都是一年期的，对于希望长期投保的客户，反复投保一年期保单显然是不现实的。因此，医疗保险合同中通常会包含可续保条款，允许被保险人在符合条件的情况下继续续保。

第四节　人身意外伤害保险

一、人身意外伤害保险的概念与特征

(一)人身意外伤害保险的概念

人身意外伤害保险，简称意外伤害保险或意外险，是指在保险期间内，被保险人遭受由于外来的、突发的、非本意的意外伤害，因此致使被保险人死亡或残疾时，由保险人按合同规定向被保险人或受益人给付保险金的一种保险。这里我们对意外伤害的含义作进一步的阐释。

意外伤害包括“意外”和“伤害”两个必要条件，缺一不可。仅有主观上的意外而无伤害的客观事实，有惊无险，不能构成意外伤害；反之，有伤害的客观事实发生而无主观上的意外支持，只能是“必然伤害”或是“故意伤害”。因此，在理解意外伤害的含义时必须同时考虑主观和客观两个方面。只有在意外的条件下发生伤害，才能构成意外伤害。而且，意外伤害应是导致被保险人死亡的直接原因或近因。自然死亡、疾病身故、猝死、自杀以及自伤均不属于意外伤害。

1. 意外

所谓意外，是指被保险人主观上没有预计会发生致伤的事故或是虽然预计到事故的发生，但由于各种约束、限制而不得不接受与自己本来的主观意愿(回避外来侵害)相反的现实结果。对意外的界定，应同时具备以下三个要素：

第一，外来的。由被保险人自身以外的偶然原因造成的伤害均属外来原因伤 害。如行人被车撞伤、裁切机将工人手指切断、食物中毒、游泳溺水等意外伤害；如游泳时突发心脏病导致死亡，就不属于意外伤害，因为它是身体内部本已存在的疾病引起的。

第二，突发的。突发的是指意外伤害是在极短的时间内发生的，来不及预防。如行人被汽车突然撞倒。铅中毒、矽肺等职业病虽然是外来致害物质对人体的侵害，但由于伤害是逐步造成的，而且是可以预见和预防的，不属于意外事故。突然发生强调的是在事故的原因和伤害的结果之间有着直接的因果关系，而不是长期形成的。

第三，非本意的。非本意的是指事故的发生是偶然的、不能预见的，即事故的发生不是本人意志的结果。如飞机坠毁、交通事故等情况；有些意外事故是被保险人应该预料到的，但由于疏忽而引致的，如在停电时未切断电源修理线路，不久后因恢复供电而触电身

亡；另有一些事故虽是被保险人可以预见到的，但在客观上无法抗拒或在技术上不能采取措施避免的事故，如楼房失火，火封住门口和走道，被保险人迫不得已从窗口跳下，摔成重伤；或者虽在技术上可以采取措施避免，但由于法律和职责上的规定或履行应尽义务，不去躲避的，如银行职工为保护国家财产在与抢劫银行的歹徒的搏斗中受伤。以上这些均属于意外事故。

在任何情况下，若某一事故是出于故意行为所致，或是行为主体能够预见其行为后果并期望或有意放任其发生，此类事故均不应被归类为意外事故。这一界定主要适用于与个人行为直接相关的事故，例如自杀、自残等行为。

2. 伤害

伤害是指被保险人身体遭受外来致害物侵害的客观事实。伤害必须由致害物、侵害对象、侵害事实三个要素构成，三者缺一不可。

第一，致害物。致害物是指直接导致伤害发生的物体或物质，其存在是构成意外伤害不可或缺的条件。意外伤害保险所指的致害物特指外部来源，即位于被保险人身体之外的物质，这与在被保险人身体内部自然形成的内生疾病有着显著的区别。

第二，侵害对象。侵害对象是指遭受致害物侵害的客体，在意外伤害保险中，只有致害物侵害的对象是被保险人的身体时，才能构成伤害，即伤害必须是身体或生理上的伤害。这里的身体，是指一个人的生理组织的整体，有时专指躯干和四肢。人工装置以代替人体功能的假肢、假眼、假牙等不是人身躯体的组成部分，不能作为意外伤害保险的保险对象。

第三，侵害事实。侵害事实是指致害物以一定的方式破坏性地接触、作用于被保险人身体的客观事实。侵害方式可以有碰撞、撞击、坠落、跌倒、坍塌、淹溺、灼烫、火灾、辐射、爆炸、中毒、触电、掩埋、倾覆等多种。

(二)人身意外伤害保险的特征

1. 意外伤害保险的基本特征

第一，期限较短。意外伤害保险是短期险，通常都是一年期，也有几个月或更短的。如各种旅客意外伤害保险，保险期限为一次旅程的时间。

第二，灵活性较大。投保人可以根据实际需要自由选择保障期限和保险金额，投保条件相对宽松，凡是身体健康、能正常工作或劳动的自然人都可以成为被保险人。

第三，保费较低。意外险通常都是纯保障型险种，在保险期终止后，即使没有发生保险事故，保险公司也不退还保险费。此外，由于意外伤害导致死亡或残疾的概率较低，所以意外险的费率较低，能够用较低的保费获得较高的保障。

2. 人身意外伤害保险与人寿保险的比较特征

与人寿保险相比，意外伤害保险与其共同具有的特性包括：

第一，保险标的相同。二者同属人的保险，都以人为直接的保障对象。

第二，给付方式相同。由于生命和身体是无法用货币衡量的，因此，二者的保险金额由双方约定，都是采用定额给付方式，保险合同都是给付性质的，且均不适用损失补偿原则和代位追偿原则。

二者在许多方面也存在着不同之处：

第一，可保风险不同。人寿保险承保的是人的生存或死亡给付、养老年金或满期领取等；而意外险承保的则是被保险人由于意外事故造成身体的伤害，并因此而致使被保险人死亡或残疾。这种危险对每个人来说其危险程度大致相同，与年龄、性别等因素的关系不大。

第二，费率确定方式不同。人寿保险的纯保费依据生命表和利息率计算；而意外伤害保险承保的是意外伤害事件，费率厘定是根据过去各种意外伤害事故发生概率的经验及其对被保险人造成的伤害程度、对被保险人的危险程度等进行分类而统计计算的，尤其注重职业危险。被保险人的职业危险程度越高，则费率越高。

第三，保险期限不同。人寿保险的期限一般较长，超过一年；而意外伤害保险的期限则较短，一般不超过一年，短的甚至只有几天或几十分钟。

二、人身意外伤害保险的保险责任

(一)保险责任要件

意外伤害保险的保险责任是指在保险合同的保险期间内，被保险人遭受意外伤害，并因此在责任期限内死亡或残疾，保险人按合同约定给付死亡保险金和残疾保险金的责任。在意外险中，保险人承担保险责任需要同时满足以下前提条件：

1. 被保险人在保险期限内遭受了意外伤害

如果被保险人在保险期限开始以前曾遭受意外伤害，而在保险期限内死亡或残疾，不构成保险责任。

2. 被保险人死亡或残疾

在法律上发生效力的死亡包括两种情况：一是生理死亡，即已被证实的死亡；二是宣告死亡，即按照法律程序推定的死亡。残疾包括两种情况：一是人体组织的永久性残缺(或称缺损)，如肢体断离等；二是人体器官正常机能的永久丧失，如丧失视觉、听觉、嗅觉、语言机能，运动障碍等。

3. 被保险人的死亡或残疾发生在责任期限之内

由于事故的确定，特别是伤残等级的确定，通常需要较长时间。因此，在意外险中设有责任期限，只要被保险人遭受意外伤害的事件发生在保险期内，而且自遭受意外伤害之日起的一定时期内(即责任期限内，通常为180天)造成死亡残疾的后果，保险人就要承担保险责任，并给付保险金。即使被保险人在死亡或确定残疾时保险期限已经结束，只要未超过责任期限，保险人仍需承担保险金给付责任。

4. 意外伤害是死亡或残疾的直接原因或近因

意外伤害必须是造成被保险人死亡、残疾的直接原因，或是一连串事件中最有效、起决定作用的原因。保险人承担保险责任。在保险实务中，经常会出现多种原因导致被保险人身故或残疾的情况，这时就需要根据近因原则来确定保险责任。

(二)除外责任

意外险的除外责任是指保险公司在某些特定情况下不承担赔偿责任的范围，主要包括以下几个方面：

1. 原因除外

某些特定原因导致的被保险人伤害或死亡，如自杀、犯罪行为、疾病致残或死亡等。

2. 期间除外

在特定活动期间遭受的意外伤害，例如跳伞、漂流、摔跤等高风险活动期间的伤害。

3. 地点除外

在某些特定地点遭受的意外伤害，如建筑工人在建筑工地以外遭受的伤害。

4. 项目除外

某些保险责任项目被明确列为除外责任，例如，如果一份意外伤害保险合同只保意外伤害造成的死亡和残疾，那么意外伤害支出的医疗费就可能属于除外责任。

5. 其他除外责任

包括但不限于由于故意不法行为、核辐射、核污染、自然损耗或磨损、本质缺陷或特性所导致的损失，以及酗酒、斗殴、吸毒、战争、军事行动等导致的伤残或死亡。

【案例 5-2】

2018 年 8 月 29 日，投保人温县武德镇村村民委员会与保险人中国人寿保险焦作分公司(以下简称人保公司)签订保险合同。该合同载明的被保险人为苏某某亲属李某某在内的 215 人。其中保险责任条款约定，被保险人遭受意外伤害，并自该意外伤害发生之日起一百八十日内因该意外伤害导致身故的，人保公司按该被保险人的保险金额扣除已给付伤残保险金后的余额给付身故保险金，本合同对该被保险人的责任终止。2019 年 5 月 6 日，被保险人李某某因神志不清，恶心呕吐，入住温县人民医院治疗，经治疗，病情无明显好转，病情仍较重，家属放弃治疗。李某某于 5 月 11 日出院后死亡。后苏某某等起诉至法院，要求人保公司理赔。

河南省温县人民法院经审理认为，意外伤害保险合同是以被保险人遭受意外伤害及由此致残或者死亡为保险标的的保险合同。意外伤害应为遭受外来的、突发的、非本意的、非疾病的客观事件直接致使身体受到的伤害。本案中，现有证据不能证明被保险人李某某是因为意外摔倒导致的死亡还是因为疾病导致的死亡，在没有确切证据证明其死亡原因的情况下，对于原告要求给付保险金的诉讼请求，综合本案案情，酌定对于李某某的死亡，人保公司应承担 50%的保险责任。

宣判后，人保公司不服，提起上诉。河南省焦作市中级人民法院经审理认为，李某某死亡是因承保事故导致的，还是因其自身疾病造成的，难以确定。本案符合《最高人民法院关于适用〈中华人民共和国保险法〉若干问题的解释(三)》(以下简称保险法解释三)第二十五条规定的情形。一审法院据此判决上诉人承担部分保险金并无不当，上诉人的上诉理由不能成立。遂判决，驳回上诉，维持原判。

(资料来源：夏宁群，廉慧慧．近因原则在意外伤害保险合同纠纷中的适用[N]．人民法院报，2021-09-09(007)，有所节选。)

请查阅《关于适用〈中华人民共和国保险法〉若干问题的解释(三)》第二十五条规定，试分析近因原则在意外伤害保险合同纠纷中的适用性。

三、人身意外伤害保险的保险金给付

（一）意外身故保险金

被保险人在保险期限内遭受意外伤害，在责任期限内生理死亡，保险人按该被保险人的保险金额给付意外身故保险金。被保险人因遭受意外伤害且自该意外伤害发生日起下落不明，后经人民法院宣告死亡的，保险人按该被保险人的保险金额给付意外身故保险金。但若被保险人被宣告死亡后生还的，保险金受领人应于知道或应当知道被保险人生还后的一定期限内退还保险人给付的意外身故保险金。

（二）意外伤残保险金

被保险人自该意外伤害发生之日起在责任期限（通常为 180 天）内因该意外伤害造成伤残的，保险人按伤残评定标准等级的给付比例乘以该被保险人的保险金额给付意外伤残保险金。在我国，伤残等级通常依据原中国保监会发布的《人身保险伤残评定标准及代码》（下称《评定标准》）进行评定，该标准对功能和残疾进行了分类和分级，将人身保险伤残程度划分为一至十级，最重为第一级，最轻为第十级。与人身保险伤残程度等级相对应的保险金给付比例分为十档，伤残等级越高，给付比例就越高。伤残程度第一级对应的保险金给付比例为 100%，伤残程度第十级对应的保险金给付比例为 10%，每级相差 10%。

当被保险人因同一意外伤害造成两处或两处以上伤残时，保险人根据《评定标准》规定的多处伤残评定原则给付意外伤残保险金。被保险人如在意外伤害发生之前已有残疾，保险人按合并后的伤残程度在《评定标准》中所对应伤残等级的给付比例扣除原有伤残程度所对应伤残等级的给付比例，给付意外伤残保险金。

四、人身意外伤害保险的常见险种

按照所保风险的不同，意外伤害保险可以分为普通意外伤害保险和特定意外伤害保险两大类。

（一）普通意外伤害保险

普通意外伤害保险是专门为被保险人因意外事故以致身体蒙受损伤而提供的保险保障。普通意外伤害保险的保险期限一般为一年，通常是一种独立经营险种，适用于日常生活中的各种意外情况。学生平安保险、普通伤害保险、团体人身意外伤害保险等都属于普通意外伤害保险。

（二）特定意外伤害保险

特定意外伤害保险是针对特定时间、特定地点或特定原因发生的意外伤害进行保障的保险。它通常是为了满足特定行业或特定行为的需求而设计的，例如旅行意外伤害保险、交通事故意外伤害保险、电梯乘客伤害保险、船员伤害保险等。

五、人身意外伤害保险的附加险种

在人身意外伤害保险的经营实务中，保险公司在销售意外险产品时，通常会在意外险基础上补充多份附加险，为被保险人提供更为全面的保障。这是由于人身意外伤害保险的保险责任仅涵盖身故保险金与伤残保险金，然而，在发生这些不幸的事件时，通常还会发生一些其他的相关费用，比如救护车费用、护理费用等。又或是，虽然被保险人发生了意外伤害，却未导致被保险人死亡或伤残，但需要进行相关的治疗，进而产生了由于意外事故发生导致的医疗费用。这些附加险为被保险人提供了除身故与伤残保障外的其他保障。常见的附加险有：

（一）附加意外伤害医疗费用保险

该险种是意外险最为常见的附加险，其本质上属于健康保险中补偿型医疗保险。在保险期间内，当被保险人遭受意外伤害，且因该意外伤害在保险期间内在指定医疗机构进行治疗，保险人应按合同约定给付医疗保险金，其主要保险责任包括“意外住院医疗保险金”和“意外门诊急诊医疗保险金”。

（二）附加意外伤害救护车费用保险

该险种主要用于补偿在保险期间内遭受主险责任范围内的意外伤害并自该意外伤害发生之时起一定时限内发生的合理、必要的救护车费用。在保险合同中，通常会约定给付比例和每次事故赔偿限额。

（三）附加意外伤害就医辅助保险

该险种主要用于补偿在保险期间内因被保险人遭受意外伤害事故而实际支付的就医辅助费用。就医辅助是指为提升被保险人就医行为的便捷和顺畅程度，由保险人指定的第三方服务机构向被保险人提供的除医院诊治外的与就医前、中、后相关的现场或者远程协助。就医辅助包括但不限于就医陪诊、住院护工、远程居家康复跟踪及指导等，具体项目由保险人和被保险人协商一致并于保险单载明。

（四）附加猝死保险

该险种的主要保险责任是当被保险人在保险期间内因突然发生急性疾病，且在疾病发生后一定时间内死亡，保险人应按合同约定给付猝死保险金。猝死虽然本质上是自然疾病导致的死亡，不属于意外险的保障范围，但由于其突然性和不可预见性，使得人们对于猝死的保障需求日益增长。因此，为了满足市场上的这一需求，保险公司开始在意外险产品中增加猝死责任，并明确了猝死的界定、对应的保额和理赔条件。这种做法不仅有助于解决因猝死是否属于意外险保险责任引起的条款纠纷，还能为被保险人提供更全面的风险保障。

表 5-1　意外险保障范围(示例)

分类	保障项目	保障金额	特别条款或描述
日常生活保障	意外伤害身故、残疾	100 万	无
	意外医疗	10 万	0 免赔额
交通意外保障	航空意外身故、残疾	100 万	无
	火车意外身故、残疾	100 万	无
	轮船意外身故、残疾	100 万	无
	乘坐营运汽车意外身故、残疾	100 万	无
	乘坐私家车意外身故、残疾	100 万	无
特色保障	猝死	50 万	无
	意外救护车费用	2000 元	无
	意外住院垫付	最高 1 万元	1 次
	意外住院陪诊	最长 4 小时	1 次
	意外住院专属护工	最长 3 天 * 24 小时	1 次
	意外院后远程居家康复跟踪及指导	2 次	无
	意外院后卫生清洁	最长 5 小时	1 次

资料来源：支付宝 App 众安保险无忧保综合意外险(2024 版)

◎ 本章小结

1. 人身保险是以人的生命和身体为保险标的一种保险。人身保险的保险标的具有不可估价性，因此通常采用定额给付的理赔方式。人身保险的保险期限较长，且保费计算通常采用均衡费率的方式，因而具有一定的储蓄性。人身保险有多种分类方式，最为常见的分类方式是根据保障范围将人身保险分为人寿保险、健康保险与人身意外伤害保险。
2. 人寿保险是以被保险人的生命为保险标的，以生存或死亡为给付保险金条件的一种人身保险。人寿保险可以分为传统与创新两类。传统人寿保险涵盖死亡、生存和两全保险，各具特征，满足不同保障需求。创新型人寿保险具备较强的储蓄或投资功能，如变额寿险、万能险和分红险，结合了投资功能，为消费者提供了更多的选择和灵活性。
3. 健康保险是指以被保险人的身体为保险标的，保险人承担对被保险人在保险期限内因患疾病、分娩或发生意外事故受到伤害时所导致的医疗费用或收入损失进行补偿的一种保险。健康险常见的种类包括医疗保险、疾病保险、失能收入损失保险、长期护理保险和医疗意外保险。由于健康风险的特殊性，健康险合同中通常设定有一些专门的条款，如等待期条款、免赔额条款、共保比例条款、既存状况条款、续保条款等。

4. 人身意外伤害保险为被保险人在遭受意外伤害，并因此导致身故或伤残时提供保障。对意外的界定需要满足外来的、突发的、非本意的三个条件。意外险具有期限较短、灵活性较大、保费较低等特征。意外险的保险金包括身故保险金与伤残保险金两项，其中伤残保险金的给付依据伤残等级评定标准进行。由于意外伤害事故通常会带来除身故和伤残外的其他风险，因此，在意外险经营实务中，通常会补充较多的附加险，如附加意外伤害医疗费用保险、附加意外伤害救护车费用保险等。

◎ 课后练习

1. 人身风险有哪些特征，这些特征如何影响了人身保险的特征？
2. 简要介绍人身保险合同中的常见条款。
3. 试比较变额人寿保险、万能人寿保险与变额万能人寿保险的区别。
4. 健康保险合同有哪些特殊条款？设置这些条款的主要目的是什么？
5. 简述意外险的保险责任判定要点。

◎ 实践探索

1. 浏览一家人身保险公司的网页或保险销售平台（如支付宝中的蚂蚁保或微信中的微保），观察并分析其对人身保险产品的分类逻辑。
2. 2023 年，我国的人寿保险保费收入达到 27600 亿元，增速较 2022 年有大幅提高，达到 12.68%，这主要得益于增额终身寿险的热销。增额终身寿险具有哪些特征？其为何会受到市场的青睐？
3. 2024 年《政府工作报告》提出，推进建立长期护理保险制度。试结合我国人口老龄化的现状与特征，分析建立长期护理保险制度的作用与意义。
4. 2017 年 5 月 15 日，中国人保海南省分公司与海南省见义勇为基金会共同推出 2017—2019 年度海南省见义勇为人员人身意外伤害无记名保险。凡在海南省内同止在发生的违法犯罪行为作斗争，或在抢险救灾、舍己救人以及其他积极救助行为过程中，遭受伤害导致伤残或死亡的见义勇为人员，均可申请保险赔偿。此处所提及的保险是否为人身意外伤害保险？某人由于见义勇为遭受人身伤害，其所投保的人身意外伤害保险是否应该予以赔付？
5. 请制作一份家庭保险规划，规划内容包括家庭财务状况、家庭风险（人身风险与财产风险）、保险产品对比等板块，保险产品类型至少包括百万医疗保险、重疾险、定期寿险、意外伤害保险这四种保障型保险，并进一步分析家庭配置储蓄理财型保险的必要性。

◎ 课后荐读

1. 陈华，杨晓旭．农村居民参与商业医疗保险的逆向选择和道德风险研究［J］．农村经济，2022（10）：91-101.
2. 国家金融监督管理总局．中国银保监会办公厅关于进一步丰富人身保险产品供给的指导意见［EB/OL］．［2021-10-15］．https：//www.cbirc.gov.cn/cn/view/pages/ItemDetail.

html？docId = 1012854&itemId = 925&generaltype = 0.
3. 韩卓珂，黄涛．见义勇为行为纳入工伤保险的困境及合理性[N]．民主与法制时报，2020-04-16(007)．
4. 李锋森．中国人保海南省分公司推出见义勇为人员人身意外伤害无记名保险[J]．南方金融，2017 (5)：99.
5. 彭晓博，秦雪征．医疗保险会引发事前道德风险吗？理论分析与经验证据[J]．经济学(季刊)，2015 14(1)：159-184.
6. 中国政府网．国家医保局财政部关于扩大长期护理保险制度试点的指导意见[EB/OL]．[2020-09-10]．https：//www. gov. cn/zhengce/zhengceku/2020-11/05/content _ 5557630. htm.
7. 中国政府网．健康保险管理办法[EB/OL]．[2019-11-13]．https：//www. gov. cn/xinwen/2019-11/13/content_5451534. htm.

第六章　财产损失保险

◎ 学习目标

掌握财产保险的相关概念、特征以及种类；熟悉和掌握财产损失保险的业务运作规程；重点掌握企业和家庭财产保险、机动车辆保险的内容；理解运输货物保险、工程保险、农业保险的有关内容。

◎ 引言

无论是个人、家庭还是企业，每时每刻都面临着各种各样的财产风险，如火灾可能导致房屋及室内家庭财物付之一炬；碰撞等意外事故可能导致机动车辆严重损坏甚至完全报废；一次爆炸事故发生就有可能导致企业元气大伤甚至一蹶不振；工程事故可能导致在建工程结构受损，不仅延误工期，还可能造成重大的经济损失和资源浪费；自然灾害如干旱、洪水及病虫害等可能导致农作物大面积减产甚至绝收，严重影响农民的生计和粮食安全。对于这些风险，可供选择的风险管理方法有多种，但其中不可或缺的处理方法就是购买财产损失保险。

随着经济的快速发展和市场环境的不断变化，物质财富的种类和价值日益增加，人们对于财产安全的关注也日益增强。对财产进行有效的保护和风险管理是增强人民群众的获得感、幸福感、安全感的有效和必要手段。财产损失保险作为维护经济安全、保障个人和企业资产安全的重要工具，是展现金融服务实体经济和保障社会运行的重要途径。《国务院关于加强监管防范风险推动保险业高质量发展的若干意见》提出，深刻把握保险业高质量发展的主要内涵，牢固树立服务优先理念，助力筑牢经济安全网、社会保障网和灾害防控网。财产保险在保障和改善民生、防灾减损、服务实体经济等方面发挥着重要作用。本章将系统地介绍财产损失保险的基本原理、业务类型及其在现代社会中的作用和重要性。

第一节　财产保险概述

一、财产保险的概念及特点

(一)财产保险的概念

我国《保险法》第十二条规定，“财产保险是以财产及其有关利益为保险标的的保险”，可将财产保险定义为：财产保险是指以各种财产物质和有关利益为保险标的，以补偿因在保险期限内发生合同约定的保险事故而造成被保险人的经济损失为目的的一种保险业务。

财产保险有广义和狭义之分。广义的财产保险是人身保险以外所有保险业务的统称，包括财产损失保险、责任保险、信用保险、保证保险等业务，其保险标的既包含有形的财产，也包含无形的财产，如在有形财产基础上派生出来的相关利益以及责任、信用等；狭义的财产保险也称财产损失保险，其保险标的是有形物质财产及其相关利益，包括火灾保险、运输工具保险、货物运输保险、工程保险、农业保险等业务。

(二)财产保险的特点

与人身保险相比较，财产保险最鲜明的特征是其具有补偿性。具体来讲，财产保险具有如下特征：

1. 保险标的的特殊性

财产保险的保险标的包括有形财产、无形财产或有关利益，是对法人或自然人所拥有的物质利益提供风险保障；而人身保险只能针对自然人的寿命或身体提供风险保障。

2. 保险利益的特殊性

从保险利益的产生来看，财产保险的保险利益来源于人与物之间的关系，且这种利益必须能用货币衡量；人身保险的保险利益来源于人与人之间的关系，而人的寿命或身体却不能用货币衡量。

从保险利益量的限定来看，财产保险的保险利益以投保人实际利益的金额为限；人身保险的保险利益除了债权人与债务人之间的保险利益外，通常都没有金额上的限制。

从保险利益的时效来看，财产保险的保险利益要求在保险合同订立时到损失发生时的全过程中都存在；而人身保险的保险利益仅要求在保险合同订立之时存在。

3. 保险金额确定的特殊性

财产保险的保险金额一般以保险标的的价值为基础确定，实务中，可以根据保险标的的市场价确定，也可以按照账面价或重置价确定；而由于人的寿命或身体都无法用货币来衡量，人身保险的保险金额由投保人根据被保险人的需求和投保人的缴费能力，在法律允许的条件下，与保险人协商确定。

4. 保险期限的特殊性

财产保险的保险期限较短，通常为一年或者一年以内。由于期限短，在保险实务中要求投保人投保时一次性缴清保险费，保险费不计利息；而人身保险的保险期限一般较长，少则几年，多则几十年乃至终生。

5. 保险合同的特殊性

就合同主体而言，财产保险合同主体相对简单，其投保人、被保险人一般情况下高度一致；而人身保险合同中的投保人、被保险人和受益人往往不是同一人，其法律关系的主体结构相对复杂。

就合同性质而言，财产保险合同具有补偿性，其保险标的的损失可以用货币衡量，在保险事故发生后，保险人对被保险人的赔偿遵循损失补偿原则；而绝大多数人身保险合同具有给付性，保险事故发生后，保险人按照保险合同约定的保险金额给付保险金，不适用损失补偿原则。

二、财产保险的种类

通常按照保险标的来划分财产保险的种类，然后将属性相同或相近的归成同一业务种类，每一个业务种类又由若干具体的保险险种构成。表 6-1 为广义上的财产保险的分类。

表 6-1　财产保险的分类

第一层次	第二层次	第三层次	第四层次
财产损失保险（狭义财产保险）	火灾保险	企业财产保险	财产保险基本险、财产保险综合险等
		家庭财产保险	室内财产保险、房屋保险等
	运输工具保险	机动车辆保险	车辆损失险、商车三者险、交强险等
		船舶保险	沿海内河船舶保险、远洋船舶保险等
	货物运输保险	飞机保险	飞机机身险、飞机劫持险等
		国内货物运输保险	陆地货运险、航空货运险、邮包保险等
		海上货物运输保险	平安险、水渍险、一切险等
	工程保险	建筑工程保险	建筑工程一切险、第三者责任保险等
		安装工程保险	安装工程一切险、第三者责任保险等
		科技工程保险	航天工程保险、核能工程保险等
	农业保险	种植业保险	农作物保险、林木保险等
		养殖业保险	牲畜保险、家禽保险等
责任保险	公众责任保险	场所责任保险 环责险 网络安全责任险 个人责任险等	养老机构责任险、电梯责任险、宠物责任险等
	产品责任保险		各类产品的责任险
	雇主责任保险		普通雇主责任保险等
	职业责任保险		医疗责任险、律师责任险、董责险等
信用和保证保险	信用保险	出口信用保险	短期、中长期出口信用保险等
		投资保险	海外投资保险等
		国内信用保险	内贸险、贷款信用保险等
	保证保险	诚实保证保险	个人保证、职位保证等
		确实保证保险	合同保证保险、非合同保证保险

由表 6-1 可以看出，广义财产保险业务复杂，种类繁多。但无论是从国际保险市场还是从我国保险市场来看，财产损失保险都是财产保险中最重要的组成部分。2023 年，我

国财产保险总保费收入13607亿元，其中财产损失保险保费收入占比近85%。

本章主要阐述财产损失保险，责任保险、信用和保证保险分别在第七、第八章介绍。

三、财产损失保险的运行

由于财产损失保险的保险标的种类繁多，涉及面广，环节多，因此其业务经营非常复杂。总的来说，财产损失保险的运行可概括为展业、承保、防灾防损、再保险和理赔五大环节。其中，展业是财产损失保险运行的前提和基础，承保是运行的关键，再保险是运行的保证，理赔直接体现了运行的宗旨和目的，而防灾防损的结果又直接或间接地作用于各运行环节中。

(一)财产损失保险的展业

展业就是保险人宣传和推销保险产品，通过各种适当的方式使投保人了解保险产品、了解保险公司，并最终成为保险客户的过程。展业是财产损失保险业务运行的起点，是其后各运行环节的前提，对保险公司经营成果具有决定性作用。

展业宣传应结合本地区的经济发展情况和特点、潜在客户的心理状况及保险需求，运用广播、电视、报刊、互联网等媒体工具，广泛深入宣传参加保险的目的、意义、条件、手续等内容。展示渠道是保险商品从保险公司向保户转移过程中所经过的途径，财产保险公司一般可采用传统的直销渠道和间接销售渠道，以及新兴的交叉销售渠道和互联网渠道来推销保险产品和服务，达到展业目的。

(二)财产损失保险的承保

承保主要包括核保和签单。核保是保险人对投保人的投保进行全面审核，以决定是否承保以及以何种条件承保的过程。核保的主要内容包括：审核投保人资格，看其是否具有保险利益；审核保险标的，对照投保单或其他资料核查保险标的的使用性质、结构性能、所处环境、防灾设施等，看其风险状况是否可保；审核保险金额和保险费率，看其保险金额是否可以接受，适用费率是否准确、合理等。通过核保，保险人可以防止对不良业务的承保，合理分散风险；可以合理衡量被保险人风险，达成公正费率；还可促进被保险人防灾防损，减少保险标的损失。

核保程序完成后，就进入了签单程序。签单是保险人同意接受投保人的投保要求，双方签署保险合同的过程。签单的流程包括缮制保单、复核签章、收取保险费并出具收据、单证签收等。保险单证要做到单证相符、合同要素明确、数字准确和字迹清楚。

(三)财产损失保险的防灾防损

防灾防损是指保险人和被保险人对所承保的保险标的采取措施，减少或消除风险发生因素，防止或减少灾害事故所造成的损失。在财产损失保险中，不仅需要在承保前控制风险，而且需要对保险期间内的风险控制和灾害发生时的损失抑制加以重视。

财产损失保险的防灾防损包括预防和抑制。在保险期间内，保险人需要对被保险人进行防灾宣传和检查并给出相应的建议，及时处理不安全因素和事故隐患，以防止保险损失的发生；保险人在接到重大保险事故通知后，应立即采取措施对保险财产进行施救、整理和保护；保险人还可以通过加强同各防灾部门的联系与合作，充分学习防灾技术知识，在自身积累灾情信息资料的基础之上，运用防灾知识向社会提供各种防灾防损服务。

(四)财产损失保险的再保险

虽然并非每一笔财产保险都需要再保险，但再保险确实是财产损失保险经营中不可或缺的环节。在实际经营中，保险人承保的财产保险标的在数量上有多有少，价值上也有大有小。例如，有价值量较小而危险单位众多的家庭财产保险、机动车辆保险，也有价值量大而危险单位数量小且风险特殊的核电站保险、航天工程保险。财产损失保险承保风险分布的不平衡性和保险损失的集中性，决定了保险人需要安排再保险来分散在业务经营中面临的风险，以确保自身的财务稳定性。

(五)财产损失保险的理赔

理赔是在发生保险事故而使被保险人的财产受到损失时，对损失进行定责定损，确定是否赔偿、赔偿多少的行为。理赔是保险经济保障职能的具体体现，因为投保人投保的主要目的就是为了在保险事故发生后能够得到赔偿。因此，当被保险人提出索赔申请以后，保险人应迅速开展调查、定责定损、积极核赔，按有关规定和程序及时履行赔偿保险金的责任。

财产损失保险的理赔程序一般为：损失立案、现场查勘、责任审核、疑难赔案调查、损失核算、赔款计算、支付赔款、行使代位追偿权等。

第二节　火 灾 保 险

一、火灾保险概述

(一)火灾保险的含义

火灾保险，简称火险，是指以存放在固定场所并处于相对静止状态的财产为保险标的，由保险人承担标的财产遭受保险事故损失的经济赔偿责任的一种财产保险。

火灾是社会物质财富面临的最基本的风险，也是最主要的风险之一。早期的火灾保险只承保火灾一种风险，承保对象也只限于不动产。随着社会经济的发展和保险经营技术的进步，火灾保险的承保范围由火灾扩展到其他各种自然灾害和意外事故，承保标的也包括了各种不动产和动产。尽管火灾保险承保风险责任不断扩大，但火灾仍是其最重要的承保风险，因此，国际国内保险市场仍习惯沿用火灾保险这一名称。

(二)火灾保险的特征

相较于其他财产保险，火灾保险主要有以下特征：

第一，从保险标的的状态看，火灾保险的保险标的只能是存放在固定场所并处于相对静止状态下的各种财产物质。保险标的包括企业、团体的固定资产、流动资产，和个人、家庭的房产、生活资料等，而不是处于流动状态的货物、运输工具和处于生长期的农作物与养殖对象。

第二，从保险标的所处环境看，火灾保险承保的财产的地址不能随意变动。若随意变更保险标的的存放位置，很可能会导致标的面临的风险增加。因此，若保险标的的存放地点有所变动，须征得保险人的同意，否则，保险人可以不负责任。

第三，从保险标的的形式看，火灾保险可承保的财产类型繁杂多样。既有厂房、土地、机器设备等，又包括各种原材料、在产品、商品及生活消费资料，每张火灾保险保单可承保多项标的，而其他保险的保险标的结构则较为单一。

第四，从保单格式看，标准保险单在火灾保险中占有重要地位。火灾保险发展早期，各个保险人均使用自己的保单。19 世纪初，英国保险业就推出了标准火灾保险单，成为保险人提供火灾保险的保险单样本。19 世纪末 20 世纪初，美国和日本也先后推出了本地区保险市场适用的标准火灾保险单。标准保险单降低了保险人制作和使用保险单的成本，也有利于投保人比较和选择，减少了损失理赔的麻烦和因合同解释而引起的困难和纠纷。但由于标准保险单只是火灾保险的基本保单，其承保范围有限，因此，目前在火灾保险中，通常采用以标准保单为基础，附加扩展条款的方式来满足被保险人多样化的保险需求。

(三) 火灾保险的种类

从保险业务来源角度看，火灾保险是适用范围最广泛的保险业务之一。任何企业及团体、家庭及个人均有自己的财产物资或代他人管理的财产物资，并均有遭遇风险的可能性，需要向保险公司转嫁风险。因此，火灾保险可划分为服务于各类企业、团体及机关单位的企业财产保险和服务于城乡居民家庭和个人的家庭财产保险。

企业财产保险，简称企财险，是以企事业单位、机关团体的财产物资及相关利益等为保险标的，由保险人承担火灾及有关意外事故、自然灾害损失赔偿责任的火灾保险。企业财产保险的保障对象不仅限于企业，还包括如党政机关、工会、共青团、妇联、科研机构、学校、医院、图书馆、博物馆、电影院、剧场以及文化艺术团体等事业单位和机关团体，故也可称为团体火灾保险。在国外，企业财产保险通常直接采用火灾保险这一名称，但在国内业务实践中，企业财产保险更多地被相关教材、书籍及保险行业接受和使用。因此，本书采用企业财产保险的称谓。

家庭财产保险，简称家财险，是面向城乡居民家庭及个人并以其住宅及存放在固定场所的物质财产为保险标的的保险。家庭财产保险为居民或家庭遭受的财产损失提供及时的经济补偿，有利于安定居民生活，保障社会稳定。

二、企业财产保险

(一) 保险标的

从承保选择的角度看，企财险的保险标的分为可保财产、特约可保财产和不可保财产三类。

1. 可保财产

从保险利益的角度看，属于被保险人所有或与他人共有而由被保险人负责的财产，由被保险人经营管理或替他人保管的财产，以及其他具有法律上承认的与被保险人有经济利害关系的财产均可投保企业财产保险。

从财产的具体种类看，企业财产保险可承保的标的种类众多，一般包括：房屋及其他建筑物和附属装修设备；各种机器设备、工具、仪器及生产用具；管理用具及低值易耗品、原材料、半成品、在产品、产成品或库存商品、特种储备商品；账外财产或已摊销的财产等。

2. 特约可保财产

特约可保财产是须经保险双方当事人特别约定，并在保险单上载明才能承保的财产。这类财产一般分为三类：一类是市场价格变化大，保险金额难以确定的财产，如金银、珠宝、钻石、玉器、首饰、古书、古玩、艺术品、稀有金属和其他珍贵财物等；一类是价值较高、风险较为特别的财产，如堤堰、铁路、水闸、道路、涵洞、桥梁等；还有一类是风险较大、费率较高的财产，例如，矿井、矿坑内的设备和物资等。

3. 不保财产

不保财产是保险人不予承保的财产。企业财产保险不予承保的财产包括：第一，不属于一般性的生产资料和商品的财产，如土地、矿藏、森林、水产资源等；第二，缺乏评估价值的依据或很难鉴定其价值的财产，如货币、票证、有价证券、文件、账册、技术资料、电脑资料等；第三，与法律法规相抵触的财产，如违章建筑、非法占用的财产等；第四，应投保其他财产保险的财产，如运输过程中的物资、生长期的农作物、领取执照并正常运行的机动车等。

(二)保险责任

根据责任范围的不同，国内市场上常见的企业财产保险有两个险别：基本险和综合险。

1. 基本险的保险责任

虽然各国火灾保险单的设计和规定不完全相同，但从国际保险市场中具有影响力的标准火灾保险单来看，其承保的基本责任高度一致。一般包括：

(1)火灾、爆炸、雷击。其中，构成保险责任的火灾必须满足三个条件：须有燃烧现象；须有蔓延扩大的趋势；须为意外之火。

(2)飞行物体及其他空中运行物体的坠落。包括空中飞行器、人造卫星、陨石坠落、吊车或行车在运行时发生的物体坠落，以及施工过程中因人工开凿或爆炸而导致的石方、石块、土方飞射等。

(3)施救损失和费用。上述风险发生时，为抢救保险标的或防止灾害蔓延，采取合理的措施而造成保险标的的损失；保险事故发生后，被保险人为了防止或减少保险标的的损失，采取施救、保护措施而支付的必要的、合理的费用。

2. 综合险的保险责任

综合险的保险责任是在基本险基础上进行了扩展。扩展责任主要包括：

(1)扩展了自然灾害的范围。除雷击外，增加承保暴雨、洪水、台风、飓风、龙卷风、暴风、雪灾、雹灾、冰凌、泥石流、崖崩、突发性滑坡、地面突然下陷下沉等。

(2)扩展了施救损失和施救费用的范围。由于综合险承保风险有所扩展，因此，施救损失和施救费用的范围相应地也有所扩展。

3. 除外责任

基本险的除外责任包括：

(1)战争、敌对行为、军事行动、武装冲突、罢工、暴动、骚乱、政变、谋反、恐怖活动。

(2)被保险人及其代表的故意行为或重大过失或纵容。

(3)核辐射、核裂变、核聚变、核污染及其他放射性污染。

(4)大气污染、土地污染、水污染及其他非放射性污染，但因保险事故造成的污染不在此列。

(5)暴雨、洪水、台风、飓风、龙卷风、暴风、雪灾、雹灾、冰凌、泥石流、崖崩、突发性滑坡、地面突然下陷下沉。

(6)地震、海啸及其次生灾害。

(7)保险标的遭受保险事故引起的间接损失。

(8)保险标的的内在或潜在缺陷、自然磨损或自然损耗、大气变化、正常水位变化或其他渐变原因，物质本身变化、霉烂、受潮、鼠咬、虫蛀、鸟啄、氧化、锈蚀、渗漏、自燃、烘焙。

(9)由于行政行为或执法行为所致的损失。

(10)其他不属于保险责任范围内的损失和费用。

综合险的除外责任与基本险基本相同。只是，基本险除外责任的自然灾害在综合险中予以承保。

(三)保险价值和保险金额

企业财产保险中，除了一些特殊的保险标的(如金银、珠宝、艺术品等)采用定值保险方式外，通常采用不定值保险。在订立合同时，投保人可与保险人约定保险金额，并载明于保险合同中。保险人在承保过程中无需确定保险价值，但保险标的一旦发生责任范围以内的损失，保险人须核定保险标的的保险价值，作为确定赔偿金额的依据。因此，投保人可按需要自行确定保险金额，但应尽可能与保险价值一致。

保险金额和保险价值是根据保险标的的不同种类、企业财务制度的健全与否分别采用不同的方式确定。

(1)固定资产。固定资产的保险价值一般为事故发生时的重置价值。其保险金额的确定有以下方式：一是按照账面原值确定，账面原值是建造或购置固定资产时所支出的货币总额。二是按照账面原值加成确定，即在固定资产账面原值基础上再附加一定成数，使其接近重置价值，适用于固定资产账面价值变化较大的情况。三是按照重置价值确定，重置价值是重新购置或重建某项财产所需要支付的全部费用。无论采取何种方式，其目的都在于使保险金额与发生事故时的保险价值一致，避免出现不足额保险或超额保险的情况。

(2)流动资产。流动资产的保险价值是事故发生时的账面余额。其保险金额由被保险人按最近12个月的账面平均余额确定或由被保险人以最近12个月中任意月份的账面余额自行确定。

(3)账外财产和代保管财产。账外财产和代保管财产的保险价值是事故发生时的重置价值或账面余额。其保险金额一般可由被保险人自行估价或按重置价值确定。

(四)赔偿处理

1. 赔偿方式的选择

保险标的发生保险责任范围内的损失时，保险人可选择的赔偿方式包括：

(1)货币赔偿。保险人以支付保险金方式赔偿，这是保险人最经常采用的赔偿方式。

(2)修复。保险标的发生部分损失时，保险人可自行或委托他人修理、修复受损标的，并承担修理费用。

(3)更换、重置。当保险标的因保险事故所致损失无法修复，或发生损毁或灭失时，保险人以实物更换或重置受损标的，该实物应具有保险标的出现前同等的类型、结构、状态和性能。

2. 赔偿金额的计算

(1)全部损失的赔款计算

无论是固定资产、流动资产还是账外资产、代保管财产，当其发生全部损失时，如果受损财产的保险金额等于或高于保险价值，赔偿金额以不超过保险价值为限；如果受损财产的保险金额低于保险价值，赔偿金额不得超过该财产的保险金额。

(2)部分损失的赔款计算

无论是固定资产、流动资产还是账外资产、代保管财产，当其发生部分损失时，如果受损财产的保险金额等于或高于保险价值，按照实际损失计算赔偿金额；如果受损财产的保险金额低于保险价值，应根据实际损失或恢复原状所需的修复费用，按保险金额与保险价值的比例计算赔偿金额。

当保险标的遭受部分损失经保险人赔偿后，保险金额应相应扣减，其有效保险金额为原分项保险金额减去分项保险标的的损失赔偿金额后的余额。如被保险人需恢复保险金额时，应补交相应的保险费。

(3)施救费用的赔款计算

保险标的发生责任范围以内的损失时，保险人应当承担被保险人因采取必要的、合理的施救措施而支出的施救费用。对于施救费用的赔偿，应在保险标的的损失之外另行计算，且以保险金额为限。如保险标的的损失按比例计算赔偿，则施救费用也按同比例计算赔偿。

(4)残值处理

残值指保险财产遭受损失后尚可利用的经济价值残余。若残值由保险人回收处理，计算赔款时无须扣除；如果残值经协议作价归被保险人，保险人须在计算赔款时予以扣除。

(五)利润损失保险

企业财产保险主险只承担保险标的的直接物质损失，而对因此造成的被保险人停产、减产或营业中断等间接损失不负赔偿责任。

利润损失险，又称营业中断险，承保企业财产保险主险不予负责的间接损失，即当保险财产遭受火灾、爆炸、雷击等企业财产保险主险条款所承保的风险事故，致使企业停产、停业或营业受到影响所造成的间接损失，包括预期的利润损失和受灾后营业中断期间仍需支出的必要费用。

利润损失险是企业财产保险最重要的附加险之一。它以企业财产保险为基础，只有在企业投保了企业财产保险的基础上，才能投保利润损失险。同样，只有保险标的遭受了企业财产保险责任范围内的风险事故，并且这一物质损失已经得到保险人的承认或赔偿的前提下，利润损失才能得到相应赔偿。

【案例 6-1】

A 地的甲工厂为其拥有的全部固定资产和流动资产向某保险公司投保企业财产保险综合险并附加自燃险。其中固定资产 500 万元，流动资产 100 万元，投保总金额 600 万元；保险费 2.5 万元，保险期限一年，保险公司及时签发了保单。甲工厂按约定缴纳了全部保费。在财产保险合同及所附的财产明细表中，均写明投保的流动资产包括产成品、原材料及产品存放于本厂仓库、车间，并在保险单所附的工厂简图中标明了仓库、车间的位置。合同签订一个月后，甲工厂与 B 地的 Y 贸易公司签订了由 Y 贸易公司为甲工厂代销产品的合同，并当即在一周内两次向 Y 贸易公司发运产品共计 2000 件，货款 22 万元。Y 贸易公司将代销产品存放于自有 1 号仓库。但此时 B 地区连日持续高温，五天后该批产品自燃起火，烧毁 1200 件产品。Y 贸易公司当即将剩余 800 件产品转移至郊区另一仓库。七天后，库内被转移的产品再次自燃起火，全部烧毁。在此之前甲工厂并未向保险公司就货物转移及事故发生情况做任何通知。经公安部门某消防科学研究所对两次火灾进行鉴定，结论为“两次火灾均为骤然自燃所致”。火灾发生后，甲工厂向保险公司提出索赔，遭到拒赔后向法院提起诉讼。

(资料来源：许飞琼．经典保险案例分析 100 例[M]．北京：中国金融出版社，2020：47-49.)

在此案例中，保险公司是否应承担赔付责任？为什么？

三、家庭财产保险

与企业财产保险相比，家庭财产保险具有覆盖面广、费率较低、业务分散范围广、理赔方式特殊等特点。

(一)家庭财产保险的种类

我国开办的家庭财产保险主要包括普通型家庭财产保险、储蓄型家庭财产保险和投资理财型家庭财产保险三种类型。同时，被保险人还可以附加盗窃、管道破裂和水渍等特约责任。

1. 普通型家庭财产保险

普通型家庭财产保险是家财险的基础业务，是一种纯保障型保险，它以城乡居民家庭用于生活的家庭财产为承保对象，为其在相对静止状态下的各类风险和损失提供保障。从业务设计上看，普通家财险有综合类、专项类之分。综合类家财险为家庭财产提供综合性保障，如家庭财产保险综合险、家庭财产保险一切险等；专项类家财险为某些特定财产、特定保险事故或特定人群提供保障，如家用煤气或液化气设备专项保险、家用电器用电安全保险、房屋租赁保险、管道破裂及水渍保险等。

2. 储蓄型家庭财产保险

储蓄型家庭财产保险是一种多年期保险，兼有经济保障和到期还本双重性质，是在普通型家庭财产保险基础上扩展了储蓄功能。其主要特点是用投保人所交保险储金的利息作为保险费；在保险期内，当保险财产遭受保险责任范围内损失时，保险人按条款进行经济补偿；当保险期满时，保险人将原交保险储金全部如数退还被保险人。

储蓄型家财险的保险财产范围、保险责任和责任免除、赔偿处理等与保障型家财险相同。所不同的是，储蓄型家财险采取缴纳保险储金的形式，以储金利息抵充保费。储蓄型家财险的常见品种有家庭财产两全保险和长效还本家庭财产保险。

3. 投资理财型家庭财产保险

投资理财型家庭财产保险是在普通型家庭财产保险的基础上扩展投资理财功能，兼具保障和投资双重性质。其主要特点是用投保人所交保险投资金未来收益率的一部分作为保险费；被保险人在保险期内不出险时可获得本金及一部分投资回报；即使出险，在得到条款规定的经济补偿的同时，被保险人也可在保险期满后得到本金和一部分投资回报。

投资理财型家财险的保障部分，如保险标的、保险责任和责任免除、赔偿处理等规定与普通型家财险相同。在我国，2001 年，华泰财险推出了国内首款投资型家财险，2006 年，在资本市场的助力下，几乎所有的财险公司都推出了投资型家财险，并热销一时。近年来，在保险回归保障本源的理念指引下，投资理财型家财险纷纷停售，家财险业务的重心重新回归经济保障而非投资理财。

（二）家庭财产保险的保险标的

1. 可保财产

凡是属于城乡居民自有的或保管或负有安全管理责任、并存放于保单载明的固定地点的家庭财产，均可投保家财险。主要包括：房屋及其室内附属设备，房屋主要指住房，附属设备包括固定装置的水暖、气暖、卫生、供水、管道煤气及供电设备、厨房配套的设备等；室内装潢，指建筑主体结构内部的装饰，且该装饰固定于地面、墙壁、天花板；室内物品，包括家用电器和文体娱乐用品、衣物和床上用品、家具及其他生活用具。

2. 特约可保财产

特约可保财产主要包括：实际价值很难确定，必须由专业鉴定人员确定价值的财产，如金银、首饰、珠宝、玉器、古书、古玩、古画等私人收藏品；专业人员在家庭从事业余研究和发明创造所使用的专业仪器和设备，如无线电测试仪器、专业光学设备等；存放于院内、室内的非机动农机具、农用工具及存放在室内的粮食和农副产品；无人居住的房屋及存放在内的财产。

3. 不保财产

由于承保技术原因，家财险中不予承保的财产包括：生活所必需的日用消耗品，如食品、烟酒药品、化妆品等；正处于危险状态的财产，如危房、处于常年警戒水位以下的财产、洪水来临即将淹没的财产等；出险后难以核实的财产或无法确定市场价值的财产，如货币、有价证券、票证、电脑资料、文件、账册、技术资料等；法律规定不允许个人收藏、保管或拥有的财产，如枪支弹药、爆炸物品、毒品等；应当由其他险种承保的财产，如个体工商户和合作经营组织的营业器具、工具和原材料，领取公共行驶执照的机动车辆，在运输过程中的物资，以及牲畜、禽类和其他饲养动物、植物、农作物等。

（三）家庭财产保险的责任范围

1. 保险责任

家财险的责任范围与企业财产保险基本一致，主要承保火灾、爆炸、雷击和其他各种自然灾害，空中运行物体坠落、外来建筑物和其他固定物体的倒塌，以及发生上述事故时为防止灾害蔓延采取的合理的、必要的措施而造成保险财产的损失及施救过程中支付的必要的、合理的费用等。

2. 除外责任

家财险的除外责任包括：战争、军事行动或暴力行为；核子辐射和放射性污染；电机、电器、电气设备因使用过度、超电压、碰线、漏电、自身发热等原因造成的本身损毁；被保险人及其家庭成员、服务人员、寄居人员的故意行为，或勾结纵容他人盗窃，或被外来人员顺手偷摸、窗外钩物所致的损失；堆放在露天及罩棚下的保险财产，以及用芦席、稻草、油毛毡、麦秆、芦苇、帆布等材料为外墙、屋顶、屋架的简陋屋棚，因暴风、暴雨造成的损失；保险财产本身缺陷、保管不善、变质、霉烂、受潮、虫咬、自然磨损等造成的损失；未按要求施工导致建筑物地基下陷下沉，建筑物出现裂缝、倒塌的损失；地震所造成的一切损失；其他不属于保险责任范围内的损失。

（四）家庭财产保险的保险金额和保险价值

家庭财产中的房屋及室内附属设备、室内装潢等财产的保险金额由被保险人根据购置价或市场价自行确定，该类财产的保险价值为出险时的重置价值；室内财产的保险金额由被保险人根据实际价值分项目自行确定，不分项目的则按各大类财产在保险金额中所占的比例来确定，如家用电器及文体娱乐用品占 40%、衣物及床上用品占 30%，家具及其他生活用具占 30%。特约财产的保险金额由被保险人和保险人双方约定。

（五）家庭财产保险的赔偿处理

在赔偿方式上，保险标的发生保险责任范围内的损失，保险人可选择货币赔偿、实物赔偿或实际修复方式进行赔偿。

在赔偿计算上，房屋及附属设备、室内装潢主要采用比例赔偿方式，家庭室内财产主要采用第一危险赔偿方式。分项确定保险金额的，应该分项理赔，分项赔款不得超过分项保险金额。

保险标的遭受损失后的残余部分，一般协议作价归被保险人，并在赔款中扣除；对于被保险人支付的施救费用，应按实际支出另行计算，最高不超过受损标的保险金额。若该保险标的按比例赔偿，则该项费用也按相同比例赔偿。

【案例 6-2】

某年 11 月 26 日，某市一小区发生了一起火灾，保户赵某除在火灾中抢救出了自家的一套家庭影院机外，其他财产全部被焚毁，损失 5 万余元。火灾过后，赵某来到他投保的保险公司索赔。保险公司经办人员一看保险单，就拒绝了赵某的索赔要求。原来，赵某虽然投保了家庭财产保险，但他是选择投保，即仅将家庭影院机投了保，其他财产均未参加保险。赵某看到保险公司拒赔，总觉得自己救出家庭影院机太亏，但又无可奈何。本案发生后，人们议论纷纷，其观点主要有三种：一是保险公司拒赔是按保险合同办事；二是保险公司拒赔合法不合理；三是保险公司应奖励赵某的施救行为。

（资料来源：许飞琼．财产保险与案例分析［M］．北京：中国财政经济出版社，2022：136-137.）

在此案例中，保险公司是否应承担赔付责任？如何承担？为什么？

第三节　运输工具保险

一、运输工具保险的概念和特征

（一）运输工具保险的概念

运输工具保险是以各种以机器为动力的运输工具，包括机动车辆、船舶、飞机、火车等为保险标的，承担其在运行过程中由自然灾害和意外事故造成的物质损失和相关责任的保险。

运输工具保险适用范围非常广泛，客运公司、货运公司、航空公司、航运公司以及拥有运输工具的家庭和个人，均可投保。

（二）运输工具保险的特征

运输工具保险的特征与运输工具自身以及其所面临的风险和损失的特殊性密切相关，主要包括：

1. 承保风险的多样性

运输工具总是处于或经常处于流动过程中，保险人不仅需要承担标的物在固定场所时可能遇到的风险，更需要承担其在运动过程中的风险，这决定了运输工具保险承保风险的多样性。

2. 致损原因的复杂性

运输工具自身的安全性、用途等，其停放及行驶的地区和环境等，以及驾驶人员或经营管理人员的素质、水平等，均是潜在的导致运输工具发生损失的原因，自然灾害、意外事故、人为风险等多种因素交叉作用，致损因素纷繁复杂。此外，由于保险标的的流动性，运输工具异地出险现象严重，这也给保险人的赔案处理增添了麻烦。

3. 保险保障的综合性

各种运输工具在运行中一旦发生事故，不仅会导致自身直接的损失、相关的费用支出和利益损失，往往还会损害第三者或公众的利益，因此运输工具保险既提供财产保障，也提供责任保障。运输工具保险关系虽然只存在于保险人与被保险人之间，但客观上也要涉及第三者。

二、机动车辆保险

机动车辆保险为机动车本身损失、合理的施救费用支出，以及对第三者造成的财产损失与人身伤害依法应由被保险人承担的经济赔偿责任等提供保障。随着经济社会和交通运输的不断发展，在各国的财产保险业务中，机动车辆保险不仅是运输工具保险的主要险种，也是财产保险业务的主要保费收入来源。自 1988 年起，机动车辆保险一直是国内财产保险业务中业务量最大的险种。2023 年，我国机动车辆保险保费收入 8673 亿元，占财产保险总保费的比重为 63.74%。

在我国，机动车辆保险所承保的机动车辆包括汽车、电车、电瓶车、摩托车、拖拉机、各种专用机械车和特种车等。按照保障内容划分，机动车辆保险可以分为财产保障业务与责任保障业务。财产保障方面的主要业务为机动车辆损失保险，责任保障方面的主要业务为机动车第三者责任保险、机动车车上人员责任保险和机动车交通事故责任强制保险（简称交强险）等，其中交强险采用强制保险方式。下面基于中国保险行业协会发布的《机动车交通事故责任强制保险条例》《机动车辆商业保险示范条款（2020 版）》以及《机动车交通事故责任强制保险条款（2020 版）》，对相关险种分别进行介绍。

（一）机动车辆损失保险

1. 保险责任

机动车辆损失险（简称车损险）采用一切险方式承担责任，其保险责任主要包括：

（1）在保险期间内，被保险人或被保险机动车驾驶人在使用被保险机动车的过程中，由于自然灾害、意外事故造成保险车辆的直接损失。其中，意外事故包括一般意外事故如火灾、爆炸、外界物体坠落等，以及车辆行驶事故如碰撞、倾覆等。

（2）保险期间内被保险机动车被盗窃、抢劫、抢夺，经出险地县级以上公安刑侦部门立案证明满 60 天未查明下落的全车损失，以及因被盗窃、抢劫、抢夺受到损坏造成的直接损失。

（3）发生保险事故时，被保险人或驾驶人为防止或者减少被保险机动车的损失，所支付的必要的、合理的施救费用。

2. 责任免除

车损险的责任免除包括除外风险和除外损失、费用。除外风险造成机动车的任何损失和费用，保险人均不负责赔偿；性质特殊的损失和费用，即使是由于承保风险造成，也属于除外责任。

除外风险包括四类：一是绝对除外风险，如战争、军事冲突、恐怖活动、暴乱、污染(含放射性污染)、核反应、核辐射，被保险人的故意行为等。二是保险车辆不合格风险，如发生保险事故时，被保险机动车行驶证、号牌被注销，在扣押、收缴、没收期间，在竞赛、测试期间，在营业性场所维修、保养、改装、期间等。这部分排除了保险车辆在使用中存在的“非正常”情形，确保车辆处于“正常使用”状态。三是驾驶人员不合格风险，如驾驶人交通肇事逃逸，饮酒、吸食或注射毒品，服用国家管制的精神药品或者麻醉药品，无驾驶证、驾驶证被依法扣留、暂扣、吊销、注销，驾驶与驾驶证载明的准驾车型不相符合的机动车等；这部分排除了“非正常”驾驶情形，确保驾驶人员行为正常。四是被保险人违约风险，如被保险机动车被转让、改装、加装或改变使用性质等，导致机动车危险程度显著增加，且未及时通知保险人，因危险程度显著增加而发生保险事故的等。

除外损失和费用包括五类，一是正常损耗或本质缺陷。如自然磨损、朽蚀、腐蚀、故障、本身质量缺陷等。二是车辆单独损失。如无明显碰撞痕迹的车身划痕，非全车盗抢、仅车上零部件或附属设备被盗窃等。三是间接损失或价格波动，如因市场价格变动造成的贬值，修理后因价值降低引起的减值损失等。四是因被保险人原因导致的原因不明损失或损失增加部分。如被保险人或驾驶人知道保险事故发生后，故意或者因重大过失未及时通知，致使保险事故的性质、原因、损失程度等难以确定的，保险人对无法确定的部分，不承担赔偿责任，再如因被保险人对被保险车辆因保险事故损害进行修复前，未按约定会同保险人检验，协商确定修理项目、方式和费用，导致无法确定的损失，保险人也不负责赔偿。五是不属于保险标的范围的损失，如车辆新增设备的损失等。

3. 保险金额和保险期限

车损险采用不定值保险方式承保。保险金额按投保时被保险机动车的实际价值确定。投保时被保险机动车的实际价值由投保人与保险人根据投保时的新车购置价减去折旧金额后的价格协商确定或依据其他市场公允价值协商确定。

保险期限为一年，以保险单载明的起讫时间为准。也可另外约定保险期限。

4. 赔款计算

被保险机动车发生全部损失时：

赔款=保险金额-被保险人已从第三方获得的赔偿金额-绝对免赔额；

被保险机动车发生部分损失时，保险人按实际修复费用在保险金额内计算赔偿：

赔款=实际修复费用-被保险人已从第三方获得的赔偿金额-绝对免赔额。

车损险赔偿采取“连续负责制”。部分损失赔偿后，车损险保额保持不变，只要每一次事故的损失金额小于保险金额，被保险人都可以得到赔偿，即便累计赔偿金额已经高于保险金额。只有被保险机动车发生保险事故，导致全部损失，或一次赔款金额与免赔金额之和(不含施救费)达到保险金额，保险人按合同约定支付赔款后，保险责任才会提前终止。

(二)机动车辆交通事故责任强制保险

机动车辆交通事故责任强制保险，简称“交强险”，是我国首个由国家法律规定实行的强制保险。为了保障机动车道路交通事故受害人得到赔偿，促进道路交通安全，我国根据《中华人民共和国道路交通安全法》和《中华人民共和国保险法》制定了《机动车交通事故责任强制保险条例》，并于2006年7月1日实施，并于2012年、2016年、2019年做了部分修订。按照该条例规定，在我国境内道路行驶的机动车所有人或管理人，应投保交强险。

1. 保险责任与责任免除

交强险的保险责任为：被保险人在使用被保险机动车过程中发生道路交通事故，致使受害人(不包括本车人员和被保险人)遭受人身伤亡或者财产损失，依法应当由被保险人承担的损害赔偿责任，由保险人负责赔偿。

应当注意的是，按照我国《道路交通安全法》规定，交强险支持无责任赔偿。当行人、非机动车与机动车辆发生交通事故时，即便机动车一方无责任，也需承担最高10%的赔偿责任。

交强险的责任免除包括：因受害人故意造成的交通事故的损失；被保险人所有的财产及被保险机动车上的财产遭受的损失；被保险机动车发生交通事故，致使受害人停业、停驶、停电、停水、停气、停产、通信或者网络中断、数据丢失、电压变化等造成的损失以及受害人财产因市场价格变动造成的贬值、修理后因价值降低造成的损失等其他各种间接损失；因交通事故产生的仲裁或者诉讼费用以及其他相关费用。

2. 责任限额

交强险采用事故分类责任限额的方式，即规定被保险机动车发生交通事故后，保险人对每次保险事故所承担的最高赔偿金额，且就死亡伤残、医疗费用、财产损失的最高赔偿限额做分类限定。自实施以来，我国交强险的责任限额于2008年和2020年两次提高，现行赔偿限额为：被保险人有过错责任时，每次事故发生时，死亡伤残赔偿限额180000元、医疗费用赔偿限额18000元、财产损失赔偿限额2000元；被保险人无责任时，每次事故发生后，死亡伤残赔偿限额为18000元，医疗费用赔偿限额为1800元，财产损失赔偿限额为100元。

3. 赔偿处理

(1)赔偿计算

被保险机动车发生交通事故后，由被保险人向保险人申请赔偿保险金。被保险人索赔时，应当向保险人提供证明材料，并由保险人按照相关规定核定赔偿金额。若被保险人未经保险人同意就承诺或者支付赔偿金额的，保险人有权重新核定。

保险人在赔偿时，应根据公安机关交通管理部门出具的事故证明或有关法律文书及其他证明，确定涉事机动车是否有责任。并分别在有责与无责各分项赔偿限额以内对受害人的死亡伤残费用、医疗费用、财产损失分别计算赔偿。

(2)垫付与追偿

为了避免因肇事者无经济能力导致受害者不能得到及时的救治，交强险还承担垫付责任，包括：被保险机动车在驾驶人未取得驾驶资格、驾驶人醉酒、被盗抢期间肇事、被保险人故意制造交通事故的情形下发生交通事故，造成受害人受伤产生抢救费用后，对于合理的抢救费用，保险人在医疗费用赔偿限额内可以进行垫付。被保险人在交通事故中无责任的，在无责任医疗费用赔偿限额内垫付。对于其他损失和费用，保险人不负责垫付和赔偿。

垫付充分体现了交强险对受害者的利益保护机制。对于垫付的抢救费用，保险人有权向致害人追偿。

(三)机动车第三者责任险

1. 保险责任

机动车第三者责任险(简称商业三者险)承保被保险人或其允许的驾驶人在使用被保险机动车过程中发生意外事故，致使第三者遭受人身伤亡或财产直接损毁，依法应当对第三者承担的损害赔偿责任。保险人依照保险合同约定，对于超过机动车交通事故责任强制保险各分项赔偿限额的部分负责赔偿。

机动车第三者责任险中的第三者是指因被保险机动车发生意外事故遭受人身伤亡和财产损失的人，但不包括被保险机动车本车车上人员、投保人、被保险人和保险人。

机动车第三者责任险与机动车交通事故强制责任保险是配合使用的。交强险提供基础保障，而商业三者险提供补充保障。

2. 除外责任

商业三者险的责任免除包括除外风险与除外损失、费用。

商业三者险的除外风险构成与车损险大致相同，包括绝对除外风险、驾驶人员不合格风险，驾驶车辆不合格风险以及被保险人违约风险等。除外风险导致的人身伤亡、财产损失和费用，保险人均不负责赔偿。

商业三者险的除外损失、费用包括保险人不予负责的人身伤亡、财产损失和费用，其构成包括六类：一是应当由交强险赔偿的损失和费用；二是第三者的间接损失，如被保险机动车发生意外事故，致使任何单位或个人停业、停驶、通讯或网络中断、电压变化、数据丢失等原因造成的损失；三是价格波动带来的损失，如第三者财产因市场价格变动造成的贬值，或修理后因价值降低引起的减值损失；四是非“第三者”的损失，如被保险人、驾驶人、本车车上人员的人身伤亡，再如被保险人及其家庭成员、驾驶人及其家庭成员所有、承租、使用、管理、运输或保管的财产的损失，以及本车上财产的损失等；五是因被保险人原因导致的原因不明或无法确定的损失；六是其他损失及费用支出，如精神损害抚慰金，罚款、罚金或惩罚性赔款，超出《道路交通事故受伤人员临床诊疗指南》和国家基本医疗保险同类医疗费用标准的费用部分、律师费等。

3. 责任限额

商业三者险中仅规定每次事故的责任限额，且此限额是就一次事故中所有财产损失和人身伤害的赔偿限制，未作分项目设置。责任限额在 10 万至 1000 万元有数个档次，投保人可根据自身需要，在投保时选择确定。

4. 赔偿计算

发生保险事故后，保险人可以直接向第三者进行赔偿，但是为了避免被保险人不当获利，在被保险人未向第三者进行赔偿时，保险人不可以向被保险人赔偿。

计算赔款时，保险人是根据被保险机动车一方在事故中所承担的事故责任比例来承担相应的赔偿责任。一般而言，事故责任比例是由公安机关交通管理部门裁定或者事故双方自行协商确定的。未确定事故责任比例的，则为：被保险机动车一方负主要事故责任的，事故责任比例为70%；被保险机动车一方负同等事故责任的，事故责任比例为50%；被保险机动车一方负次要事故责任的，事故责任比例为30%。

确定事故责任比例后，计算比较(依合同约定核定的第三者损失金额-机动车交通事故责任强制保险的分项赔偿限额)×事故责任比例与每次事故责任限额的大小，选择较小的那一个作为赔偿金额。

(四)机动车车上人员责任险

机动车车上人员责任险承保被保险人或其允许的驾驶人在使用被保险机动车过程中发生意外事故，致使车上人员遭受人身伤亡，依法应当对车上人员承担的赔偿责任。但被保险人及驾驶人以外的其他车上人员的故意行为造成的自身伤亡；车上人员因疾病、分娩、自残、斗殴、自杀、犯罪行为造成的自身伤亡；违法、违章搭乘人员的人身伤亡不属于该险种的保险责任。

车上人员责任险设定驾驶人或操作人员每次事故责任限额、乘客每次事故每人责任限额。责任限额的大小由投保人和保险人在投保时协商确定，投保的乘客座位数按照被保险机动车的核定载客数(驾驶人或操作人员座位除外)确定。

(五)机动车辆保险的附加险

机动车辆保险设计了众多附加险，以满足投保人多样化的风险保障需要。附加险条款的法律效力优于主险条款，附加险条款未尽事宜，以主险条款为主。除附加险条款另有规定外，主险中的责任免除、免赔规则、双方义务同样适用于附加险。主险保险责任终止的，其相应的附加险保险责任同时终止。

目前我国机动车辆保险的附加险主要包括扩展类、限制类。扩展类附加险有车轮单独损失险、新增加设备损失险、修理期间费用补偿险、车上货物责任险、精神损害抚慰金责任险、医保外用药责任险、法定节假日限额翻倍险、机动车增值服务特约条款等，一般须加收保险费，扩展承保主险条款不予保障或提供的风险、损失、费用、服务等，或提升保障程度；限制类附加险有绝对免赔率特约条款、发动机进水损坏除外特约条款等，对部分保险责任进行限制或进一步明确除外责任，投保人加保后一般可获得减费。

(六)新能源汽车保险

近年来，新能源汽车得到了快速发展和普及。按公安部统计，截至2023年底，全国新能源汽车保有量达2041万辆，占汽车总量的6.07%；其中纯电动汽车保有量1552万辆，占新能源汽车保有量的76.04%。2023年新注册登记新能源汽车743万辆，占新注册登记汽车数量的 30. 25%，新能源汽车呈高速增长态势①。

新能源车在电池、电机、电控系统等方面均展现出与传统燃油车不同的技术特性和风险特点。鉴于这些差异，传统的燃油车保险难以有效覆盖新能源汽车面临的特定风险。为了更好地适应新能源汽车的保险需求，2021 年 12 月，中国保险行业协会发布《新能源汽车商业保险专属条款(试行)》，专门针对新能源车的特性进行了设计。相较于传统车险，其主要的调整和变化包括：

①明确了保险标的及其构成。新能源汽车是指采用新型动力系统，完全或主要依靠新型能源驱动，上道路行驶的供人员乘用或者用于运送物品以及进行专项作业的轮式车辆、履带式车辆和其他运载工具，不包括摩托车、拖拉机、特种车。新能源汽车由车身、电池及储能系统、电机及驱动系统以及其他控制系统以及其他所有出厂时的设备构成。

②扩大了车辆的使用场景。结合新能源汽车的应用场景，新能源车的“使用”过程除行驶、停放外，还包括充电及作业。

③扩展了承保风险。根据新能源汽车“三电”系统的构造特征和风险特点，增加承保因起火燃烧导致的新能源车的直接损失，同时，明确由电池衰减、外部电网故障导致的车辆损失不负赔偿责任。

④增设了附加险并修改了特约条款。结合新能源汽车充电使用的特点，增设了三个附加险：附加自用充电桩损失保险、附加自用充电桩责任保险和附加外部电网故障损失险。此外，将“机动车增值服务特约条款”修改为“附加新能源汽车增值服务特约条款”，增加了电控电器检测的增值服务内容。

【案例 6-3】

樊某将其重型半挂车向某保险公司投保交强险、责任限额为 100 万元的第三者责任险和责任限额为 10 万元/座的车上人员责任险，保险期限为 2020 年 7 月 21 日至 2021 年 7 月 20 日。2020 年 8 月 9 日，樊某驾驶被保险车辆，由陕西省宜川县王窑科村加气站向宜川县秋林镇方向行驶途中，行至王窑科峁路段驶入道路东侧排水沟，撞向土堆护墙，造成该车乘车人崔某当场死亡、驾驶人樊某受伤、车载货物(煤)损失及车辆部件受损的交通事故。2020 年 8 月 24 日，宜川县公安局交通警察大队作出交通事故认定书，认定樊某负事故全部责任，崔某不承担本起事故责任。2020 年 9 月 30 日，该车保险公司按照车上人员责任险限额 10 万元赔付死者家属。死者家属不满保险公司的赔付决定，起诉保险公司、樊某，要求按照第三者责任险赔付。

(资料来源：中国保险行业协会 . 2022 年度保险诉讼典型案例报告[M]. 北京：中国金融出版社，2023：330-337.)

问题：

1. 机动车辆第三者保险和车上人员责任险分别承担什么责任？

2. 你认为该案应当如何处理？为什么？

---

① 中国政府网 . 全国机动车保有量达 4. 35 亿辆[EB/OL]. [2024-01-11]. https：//www. gov. cn/lianbo/bumen/202401/content_6925362. htm.

三、船舶保险

船舶保险是承保船舶因遭受自然灾害和意外事故造成船舶本身损失以及由此产生的合理费用以及碰撞责任的一种运输工具保险。船舶保险是传统财产保险业务的重要险种之一，也是最早产生的保险业务，在保险业发展史上具有特殊的地位。

(一)船舶保险的种类和保险标的

船舶保险根据其承保船舶航行区域不同，分为沿海内河船舶保险和远洋船舶保险。

沿海内河船舶保险是以在中华人民共和国境内合法登记注册从事沿海、内河航行的船舶为保险标的，其中，作为保险标的的船舶包括船体(船壳)和按照国家及行政管理部门的有关规定应该配备的机器、设备、仪器和索具，但船上物料、燃料、给养、淡水等不属于保险标的范围。其中船舶按结构可分为铁壳轮船、木壳轮船、水泥船、木船等；按用途可分为客船、货船、渡船、趸船、起重船、游艇、工作船(包括测量船、挖泥船、救护船、消防船、打捞船)。

远洋船舶保险以远洋船舶为保险标的，远洋船舶可在无限航区航行，即只要船舶自身的性能和状况允许，其在能够停靠和通航的水域皆可航行。从事远洋航行的船舶，包括船体、机器、设备、仪器和索具，以及船上物料、燃料、给养、淡水等都属于本保险标的范围。其中船舶可以是从事运输的各种船舶，包括干货船、散装船、集装箱船、油船、木材船、滚装船、子母船及生活、生产的专用船；也可以是建造中的船舶、水上仓库(趸船)、浮码头和海上钻井平台(不论是否装有推进器)或其他各种设备等。远洋船舶保险与海上运输货物保险一并为海上保险范畴，一般按照国际惯例经营。

(二)船舶保险的险别和责任范围

在实务中，船舶保险的主险险别分为全损险和一切险。

全损险主要承保因以下原因导致的被保险船舶全部损失：自然灾害如暴风、洪水、地震、海啸、雷击、崖崩、滑坡、泥石流、冰凌等，一般意外事故如火灾、爆炸等，船舶航行事故如碰撞、触碰、搁浅、触礁等，以及由于上述灾害或事故引起的船舶倾覆、沉没，船舶失踪。需要注意的是，全损险只负责被保险船舶的全部损失，部分损失不予赔偿。

一切险承保全损险责任范围内的风险所致被保险船舶的全部损失和部分损失，以及所引起的碰撞和触碰责任、共同海损分摊、救助和施救费用等。其中，碰撞、触碰责任负责被保险船舶在可航水域碰撞其他船舶或触碰码头、港口设施、航标等其他固定建筑物，致使上述物体发生的直接损失和费用，包括被碰撞船舶上所载货物的直接损失，依法应当由被保险人承担的赔偿责任；共同海损分摊负责赔偿依照国家有关法律和规定应当由保险船舶摊付的共同海损；救助和施救费用负责赔偿被保险船舶在发生保险事故时，被保险人为防止或减少损失而采取施救及救助措施所支付的必要的、合理的施救或救助费用、救助报酬。

全损险和一切险都对以下原因造成的损失不负赔偿责任：战争、军事行动和政府征用；不具备适航条件；被保险人及其代理人的故意行为；正常维修；因保险事故导致停航、停业的间接损失；由浪损、超载等引起的损失等。

（三）保险期限和保险金额

船舶保险的保险期限可采用定期保险和航程保险。定期保险是船舶保险期限的主要形式，保险期限一般为 1 年，最短不能少于 3 个月，起止时间以保险单上注明的日期为准。航程保险的责任期限按保险单订明的航程为准。

在保险金额的确定上，船舶保险通常采用定值方式，保险金额根据船舶的保险价值确定。船舶的保险价值在订立保险合同时由双方商定，并载明在保险单上。保险价值一般按船壳、机器、设备等保险标的在投保当时的市价和保险费的总和计算。

船舶保险的保险金额通常采取一张保单一个保险金额的形式，承保船舶本身的损失、碰撞责任和费用损失，即上述三项均分别以船舶保险的保险金额为最高赔偿限额。

（四）赔偿处理

由于船舶致损的原因比较复杂，保险人在接到被保险人的出险通知后，必须及时对受损船舶进行认真查验，在确定损失原因属于保险责任的前提下，正确、合理定损赔偿。

在全损险中，船舶若发生全损，按照保险金额赔偿。

在一切险中，对于船舶本身的损失，当船舶发生全损时，赔偿处理方式与全损险相同。当船舶发生部分损失时，按实际发生的损失、费用赔偿，但保险金额低于保险价值时，按保险金额与保险价值的比例计算赔偿；对于船舶碰撞、触碰责任，如果碰撞责任是因单方面的过失所致，过失船舶的保险人要在被保险船舶的保险金额限度内，对无过失船舶的实际损失进行补偿。如果碰撞责任中两船均有过失，双方保险人按各自被保险船舶应承担的责任比例，赔偿对方所遭受的损失；对于共同海损、救助，保险人只负责获救船舶价值与获救的船、货、运费总价值的比例部分；对于施救费用，保险人可以单独承担赔偿责任，但累计赔偿额以不超过保险金额为限。

四、飞机保险

飞机保险也称航空保险，主要承保各种类型的客机、货机、客货两用机以及从事各种专业用途的飞机，因遭受自然灾害或意外事故所造成飞机及其附件的损失，以及因飞机失事而产生的对所载乘客、货物及第三者依法应负的赔偿责任。与其他运输工具保险相比，飞机保险具有价格高、风险大、专业性和技术性强的特点，业务更具国际性色彩，共同保险和再保险也是必不可少的经营手段。

航空公司、飞机所有人、与飞机有利害关系者以及看管和控制飞机的人都可投保飞机保险。飞机保险通常采用统保方式，一般以机队为单位投保，即以一家航空公司的全部飞机投保或几家航空公司的全部飞机联合起来投保，以控制承保风险，并获得优惠费率。

飞机保险是综合性保险，按照保障内容划分，飞机保险有财产保障业务与责任保障业务。财产保障业务有飞机机身险、战争劫持险等，责任保障业务有飞机第三者责任保险、旅客法定责任保险、承运货物法定责任险等。其中，飞机机身险、第三者责任险及旅客法定责任保险为主险，其他险种为附加险。

(一)飞机机身险

飞机机身险可为飞行、滑行和地面三个阶段提供保障，保险人负责赔偿由飞机、零备件及设备在保险期限内由自然灾害或意外事故导致的物质损失和相关费用支出。

具体而言，飞机机身险的保险责任一般包括：飞机在飞行、滑行中以及在地面上，因自然灾害或意外事故造成飞机及其附件的损失；飞机起飞后超过规定时间(一般为15天)尚未得到行踪消息所构成的失踪损失；因意外事故引起飞机拆卸、重装和运输的费用；清理残骸的合理费用；飞机发生上述自然灾害或意外事故时，所支付的合理施救费用，但最高不得超过飞机机身保险金额的10%。

飞机机身险一般采用定值方式承保。保险金额可以按照净值确定，也可以由被保险人和保险人协商确定，新购买的飞机通常以原值确定保险金额。

若发生全损，则按照保险金额计算赔偿。但保险金额高于保险价值时，以不超过出险当时的保险价值计算赔偿。

若发生部分损失须进行修理时，保险人赔偿扣除免赔额后的合理的配件和修理费用，但以不超过保险金额为限。按照净值或协商价值确定保险金额的飞机，若发生部分损失，应按保险金额与损失当时被保险飞机的市场价值的比例计算赔偿。无论何种飞机损失，只要一次赔款(含免赔额)等于保险金额的全数时，保险责任即行终止。

(二)飞机第三者责任险

飞机第三者责任保险所提供的保障范围与机动车辆三者险基本类似，这里的“第三者”通常是指地面或空中第三者，不包括被保险人、被保险人的雇员以及本机上的乘客。凡因飞机或飞机上坠人、坠物所造成的第三者人身伤亡或财产损失依法应由被保险人承担的赔偿责任，以及涉及被保险人的赔偿责任所引起的诉讼费用，均可由保险人负责赔偿。

具体而言，其保险责任一般包括：飞机在地面上造成任何设备、人员、其他飞机的损失；飞机在空中造成地面上第三者的任何损失以及飞机在空中碰撞造成其他飞机和人身伤亡的损失；由于涉及被保险人的赔偿责任所引起的诉讼费，且此费用不受保险单载明的最高赔偿额的限制。

飞机三者险的责任限额一般根据飞机类型来确定，每种型号的飞机都有最高赔偿限额。如，国内飞机保险中，各种类型的喷气式飞机赔偿限额为5000万元，各种类型的螺旋式飞机赔偿限额为2000万元，直升机的赔偿限额为1000万元。

(三)旅客法定责任保险

旅客法定责任是航空公司在经营过程中造成旅客人身伤亡和行李损失等，依法应承担的赔偿责任。航空公司可以通过保险的方式将这种责任风险转移给保险人，即为旅客法定责任保险。

该保险一般采用强制方式实施，保险人负责赔偿旅客在乘坐或上下保险飞机时发生意外，致使旅客受到人身伤亡或随身携带和已经交运登记的行李、物件的损失，以及对旅客行李或物件在运输过程中因延迟而造成的损失，根据法律或合同应由被保险人承担的赔偿责任。这里的旅客仅限于购买飞机票的旅客或被保险人同意免费搭乘的旅客，但不包括为完成被保险人的任务而免费搭载的人员。

旅客法定责任保险赔偿限额的确定应区别国内航空运输和国际航空运输，因为航空承运人在两种航空运输中应承担的对旅客责任的依据及限额有所不同。对于国内航空运输，航空承运人所负的责任限额一般由所在国家的航空法律来规定，对于国际航空运输，赔偿限额一般按国家所批准或加入的国际公约来办理。

第四节 货物运输保险

一、货物运输保险概述

(一)货物运输保险的概念

货物运输保险，简称货运险，是以各种处于运输过程中的货物为保险标的，承保其在运输过程中因自然灾害或意外事故而遭受损失的保险。

货物运输保险中的货物主要是商品性质的贸易货物，但非法财物、武器弹药等属于不能承保的标的。

货物运输保险是财产保险的主要险种之一，对降低货物运输风险、促进货物的安全运输及保证贸易和运输的正常运行发挥着极其重要的作用。随着经济全球化和电子商务的迅猛发展，货物运输保险是企业运营的必然选择，市场需求量巨大。

(二)货物运输保险的特点

1. 保险标的具有流动性

货物运输保险的保险标的是运输过程中的货物，经常处于流动或运行状态中，从一地被运往另一地，不受固定地点的限制。标的的流动性导致货损通常不在保险合同签订地或保险人所在地，而是在异地出险，这要求货运险需要覆盖面广的经营网络或是发达的保险中介网络。

2. 承保风险具有广泛性

货物在运输过程中所面临的风险多种多样，既有海上风险，又有陆地、空中和内河风险；既有货物在运输过程中面临的动态风险，又有在仓储期间面临的静态风险；既有自然灾害和意外事故引起的剧烈风险，也有外来原因导致的非突变风险。其承保的风险种类大、范围广，远超过一般财产保险。

3. 被保险人具有多变性

在运输途中，货物处于承运人的控制与管理之下，被保险人也即货物所有权人改变与否对货物是否遭受损失影响不大，也不影响保险人的承保决定和承保条件。因此，货物保险单可以随着货物所有权的转移而由被保险人自由背书转让，无须事先征得保险人的同意。被保险人的多变性是货物运输保险合同自身性质决定的，也适应了国内外贸易中货物有可能随时易手的需要，提高了贸易效率。

4. 保险期限具有空间性

由于货物运输途程具有不固定性，所以货物运输保险的保险期限一般不采用定期方式，而是以约定的运输途程为准，受“仓至仓条款”约束，即将从起运地仓库至到达目的地仓库的整个运输过程作为责任期限，这使得货物运输保险的保险期限具有空间性特征。

5. 保险承保的定值性

保险标的的流动性、出险地点的不确定性以及货物在运输过程中不同地点的价格具有差异性，决定了货物运输保险一般采用定值方式。双方在签约时约定保险价值并据此确定保险金额，发生事故时不再考虑出险时货物市场价格的高低，而根据约定价值按货物的损失程度计算赔偿。约定保险价值的依据为货价或货价加上运杂费、保险费等费用以及货物预期利润等。

（三）货物运输保险的分类

1. 按适用范围

按适用范围划分，货物运输保险可分为国际货物运输保险和国内货物运输保险。

国际货物运输保险是以国际运输过程中的货物作为保险标的，承保运输过程中因自然灾害或意外事故造成的货物损失。国际货物运输保险属于海上保险范围，在经营实践中需要遵循有关国际法规、惯例、公约，其主要险种有海上货物运输保险、陆上货物运输保险、航空货物运输保险和邮包货物运输保险等。

国内货物运输保险以我国境内内河、铁路和航空运输过程中的货物为保险标的，承保运输过程中因自然灾害或意外事故造成的货物损失。主要险种有国内水路、陆路货物运输保险和国内航空货物运输保险等。

2. 按运输工具

按运输工具划分，货物运输保险可分为陆上货物运输保险、水路货物运输保险、航空运输货物保险、邮包保险和管道货物运输保险等。

陆上货物运输保险承保利用陆上运输工具，如火车、汽车等为货物运输载体承运货物的保险；水上货物运输保险承保利用水上运输工具，如轮船、驳船、机帆船和木船等水上运输载体承运货物的保险；航空货物运输保险是指承保以飞机为运输载体承运货物的保险；邮包保险是专门为邮包这种特殊货物提供保障的保险；管道货物运输保险是指以在管道内运输的石油、天然气等气体和液体类货物为保险标的的保险。

二、海上货物运输保险

在各种运输方式中，海运是最主要的，也是采用最为广泛的一种运输方式。据统计，目前国际贸易总量的80%是靠海上运输完成的。海上货物运输保险为货物安全到达收货人目的地安全护航，促进了国际贸易的发展。

（一）基本险

1. 保险责任

我国海上运输货物保险基本险有三个险别，即平安险、水渍险和一切险。

(1)平安险

平安险仅对全部损失、共同海损和部分海上风险造成的单独海损负责赔偿，其责任范围在基本险别中最小，费率也最低，一般只适用于价值低、裸装的大宗货物，如废钢铁、木材、矿砂等。平安险的责任范围包括：被保险货物在运输途中由于恶劣气候、雷电、海啸、地震、洪水等自然灾害造成整批货物的全部损失或推定全损；由于运输工具遭受搁浅、触礁、沉没、互撞、与流冰或其他物体碰撞以及失火、爆炸等意外事故造成货物的全部或部分损失；在运输工具已经发生搁浅、触礁、沉没、焚毁等意外事故的情况下，货物在此前后又在海上遭受恶劣气候、雷电、海啸等自然灾害所造成的部分损失；在装卸或转运时由于一件或数件整件货物落海造成的全部或部分损失；被保险人对遭受承保责任内危险的货物采取抢救、防止或减少货损的措施而支付的合理费用，但以不超过该批被救货物的保险金额为限；运输工具遭遇海难后，在避难港由于卸货所引起的损失以及在中途港、避难港由于卸货、存仓以及运送货物所产生的特别费用；共同海损的牺牲、分摊和救助费用；运输契约订有“船舶互撞责任条款”，根据该条款规定应由货方偿还船方的损失。

(2)水渍险

水渍险除承保平安险的各项责任外，还负责被保险货物在运输途中，由于恶劣气候、雷电、海啸、地震、洪水等自然灾害所造成的部分损失。即在平安险基础上，增加了货物由于自然灾害所造成的部分损失。水渍险的责任范围大于平安险，其保险费也高于平安险。

(3)一切险

一切险除包括水渍险的全部责任之外，还负责被保险货物在运输途中由于外来原因所造成的全部或部分损失。具体来说，一切险责任中所指的外来原因并非运输途中的一切外来风险，而是以 11 种一般附加险中的风险为限，即偷窃提货不着险、淡水雨淋险、短量险、混杂站污险、渗漏险、碰撞破碎险等。

一切险的责任范围是三种基本险中最广的，提供的保障最充分，相应地，保险费也最高。因此，一切险适用于各类货物，特别是粮油食品、纺织纤维类商品和新的机器设备、精密仪器仪表等货物。

2. 除外责任

除外责任一般是非意外的、非偶然的或比较特殊的风险造成的损失。我国海上运输货物保险的除外责任主要包括：(1)被保险人的故意行为或过失所造成的损失；(2)属于发货人责任所引起的损失；(3)在保险责任开始前，被保险货物已存在的品质不良或数量短差所造成的损失；(4)被保险货物的自然损耗、本质缺陷、特性以及市价跌落、运输延迟所引起的损失或费用；(5)海洋运输货物战争险和罢工险条款规定的责任范围和除外责任。

3. 责任起讫

海上运输货物保险一般采用航程保险方式，保险期限采用“仓至仓”条款，包括两种情况：

(1)正常运输情况下的责任起讫。正常运输是指使用正常的运输工具、按照正常的航程、航线行驶并停靠港口，包括途中正常的延迟、存仓和转船。在正常运输情况下，保险人的责任自被保险货物运离保险单所载明的起运地仓库或储存处所开始运输时生效，包括正常运输过程中的海上、陆上、内河和驳船运输在内，直至货物到达保险单所载明目的地收货人的最后仓库或储存处所或被保险人用作分配、分派或非正常运输的其他储存处所为止。如未抵达上述仓库或储存处所，则以被保险货物在最后卸载港全部卸离海轮后满 60 天为止。如在上述 60 天内被保险货物需转运到非保险单所载明的目的地时，则以该项货物开始转运时终止。

(2)非正常运输情况下的责任起讫。非正常运输，是指在运输过程中由于遇到被保人无法控制的运输延迟、绕道、被迫卸货、重新装载、转载或承运人运用运输契约赋予的权限所作的任何航海上的变更或终止运输契约，致使被保险货物运到非保险单所载明目的地等意外情况。上述情况下，如果被保险人在获知以上信息后及时通知保险人，必要时加缴保费，保险合同仍继续有效，直至被保险货物在非保单所载目的地卸货出售或交货时为止。但不论哪种情况，保险人继续负责的时间要受货物在卸货港全部卸离海轮满 60 天的限制。

(二)附加险

附加险只能在投保了基本险的基础上，由被保险人根据运输货物的实际情况加保。海上运输货物保险的附加险可分为一般附加险、特别附加险和特殊附加险三类。

1. 一般附加险(普通附加险)

一切险的责任范围包含了一般附加险的责任。一般附加险主要有 11 种，承保外来原因所造成的货物损失，包括：偷窃、提货不着险，淡水雨淋险，短量险，混杂、沾污险，渗漏险，碰损、破碎险，串味险，受潮受热险，钩损险，包装破裂险和锈损险。

2. 特别附加险

特别附加险主要承保一些涉及政治、国家政策法令和行政措施等的外来风险，不包括在一切险的责任范围内。主要包括：交货不到险、进口关税险、舱面险、拒收险和黄曲霉素险。

3. 特殊附加险

与特别附加险一样，特殊附加险也不属于一切险的责任范围。它主要承保战争罢工等风险。

(三)保险金额

海上运输货物保险一般采用定值保险方式，保险双方当事人在订立保险合同时约定保险价值，并以此为保险金额，记载于保险合同内。其保险价值一般由货物成本、运费、保费和预期利益四部分组成。

(四)赔偿计算

(1)当货物发生全部损失时，保险人按货物的保险金额赔偿；

(2)当货物发生单独损失时，按照损失程度计算赔偿金额：

①对于质量损失，按货物贬值率赔偿，其赔偿金额计算方法为：

$$赔款=保额\times\frac{货物完好价值-受损货物价值}{货物完好价值}$$

②对于数量损失，其赔偿金额计算方法为：

$$赔款=保额\times\frac{受损货物重量}{承保货物重量}$$

三、国内货物运输保险

本部分以国内水路、陆路货物运输保险和国内航空货物运输保险为例，来介绍常见的国内运输货物保险的主要内容。

(一)保险标的

凡在国内经水路、陆路、航空运输的货物均可作为保险标的；金银、珠宝、钻石、玉器、首饰、古币、古玩、古书、古画、邮票、艺术品、稀有金属等珍贵财物经特别约定，并在保险合同上载明，也可作为保险标的；蔬菜、水果、活牲畜、禽鱼类和其他动物等一般不在保险标的范围以内。但为了满足市场需求，2000 年起，我国保险公司也开办了专门的瓜菜运输保险来为此类运输货物提供保障。

(二)保险责任范围

1. 保险责任

国内水路、陆路货物运输保险的主险险别有基本险和综合险两种。保险货物遭受损失时，保险人按照承保险别的责任范围承担赔偿责任。

基本险的保险责任范围较小，主要包括：火灾、爆炸、雷电、冰雹、暴风、暴雨、洪水、海啸、崖崩、突发性滑坡、泥石流等自然灾害所造成的损失；因运输工具发生碰撞、倾覆、搁浅、触礁、沉没等或隧道、码头坍塌等意外事故所造成的损失；在装货、卸货或转载时，因遭受不属于包装质量不善或装卸人员违反操作规程所造成的损失；按国家规定或一般惯例应承担的共同海损的牺牲、分摊和救助费用；在发生上述灾害事故时，因纷乱造成的货物散失以及因施救或保护货物所支付的直接合理的费用。

综合险在基本险的基础上增加了由外来风险导致的货物损失和相关费用。增加的责任具有相对独立性，投保人根据需要，也可在基本险基础上单独加保其中一种或多种。

国内航空货物运输保险不分险别，其保障范围与国内水路、陆路货物运输保险综合险基本相同，只是在对运输工具发生的意外事故的表述和侧重上略有差异：航空货物运输保险承担因飞机遭受碰撞、倾覆、坠落、失踪(在 3 个月以上)，在危难中发生卸载以及遭受恶劣气候或其他危难事故发生抛弃行为所造成的损失。

2. 责任免除

被保险货物在运输或存放过程中，由以下原因造成的损失，保险人不负赔偿责任：战争、军事行动、扣押、罢工、哄抢和暴动；在保险责任开始前，保险货物已存在的品质不良或数量短差；保险货物自然损耗、本质缺陷、特性所引起的污染、变质、损坏；市价跌落、运输延迟；发货人责任；投保人、被保险人的故意行为或违法犯罪行为；行政行为或执法行为；其他不属于保险责任范围内的损失。

（三）保险期限

保险期限与货物运输的途程相关联，一般采用“仓至仓”来确定责任起讫期，即自签发保险凭证和保险货物离开起运地发货人的最后一个仓库或储存处所时起，至该保险凭证上注明的目的地的收货人在当地的第一个仓库或储存处所时终止。但保险货物运抵目的地后，如果收货人未及时提货，则保险责任的终止期最多延长至以收货人接到到货通知或承运人发出到货通知后的15天为限(以邮戳日期为准)。

保险责任生效需同时具备两个条件：一是保险人或其代理人签发了保险凭证，二是保险货物“运离”起运地发货人的最后一个仓库或储存处所。“运离”是指保险货物从起运地发货人的最后一个仓库或储存处所，被装载于主要运输工具或辅助运输工具这一过程，“运离”一件负责一件，“运离”一批负责一批。

（四）保险金额和保险价值

国内货物运输保险采用定值保险方式。保险价值按货物的实际价值或货物的实际价值加运杂费确定。保险金额由投保人参照保险价值自行确定，并在保险合同中载明。保险金额不得超过保险价值，超过保险价值的，超过部分无效，保险人应当退还相应的保险费。

（五）保险赔偿

保险人在接到索赔单证后，应当根据保险责任范围，迅速核定应否赔偿。赔偿金额一经保险人与被保险人达成协议后，应在十天内赔付。

当货物发生实际全损或推定全损时，保险人按保险金额扣除残值后计算赔款。

当货物发生部分损失时，按照损失程度计算赔偿金额。对于足额投保的，保险人在保险金额限度内按实际损失赔偿；对于不足额投保的，则应按投保比例计算赔款。

【案例6-4】

某年6月21日，张某从H省运输鲜桃3.8万斤至C省，当时向起运地某保险公司设在火车站的保险代办站投保了货物运输综合险，保险金额为8万元，缴纳保险费2400元，由于延误29个小时发车等原因，这批鲜桃运到100公里处的Z站加冰时，发现部分桃子已腐烂，损失达1.5万元。事后，投保人张某向保险公司索赔，但遭到拒绝，遂向当地某铁路运输法院起诉。投保人张某认为，鲜桃既然投保了货物运输综合险，保险公司就负有保障其安全完好运到C省的责任，现这批货物已经受损，而且并非投保人的过错造成，保险公司应承担赔偿责任。而保险公司认为，鲜桃受损与保险方无关，因为导致鲜桃腐烂的原因有两个：一是货物是处于热状态的鲜货，由于加冰保温车厢在运输中融化到一定程度时要加冰，可该批鲜桃在装运时没有按规定加冰，并且未留通风道；二是铁道部门延误29个小时后才发车。第一个原因是投保人未履行保险公司货物运输保险合同第七条规定“被保险人应严格遵守国家及交通运输部门关于安全运输的各项规定。还应当接受并协助保险人对保险货物进行的查验防损工作，货物包装必须符合国家和主管部门规定的标准”和我国《保险法》第五十一条第一款“被保险人应当遵守国家有关消防、安全、生产操作、劳动保护等方面的规定，维护保险标的的安全”的义务规定；第二个原因则是《货物运输保险条款》第六条所规定的除外责任包括“因运输延迟所造成的损失和费用”。因此，保险方没有赔偿义务。

（资料来源：许飞琼．经典保险案例分析100例[M]．北京：中国金融出版社，2020：69-70.）

问题：

1. 货物运输综合险应承担的责任和承运人应承担的责任有何区别？
2. 你认为该案应当如何处理？为什么？

第五节　工程保险

一、工程保险概述

（一）工程保险的概念

工程保险是针对工程项目在建设过程中可能出现的因自然灾害和意外事故而造成的物质损失和依法应对第三者的人身伤害和财产损失承担的经济赔偿责任提供保障的一种综合性保险。

工程保险发展的历史不长，是为适应现代经济的发展由火灾保险、意外伤害保险及责任保险等演变而成的。工程保险起源于英国，在第二次世界大战后的恢复建设时期得到快速发展并逐步形成较为完善的工程保险体系。我国工程保险发展较晚，是改革开放以后随着外商投资项目的开工建设而随之引入的。

（二）工程保险的特征

1. 承保风险的复杂性

承保风险的复杂性表现在：首先，工程保险既承保被保险人的财产损失风险，同时也承保被保险人的责任风险；其次，工程保险承保标的中的大部分裸露在自然环境之中，自身抵御风险的能力大大低于普通财产保险的标的；再次，工程建设施工是一个动态过程，而且存在大量的交叉作业，各种风险因素错综复杂，使风险程度加大。此外，现代工程项目的技术含量高、专业性强，涉及多种专业学科或尖端科学技术，这也使得工程项目的承保风险更具复杂性。

2. 保险保障的综合性

工程保险除了为工程项目建设过程中的各种物质损失提供保障外，还承保第三者责任，即该工程项目在承保期内因工程施工所发生意外事故，造成工地上及附近地区第三者的人身伤亡和财产损失应由被保险人承担的经济赔偿责任，此外，还可通过扩展条款承保其他相关费用、雇主责任、职业责任等。

3. 被保险人的广泛性

工程项目建设过程中涉及的当事人和关系方众多，如业主、总承包商、分包商、设计单位、技术顾问、工程监理人以及贷款银行等，他们对工程项目有相对独立的经济利害关系，也均承担工程项目建设过程中不同程度的风险，因此均可成为工程保险的被保险人。

4. 保险期限的不确定性

传统财产保险的保险期限一般是一年，期满可以续保；而工程保险则根据工期确定保险期限。一般自工程开工之日起到竣工验收交付时止，还可能延续到工程交付之后的保证期。对于大型综合性工程，因为各个具体项目是分期施工并交付使用的，因而每个项目的保险期限有先有后，有长有短。

5. 标的价值的变动性

工程在建设过程中，从无到有，从有到全，工程价值随着工程建设进度与工程材料及人工的投入而不断增长，而且工期较长，由于通货膨胀等因素的影响，也会使标的价值发生变化。因此，确定工程保险的保险价值、保险金额和损失金额均存在一定难度，应根据损失补偿原则合理确定，并要求投保人定期申报、及时调整。

(三) 工程保险的种类

现代工程保险主要根据保险标的来进行分类，主要包括：

建筑工程保险，简称建工险，承保以土木建筑为主体的工程在整个建筑期间内因自然灾害或意外事故造成的物质损失和费用，以及被保险人依法应承担的对第三者人身伤亡或财产损失的赔偿责任。适用于各类民用、工业用和公共事业用的建筑工程项目，如住宅、旅馆、商店、工厂、学校、娱乐场所、码头、仓库、管道、道路、水坝、桥梁和各种市政工程项目等。

安装工程保险，简称安工险，承保新建、扩建或改建的工矿企业的机器设备或钢结构建筑在整个安装、调试期间由于意外事故和自然灾害而导致的物质损失和费用，以及对第三者的赔偿责任。适用于各种安装工程，如成套设备、生产线、钢结构工程、大型机器装置、管道安装等。

科技工程保险，是以各种重大科技工程或科技产业为保险标的的综合性财产保险，是随着现代高新科学技术的发展和广泛应用而逐渐发展起来的新领域工程保险，包括航天工程保险、核能工程保险、海洋石油开发保险等。

二、建筑工程保险

(一) 投保方式

建筑工程项目的利益方不止一个，且各有其自身的权益和责任，如果各自投保，不仅手续烦琐，且容易产生漏保或局部的保险真空以及各利益人之间的责任交叉。因此，当同一工程存在多个被保险人时，应选取工程的主要风险承担者来作为投保人，负责与保险人协商保险合同条款、支付保费、申报保险期间风险变动情况及处理索赔、理赔等事宜。

在工程保险实务中，若工程采用全部承包方式，承包人负责设计、供料及施工等全部工程环节，承担了工程的主要风险责任，故一般由承包人作为投保人；若工程发包给多家承包商或工程规模较大时，则由业主统一安排投保事宜更为有利，这样既避免了分别投保造成的时间差和责任差，也可以争取和享受较为优惠的承保条件。

(二)保障项目

建筑工程损失保险的承保范围广泛，其保障项目一般包括物质财产和第三者责任两部分。

1. 物质损失部分

(1)建筑工程。这是建筑工程保险的主要保险项目，有永久性工程、临时性工程及工地上的物料之分，具体包括建筑工程合同所规定建造的建筑主体，建筑物内部的装修设备，配套的道路、桥梁、水电设施等土木建筑项目，存放在工地上的建筑材料、设备和临时建筑工程等。

(2)工程所有人提供的物料及项目。指未包括在建筑工程合同之内的由所有人提供的物料及负责建筑的项目。

(3)施工用机具、设备、机械装置。例如起重机、打桩机、铲车、推土机、钻机、供电供水设备、水泥搅拌机、传动装置等。

(4)安装工程项目。指未包括在承包工程合同金额内的机器设备安装项目，如办公楼内供电、供水、供暖、取暖、空调等机器设备的安装工程等。

(5)工地内现有的建筑物。指不在承包工程范围内的，且归业主或承包人所有的或由其保管的工地内已有的建筑物。

(6)所有人或承包人在工地上的其他财产。指未包括在以上五项范围之内的其他可保财产，若需要投保，则应列明名称或附清单于投保单上。

(7)场地清理费用。该费用是指保险事故发生后，被保险人为修复保险项目而清理施工现场所发生的必要、合理的费用。

2. 第三者责任部分

由于建筑工程施工风险复杂，发生事故时对第三者造成的损失可能比较严重，因此，第三者责任是建筑工程保险的另一重要保险标的。建筑工程保险的第三者责任是指因发生保险单所承保工程直接相关的意外事故引起工地内及邻近区域的第三者人身伤亡、疾病或财产损失，依法应由被保险人承担的经济赔偿责任。

(三)保险责任和除外责任

1. 物质损失部分

(1)保险责任。建筑工程保险物质损失部分为非列明风险保险，一般采用概括方式来界定保险责任。一般规定保险单明细表中分项列明的被保险财产在列明的工地范围内，因保险单除外责任以外的任何自然灾害或意外事故造成的物质损坏或灭失，以及发生上述损失时所产生的有关费用均属保险人责任。其中，自然灾害主要有地震、海啸、雷击、暴雨、洪水、暴风、龙卷风、冰雹、台风、飓风、沙尘暴、暴雪、冰凌、突发性滑坡、崩塌、泥石流、地面突然下陷下沉及其他人力不可抗拒的破坏力强大的自然现象。意外事故是指不可预料的以及被保险人无法控制并造成物质损失或人身伤亡的突发性事件。有关费用主要包括保险事故发生并造成保险标的损失后，被保险人为防止或减少保险标的损失所支付的必要的、合理的费用，以及保险合同列明的其他有关费用。

(2)除外责任。建筑工程保险物质损失部分的除外责任主要包括：一是财产保险中固有的除外责任，如被保险人的故意行为或重大过失和战争、罢工或核污染造成的损失；二是设计错误引起的损失和费用；三是自然磨损、内在或潜在缺陷、大气(气候或气温)变化、正常水位变化或其他渐变原因造成的保险财产自身的损失和费用；四是原材料缺陷或工艺不善引起的保险财产本身的损失以及为换置、修理或矫正这些缺点错误所支付的费用；五是非外力引起的机械或电气装置的本身损失，或施工用机具、设备、机械装置失灵造成的本身损失；六是维修保养或正常检修的费用以及盘点时发现的短缺；七是各种违约罚金及延误工期损失等；八是其他除外责任，如档案、文件、账簿、票据、现金、各种有价证券、图表资料及包装物料的损失等。

2. 第三者责任部分

(1)保险责任。建筑工程第三者责任保险承担因发生保险单所承保工程直接相关的意外事故引起工地内及邻近区域的第三者人身伤亡、疾病或财产损失，依法应由被保险人承担的经济赔偿责任；对被保险人由于上述原因而支付的诉讼费用以及事先经保险人书面同意而支付的其他费用。

(2)除外责任。第三者责任险的除外责任包括：工程所有人、承包人或其他关系方或他们雇佣的在工地现场从事与工程相关工作的职工以及他们的家庭成员的人身伤亡和疾病；工程所有人、承包人或其他关系方或他们雇佣的职工所有的或由其照管、控制的财产损失；由于震动、移动或减弱支撑而造成的其他财产、土地、房屋的损失或由于上述原因造成的人身伤亡或财产损失；领有公共运输用执照的车辆、船舶、飞机造成的事故；被保险人根据与他人的协议支付的赔偿或其他款项等。

(四)保险金额和赔偿限额

1. 物质损失保险部分的保险金额

建筑工程中被保险标的价值随着工程的进展在不断变化，因此建筑工程保险中保险价值和保险金额的确定较为复杂。保单明细表中的保险金额应分项考虑、分项列明，其中，建筑工程的保险金额应不低于被保险工程建筑完成时的总价值，包括原材料费用、设备费用、建造费、安装费、运保费、关税、其他税项和费用，以及由工程所有人提供的原材料和设备的费用；而施工用机器、装置等的保险金额不应低于重置同型号、同负载的新机器、装置的费用。

投保人投保时，通常按工程概算总造价估计工程总价值，再分项目列明保险金额，之后根据变化适时调整。在保险项下工程造价中包括的各项费用因涨价或升值原因而超出建筑工程造价时，投保人须尽快以书面形式通知保险人，保险人据此调整保险金额；投保人在保险期间内应对相应的工程细节作出精确记录，并允许保险人在合理的时候对该项记录进行查验；若建筑工程的建造期超过三年，投保人须从保险合同生效日起每隔十二个月向保险人申报当时的工程实际投入金额及调整后的工程总造价，保险人将据此调整保险费；

在保险期间届满后三个月内投保人应向保险人申报最终的工程总价值，保险人据此以多退少补的方式对预收保险费进行调整。

2. 第三者责任保险部分的责任限额

第三者责任险的赔偿限额有事故赔偿限额和总赔偿限额两种，二者可以单独使用，也可以结合使用。事故赔偿限额用于控制每次事故以及同一事故引起的一系列事故的实际赔偿额，包括个人的人身伤亡、人身伤亡总额、财产损失限额三种；总赔偿限额是指在整个保险期内赔偿第三者责任的最高赔偿限额。

赔偿限额可以根据在工程期间一旦发生意外事故时，对工地现场和临近地区的第三者可能造成的最大损害情况确定。

(五)保险期限

建筑工程保险承保从开工到完工过程的风险，工程工期通常包括建造期、保证期(也称缺陷矫正期或维护期)。

建造期为建筑工程保险的主保险期间，一般从保险工程破土动工或用于保险工程的材料、设备运抵工地之时开始，至工程所有人对部分或全部工程签发完工验收证书或验收合格，或工程所有人实际占有或使用或接受该部分或全部工程之时终止，以先发生者为准。但在任何情况下，建造期保险期限的起始或终止不得超出保险单中列明的保险生效日或终止日。

保证期责任是否加保，由投保人自行决定，若加保则要加缴相应的保费。保证期的保险期限与工程承包合同中规定的保证期一致，从工程所有人对部分或全部工程签发完工验收证书或验收合格，或工程所有人实际占有或使用或接受该部分或全部工程之时起算，以先发生者为准。

(六)保险赔偿

1. 物质损失保险部分

(1)赔偿方式。保险人可选择支付赔款、修复或重置方式赔偿，但对于被保险财产在修复或重置过程中发生的任何变更、性能增加或改进所产生的额外费用，保险人不负责赔偿。

(2)全部损失。一般以被保险财产损失前的实际价值扣除残值后的金额为准赔偿，但保险人有权不接受被保险人对受损财产的委付。

(3)可以修复的部分损失。以将被保险财产修复至其基本恢复受损前状态费用扣除残值后的金额为准赔偿，但若修复费用等于或超过被保险财产损失前的价值，则按全部损失或推定全损的规定处理。

(4)施救费用。发生损失后，被保险人为减少损失而采取必要措施所产生的合理费用，保险人可予以赔偿，但该项费用与物质损失赔偿金额之和以受损的被保险财产的保险金额为限。

(5)免赔额。如果保险合同中约定了免赔额或免赔率，则每次事故保险人的赔偿金额为赔偿金额扣除每次事故免赔额或该金额与免赔率乘积后的金额。

2. 第三者责任保险部分

对于每次事故造成的损失，保险人在每次事故责任限额内计算赔偿，其中对每人人身伤亡的赔偿金额不得超过每人人身伤亡的责任限额；保险人对多次事故损失的累计赔偿金额不超过保险合同列明的累计赔偿限额；保险人对法律费用的赔偿金额在对被保险人经济赔偿责任的赔偿金额外单独计算。

【案例 6-5】

2018 年 1 月某日，某地遭遇暴雪袭击，灾害造成施工单位某项目工地料场、拌合站、钢筋加工场以及办公室等临时建筑和周围财产损坏。雪灾发生时，项目已接近完工。雪灾发生后，施工单位又重新搭建了上述临建设施。

经查，施工单位于 2017 年 1 月与业主单位签订某国道路面改善工程承包合同。施工单位为项目建设需要，搭建了项目部办公室、料场等大棚钢结构和彩钢瓦结构的临时性建筑。同年 4 月，施工单位为该项目投保建工险。投保时，施工单位提供了该工程项目合同文件以及报价表和工程量清单表作为投保的依据。保险合同约定："本保险合同的保险标的为：本保险合同明细表中分项列明的在列明工地范围内的与实施工程合同相关的财产或费用，属于本保险合同的保险标的。"

施工单位就上述临建设施损失向保险公司索赔，保险公司认为临时设施损失不属于保险承保范围而拒赔。施工单位诉至法院要求保险公司赔偿损失。

（资料来源：陈娟．工程保险典型案例实务精析[M]．北京：法律出版社，2022：29-31.）

问题：

1. 建筑工程保险的保障项目有哪些？
2. 你认为该案应当如何处理？为什么？

三、安装工程保险

安装工程保险与建筑工程保险同属综合性的工程保险业务，两者在投保方式、被保险人、险种构成等方面基本相同，在保险标的、保险责任、除外责任、保险期限上基本相似但各有特点。本教材中重点介绍安装工程保险与建筑工程保险的区别。

（一）以安装项目为主要承保对象

安工险以安装项目为主体的工程项目为承保对象，虽然大型机器设备的安装需要土木建筑来作为配套，但安工险的安装项目始终在投保工程建设中占主体地位，其价值远超过与之配套的建筑工程，且建筑工程是为安装工程服务的。

（二）存在试车考核期风险

安装工程施工中，机器设备只要未正式运转，许多在施工过程存在的问题和缺陷就无法得到充分暴露。因此，机器设备安装完毕和验收之前须试车考核，即机器设备通电并加料后进行各种试车或操作试验，以考核其技术性能及生产能力是否达到合同规定的各项指标，只有在试车考核合格之后，工程才能移交。试车考核期是安装工程中风险最为集中的阶段，且风险的发生多与设计错误、原材料或工艺缺陷有关。

针对安装工程的特点，安装工程保险的保险期须包括试车考核期，保险人对在保险单明细表中列明的试车考核期内对试车和考核所引发的损失、费用和责任负责赔偿；若被保险设备本身是在本次安装前已被使用过的设备或转手设备，则自其试车之时起，保险人对该项设备的保险责任即行终止。

(三)承保风险主要是人为风险，且具有技术色彩

各种机器设备本身是技术产物，承包人对其进行安装调试也是专业性很强的技术工作，在安装工程施工作业中，机器设备的质量、安装者的技术水平和责任心、安装中的施工设备及施工方式方法等均是导致风险发生的主要因素。因此，与人相关的风险是该险种的主要风险。

(四)对设计错误等造成的其他财产损失负责赔偿

安装工程保险物质损失部分的保险责任相较于建筑工程保险，增加了两条：一是由于超负荷、超电压、碰线、电弧、漏电、短路、大气放电与其他电气引起其他财产的损失；二是存在设计错误、铸造或原材料缺陷或工艺不善的被保险机器设备造成的其他财产损失。

四、科技工程保险

科技工程保险是以各种重大科技工程或科技产业为保险标的的综合性财产保险，它是随着科学技术的发展而逐渐兴起的一类特殊工程损失保险业务，同时又能为科技产业提供风险保障，从而有效地促进现代科技产业的发展。

(一)科技工程保险的特点

相较传统的工程保险业务而言，科技工程保险的特征主要有：

第一，保险标的的特殊性。保险标的为各种重大科技工程，其价值高、规模大、性质特殊，并且还涉及当代高、精、尖科学技术，是一项专业技术极强的财产保险业务。

第二，承保风险的特殊性。从科技工程损失保险的经营实践来看，其承保风险责任具有显著的综合性、人为性和难以预测性等特征。

第三，风险管理的特殊性。由于一项重大的科技工程关系着一个地区甚至整个国家的经济社会发展大局，所以国家往往会采取政策性手段去干预保险事务，如，为保险人提供政策上的或经济上的支持等。另外，保险人在经营中也须加强对风险的控制，如要注意风险的选择和责任的限制，通过外部监督来促进被保险人加强对科技工程风险的控制，以及充分运用再保险手段，实现科技工程风险在更大范围内的分散。

由此可见，科技工程保险不是一般的保险公司所能够承保的，往往只有大公司才能涉足该领域。在实际经营中，一笔科技工程保险业务甚至需要多家有实力的大公司联合承保。

(二)科技工程保险的种类

航天工程保险是为航天产品包括卫星、航天飞机、运载火箭等提供风险保障的保险。它承保的是航天产品进入太空遭受灾害事故而导致的经济损失，包括航天产品发射前的制造、运输、安装过程中，发射时和发射后的轨道运行过程中，以及使用寿命等方面的风险损失。按照保险期限，航天工程保险有发射前保险、发射保险和寿命保险之分。以上险种，既可单独投保，也可一揽子投保。航天工程保险是一种新兴保险，仍然处于开拓和创新的阶段。

核能工程保险是以核能工程项目的财产损失及其赔偿责任为保险标的的保险，保险人承保核能工程中的各种核事故和核责任风险。核能工程保险是随着现代原子能技术的发展，和各国对原子能和平用途的研究及应用而逐渐发展起来的新型科技保险业务。核能工程保险承保的主要责任是核事故风险，而在其他各种财产和工程保险中，则是把该风险列为常规除外责任，并且不允许扩展承保。由于核事故风险性质特殊、风险异常，使得核能工程保险具有政策性保险的特色。政府的某些立法，如核事故损害赔偿法通常规定，核事故中应按绝对责任来承担损害赔偿责任，并对保险人在责任险项下的超赔部分给予财政补贴。核能工程保险的种类一般包括核能工程财产损毁保险、核能安装工程保险、核原料运输保险、核责任保险等，其中，核能工程财产损毁保险和核责任保险是最主要的业务。

海洋石油开发保险是以海洋石油开发工程从勘探到建成、生产整个开发过程中的风险为承包责任，以工程所有人或承包人为被保险人的一种特殊风险保险。海洋石油开发工程一般分为四个阶段：普查勘探阶段、钻探阶段、建设阶段、生产阶段。因此，在海洋石油开发保险经营中，保险人一般分阶段提供保险服务。其中，在普查勘探阶段，保险人主要提供勘探作业工具保险和勘探作业人员的人身伤亡保险；在钻探阶段，保险人主要承保钻井设备保险、各种辅助工具保险、控制井喷保险、重钻费用控制、污染及清理费用保险，以及油污责任保险、第三者责任保险、钻井人员人身伤亡(雇主责任)保险等；在建设阶段，除继续承保钻探阶段的各类业务外，一般还承保平台建筑保险、安装工程保险、油管铺设保险以及运油船舶保险和产品责任保险等；在生产阶段，除继续承保前面的各类业务外，还会增加各种建筑海上平台设备的财产保险，以及生产作业中的其他保险等。

第六节　农业保险

一、农业保险的概念与特征

(一)农业保险的概念

根据2012年11月我国颁布的《农业保险条例》的定义，农业保险“是指保险机构根据农业保险合同，对被保险人在种植业、林业、畜牧业和渔业生产中因保险标的遭受约定的自然灾害、意外事故、疫病、疾病等保险事故所造成的财产损失，承担赔偿保险金责任的保险活动”。

农业保险是现代保险业中必要且独特的组成部分，其必要性源于农业的脆弱性与高风险性，其独特性在于既需要遵循一般的保险规则，还需要特殊的政策支持。发展农业保险也是世界各国适应国际规则来保护农业生产的必要举措。一方面，农业的脆弱性与高成本、低效益性决定了各国政府都对农业保险给予高度重视；另一方面，在经济全球化和农产品市场国际化的背景下，特别是作为世贸成员国，又要受到国家财政对农业生产直接补贴不得超过国际限额标准的制约。因此，各国通常将发展农业保险作为对农业生产加以扶持的重要途径。

我国从 1982 年开始恢复经营农业保险业务，但由于种种因素的制约，农业保险供需双冷，业务萎缩。2003 年，《中共中央关于完善社会主义市场经济体制若干问题的决定》中明确提出，要探索建立政策性农业保险制度。2004 年，原中国保监会选取 9 个省区市正式启动政策性农业保险试点工作。2007 年，财政部选取 6 个省区投入 10 亿元进行农业保险保费补贴试点。2011 年，财政部又选取四川省和内蒙古自治区，进行农业保险保费补贴绩效评价试点工作。2013 年，国家实施了《农业保险条例》，使农业保险有了法规保障，这在我国农业保险发展史上具有里程碑式的意义。2019 年，财政部、农业农村部、银保监会、林草局联合印发《关于加快农业保险高质量发展的指导意见》，从顶层设计上，明确了加快农业保险高质量发展的指导思想、基本原则、主要目标、保障措施。这是在新的历史时期推动我国农业保险改革发展的重要举措。目前，通过各方协同推进，我国已成为世界上最大的农业保险国，农业保险承保险种明显增多，业务规模不断增大，覆盖领域逐步拓宽，保险市场主体日益多元，功能作用逐步发挥，各项试点逐步推进。

（二）农业保险的特征

虽然农业保险是财产保险的一种，但是由于其承保风险的特殊性，使其具有不同于一般财产保险的特征：

1. 保险标的的生命性

农业保险的保险标的大多是有生命的动植物，受生物学特性的强烈制约，使得农业保险经营存在特殊困难：一是农业保险标的价值始终处于变化中，只有当它成熟或收获时才能最终确定，因此，农业保险一般多采用变动保额；二是农业保险的保险标的具有明显的生命周期及生长规律，保险期限需要按照标的的生长周期来确定；三是农业保险标的在生长期内遭灾受损后有一定的自我恢复能力，从而使农业保险的定损变得更为复杂，尤其是农作物保险需要在收获时二次定损；四是农业保险的保险标的种类繁多，生命规律各异，抵御自然灾害和意外事故的能力各不相同，因而难以制定统一的费率标准和赔偿标准。

2. 承保风险的复杂性

农业风险种类多、风险结构复杂、灾害发生频率高以及损失规模大等特点，使得农业保险的经营过程中面临高风险、高赔付问题。从风险种类来看，农业生产是自然再生产与经济再生产的组合，农业保险也要受到自然风险与经济风险的双重影响。从风险结构来看，除了受客观风险因素影响外，由于农业是照料性产业，农作物与动物的生长状况和最终产出结果与被保险人生产管理的精心程度关系很大，这就使得其农业保险业务中存在较大的逆选择和道德风险。从风险的相关性来看，由于农业灾害的覆盖面广、影响面大，农业风险常常表现为高度的时间与空间的相关性。一旦灾害发生，同一风险单位下的保险标的同时受损，使农业风险难以在空间上有效分散，保险赖以存在的风险分散机制难以发挥作用。

3. 业务活动的地域性和季节性

农业生产和农业灾害的地区差异性，决定了农业保险的地域性，即农业保险在标的类别、灾害种类及频率和强度、保险期限等各方面在不同的地区表现不同，因此，农业保险在开展业务时，需要因地制宜进行差异经营，根据当地的特点来确定险种类别、承保风险种类、保险期限、保险责任、保险费率等。此外，在农业保险的管理上，要重视风险区划与费率分区，建立科学的保险费率厘定和动态调整机制，实现基于地区风险的差异化定价，真实反映农业生产风险状况。

农业风险和农业生产也存在明显的季节性，这要求农业保险在进行展业、承保、理赔、防灾防损等经营活动时，既要遵循保险的经济规律，更要遵循农业生产的自然规律，严格把握农业生产的季节性变化特点来开展业务。例如，我国种植业保险中，开花品种（苹果、花椒、核桃）通常需要在 3 月底前完成承保；出苗品种（玉米、马铃薯、中药材、高原夏菜、烤烟）通常在 4 月底前完成承保。

4. 经营结果的周期性

农业自然灾害具有明显的周期性、群发性与灾害链现象，如我国粮食生产具有大致 4~5 年的准周期波动，大灾之年往往多种灾害相继发生。受此影响，农业保险经营结果也呈现出周期性的特点，表现为正常年份赔付率不高，而大灾年份出现严重超赔。因此，不能以单独某一年份的赔付率高低来判断农业保险经营成果，而应根据灾害周期的时间跨度来进行评价。

5. 经营方式的政策性

由于农业风险的相对集中性、风险损失的相对严重性、风险承担者的分散性、风险的明显区域性等特点，以及农业保险的“准公共品”特性，许多国家采用了政府与市场相结合的方法，通过设计合理的运行机制，对农业保险提供必要的政策扶持。作为世界贸易组织规则中的“绿箱”政策之一，农业保险在许多国家都获得了政府的保费补贴。政策性农业保险将财政手段与市场机制相对接，可以创新政府救灾方式，提高财政资金使用效益．分散农业风险，促进农民收入可持续增长。

二、农业保险的基本内容

（一）农业保险的险种结构

按照承保对象，农业保险分为种植业保险和养殖业保险两大类（见图 6-1）。其中，种植业保险是指以农作物及林木等为保险标的，对在生产或初加工过程中发生约定的灾害事故造成的经济损失承担赔偿责任的农业保险，包括农作物保险、林木保险等业务；养殖业保险是指以处于养殖过程中的各种动物为保险标的、以养殖过程中可能遭遇的风险为承保责任的农业保险，包括牲畜保险、家禽保险、水产养殖保险、特种养殖保险等业务。

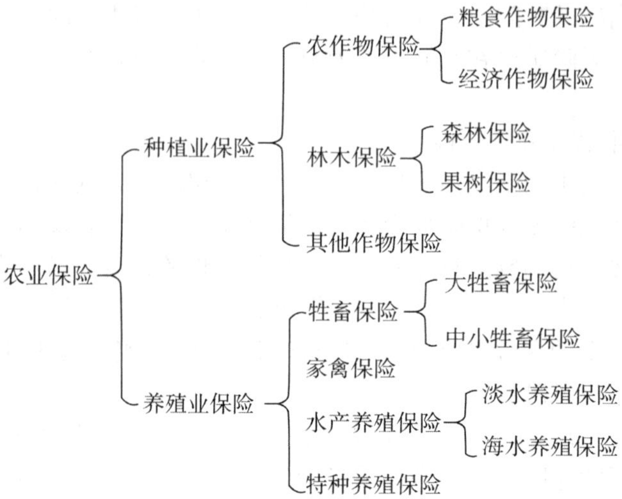

图 6-1 农业保险的险种结构

根据农作物保险所处的生长阶段，农作物保险又可分为生长期农作物保险和收获期农作物保险。生长期农作物保险是农作物保险的主体业务，为农作物在生长过程中因保险灾害事故造成收获量价值或生产费用(成本)的损失提供保障，如小麦种植保险、水稻种植保险等；收获期农作物保险是生长期农作物保险的后续保险，为农作物收获后在进行晾晒、轧打、脱粒和烘烤等初加工过程中，因遭受灾害而造成的农产品损失提供保障，如麦场夏粮火灾保险等。

(二)农业保险的保险责任

农业保险的保险责任在农作物保险、林木保险、畜禽保险和水产养殖保险中各不相同。

1. 农作物保险的保险责任

根据保险人承保风险责任的多寡，农作物保险有单一险、综合险和一切险之分。

单一险是保险人只承保一种风险责任的保险，如小麦雹灾保险，保险人只对冰雹造成的生长期小麦损失负责赔偿。又如水稻火灾保险，保险人只承担水稻在初加工过程中由于火灾造成的损失；综合险承担两种或两种以上列明风险引起的农作物损失，如某省举办的水稻保险，其承保的风险责任有冰雹、洪水、渍涝、暴风、龙卷风等；一切险承保除列明除外责任外，其他一切自然灾害、病虫害或意外事故造成的农作物损失。

2. 林木保险的保险责任

林业生产中的风险有自然风险，如天然火灾、洪灾、风灾、雪灾、冻害、雹灾等；有生物灾害，如野兽危害、病虫害等；有人为风险，如盗伐、哄抢、火灾等。林木保险的保险责任可以有多种选择，包括单一险和综合险。但目前，保险人只提供森林火灾保险，承担火灾造成的林木损失。

3. 畜禽保险的保险责任

牲畜和家禽在养殖过程中面临的风险主要有四类：一是自然灾害。如洪水、地震、地陷、崖崩、台风、龙卷风、冰雹、冻灾、雷击等；二是意外事故。如火灾、爆炸、碰撞、触电、建筑物或其他物体倒塌等；三是生物灾害，如疾病、难产、阉割感染、互斗、野兽伤害等；四是社会风险。如为防止畜禽疫病传染，当地政府命令扑杀并掩埋或焚烧等。实务中，畜禽保险可以单独承保其中某一种风险责任，也可以承保以上风险的一部分或全部所致的畜禽损失。

4. 水产养殖保险的保险责任

水产养殖保险的保险责任一般包括死亡责任和流失责任两大类。水生养殖的动植物自身疾病引起的死亡、缺氧死亡及他人投毒、养殖池干涸、污染、冰冻等引起的死亡，均构成死亡责任；台风、龙卷风、暴风雨、洪水、地震、海啸等风险造成堤坝溃决或海潮漫坝、泛溏引起的养殖动植物流失损失，则可构成流失责任。实务中。保险人既可同时承保死亡责任和流失责任，也可以将死亡责任作为基本责任，流失责任作为附加责任，还可将二者分别单独承保。

(三)农业保险的保险金额

鉴于农业保险的特殊性，在经营实践中，主要采用以下方式确定保险金额：

1. 保成本

保成本是指以农业生产投入作为确定保障水平的基础，以保成本方式承保的农业保险也被称为农业成本保险。农业生产投入，既包括农作物和家畜家禽的直接物化成本，如农作物的种子、化肥、机械、农药、灌溉、地膜，以及饲养牲畜、家禽的仔畜、饲料、疫苗成本等；还包括劳动投入和租地成本等其他成本。由于获得准确的农产品投入并不容易，因此保险人一般按照全国各地同类保险标的投入的平均成本作为确定保险金额的依据，该保险金额即保险人承担赔偿责任的最高限额。生长期农作物保险、林木保险和水产养殖保险等适用此种方式来确定保险金额。

根据保险金额覆盖成本的多少，农业成本保险又分为物化成本保险和完全成本保险。物化成本保险，只对自然灾害和意外事故等所导致的农产品物化成本提供保障。完全成本保险则覆盖农业生产全部成本，包括直接物化成本、土地成本和人工成本等，其保障水平高、受益人群广。传统农业保险多为物化成本保险，2018 年以来，我国在内蒙古、辽宁、山东等 6 个省份、24 个粮食主产县，针对稻谷、小麦、玉米三大粮食作物开展为期 3 年的完全成本保险；2021 年，财政部会同有关方面，在 13 个粮食主产省份扩大三大粮食作物完全成本保险和种植收入保险实施范围；2024 年，按照中央一号文件部署，要继续扩大完全成本保险和种植收入保险政策实施范围，实现三大主粮全国覆盖、大豆有序扩面。

2. 保产量(保产值)

保产量是指以农业生产的产出为依据，再根据事先选定的价格作为确定保障水平的基础，故也可称为保产值，以保产量(产值)方式承保的农业保险也被称为农业产量保险(或产值保险)。实务中，保险人通常按照约定的各地同一风险区、同类标的在之前一定时期(常为 3~5 年)的产出平均水平的一定成数(通常为 4~6 成，最高不超过 8 成)来确定保险产量，以国家收购价作为选定价格，两者的乘积即为确定保险金额的依据，当农产品实际产出低于约定产量时，由保险人赔付其差额。

生长期农作物保险、林木保险和水产养殖保险等适用这种确定保险金额的方式。生长期农作物一般按单位面积平均收成量为基础来确定保险金额；林木保险的保险金额可以按照单位面积林木蓄积量确定；水产养殖保险的保险金额可以按照单位水面上的水产品产量来确定。

3. 保收入

保收入是指根据期货市场价格和农产品的平均产量或预期出栏量等作为确定保障水平的基础，以保收入方式承保的农业保险也被称为农业收入保险，各类农业保险均可选择这种确定保险金额的方式。

在实际农业生产过程中，自然灾害和意外事故会导致农产品产量减少、市场风险带来的价格波动会导致农户实际收入低于正常水平，收入保险以农产品收入为依据来确定保险金额，既能为农户提供自然风险损失保障，也能有效缓释市场价格风险对农户造成的冲击。

4. 估价或协商确定

即由保险人和投保人双方协商确定保险标的的保险金额。大牲畜保险的保险金额，可以按照牲畜的品种、年龄、用途、健康状况、饲养管理状况等估价后协商确定。果树保险的保险金额，可以根据果树年龄、果树品质、水果产量、果园管理等状况协商确定。中小家畜和家禽保险还可以根据品种、用途、年龄、经济价值和不同生产阶段、季节的价格差别等情况实行变动保险金额。

(四)农业保险的保险期限

1. 种植业保险的保险期限

种植业保险的保险期限和种植业生产的特点密切相关。

生长期农作物保险一般从作物出土定苗后起保，到成熟收割时止。如小麦保险可以从麦苗出齐苗后开始，水稻保险可以从插秧结束起保，到小麦、水稻成熟收割为止；对于分期收获的农作物，如棉花、烟草等，保险期限应到收完最后一批棉花和烟叶为止。

收获期农作物保险，一般从农作物收割进入场院或烘房后起保，到完成脱粒、晾晒等初加工离场入库前，或完成烘制离开烘房为止。有的收获期保险将保险期限提前到收割(采摘)进入场院前10天，包括了收割、运输途中的时间，并向后推迟到交售入库为止，从而扩大了保险责任，提高了保障程度。

林木属多年生植物，生长期较长。林木保险的保险期限因此可长可短，但起保一般是在林木栽植成活后。目前我国多实行1年期保险，少数也可签订3年、5年乃至更长时间的合同。

2. 养殖业保险的保险期限

由于养殖对象种类繁多，其生活习性、生长规律等各具特点，因此，养殖业保险的保险期限一般应参考动物生命周期和养殖的生产周期来确定，保险责任期限长短因标的而异，即使为同一标的，还可能因为地域、气候差异而不同。

对于生命周期和养殖周期长的养殖品种，其保险期限可按年度确定。如奶牛保险等大牲畜保险，其保险期限一般为 1 年，从约定起保日的零时开始，到约定期满的 24 时止，期满可以续保；对于生命周期或养殖周期短的养殖品种，其保险期限可按养殖周期或风险特点来确定。如中央财政育肥猪保险条款规定，其保险期限自保险合同载明的起保日开始，到育肥猪出栏为止，最长不超过 5 个月。

【案例 6-6】

某年 4 月，农民李某，承包了村里的 1 座温室蔬菜大棚，承包期为 2 年，签订了承包合同后，李某到保险公司购买了“农业温室蔬菜大棚保险”。同年 6 月 17 日傍晚，因大风下雨，李某的 2 座蔬菜大棚全部倒塌，导致大棚内的蔬菜遭受了近 2 万元的损失。倒塌后的第二天，李某向保险公司报了案，保险公司理赔人员经过对现场实地勘查后告知李某说，是否确定为保险责任范围还请等候通知。但三天后，保险公司却向李某出具了拒赔通知书，拒赔理由是，根据当地气象部门提供的事故发生当天暴雨大风实情报告，并未达到保险责任规定的暴雨及 8 级及以上大风的级别，李某的蔬菜大棚损失是由于其蔬菜大棚的承载结构不标准造成的，从而不属于保险责任事故。李某不服保险公司的拒赔决定，便向当地法院提起了诉讼。

（资料来源：许飞琼．财产保险与案例分析［M］．北京：中国财政经济出版社，2022：340-341.）

问题：

1. 此案例中提及的“农业温室蔬菜大棚保险”属于农业保险的什么业务？

2. 你认为该案应当如何处理？为什么？

（五）农业保险的风险控制

农业保险的复杂性，决定了保险人在农业保险经营中加强风险控制的必要性。

1. 种植业保险的风险控制

根据各国实践，保险人控制种植业保险经营风险的技术措施主要有：

（1）审慎选择风险责任

保险人应根据投保标的的风险状况及公司的承保能力与风险控制能力，确定种植业保险的承保责任，一般可采用单一风险保单，也可采用综合风险保单，一切险保单只有在条件成熟的情况下才宜采用。通过适度控制承保责任范围，来控制经营风险。

（2）合理确定保障水平

种植业保险所面临的巨大风险及其生产特性，以及面广量大、不易管理的特点，决定了保险人在承保时应采取共保方式，由保险人和被保险人共同承担保险金额范围内的风险损失，以促使被保险人加强管理、精心作业，防止道德风险。如产量保险中，保险人只保障产量的 60%～80%，对于多年没有索赔记录、信誉良好的农户，保障水平也不应超过 90%。

（3）加强防灾防损

种植业生产中面临的有些风险是难以预防的，但有些风险确实可以通过采取一些预防措施来减少风险发生频率或降低风险损失。如使用防雹高炮轰击冰雹云可以减少冰雹发生，通过种子的药物处理和及时喷洒药物防止病虫害等。保险人应与当地农技、气象、植保、水利等部门密切配合，经常进行广泛的防灾防损宣传，相互交流信息，了解气象变化状况，研究灾害发生规律，在灾前帮助农户采取防灾措施，在灾中和灾后鼓励督促被保险人积极施救，避免灾害蔓延。保险人还可配合采用无赔款保费优待，更好地促使被保险人加强田间管理，做好防灾防损工作。

2. 养殖业保险的风险控制

除了可以选择种植业保险中的风险控制手段如共同保险、无赔款保费优待之外，养殖业保险还有一些独特的方法。

(1)实行承保观察期

养殖业保险一般承保死亡和疾病责任，但疾病从感染到症状明显有一个过程，也就是潜伏期。不同的疾病因病菌、病毒的侵入途径不同，畜禽和水生动植物机体抵御能力存在差异，潜伏期长短也不同。如危害较大的猪瘟的潜伏期平均 5~6 天，最长 21 天；各种牲畜都可感染的布氏杆菌病的潜伏期平均 14 天，最长二个月。为防止投保人将带病的养殖对象投保，特别是对新购进的养殖标的，应尽量隔离观察，避免疾病传染造成更大损失。

养殖业保险中凡将疾病或死亡作为保险责任的，都应规定一个承保观察期，观察期一般为 10~20 天，在观察期内，保险标的因疾病死亡，保险人不负赔偿责任，退还保险费。观察期满，保险标的正常，保险责任从观察期满的次日开始。

(2)实行差别费率和绝对免赔

养殖业保险标的的疾病发生率和死亡率与标的的种类、用途、年龄有关，还与饲养管理状况密切相关。因此，保险人在根据平均死亡率制定费率时，还应根据标的的种类、用途、年龄和饲养管理状况实行差别费率，并且在理赔时还要配合实行绝对免赔，以提升被保险人责任心，以更好地控制风险。

◎ 本章小结

1. 财产保险是以财产及其有关利益为保险标的的保险。与人身保险相比，财产保险在保险标的、保险利益、保险金额的确定、保险期限及保险合同上都具有特殊性。财产保险有广义和狭义之分，狭义财产保险也称财产损失保险，其保险标的是有形物质财产及其相关利益，包括火灾保险、运输工具保险、货物运输保险、工程保险、农业保险等业务。
2. 火灾保险是以存放在固定场所并处于相对静止状态的财产为保险标的的一种保险。其特点是承保的财产地址不能随意变动，可承保的财产类型繁杂多样，保险单标准化等。火灾保险可划分为企业财产保险和家庭财产保险两类，企业财产保险服务于各类企业、团体及机关单位，基本险责任包括火灾、爆炸、雷电和意外事故，综合险除基本险责任外，可承保自然灾害等。家庭财产保险服务于城乡居民家庭和个人，目前开办的家庭财产保险包括普通型家庭财产保险、储蓄型家庭财产保险和投资理财型家庭财产保险。

3. 运输工具保险是以各种以机器为动力的运输工具为保险标的的保险。它具有承保风险的多样性、致损原因的复杂性和保险保障的综合性等特点。运输工具保险的主要种类包括机动车辆保险、船舶保险和飞机保险等。机动车辆保险是以机动车本身及机动车辆的第三者责任为保险标的的保险，是运输工具保险以及财产损失保险中业务量最大的一种保险。机动车辆保险的主险包括车辆损失险、第三者责任保险、车上人员责任险和交通事故责任强制保险等，其中，机动车交通事故责任强制保险是我国首个由国家法律规定实行的强制保险。
4. 货物运输保险是以各种处于运输过程中的货物为保险标的的保险。它具有保险标的的流动性、承保风险的广泛性、被保险人的多变性、保险期限的空间性和保险承保的定值保险等特点。按适用范围，货物运输保险有海上运输货物保险和国内货物运输保险之分。海上货物运输保险包括基本险和附加险，基本险有平安险、水渍险和一切险，附加险有一般附加险、特殊附加险和特别附加险，保险期限按仓至仓条款办理。国内货物运输保险按运输工具划分，有国内水路、陆路货物运输保险和国内航空运输货物保险，前者又分为基本险和综合险两种。
5. 工程保险是针对工程项目在建设过程中可能出现的因自然灾害和意外事故而造成的物质损失和依法应对第三者的人身伤害和财产损失承担的经济赔偿责任提供保障的一种综合性保险。工程保险具有承保风险的复杂性、保险保障的综合性、被保险人的广泛性、保险期限的不确定性和标的价值的变动性等特点。工程保险的主要业务包括建筑工程保险、安装工程保险和科技工程保险。建筑工程保险适用于各类民用、工业用和公共事业用的建筑工程项目；安装工程保险适用于各种安装工程，如成套设备、生产线、钢结构工程、大型机械装置、管道安装等；科技工程保险以各种重大科技工程或科技产业为保险标的，与现代科技的研究和应用有密切的关系。
6. 农业保险是专为农业生产者在从事种植业、林业、畜牧业和渔业生产中，因保险标的遭受约定的自然灾害、意外事故、疫病、疾病等保险事故所造成的财产损失提供保障的保险。农业保险具有保险标的的生命性、承保风险的复杂性、业务活动的地域性和季节性、经营结果的周期性和经营方式的政策性等特点。按承保对象划分，农业保险包括种植业保险和养殖业保险两大类，种植业保险按作物不同又可分为粮食作物保险、经济作物保险、林木保险和其他作物保险等。农业保险的保险责任因保险标的所面临的风险不同必须分别设置，其保险金额一般可按保成本、保产量、保收入及估价投保等方式确定。

◎ 课后练习

1. 简述广义财产保险和财产损失保险的关系。
2. 企业财产保险中哪些财产需要特约承保？原因是什么？
3. 家庭财产保险与企业财产保险具有哪些相同和差异？
4. 为什么运输工具保险要提供财产保障和责任保障？
5. 比较交强险与商业三者险的异同。
6. 简述交强险中“强制性”的体现和原因？

7. 简述货物运输保险的特点。
8. 工程建设的利益方有哪些？一般由谁来投保工程保险？
9. 简述建筑工程保险和安装工程保险的区别。
10. 科技工程保险有哪些特点？
11. 农业保险的保险期限、保险金额如何确定？
12. 如何控制种植业、养殖业保险经营中的风险？

◎ 实践探索

1. 浏览一家财产保险公司的网页，观察其近年来开发的新产品、提供的新服务，并分析其开发的背景、原因及可能的趋势。
2. 在“双碳”目标下，近年来我国汽车制造业一直在向环保化和智能化方向发展。请思考汽车制造业的变化会给机动车辆保险的发展带来哪些机遇和挑战？以及车险行业应如何应对？
3. 2024 年《政府工作报告》强调，“在全国实施三大主粮生产成本和收入保险政策，健全种粮农民收益保障机制”。什么是生产成本保险和收入保险？如何发挥农业保险在助力乡村全面振兴及建设农业强国中的作用？
4. 2023 年中央一号文件提出“发挥多层次资本市场支农作用，优化‘保险+期货’”。这是“保险+期货”连续第八年被写入中央一号文件。什么是“保险+期货”？除了“保险+期货”，还有哪些应用于乡村振兴的金融创新产品？

◎ 课后荐读

1. 陈娟．工程保险典型案例实务解析[M]．北京：法律出版社，2022.
2. 唐金成，肖思文．新能源车险发展困境与创新策略[J]．中国保险，2024（5）：29-33.
3. 庹国柱，冯文丽．对“政策性农业保险”的再考察[J]．保险研究，2024（5）：3-11.
4. 徐媛媛，李剑，王林洁“保险+期货”服务地方优势特色农产品价格风险管理——运行机制，突出问题与政策融合空间[J]．农业经济问题，2022，43(1)：114-127.
5. 中国政府网．关于印发《关于加快农业保险高质量发展的指导意见》的通知[EB/OL]．[2019-10-12]．https：//www.gov.cn/xinwen/2019-10/12/content_5438771.htm.
6. 中国政府网．中国银保监会办公厅关于财产保险业积极开展风险减量服务的意见[EB/OL]．[2023-01-31]．https：//www.gov.cn/zhengce/zhengceku/2023-01/31/content_5739343.htm.

第七章　责任保险

◎ 学习目标

了解责任保险的概念、分类，掌握责任保险的特征，理解责任保险的基本内容，掌握公众责任保险、产品责任保险、雇主责任保险、职业责任保险的基本概念及其具体内容。

◎ 引言

党的十九届四中全会首次突出强调“社会治理是国家治理的重要方面”。党的二十大报告指出，“完善社会治理体系，健全共建共治共享的社会治理制度，提升社会治理效能”。社会治理具有公共性、多元性和共同性特征。责任保险作为市场化的风险管理机制，不仅直接保护被保险人的利益，还间接维护了受害人的权益，对化解矛盾纠纷、减少社会摩擦、保障和改善民生、促进社会和谐发展具有积极作用。它通过风险减量管理，能有效减轻政府的社会管理负担，为社会治理方式的创新提供有力支持，是推动社会治理现代化的重要工具。

责任保险的种类繁多，包括但不限于公众责任保险、产品责任保险、雇主责任保险、职业责任保险等，每一种都具有独特的保障功能和应用场景。本章将介绍责任保险的概念、分类及特征、系统介绍不同类型的责任保险产品的含义、内容以及在现代社会中的具体应用。

第一节　责任保险概述

一、责任保险的概念与分类

(一) 责任保险的概念

我国《保险法》第六十五条第四款规定，责任保险是指以被保险人对第三者依法应负的赔偿责任为保险标的的保险。责任保险的目的是补偿被保险人在法律上对第三者的损害赔偿责任，其包括三个要件：一是必须是被保险人对第三者依法负有赔偿责任；二是受害的第三者必须向被保险人提出了赔偿要求；三是赔偿责任必须在保险人承保的责任范围之内。

责任保险起源于19世纪早期的欧美国家，20世纪70年代以后，随着商品经济的发展和民事法律制度的不断健全，人们的索赔意识大大增强，各种民事赔偿责任事故层出不穷，使责任保险在工业化国家进入发展的黄金期，无论在业务类型、业务规模还是影响力上都有重大的突破。在我国，责任保险起步较晚，20 世纪 50 年代，中国人民保险公司曾经开办过汽车、飞机附加第三者责任保险和船舶碰撞责任保险等业务。20 世纪 70 年代，为适应对外开放和发展对外贸易的需要，中国人民保险公司国外业务部开始开办产品责任保险等业务。20 世纪 90 年代，责任保险日益受到社会各界的关注。近年来，政府将责任保险与食品安全、教育实习、产品质量、医疗卫生、安全生产、养老服务、环境保护等领域结合，支持保险公司开发各领域责任保险产品，并鼓励相关企业和个人购买责任保险，体现我国政府对责任保险的支持与肯定。2023 年，我国责任保险保费收入为 1268 亿元，增速为 10.45%，占财产保险保费收入的比重达 9.32%，责任保险已成为财产保险体系中最为活跃和最有潜力的业务之一。

(二)责任保险的分类

依据不同的分类标准，可将责任保险分为不同的种类。

根据实施方式的不同，责任保险可以分为强制责任保险和自愿责任保险。前者是国家或政府通过法律法规强制在投保人和保险人之间建立保险关系的责任保险，如油污染责任强制保险、承运人责任强制保险等；后者是投保人和保险人在平等互利、等价有偿的原则基础上，通过协商一致，双方完全自愿订立保险合同、建立保险关系的责任保险。

根据被保险人类型的不同，责任保险可以分为企事业单位责任保险和个人责任保险。前者服务于企事业单位，承保其在经营活动过程中的各类责任风险；后者服务于自然人，承保其在日常生活及各类活动过程中的各类责任风险。

根据承保方式的不同，责任保险可以分为独立责任保险、附加责任保险以及组合责任保险。独立责任保险是采取独立承保方式的保险，如公众责任保险、产品责任保险等。独立责任保险是责任保险最主要的业务来源。附加责任保险是以财产损失保险的组成部分或附加形式承保的责任保险。前者如机动车辆第三者责任保险、交强险等，虽是可独立承保的业务，但与机动车辆存在难以分割的联系，故一般作为机动车辆保险的组成部分存在。后者如建筑工程保险附加第三者责任保险等，一般附加在建筑工程保险基础上投保。组合责任保险是组合在财产损失保险中承保的责任保险，即参加了财产损失保险以后相应的责任风险就得到了保障，无须另行签订单独的责任保险合同，也无须签发附加或者特约条款。如船舶的碰撞责任保险就是与船舶保险进行组合承保的。在我国，当进行责任保险保费的统计时，通常特指独立责任保险这一业务领域，故本章主要介绍独立责任保险。

根据业务内容的不同，责任保险可以分为公众责任保险、产品责任保险、雇主责任保险和职业责任保险，其中每一类业务又由若干具体的险种构成。这种分类是责任保险最为常见的分类方法，也是责任保险业务经营的基本依据。

二、责任保险的特征

作为一种独特的保险业务类别，责任保险具有不同于一般财产保险的特征。

（一）责任保险产生与发展基础的特征

民事法律制度的健全与完善是责任保险产生和发展最为直接的基础。在一个法律制度不健全的社会中，当企业或个人造成他人人身伤害或财产损失时，往往无需承担相应的赔偿责任。在这种情况下，由于缺乏责任风险，企业或个人也就没有购买责任保险的动机。然而，在法律制度日益完善的现代社会，企业或个人的行为受到法律的严格规范。一旦其行为导致他人遭受损失，他们必须依法承担经济赔偿责任。在这种背景下，人们开始寻求通过保险来分散和转移这种风险，从而认识并逐渐接受责任保险的必要性和重要性。实际上，全球责任保险最为发达的国家和地区，也正是那些民事法律制度最为完善的国家和地区。我国于 1986 年颁布《中华人民共和国民法通则》，之后又颁布实施了一系列的民事法律制度，并于 2021 年 1 月 1 日实施《中华人民共和国民法典》，这些均为责任保险的发展奠定了制度基础。

（二）责任保险保险标的的特征

责任保险的保险标的是不具实体形态的各种民事法律赔偿责任，保险人承担的责任只能通过设定赔偿限额的方式进行限定。每一位投保责任保险的个体所面临的经济赔偿责任是不确定的，少则数百元、数千元，多则数百万元、数千万元甚至数十亿元，这在事先是无法预料的。保险人对所保的责任风险导致的经济赔偿责任的大小，通常无法采用保险金额来确定，但如果在责任保险中没有赔偿限额的限制，保险人自身就会面临巨大的经营风险。因此，保险人在承保责任保险时，通常会与投保人事先约定不同等级的赔偿限额来作为承担赔偿责任的最高限额，对于超过最高限额的部分，由被保险人自己承担。这样，既保护了保险人免受不可预见的巨额赔偿风险，也确保了被保险人能够在可控的范围内获得必要的保障。

（三）责任保险补偿对象的特征

责任保险具有直接和间接双重补偿对象。责任保险的直接补偿对象是责任保险合同中的被保险人，间接补偿对象是因被保险人的行为而遭受利益损失的受害人（第三者）。一方面，保险人补偿的前提是被保险人之外的第三者遭受损害，且依法应由被保险人承担经济赔偿责任；另一方面，保险人的补偿不仅控制在责任保险合同约定的赔偿限额内，还应控制在第三者的损失或被保险人受到索赔的金额内，且被保险人必须向第三者进行赔偿。因此，责任保险是由保险人直接保障被保险人利益、间接保障受害人利益的一种双重保障机制。故在包括我国在内的一些国家的保险法中规定①，责任保险可以向被保险人支付赔

① 我国《保险法》第六十五条规定："保险人对责任保险的被保险人给第三者造成的损害，可以依照法律的规定或者合同的约定，直接向该第三者赔偿保险金。责任保险的被保险人给第三者造成损害，被保险人对第三者应负的赔偿责任确定的，根据被保险人的请求，保险人应当直接向该第三者赔偿保险金。被保险人怠于请求的，第三者有权就其应获赔偿部分直接向保险人请求赔偿保险金。责任保险的被保险人给第三者造成损害，被保险人未向该第三者赔偿的，保险人不得向被保险人赔偿保险金。"

偿金，也可以在被保险人对第三者的赔偿责任确定时，根据被保险人的请求，直接向第三者赔偿保险金。

(四)责任保险赔偿处理中的特征

责任保险的赔偿处理遵循特定的决策流程。首先，责任保险赔偿案件的成立基于被保险人对第三方造成损害后依法负有的经济赔偿责任，从而该赔偿通常会涉及保险合同之外的第三方；其次，被保险人承担的赔偿金额的确定需依据法院判决或仲裁裁决，这要求保险人不仅要熟悉相关法律法规，还要能够灵活运用法律体系来评估、处理和解决责任保险中的赔偿问题；最后，由于保险人在责任保险中代为承担民事赔偿责任，被保险人对事故的处理态度对保险人的利益至关重要，因此保险人有权参与事故处理。

三、责任保险的主要内容

(一)适用范围

作为一类自成体系的保险业务，责任保险的适用范围十分广泛，它适用于一切可能造成他人财产损失与人身伤亡的单位、家庭或个人。具体而言，包括：各种公众活动场所的所有者、经营者；各种产品的生产者、销售者、维修者；各种运输工具的所有者、经营管理者或驾驶员；各种需要雇佣员工的单位；各种提供职业技术服务的单位；城乡居民家庭或个人。可见，责任保险的适用范围几乎覆盖了所有的团体组织及社会成员。

(二)责任范围

1. 保险责任

责任保险的保险责任主要包括两项：

(1)被保险人依法对造成他人财产损失或者人身伤亡应承担的经济赔偿责任。此为基本责任，它以受害人的损害程度及索赔金额为依据，以保险单上的赔偿限额为最高赔付额，由责任保险人予以赔偿。

(2)因赔偿纠纷所引起的由被保险人支付的诉讼、律师费用及其他事先经过保险人同意支付的费用。

保险人承担上述责任的前提条件是，责任事故的发生应符合保险条款的规定，包括事故原因、发生地点、损害范围等。

2. 除外责任

责任保险主要的除外责任包括：

(1)被保险人及其代表的故意或重大过失行为；

(2)战争、敌对行为、恐怖行为、军事行为、武装冲突、罢工、骚乱、暴动等；

(3)核反应、核子辐射和放射性污染(核责任保险除外)；

(4)被保险人家属、雇员的人身伤害或财产损失(雇主责任保险除外)；

(5)被保险人所有、占有、使用或租赁的财产，或有被保险人照顾、看管或控制的财产损失；

(6)被保险人的合同责任(特别约定除外)。

上述除外责任中，有些经特别约定也可以加保。此外，也可应投保人的需要及实际情况增加除外责任。

(三)承保基础

与财产损失保险不同，责任保险从事故发生到受害方提出索赔通常可能间隔一个相当长的时间，特别是产品责任及职业责任事故发生后，损失后果可能要经过数年甚至数十年才能被发现。因此，为了明确保险期限的规定性，减少保险双方的争议，在责任保险中保险人一般选择采用“期内发生式”或“期内索赔式”作为承保基础。

1. 期内发生式

期内发生式是以事故发生为承保基础，即保险人仅对在保险有效期内发生的保险事故所引起的索赔负责，而不论损害后果是否在保险期限内被发现以及受害方是否在保险期限内提出索赔。

期内发生式的优点在于，保险人支付的赔款与其在保险期限内实际承担的风险责任相匹配，但这种方式也存在缺点，由于索赔处理通常在损失发生后延后进行，许多索赔会在保单期满后才提出，导致所谓的“长尾巴”责任问题，这使得保险人在会计年度末难以准确预测最终的索赔总额。此外，通货膨胀的影响可能进一步增加最终的索赔成本，使其超出事故发生时的预期水平，从而影响保险人的经营稳定性。为了应对这一问题，在期内发生式保单中，保险人通常会引入“日落条款”，该条款规定了索赔的最后期限，以确保索赔处理的及时性，减少长期责任风险。如一张期内发生式保单的保险期限为 2021 年 1 月 1 日至 2021 年 12 月 31 日，保单规定索赔时间最晚为 2024 年 12 月 31 日。则该保单对被保险人在 2021 年 1 月 1 日至 2021 年 12 月 31 日之间发生的责任事故，只要在 2024 年 12 月 31 日前提出的索赔，保险人都要承担责任。

2. 期内索赔式

期内索赔式是以索赔为承保基础，即保险人仅对在保险期限内受害人向被保险人提出的第一次有效索赔负责赔偿，而不管导致该索赔的责任事故是否发生在保险有效期内。

期内索赔式的优点在于保单期满时保险人可以了解全部的索赔情况，并较为准确地对自己承担的风险责任或可能支付的赔款数额做出合理的估计，免除长尾责任给责任保险人的经营带来的困扰。但其问题在于事故发生期前置，使保险人可能承担发生于很久以前的责任事故导致的后果，这极易引发道德危险。对此，在经营实践中，保险人通常在保险期限外会引入“追溯期”，明确保单中承担责任的前溯期间，以防止保险责任的无限扩大。如一张期内索赔式保单，保单期限为 2024 年 1 月 1 日至 2024 年 12 月 31 日，追溯日期为 2021 年 1 月 1 日。则保险人仅对在 2021 年 1 月 1 日以后发生并在 2024 年内提出索赔的责任事故承担赔偿责任。

(四)赔偿限额与免赔额

赔偿限额是责任保险中保险人承担赔偿责任的最高限额，超过赔偿限额的索赔，由被保险人自行负责。

赔偿限额的确定，一般由保险人与被保险人协商订入保险合同中，也可由保险人事先在保险单上列明，被保险人认可即可。赔偿限额有两种类型：一是事故赔偿限额，是指每次责任事故或同一原因引起的一系列责任事故的赔偿限额，又可分为财产损失赔偿限额和人身伤亡赔偿限额两项；二是累计赔偿限额，是指保险期内累计的赔偿限额，也可分为累计的财产损失赔偿限额和累计的人身伤害赔偿限额。经营实践中，以上分类、分项赔偿限额可选择使用，从国际责任保险的发展趋势看，越来越多的责任保险承保人对人身伤亡不再规定分项限额，或者仅规定一个综合性的赔偿限额。

此外，责任保险单上一般还有绝对免赔额的规定，以促使被保险人小心谨慎、防止发生事故和减少小额、零星赔付。

第二节　公众责任保险

一、公众责任保险的概念

公众责任保险，又称普通责任保险或综合责任保险，主要承保被保险人在公共场所进行生产、经营或其他活动时，因发生意外事故而造成社会公众的人身伤亡或财产损失，依法应由被保险人承担的经济赔偿责任。

公众责任保险产生于 19 世纪 80 年代，最先开办的业务有承包人责任保险、升降梯责任保险等，此后，其险种不断增多。尤其是自 20 世纪 70 年代后，由于意外事故造成公众损害日趋严重以及公众维护自身权益的意识不断增强，公众责任保险已经成为责任保险中适用范围最广泛的类别，是机关、企业、团体、家庭、个人及各种游乐、公众活动场所的必需保障。

二、公众责任保险的主要内容

(一)公众责任保险的责任范围

公众责任保险的保险责任主要包括以下两项：一是在保险有效期限内，被保险人在保险单列明的地点范围内依法从事生产、经营等活动时，由于意外事故造成第三者的人身伤亡或财产损失，依法应由被保险人承担的民事赔偿责任，保险人在保单规定的赔偿限额内负责赔偿。二是相关法律诉讼费用，该项费用的支出事先务必要征得保险人的同意，且只有在发生保险人负责的意外事故的情况下才能获得补偿。

公众责任保险的除外责任包括四类：一是绝对除外责任，如战争、类似战争行为、敌对行为、武装冲突、恐怖活动、谋反、政变；罢工、暴动民众骚乱或恶意行为；由于核裂变、核聚变、核武器、核材料、核辐射及放射性污染；被保险人或其代表的故意行为或重大过失等。二是被保险人自身的损失和费用除外，如被保险人或其代表、雇佣人员所有的或由其保管或控制的财产的损失等。三是应投保其他责任保险的除外，如由于震动、移动或减弱支撑引起的任何土地、财产、建筑物的损坏责任以及对正在为被保险人服务的任何人所遭受的人身伤害的责任等。四是其他除外，即公众责任保险单上列明的其他除外责任等。对于有些除外责任，经过保险双方的约定，可以作为特别条款予以承保。

(二)公众责任保险的保险期限和承保基础

公众责任保险的保险期限一般为1年期，但对某些特殊业务也可提供短期甚至超短期保障。如展览会责任保险，由于其展期通常只有数天或数周，故会采取短期方式来确定保险期限。

公众责任保险多以期内发生式为承保基础，即只要责任事故发生在保单有效期内，即使财产损失或人身伤害是在保单终止日期之后发现的，保险人仍需承担赔偿责任。这是由于公众责任险承担的责任事故从发生到其后果被人发现，一般时间都比较短，不至于产生太长的“尾巴”。

(三)公众责任保险的赔偿处理

赔偿限额由保险双方根据被保险人可能发生的赔偿责任风险的大小协商确定。其确定方法有两种：一是规定每次事故的赔偿限额，无分项、无累计赔偿限额；二是规定保险期内累计赔偿限额及每次事故赔偿限额，在每次事故赔偿限额下，应分别规定每次事故人身伤亡的赔偿限额、每次事故财产损失赔偿限额，并在每次事故人身伤亡的赔偿限额下进一步规定每人人身伤亡赔偿限额。

公众责任保险一般只对财产损失规定每次事故的免赔额或免赔率，对人身伤亡一般没有免赔额的规定。

【案例7-1】

孙某于2018年在某健身公司办理了健身卡，并成为该健身公司的会员。2019年12月24日，孙某进入健身公司健身完后进入更衣室，后被人发现晕倒在浴室，工作人员及时进入浴室施救并马上拨打“120”，“120”救护人员在8分钟内抵达后并马上急救，但孙某仍于当日因抢救无效死亡。当地人民医院出具的居民死亡医学证明(推断)书，载明死亡原因为心肌梗死。

某健身公司于2019年12月11日在某保险公司投保了1年期的公众责任保险，每次事故人身伤亡赔偿限额为200万元。公众责任保险第三条载明：在保险期间内，被保险人在保险单载明的区域范围内因经营业务发生意外事故，造成第三者的人身伤亡或财产损失，依照中华人民共和国法律(不包括港澳台地区法律)应由被保险人承担的赔偿责任，保险人按照本保险合同约定负责赔偿。

(资料来源：中国保险行业协会.2022年度保险诉讼典型案例报告[M].北京：中国金融出版社，2023：403-411.)

问题：

1. 你认为该案应当如何处理？请给出原因。

2. 孙某若想获取保障，可以购买什么保险？

三、公众责任保险的主要种类

公众责任保险适用的范围非常广泛，其业务复杂、险种众多。其中最主要的险种有以下几类。

(一)场所责任保险

这是公众责任保险中业务量最大的一个险种，是公众责任保险的主要业务来源。

场所责任保险是指承保固定场所(包括房屋、建筑物及其设备、装置等)因存在结构上的缺陷或管理不善，或被保险人在被保险场所内进行生产经营活动时因疏忽发生意外事故，造成他人人身伤亡或财产损失的经济赔偿责任。

场所责任保险广泛运用于商店、办公楼、幼儿园、小学校、旅馆、展览馆、影剧院、公园、动物园、游乐场、溜冰场、养老院等各种公共场所。根据场所的不同，它又可以进一步分为旅馆责任保险、电梯责任保险、车库责任保险、展览会责任保险、娱乐场所责任保险(如公园、动物园、影剧院、溜冰场、游乐场、青少年宫、俱乐部等)、养老机构责任保险、食品安全责任保险、学生实习责任保险、商店责任保险、办公楼责任保险、校方责任保险、工厂责任保险、机场责任保险等若干具体险种。场所责任保险的承保方式通常可在普通公众责任保险单的基础上，加列场所责任保险条款独立承保，也可以设计专门的场所责任保险合同予以承保。

(二)环境污染责任保险

环境污染责任保险，简称环责险，是企业事业单位或其他生产经营者污染环境导致损害应当承担的赔偿责任为保险标的的保险，是绿色保险体系中重要的组成部分。第二次工业革命之后，随着化石燃料的大规模使用，环境问题日益突出，各国都对环境污染行为进行了严格约定，给予严厉的处罚。因此，企业迫切需要将污染责任风险进行转嫁，环境污染责任保险也因此兴起。随着工业化和城市化的加速，我国环境风险进入了一个高发期。近年来，包括《民法典》《环境保护法》《水污染防治法》《固体废物污染环境防治法》《海洋环境保护法》等在内的环境保护和防治的主要法律框架逐步健全，环境污染责任保险作为运用市场机制构建生态环境风险防控体系的关键措施，也进入了快速发展期。

环境污染责任保险一般以期内索赔式为承保基础，其保障范围一般由三部分组成：一是被保险人在保险单中列明的承保地点内，依法从事生产经营活动过程中，由于在承保地点内突发的意外事故导致有毒有害物质的排放、泄漏、溢出、渗漏造成保险合同列明的承保区域内的第三者遭受人身伤亡或直接财产损失，并被县级以上环境保护行政主管部门认定为环境污染责任事故，依法应由被保险人承担的经济赔偿责任。二是清污费用，即被保险人因发生保险事故依法需对承保区域内的第三者场所进行清理而支出的合理的、必要的清污费用和施救费用。三是法律费用，即保险事故发生后，被保险人因保险事故而被提起仲裁或者诉讼的，应由被保险人支付的仲裁或诉讼费用以及其他必要的、合理的费用。但环境污染责任保险对累进式、渐变式环境污染责任事故造成的损失以及核反应、核辐射、核爆炸及其他放射性污染造成的损失不承担责任，此外，由于环境污染责任事故对自然资源和生态环境的损害责任难以量化，因此也不涵盖在保单的保障范围之内。

(三)网络安全责任保险

网络安全责任保险是以合法经营、拥有、管理、使用或提供网络服务的企业或机构因网络安全事件导致第三者损害应当承担的赔偿责任为保险标的的保险。在信息化、数字化和智能化快速发展的社会环境下，网络安全责任保险是企业数字化转型过程中防范风险的重要工具，它不仅有助于降低我国经济社会数字化转型进程中的数据要素损失风险，还能健全企业网络安全的风险管理体系，保障企业的健康安全运营。

网络安全责任保险一般以期内索赔式为承保基础，其保障范围通常包括数据泄露责任、网络安全事件责任、媒体内容侵权责任、外包商相关责任、产品责任或技术服务职业责任，以及必要的、合理的事故响应费用支出，包括法律费用、软件修复费用、媒体公关费用、咨询服务费用等。但被保险人及其雇员、外部服务商的故意行为或投机行为，网络、电信、互联网服务、卫星、电缆、电、气、水或其他公用事业服务网络因非网络攻击导致的故障或中断，以及计算机系统或软件本身自有的以及未及时升级导致的缺陷、漏洞、质量问题等造成的损失和费用，保险人不承担赔偿责任。

(四)承包人责任保险

承包人是指承包各种建筑工程、安装工程、装卸作业以及承揽加工、订做、修缮、修理、印刷、测绘、测试、广告等业务的人，如建筑公司、安装公司、装卸队、搬运人、修理(缮)公司、设计所、测绘所等。

承包人责任保险承保承包人在进行承包(揽)合同项下的工程或其他作业时，造成他人的人身伤亡或财产损失，依法或按合同约定应承担的经济赔偿责任。

承包人责任的特点在于，责任产生于承包人从事受托工作即为他人工作的过程中。虽然行为人是承包人，但与之相联系的却是发包人和委托人的工程项目或加工作业等活动。因此，承包人有转嫁损害赔偿责任风险的必要。在保险实务中，承包人的分承包人也可作为共同被保险人而获得保障。承包人责任保险的主要险种有建筑工程承包人责任保险和修船责任保险等。

(五)承运人责任保险

承运人是指根据运输合同、规章或提货单等与发货人或乘客建立承运、客运关系，并承担客、货运输义务的单位，如铁路局、民用航空公司、汽车运输公司、出租车公司、物流公司等。

承运人责任保险承保承运人(被保险人)对承保对象(包括旅客或货物)的人身伤亡或财产损失所导致的依法应承担的经济赔偿责任。由于运输工具种类繁多，运输对象分为客、货两大类，运输方式又有直接运输和联合运输之分。因此，承运人责任保险也只能根据不同的运输方式和运输对象来进行设计。较常见的承运人责任保险有旅客责任保险、承运货物责任保险、运送人员意外责任保险、物流责任保险等。

(六)个人责任保险

个人责任保险是以个人或家庭的侵权行为导致的民事法律赔偿责任为保险标的的保险，其投保人仅限于自然人及其家庭，是专门适用于个人或家庭的各种责任保险的总称。个人责任保险的业务主要有以下几种：

1. 住宅责任保险

住宅责任保险是一种个人静物责任保险，承保由于被保险人的住宅及住宅内的静物(如家用电器、液化气灶和阳台上的花盆等)发生意外事故致使其雇佣人员(如保姆、保洁或家庭教师)或客人或在住宅附近通行的他人遭受伤害或其财产被损毁，根据法律应由被保险人承担的经济赔偿责任。

2. 家养宠物责任保险

家养宠物责任保险是一种个人动物责任保险，承保由于被保险人的家养宠物造成第三者的人身伤害或财产的直接损失，依法应由被保险人承担的经济赔偿责任。

3. 监护人责任保险

监护人责任保险承保在保险期间内，被保险人的监护对象(被监护人)造成第三者人身伤亡或财产损失，依法应由被保险人承担的经济赔偿责任。凡法律上认定的，年龄不满18周岁的无民事行为能力人或限制行为能力人的监护人都可以作为该保险的被保险人。

4. 个人职业责任保险

个人职业责任保险承保个体专业技术人员的职业责任风险，其经营性质与一般职业责任保险相同。其适用范围主要包括提供私人医生、律师、会计师、摄影师、理发师等职业。该保险只承担被保险人投保时所从事的专业技术或职业工作中的法律责任风险，对其专业技术工作之外的其他风险不予负责。

5. 个人运动责任保险

个人运动责任保险承保个人或其家庭成员在运动时由于意外事故或过失致使他人的身体伤害或财产损毁，根据法律应由被保险人承担的经济赔偿责任。其承保区域范围一般指住宅外的活动。

6. 个人综合责任保险

个人综合责任保险承保个人或家庭成员在居住、从事体育运动及其他一切日常生活活动中致使他人身体受到伤害或财产受损，依法应由被保险人承担的经济赔偿责任。其特点是保险责任具有综合性、承保的区域范围广、承担责任风险大。

第三节　产品责任保险

一、产品责任保险的概念

产品责任保险是承保在保险有效期内及承保区域内，由于被保险人所生产、出售的产品或商品存在缺陷发生事故，造成使用、消费或操作该产品或商品的人或其他任何人的人身伤害、疾病、死亡或财产损失，依法应由被保险人负责时，保险人根据保险单的规定，在约定的赔偿限额内负责赔偿、提供保障的保险。

产品责任保险从产生到发展已有100多年的历史。早期的产品责任保险，主要承保一些直接与人体健康有关的产品，如食品、饮料、药品、化妆品等。随着现代科学技术的迅猛发展，产品责任保险承保的产品日趋多样化，承保范围也扩大到特种日用、轻纺、机械、石油、化工、电子工业产品以至于大型飞机、船舶、成套设备、钻井船、核电站、卫星等。只要投保人有投保产品责任保险的要求，其任何产品均可以从保险人处获得产品责任风险的保险保障。当然，武器、弹药以及残次产品等保险人不予承保。

二、产品责任保险的主要内容

(一)产品责任保险的投保人与被保险人

产品制造者、销售者等一切可能对产品责任事故造成的损害负有赔偿责任的企业，都对产品责任具有保险利益，均可以投保产品责任保险。根据具体情况的需要，可以由他们中间的任何—方投保，也可以由他们中间的几方或全体联名投保。产品责任保险的被保险人，除投保人本身外，经投保人申请且保险人同意后，可以将其他有关方作为被保险人，必要时必须加费，并规定对各被保险人之间的责任互不追偿。

在有关各方中，产品制造者应承担最大的风险，除非其他有关方已将产品重新装配、改装、修理、改换包装或使用说明书，并因此引起产品事故，应由有关方负责外，凡产品原有缺陷引起的风险与损失，最后均将追溯为产品制造者的责任。

(二)产品责任保险的保险责任

产品责任保险的保险责任可以分为以下两项：

(1)在保险有效期内，由于被保险人生产、销售的产品或商品发生事故，造成使用、消费或操作该产品或商品的人或其他任何人的人身伤害、疾病、死亡或财产损失，依法应由被保险人承担的损害赔偿责任，保险人在保单规定的赔偿限额内予以赔偿。

一般情况下，保险人在产品责任保险项下承担的赔偿责任必须具备以下三个条件：其一，必须有意外“事故”的发生。如：被保险人提供的有缺陷的轮胎造成整车质量不合格，由此引起汽车公司的经济损失。但该车并没有销售到最终用户的手中也没有发生意外事故，则保险人也不负责赔偿。其二，产品责任事故必须具有“意外”和“偶然”的性质，不是被保险人事先能预料的。如，某食品公司在生产糕点时，不慎将一枚铁钉夹在其中而未察觉，之后，消费者在食用时铁钉伤及口腔，因而向厂家索赔。若该食品公司投保了产品责任保险，那么这起事故属于保险责任范围，可以获得保险赔偿，因为此事完全出乎意料之外。其三，产品责任事故必须发生在制造或销售场所范围之外的地点，而且产品的所有权已转移给产品使用者或消费者。如，有人参观烟花、爆竹的生产场所时，因烟花爆竹受了伤，保险人不予赔偿。因为该产品还未离开生产场所，产品的所有权未转移，受伤者只能从公众责任保险项下获得保险赔偿。因此，对于餐厅、旅馆等单位自制、自用的食品、饮料等一般均作为公众责任保险的附加内容扩展承保。

(2)被保险人为产品责任事故所支付的法律费用及其他经保险人事先同意支付的合理费用，保险人也负责赔偿。

产品责任事故发生后，是否由被保险人承担经济赔偿责任以及赔偿数额的高低，原则上应通过法院来裁定。由此而产生的诉讼费用等，保险人应予负责。但是如果因法律费用很高，保险人为了避免或减少这项支出，对一些索赔金额不大、责任比较明确的案件，通常与受害人协商解决或通融赔付。此外，有些产品制造者、销售者为了避免在法院诉讼影响其对外声誉，也愿意和受害人私下协商解决索赔问题，在不损害保险人利益并取得保险人同意的情况下，保险人亦可承担有关费用的补偿责任。

(三)产品责任保险的除外责任

保险人对于由于下列原因导致的产品责任一般不予承保：

(1)根据合同或协议应由被保险人承担的其他确定的责任。产品责任保险承担的是被保险人的法律赔偿责任，因此，对被保险人按合同或协议规定应承担的确定的责任是不负责的。

(2)根据劳动法或雇佣合同应由被保险人承担的对其员工及有关人员的损害赔偿责任。这一责任应由劳工保险或雇主责任保险承保。

(3)对由被保险人所有、照管或控制的财产的损失。这种损失应通过有形财产保险获得保障。

(4)对产品仍在制造或销售场所，其所有权尚未转移至用户或消费者手中时的责任事故。这种责任属于公众责任保险的承保范围。

(5)对由被保险人故意违法生产、出售或分配的产品，如生产假冒产品、出售变质食品等，所造成的人身伤亡或财产损失。

(6)被保险产品本身的损失及被保险人因收回有缺陷产品造成的费用及损失，这属于产品质量保证保险及产品召回保险的责任范围。

(7)未经检验的产品，或经过检验但属于残次品、处理品等不合格的产品所造成的损失和费用。

(8)对消费者或使用者不按照被保险产品的说明去安装、使用，或在非正常状态下使用时造成的损害事故。

(四)产品责任保险的保险期限与承保基础

产品责任保险的保险期限通常是1年，但强调按时续保，以保持其连续性。对于使用年限较长的产品，也可投保3年、5年期保险。

对于责任事故发生造成的后果能够立即得知或被发现的产品，如家用电器等，一般可以期内发生式为承保基础，保险人仅负责在保险期内发生的产品责任事故所导致的，应由被保险人负责的民事损害赔偿责任。即使是在保险合同生效前几年生产或销售的产品，只要在保单有效期内发生事故并导致用户、消费者或其他人的损害，不论被保险人何时提出索赔，保险人均予负责。

对于责任事故发生造成的后果不能立即得知或发现的产品，如某些药品，可能在服用后需要较长的时间才会显现或产生不良反应，则一般可以期内索赔式为承保基础，保险人负责赔偿在保单有效期内受害人向被保险人提出的索赔，而不论产品何时生产或销售，以及责任事故是否发生在保险期间。

（五）产品责任保险的赔偿限额

产品责任保险通常规定两个赔偿限额，即每次事故赔偿限额和保险期内累计赔偿限额，以上每项限额还可以分别划分为人身伤害和财产损失两个限额。因产品事故导致使用者或消费者人身伤害或财产损失时，分别适用各自的限额。生产、销售、分配的同批产品或商品，由于同样原因造成多人的人身伤害、疾病、死亡或多人的财产损失，应视为一次事故造成的损失，它适用每次事故的赔偿限额。

赔偿限额应根据不同产品在不同的销售区域发生事故后可能引起赔偿责任的大小确定，有些产品，如食品、药品、某些机电设备、销往美国的产品，发生事故后可能造成众多的人员或财产的损害或可能导致高额的索赔，就应考虑确定较高的限额。一般情况下，保险人负责的诉讼抗辩费用在每次事故限额以内赔付，但也可以单独订立诉讼费用赔偿限额。

【案例 7-2】

某日中午 12 时，李某将开着的手机以“直充”方式充电。两小时后，李某发现手机已自动关机，且装电池处发烫。于是，他将电池从手机中取出，但“砰”的一声巨响，电池发生爆炸。于某拿电池的右手被炸伤，爆炸弹出的电池碎片同时击伤李某的右脸和右眼，李某的右眼因此致残，相关部门鉴定为七级伤残。这块发生爆炸的手机电池是李某一个月前在一家手机配件店购买的，电池的生产厂家为某市某电子有限公司，但李某在购买时并未索取发票，而其他购买凭证又被他丢失。事后，李某向销售商提出赔偿要求，销售商以李某没有购买电池的发票及其他凭据为由拒绝赔偿；李某又向电池上标明的生产厂家赔偿，厂家也以李某无中生有、嫁祸于人、无理取闹等为由拒绝赔偿。最后，李某向电池上标示的产品责任保险商索赔，而保险公司以李某非被保险人且厂家无责为由不予受理。李某在向相关各方索赔未果的情况下，只得将销售商、厂家和保险公司一并告上法院，要求法院依法判被告承担医疗费用和精神损害等损失 86 万元。

（资料来源：许飞琼．经典保险案例分析 100 例［M］．北京：中国金融出版社，2020：86-90.）

问题：

1. 产品责任保险中，受害人能否直接向保险人索赔？为什么？
2. 你认为该案应当如何处理？请给出原因。

第四节　雇主责任保险

一、雇主责任保险的概念

雇主责任保险以雇主责任为保险标的，承保被保险人所雇佣的员工，在受雇期间从事保险单所载明的与被保险人的业务有关的工作时，因遭受意外而导致伤、残、死亡，或患有与业务有关的职业性疾病而依法或根据雇佣合同应由被保险人承担的经济赔偿责任。

雇主责任保险是西方国家广大劳工通过长时期的斗争取得的确保劳工利益的胜利结果。它始于19世纪80年代初，是责任保险中最早兴起并最早进入法定强制实施时代的险种。自20世纪60年代以来，投保雇主责任保险已成为许多国家的所有雇主必须履行的法定义务。因此，西方国家的雇主责任保险均很发达，但在具体经营及赔偿标准上有所差异。如英、美等国将雇主责任保险交由商业保险公司经营，从法律上要求雇主必须投保；日本则规定雇主必须向其政府机构投保法定的雇主责任保险，再由商业保险公司开办自愿的雇主责任保险予以补充。因此，雇主责任保险在国外叫法不一，其性质、内容与范围亦有区别。

二、雇主责任保险的主要内容

(一)雇主责任保险的投保人和被保险人

各类企业以及机关事业单位对其职工在工作中发生的死亡、伤残、疾病等事故均有依法或依据雇佣合同负责赔偿的义务，都适宜投保雇主责任保险。

雇主责任保险的投保人和被保险人都是雇主，但受益者是与雇主有雇佣合同关系的雇员。

(二)雇主责任保险的保险责任

是雇主根据劳工赔偿法等法令对雇员应负的赔偿责任。我国雇主责任保险多以雇佣合同中规定的雇主赔偿责任为保险责任。一般包括：

(1)被保险人所雇佣的员工在保险有效期内，在受雇过程中，在保单列明的地点从事保单载明的被保险人的业务活动时，遭受意外而致伤、残、死亡，被保险人根据法律或雇佣合同应承担的经济赔偿责任。

被保险人所雇佣的员工是指其一切直接雇佣的员工包括短期工、临时工、季节工、徒工和长期固定工，雇佣关系指雇主与员工双方之间存在着直接的权利和义务关系，且有雇佣合同为依据；保险单上列明的地点指员工在被保险人处工作的场所，如有外勤工作，投保时必须申请，并以保险单上注明为准；在受雇期间内从事与其相应职务有关的工作中所受伤害才属保险责任范围，员工在上、下班路途中亦可以列入工作时间，但无雇佣关系或从事与其相应职务无关的业务活动或不在上班时间所遭受的意外伤害，保险人不予负责；遭受意外，是指突然的、不可预料的意外事故。

上述实质上是保险人对自己代替被保险人承担法律赔偿责任的限制条件，以此达到控制风险的目的。

(2)因患有与业务有关的职业性疾病而致雇员人身伤残、死亡的经济赔偿责任。职业病是雇员在从事其职业活动中接触职业性有害因素而引起的疾病，其发生具有必然性和普遍性，因为职业病与员工所从事的工作有关，保险人亦予负责。职业病的主要种类有职业中毒、尘肺、传染病、皮肤病、肿瘤、眼病等10大类共132种，保险人可通过职业病患病率、死亡率、平均发病年龄等指标对其进行风险评估。

(3)被保险人依法应承担的雇员的医药费。医药费的支出以员工遭受前述两项事故而致伤残为条件，对于非前述两项事故所致的员工医药费，保险人仍不负责。

(4)应支出的法律费用，包括抗辩费用、律师费用、取证费用以及经法院判决应由被保险人代员工支付的诉讼费用。但该项费用必须是用于处理保险责任范围内的索赔纠纷或诉讼案件，且是合理的诉诸法律而支出的额外费用。

当然，保险人在具体经营中还可以对上述责任范围根据具体情况进行修订、调整或扩展并同时剔除各项除外责任。

(三)雇主责任保险的除外责任

(1)战争、类似战争行为、叛乱、罢工、暴动或由于核辐射所致的被雇佣人员的伤残、死亡或疾病，保险人不负责任。

(2)被雇佣人员由于疾病、传染病、分娩、流产以及因这些疾病而施行内、外科治疗手术所致的伤残、死亡及医药费。因为正常疾病或正常手术及其导致的伤残、死亡及医药费均与被保人员从事的职业无关，故而除外不保。

(3)被雇佣人员自身的故意行为和违法行为造成的伤害，如雇员自加伤害、自杀、犯罪行为、酗酒及无照驾驶各种机动车辆所致的伤残或死亡。因为雇主责任保险项下被雇人员是最终的受益人，故保险人对雇员自己的故意或违法行为所致的伤害在任何情况下均不负责任。

(4)被保险人的故意行为或重大过失。因为雇主对其雇员应恪尽职责，否则，只能自己承担一切责任。

(5)被保险人对其承包人雇佣员工的责任。雇主责任的构成以雇主与员工之间有直接雇佣合同关系为条件，而承包人的雇员与承包人是直接雇佣关系，应由承包人直接对其负责，即由承包人投保雇主责任保险来获得保障。

(四)雇主责任保险的承保基础

雇主责任保险多采用“期内索赔式”承保，即以索赔提出的时间是否在保单有效期内作为确定保险人承担责任的基础。因为员工的身体伤害尤其是职业病后果可能在雇主责任事故发生多年后才能得知或发现。

(五)雇主责任保险的赔偿处理

雇主责任保险的赔偿限额通常以所雇员工的工资收入为依据，由保险双方在签订合同时确定并载入保险合同，且每位雇员仅适用其对应的赔偿额度。其计算公式为：

赔偿限额=被雇佣员工月均工资收入×规定月数

确定赔偿限额时，需要考虑以下因素：

(1)每个员工的工种及月工资数。被雇佣人员的月工资是按事故发生之日或经医生证明发生疾病之日该人员的前12个月的平均工资计算，不足12个月的按实际月数计算。

(2)死亡赔偿限额应为每个员工若干个月的工资额之和。具体多少个月工资额为宜，保险人可规定若干档次(如72个月，60个月，48个月等)由被保险人选择，也可以依据有关法律、法规及雇佣合同规定或保险双方协商确定。

(3)伤残赔偿限额确定方式同死亡赔偿限额，但要考虑其养老或伤残扶养的生活保障，其最高限额应超过死亡赔偿限额。死亡赔偿限额与永久伤残赔偿限额不能同时兼得。保险单把伤残分为三种：永久丧失全部工作能力按保单规定的最高额度办理；永久丧失部分工作能力按受伤部位及受伤程度，参照保单所规定的赔偿比例乘以保单规定的赔偿额度确定；暂时丧失工作能力超过5天的，经医生证明，依据所在地政府公布的每人每天最低工资标准补助误工费用，医疗期满或确定残疾程度后停发，最长不超过365天。

(六)雇主责任保险的扩展责任

1. 附加第三者责任保险

承保被保险人因其疏忽或过失行为导致除所雇员工以外的他人人身伤亡或财产损失的法律赔偿责任，它实质上是公众责任保险的范畴，但如果被保险人要求在雇主责任保险项下加保，保险人可扩展承保。

2. 附加雇员第三者责任保险

承保被保险人所雇佣的员工在保险有效期内，从事保险单所载明的与被保险人的业务有关的工作时，由于意外或疏忽，造成第三者人身伤亡或财产损失、以及所引起的对第三者的抚恤、医疗费和赔偿费用，依法应由被保险人承担的经济赔偿责任。

如员工在工作中造成他人伤害并由此导致的费用，根据法律或雇佣合同应由雇主承担赔偿责任，雇主面临的这种由员工带来的责任风险，有转嫁的必要。保险人可以将其作为雇主责任保险的扩展责任予以加保，并另行计算收取保险费，但其赔偿限额一般仍适用于雇主责任保险单上规定的赔偿限额。

3. 附加医药费保险

承保被保险人的雇佣人员在保险有效期内，不论遭受意外伤害与否，因患职业病以外的疾病(包括传染病、分娩、流产)等所需的医疗费用，包括治疗费、医药费、手术费、住院费等，它实质上属于人身保险或医疗保险的范畴。

除另有约定外，一般只限于在国内的医院或诊疗所治疗，并凭其出具的单证赔付。不论一次或多次赔偿，医疗费的最高赔偿金额每人累计以不超过附加医药费保险的金额为限，同时还规定对先天性疾病、性病、精神病等医疗费用不予负责。

【案例7-3】

2021年3月，甲配送公司向乙保险公司投保雇主责任险，被保险人为甲配送公司，保险责任为雇主责任，每人责任限额为65万元，每次事故免赔为无，雇员工种为外卖骑手，雇员人数为1人。保单“特别约定”栏载明：本保单附加个人第三者责任：承保对被雇佣人员在本保险单有效期内从事本保险单所载明的被保险人的业务有关工作时，由于意外或疏忽，造成被保险人及其雇员以外的第三者人身伤亡或财产损失的直接实际损失，保障限额40万元；《雇主责任险清单》载明：雇员名字为阚某。

2021年3月9日，阚某受甲配送公司指派驾驶电动自行车前往公司定点医院办理健康证，途中与驾驶非机动车的钱某发生碰撞，致两人受伤、两车受损的交通事故。交警部门认定阚某负事故全部责任，钱某无责。后，甲配送公司就该起交通事故向钱某支付赔偿款7.1万元。

甲配送公司在向钱某履行赔偿义务后，向乙保险公司申请理赔，然而保险公司以事故为骑手在办理健康证途中发生，并非送餐途中发生为由拒赔。甲配送公司故诉至法院。法院查明，甲配送公司为餐饮配送企业，其雇员骑手工种为外卖骑手。根据《中华人民共和国食品安全法》的相关规定，从事接触直接入口食品工作的食品生产经营人员应当每年进行健康检查，取得健康证明后方可上岗工作。

（资料来源：新浪网. 2023年度上海法院金融商事审判十大案例发布[EB/OL]. [2024-05-31]. https://k.sina.com.cn/article_7517400647_1c0126e47059057ys0.html.）

问题：

1. 保险业应如何服务新业态从业人员？

2. 你认为该案应如何处理？请说明理由。

第五节　职业责任保险

一、职业责任保险的概念

职业责任保险，也称为职业赔偿保险或业务过失责任保险，承保各种专业技术人员从事职业技术工作时因疏忽或过失造成合同对方或他人的人身伤害或财产损失所导致的应由被保险人承担的经济赔偿责任。职业责任保险是由提供专业技术服务的单位（如医院、会计师事务所等）投保的团体业务，个人职业技术工作的职业责任保险通常由专门的个人责任保险来承保。

1885年第一张职业责任保单问世，承保药剂师过失责任。19世纪末期，医生职业责任保险产生。1923年，会计师职业责任保险产生。如今，职业责任保险已经涵盖了医生、护士、药剂师、美容师、律师、会计师、公证人、建筑师、工程师、房地产经纪人、保险经纪人和代理人、公司董事和高级职员、教育工作者、情报处理者等数十种不同的行业。随着我国市场经济的发展，专业人员在社会生活中的作用越来越重要，其法律责任风险也随之增大。职业责任保险作为一种分散专业技术人员法律责任风险的机制，有利于为受害人提供更为充分的社会保障，也有利于促进专业技术的进步，构建我国的职业保险体系是市场经济发展的必然要求。

二、职业责任保险的主要内容

(一)职业责任保险的保险责任

职业责任保险没有统一的保单格式及条款，需要根据不同种类的职业责任设计专门的保险条款，并确定保险责任范围。当然，各种职业责任保险的保险责任也有共同之处，这通常包括：

(1)被保险人职业上的疏忽或过失行为而造成委托人或委托人及其利益相关者的人身伤害和经济损失，依法应由被保险人承担的经济赔偿责任。

“疏忽或过失行为”可以理解为被保险人作为专业技术人员，因疏忽大意而未能按照职业要求的谨慎性标准行事，给受害人造成经济损失的行为。通常，保险人将被保险人有无过失的行为作为理赔的要件，被保险人因无过失行为所承担的经济赔偿责任一般不属于职业责任保险的保险责任范围。被保险人可以与保险人特别约定，承保无过失行为所致的职业责任风险。

(2)被保险人为控制或减少对委托人或其他利害关系人的经济赔偿责任而支付的必要的、合理的费用。

职业责任保险中的其他费用是指被保险人为控制或减少损失所支付的如咨询费、调查费、追偿费等。该费用的合理性取决于保险事故发生时的具体情况、费用金额的大小及所能挽回的损失；必要性主要体现在如果不支付这些费用会造成更大的保险损失。

(3)事先经保险人同意支付的法律诉讼费用。包括为辩护或调查索赔所发生的诉讼费、律师费、专家鉴定费及为提供诉讼保全而支付的担保费用等合理支出。

(二)职业责任保险的除外责任

职业责任保险的除外责任一般可以概括为：

(1)由于不可抗力等原因造成的损失、费用和责任，保险人不负责赔偿。典型的责任免除包括：战争、类似战争行为、敌对行为、军事行动、武装冲突、恐怖活动、罢工、骚乱、暴动等原因造成的损失、费用和责任；政府有关部门的行政行为或执法行为等原因造成的损失、费用和责任；核反应、核子辐射和放射性污染等原因造成的损失、费用和责任。

(2)因被保险人隐瞒或欺诈行为而引起的任何索赔。如被保险人投保时已经掌握或觉察的索赔，但没有如实向保险人报告，或者被保险人在投保或保险单有效期间没有如实向保险人报告应报告的情况而引起的任何索赔，保险人不予负责。

(3)被保险人没有专业服务资格或超出权限提供专业技术服务所引起的索赔。如被保险人无有效执业证书，或未取得法律、法规规定的应持有的其他资格；未经被保险人同意，被保险人的从业人员私自接受业务；被保险人或其从业人员超过委托人授权范围导致的委托人的任何损失等。

(4)被保险人被指控有对他人诽谤或恶意中伤行为而引起的索赔。如律师诽谤其原告或被告而导致的索赔，记者利用报道诽谤中伤他人而引起的索赔等，均属于违背社会公德及有关法律的行为，保险人不予负责赔偿。

(5)被保险人的故意行为所致的任何索赔。如医生利用药物谋杀他人，被保险人借机报复或打击合同对方等均属违法犯罪行为，保险人不予负责赔偿。

(6)职业责任事故造成的间接损失或费用。如设计师给建筑单位提供有缺陷的图纸，造成建筑单位不能如期施工、使用或生产而导致的利润损失，保险人不予负责赔偿。

(三)职业责任保险的特约责任

经过特别约定，保险人对于下列职业责任风险也可以承保：

(1)因雇员不诚实行为致使他人受到损害而应由被保险人承担的法律责任，保险人可以扩展承保。但是需要明确的是，职业责任保险扩展承保的雇员不诚实行为不能与雇员诚实保证保险相混淆，因为前者承保的是雇员对他人的损害，而后者承保的是雇员的不诚实行为而使被保险人遭受的损失。

(2)文件灭失或损失引起的索赔，经过特别约定也可以扩展承保，但是须加收保险费。如设计院因图纸丢失或被盗造成委托单位的损失，可以通过扩展承保，由保险人负责赔偿。

(3)被保险人被指控对他人诽谤或恶意中伤行为而引起的索赔，也可以作为特别职业责任予以扩展承保，但因其故意所致的仍须除外。

(四)职业责任保险的承保基础

期内发生式和期内索赔式在职业责任保险中均有应用。但由于职业责任事故的发生和索赔时间通常间隔较长，从各国经营惯例看，较多的职业责任保险业务选择期内索赔式作为承保基础。由于两种承保基础关系到保险人承担的职业责任风险及其赔款估计，因此，保险人在经营职业责任保险业务时，应当根据各种职业责任保险的不同特性并结合被保险人的要求来选择承保基础。

(五)职业责任保险的赔偿限额

当职业责任事故发生并由此导致被保险人的索赔后，保险人应当严格按照承保方式进行审查，确属保险人应当承担的职业责任赔偿的，应按保险合同规定进行赔偿。在赔偿方面，保险人承担的仍然是赔偿金与有关费用两项，其中保险人对赔偿金通常规定一个累积的赔偿限额；法律诉讼费用则在赔偿金之外另行计算，但如果保险人的赔偿金仅为被保险人应付给受害方的总赔偿金的一部分，则该项费用应当根据保险人的赔偿金占总赔偿金比例进行分摊计算。

三、职业责任保险的主要险种

(一)医疗责任保险

医疗责任保险也叫医生失职保险，承保被保险人的医务人员或其前任在从事与其资格相符的诊疗活动中，因职业过失造成病人死亡或伤残、病情加剧等，受害者或者其家属要求赔偿依法应由被保险人承担的经济赔偿责任。医疗责任保险是职业责任保险中最主要的业务来源，凡依法设立、有固定场所并取得医疗机构执业许可证的医疗机构可作为该险种的投保人、被保险人。

（二）律师责任保险

律师责任保险承保执业律师或其前任在办理委托人委托的诉讼或非诉讼法律业务时，因疏忽、错误或遗漏行为，包括一切侮辱、诽谤等造成委托人及其利害关系人的经济损失，依法应由被保险人承担的经济赔偿责任。凡依法设立的律师事务所均可作为该险种的投保人、被保险人。

（三）建筑、工程技术人员责任保险

建筑、工程技术人员责任保险主要承保建筑设计师、工程师、监理师等及其所在的单位由于工作的疏忽或过失而引发的工程质量事故造成合同对方或其他任何人的人身伤害或财产损失，应由被保险人承担的经济赔偿责任。

（四）会计师事务所职业责任保险

会计师事务所职业责任保险主要承保会计师事务所及其合伙人、股东和其他执业人员及上述人员的前任因开展审计和其他非审计业务时造成委托人、其他利害关系人或第三者的经济损失，依法应由被保险人承担的经济赔偿责任。

（五）董事、监事及高管责任保险

董事、监事及高管责任保险，简称董责险，是以董事、监事及高级管理人员在行使管理职能的过程中因不当行为导致公司及第三人的经济损失，依法由被保险人承担的经济赔偿责任。董责险并非新险种，它自2002年进入中国市场以来，因企业投保意识不强，目前的普及度较低。2020年新修订的《中华人民共和国证券法》实施后，董事及高级管理人员在履职过程中的风险敞口不断增大，董责险在我国的普及度和投保率都有了显著提高。

（六）保险代理人、经纪人责任保险

保险代理人、经纪人责任保险承保保险代理人、经纪人由于业务上的错误、遗漏或其他过失行为造成他人损害，依法应由被保险人承担的经济赔偿责任。该责任保险还可扩展承保保险代理人、经纪人对其保险人的责任，即由于其未能依照授权或指示所引起的保险人的损失。

（七）退休人员责任保险

退休人员责任保险承保已退休的各种专业技术人员在退休前可能发生的职业赔偿责任，适用于律师、会计师、建筑师等专业技术人员。它实质上是对被保险人在职期间职业责任保险的延续。

此外，常见的职业责任保险还包括美容师责任保险、药剂师责任保险、教育工作者责任保险、政府官员责任保险、宠物美容服务责任保险等，这里不再赘述。

【案例 7-4】

2005 年 6 月 15 日，某卫生院某保险公司投保了医疗责任保险。保险单上载明："保险期限为 12 个月，自 2005 年 7 月 8 日起至 2006 年 7 月 7 日止。追溯期为 12 个月，自 2004 年 7 月 8 日起至 2005 年 7 月 7 日止。医疗责任每人赔偿限额 100000 元，每次赔偿限额 200000 元。"2006 年 4 月 1 日，患者黄某到该卫生院行剖腹产手术产下一女婴。2010 年 5 月 17 日，黄某在 A 医院行剖腹探查术，A 医院发现黄某腹腔内有纱布残留，且已包裹，并将腹腔内纱布取出。2010 年 6 月 2 日，黄某以其在 A 医院被取出的纱布系 2006 年 4 月 1 日某卫生院行剖腹手术过程中所遗留为由，委托律师找某卫生院索赔。2010 年 6 月 29 日，经县人民政府调解委员会和县卫生局召集调解，卫生院与黄某达成了协议："卫生院给予患者黄某一次性经济补偿 165000 元，今后医患双方不得再以此事追究对方任何责任。"某卫生院即向保险公司报案，但保险公司以黄某首次向武圣宫卫生院提出索赔的申请，既不在保险期限内，也不在追溯期内为由拒绝赔偿。双方产生争议，某卫生院遂向法院起诉。

（资料来源：湖南省益阳市中级人民法院(2011)益法民二终字第 22 号民事判决书.）

问题：

1. 该案中医疗责任保险的承保基础是什么？为什么保单要采用这种承保基础？
2. 你认为保险公司的拒赔理由是否合理？为什么？

◎ 本章小结

1. 责任保险是指以被保险人对第三者依法应付的赔偿责任为保险标的的保险。责任保险与财产损失保险相比有如下基本特征：民事法律制度的健全与完善是责任保险产生和发展最为直接的基础，责任保险的保险标的是不具实体形态的各种民事法律赔偿责任，责任保险具有直接和间接双重补偿对象，责任保险的赔偿处理遵循特定的决策流程。责任保险中保险人一般可选择采用"期内发生式"或"期内索赔式"作为承保基础。依据不同的分类标准，可将责任保险分为不同的种类。其中，根据业务内容的不同，责任保险可以分为公众责任保险、产品责任保险、雇主责任保险和职业责任保险，其中每一类业务又由若干具体的险种构成。
2. 公众责任保险主要承保被保险人在公共场所进行生产、经营或其他活动时，因发生意外事故而造成社会公众的人身伤亡或财产损失，依法应由被保险人承担的经济赔偿责任。公众责任保险适用的范围非常广泛，其主要险种包括：场所责任保险、环境污染责任保险、承包人责任保险、承运人责任保险、个人责任保险等。
3. 产品责任保险是承保在保险有效期内及承保区域内，由于被保险人所生产、出售的产品或商品存在缺陷发生事故，造成使用、消费或操作该产品或商品的人或其他任何人的人身伤害、疾病、死亡或财产损失，依法应由被保险人承担的经济赔偿责任。产品制造者、销售者等一切可能对产品责任事故造成的损害负有赔偿责任的企业，均可以投保产品责任保险。

4. 雇主责任保险以雇主责任为保险标的，承保被保险人所雇佣的员工，在受雇期间从事保险单所载明的与被保险人的业务有关的工作时，因遭受意外而导致伤、残、死亡，或患有与业务有关的职业性疾病而依法或根据雇佣合同应由被保险人承担的经济赔偿责任。
5. 职业责任保险承保各种专业技术人员从事职业技术工作时因疏忽或过失造成合同对方或他人的人身伤害或财产损失所导致的应由被保险人承担的经济赔偿责任。职业责任保险是由各种提供各种专业技术服务的单位投保的团体业务。职业责任保险的主要险种包括：医疗责任保险，律师责任保险，建筑、工程技术人员责任保险，会计师事务所职业责任保险，董事、监事及高管责任保险，保险代理人、经纪人责任保险和退休人员责任保险等。

◎ 课后练习

1. 责任保险有何特征？
2. 为什么责任保险要规定赔偿限额和免赔额？
3. 试分析期内发生式和期内索赔式的优缺点及适用的险种。
4. 简述公众责任保险的主要险种。
5. 产品责任保险的投保人和被保险人有哪些？为什么？
6. 简述雇主责任保险的主要内容。
7. 列举几种职业责任保险，并谈谈其适用范围。

◎ 实践探索

1. 搜集和整理近年来保险公司开发的责任保险新险种，并谈谈这些产品的具体特点和功能。
2. 大学生在日常生活和学习中会面临哪些责任风险？可通过什么责任保险来转移风险？
3. 谈谈如何发挥责任保险在社会治理创新中的作用？

◎ 课后荐读

1. 程潇．侵权责任法教程(第四版)[M]．北京：中国人民大学出版社，2020.
2. 郭宏彬．责任保险专题研究[M]．北京：中国政法大学出版社，2022.
3. 梁慧星．民法总论(第六版)[M]．北京：法律出版社，2021.
4. 唐松莲，顾倩，文雯，等．“安则兼善天下”：董责险与企业社会责任履行[J]．管理评论，2023，35(9)：205-221.
5. 中国法院网．中华人民共和国民法典[EB/OL]．[2020-06-01]．https：//www.chinacourt.org/law/detail/2020/06/id/150163.shtml.
6. 中国政府网．中国银保监会办公厅关于印发责任保险业务监管办法的通知[EB/OL]．[2020-12-25]．https：//www.gov.cn/zhengce/zhengceku/2020-12/25/content_5573309.htm.

第八章　信用和保证保险

◎ 学习目标

理解信用保证保险的概念，掌握信用保险和保证保险的特征，能够区分信用保险和保证保险，了解信用保险和保证保险的运行实务，掌握信用保险和保证保险的主要业务。

◎ 引言

党的二十大报告中指出要“弘扬诚信文化，健全诚信建设长效机制。”诚信是中华民族的优良传统，也是经济发展与社会和谐的基石。人无信不立，商无信不盛，国无信不兴。在现代社会中，信用已经成为商业交易、生产经营和经济发展的重要生产要素，各种经济活动都是基于信用而展开，信用的缺失不仅会导致当事人的直接损失，还会增加未来的交易成本。

然而，随着经济社会的发展，尤其是随着各类信用在经济活动中的广泛运用，信用风险也日益凸显，它们往往难以预测和衡量，缺乏明显的规律性。信用和保证保险作为管理信用风险的有效工具，通过承保义务人的信用风险，为个人和企业增信，促进国际和国内贸易。此外，它还可以有效化解信用纠纷，解决因信用风险引起的争议，近年来逐渐成为我国保险体系中越来越重要的一类业务。本章将探讨信用与保证保险的概念及特征、系统介绍信用保险和保证保险的主要类型和基本内容。

第一节　信用和保证保险概述

信用保险和保证保险都是保险人对义务人的作为或不作为致使权利人遭受的经济损失负责赔偿的财产保险，两者都是随着现代社会商业信用和银行信用的普遍化以及道德风险的频繁发生而发展起来的。它们一方面反映一个社会市场经济的成熟程度，另一方面则对促进一国的国内和国际贸易活动，保障以信用经济为其主要特征之一的市场经济秩序起到了重要作用。

一、信用和保证保险的概念

国内各类教材中，对信用保险和保证保险并无统一且标准的定义。本书对其的定义，主要参照原银保监会于 2020 年 5 月发布的《信用保险和保证保险业务监管办法》。该办法规定：“信用保险和保证保险，是指以履约信用风险为保险标的的保险。信用保险的信用风险主体为履约义务人，投保人、被保险人为权利人；保证保险的投保人为履约义务人，被保险人为权利人。”

(一)信用保险的概念

信用保险是以履约信用风险为保险标的，由权利人向保险人投保义务人信用的保险。当义务人不履行义务而造成权利人损失时，由保险人向权利人进行赔偿，其后保险人从权利人处取得代位求偿权，可就已向权利人赔偿的金额向义务人追偿。信用保险的运作如图8-1所示。

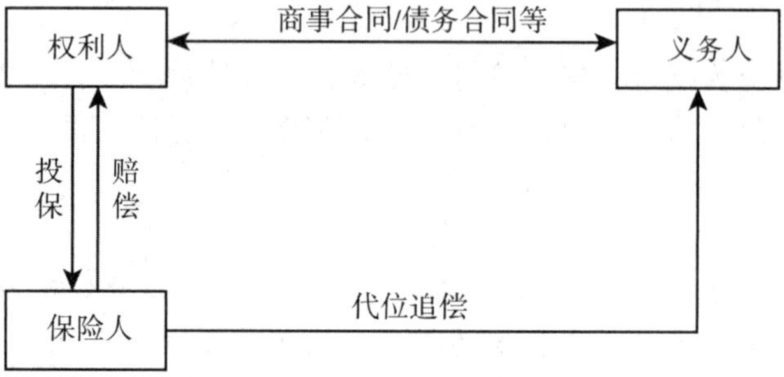

图 8-1　信用保险的运作示意图

信用保险起源于19世纪中叶的欧洲，最初开办的是国内信用保险业务。19世纪下半叶，英国的海外贸易不断开拓，收汇风险日益增大。第一次世界大战结束后，欧美部分国家政府开始认识到出口信用保险是扩张贸易、复苏经济的有力工具，开始直接或间接开办出口信用保险业务，使其由一种商业保险公司经营的商业性保险转变为主要由政府支持、机构经营的政策性保险业务，并有了跨越式发展。20世纪90年代，随着国际政治趋于稳定、经济快速发展和欧洲一体化进程，欧洲几家规模较大的商业保险机构开始拓展其中部分可盈利的出口信用保险业务。2008年全球性金融危机爆发后，商业机构大规模收缩其出口信用保险业务，而政策性出口信用机构在政府的支持下成功填补了商业保险机构留下的市场缺口。

我国信用保险的发展，始于20世纪80年代初期。1983年初，中国人民保险公司上海市分公司与中国银行上海分行达成协议，成功试办了我国第一笔中长期出口信用保险业务。1988年国务院正式决定由中国人民保险公司试办出口信用保险业务，并在该公司设立了信用保险部。1994年以后，新成立的中国进出口银行开始经办各种出口信用保险业务。2001年，我国唯一承办出口信用保险业务的政策性保险公司——中国出口信用保险公司(简称“中国信保”)正式揭牌运营，标志着我国信用保险业务进入了一个新的发展阶段。随着信用在商业交易中的重要性日益凸显，信用保险不再局限于出口领域。商业信用保险，特别是服务于国内贸易和中小微企业的保险产品，也开始迅速发展。信用保险的产品和服务不断丰富，市场效率持续提升，为促进商业交易的顺利进行提供了有力保障。

(二)保证保险的概念

保证保险以履约信用风险为保险标的，是义务人(被保证人)根据权利人的要求，请求保险人担保自己信用的保险。保证保险的保险人代被保证人向权利人提供担保，当权利人由于被保证人的作为或不作为遭受经济损失时，由保险人代替被保证人向权利人进行赔偿，其后保险人有权利向义务人进行追偿。保证保险的运作如图 8-2 所示。

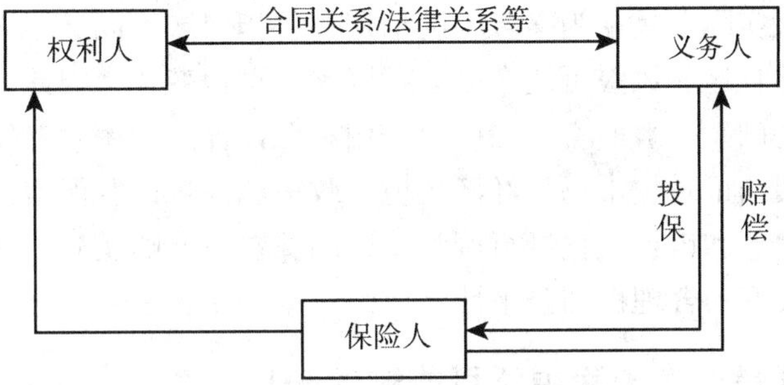

图 8-2 保证保险的运作示意图

保证保险出现于 18 世纪末 19 世纪初，最早产生的保证保险是诚实保证保险，由一些个人商行或银行提供。之后，英国有几家保险公司开始试办合同担保业务，但因缺乏足够的资本而没有成功。1901 年，美国马里兰州的诚实存款公司首次在英国提供合同担保。此后，英国其他保险公司也相继开办此项业务，并逐渐将合同担保推向了欧洲市场。

在我国，保证保险是一个新兴的险种，20 世纪 80 年代初，中国人民保险公司开始办理保证保险业务，但市场份额一直比较小。2010 年左右，随着互联网金融和消费金融市场的迅猛发展，融资性保证保险迎来了快速增长期，也带动保证保险业务保费收入实现了显著提升。但随着互联网金融领域陆续出现的一些问题，保证保险所面临的风险也逐渐显现。近年来，随着多项信保业务监管政策相继落地，保险公司也主动调整和收缩融资性保证保险业务规模，保证保险正在逐步回归到一个更加健康和有序的发展轨道。

二、信用和保证保险的特征

信用保险和保证保险属于广义的财产保险，但与一般的财产保险相比，又具备自身的特征，这些特征也是其独成体系存在和发展的基础。

（一）承保风险为信用风险

一般财产保险的保险标的是有形物，所承保的风险是自然灾害或意外事故，而信用和保证保险的保险标的是无形物，所承保的风险是义务人的信用风险。信用风险产生的原因一方面可能是义务人的履约能力出现问题，如义务人收入下降无法还款付息；另一方面可能是义务人的履约意愿出现问题，如义务人可能因为主观意愿的变化，不愿守信履约，甚至可能涉及欺诈行为。信用风险具有不对称性、累积性、系统性和内源性的特点，其预测的难度较大，也更容易发生道德风险。因此，为了控制风险，保险人必须在严格审查义务人的经营状况和支付能力、资信、声誉以及以往履约记录等的基础上决定是否承保。如果是国际业务，保险人还要调查义务人所在国或地区的宏观经济和政治稳定性。审查工作可以由保险人直接进行，也可以委托给专业的资信评估部门来完成。

(二)费率厘定不完全以大数法则为基础

一般财产保险费率的厘定基于大数法则，以保额损失率为主要依据。而在信用和保证保险中，由于保险人实际上是在为义务人的信用提供担保，不同义务人之间的信用风险可能存在显著差异，并且这些风险可能会因多种因素而迅速变化。因此，在厘定费率时不能完全以大数法则为基础。一般而言，在确定信用和保证保险费率时，要综合考虑义务人的资信、财务状况、履约记录、市场和经济环境、政策和法规以及保险人以往的赔付记录等因素，并根据新的信息和市场变化进行调整，以确保费率能够及时、准确地反映风险的实际变化，从而保证费率的合理性和公平性。

(三)代位追偿是业务流程中不可或缺的一环

在一般财产保险中，在保险标的的损失与第三方无关时，不涉及代位追偿。而在信用和保证保险中，被保险人(权利人)遭受的损失往往源于义务人的违约或不履行责任。因此，一旦保险人向被保险人支付了赔偿金，便有权向造成损失的义务人进行追偿。因此，代位追偿不仅是信用和保证保险业务中的一项基本原则，也是促进贸易健康发展和经济活动顺畅进行的关键因素。

(四)经营要求更为严格

实践中，大多数国家的信用和保证保险业务通常由政府指定或批准的保险人来办理，或者要求经营的保险机构具备特定的资质。例如，美国财政部每年会公布一份经过批准的保证保险人名单，并为这些公司设定承保的限额。这样规定是因为：一是专业性要求。信用和保证保险业务的经营相对复杂，需要由具备专业知识和经验的人员来处理。二是偿付能力考虑。确保保险人具备充足的偿付能力，以确保在必要时能够履行赔偿义务。三是政策性考量。某些信用保险业务具有较强的政策导向，如出口信用保险业务旨在促进国家的对外贸易，再如海外投资保险业务旨在保障国家在海外的投资权益等。这些业务通常需要由政府指定的保险人或机构来执行，以确保政策目标的实现。如中国出口信用保险公司是我国唯一专门承办政策性出口信用保险业务的金融机构，体现了政府对特定保险业务的重视和对市场稳定性的维护。

三、信用保险与保证保险的区别

虽然信用保险和保证保险都是以义务人的信用风险作为保险标的，都是保险人对义务人的作为或不作为致使权利人遭受损失负赔偿责任的保险，但两者也存在明显的区别：

(一)合同主体及利益关系不同

信用保险中，权利人既是保险合同的投保人，也是被保险人，而义务人是保险合同之外的第三人，不直接涉入保险合同。权利人因为购买保险而将全部或部分风险转移给了保险人，只要权利人因义务人的行为导致损失，就可以向保险人索赔；而保证保险中，义务人是投保人，权利人是被保险人，两者同属保险合同的主体。如果义务人因其作为或不作为导致权利人的损失且义务人不能补偿其损失时，权利人可根据保险合同向保险人索赔，保险人代为赔偿后，可向义务人追偿。

(二)保险合同的形式不同

在实务操作中，信用保险一般以保险单的形式来承保，其保单和一般财产保险保单并无太大区别，规定责任范围、除外责任、保险金额(责任限额)、保险费、损失补偿等内容；保证保险的合同形式多样，保函类保证和司法类保证保险通常以出具保证书的形式办理，业务更具担保性质；其他保证保险，如忠诚保证保险、建设工程履约保证保险、产品保证保险、贷款保证保险等业务，一般采用标准保单形式承保，与其他财产保险无异。

(三)控制风险的方法不同

在信用保险中，由于保险人与义务人不存在合同关系，因此保险人不能直接约束义务人行为，只能协助和督促权利人进行风险管理。如在贷款信用保险中，保险人可以要求银行建立和遵循一套标准化的贷款审批流程，确保贷款条件的明确性，实施定期审查机制，构建内部风险控制体系，并设立预警系统等来控制风险；而在保证保险中，由于义务人是保险合同的当事人，因此保险人在为义务人提供担保的同时，可以要求义务人提供相应的反担保措施或签订“偿还协议书”，如果义务人提供的反担保不充分，保险人有权拒绝承保。此外，保险人还可以通过为义务人制订风险管理计划，比如限制支出、确保收入等措施，来促使其按时履行对权利人的义务。

(四)保险人面临的经营风险不同

信用保险中，权利人缴纳保险费是为了把可能因义务人不履行义务而使自己受到损失的风险转移给保险人，保险人实际承担风险，必须把保费的大部分甚至全部用于赔款，尽管保险人在赔偿后有权向义务人追偿，但实际操作中追偿的成功率通常较低。因此，信用保险业务中，保险人面临的经营风险相对较高。鉴于此，许多国家将出口信用保险列为政策性保险，并由政府设立专门的政策性保险公司来经营，或者通过政府资助的方式支持商业保险公司开展此类业务；保证保险中，保险人只有在义务人没有能力履行合同义务时才代为赔偿，且之后可通过反担保措施来挽回损失，从理论上讲，保险人支付的赔款最终仍由义务人如数退还，保证保险并没有实现完全意义上的风险转移，有时被视为一种“零风险”业务，这也是有观点认为保险人收取的保险费实际上是一种手续费或服务费的原因。①但从实际业务经营的角度看，由于受到政策、经济环境以及保险公司经营能力等多方面因素的影响，反担保措施并不总是能够完全落实到位。因此，尽管保证保险的经营风险相对较低，但保险人依然存在亏损甚至经营失败的风险。

① 王绪瑾．财产保险(第三版)[M]．北京：北京大学出版社，2022：290-291.

第二节　信用保险

信用保险业务主要有出口信用保险、海外投资保险和国内信用保险三类。其中，出口信用保险和海外投资保险具有较强的政策导向，通常由政府设立的专业政策性保险公司或政府机构直接提供服务，以支持国家对外贸易和海外投资战略，而国内信用保险则更多地服务于国内市场，为国内交易提供信用风险保护，保障企业间的交易安全。

一、出口信用保险

(一)出口信用保险的概念

出口信用保险，是指承保出口商在经营出口业务的过程中因进口商的商业风险或进口国的政治风险而遭受损失的一种信用保险。

出口信用保险是以国家的出口贸易为基础而产生的，是应国际贸易发展的客观要求而发展起来的。出口信用保险对推动本国出口贸易，保障出口企业收汇安全起到了十分重要作用。主要表现在：第一，它是国际公认的贸易促销手段；第二，它为出口商获得出口信贷融资提供便利；第三，它是出口商采取灵活支付方式，开拓国际市场，增加出口安全的保证；第四，它有助于出口商自身信用评级和信用管理水平的提高。

(二)出口信用保险的特征

(1)不以营利为目的。出口信用保险开办的直接原因是为了保护本国出口商的利益，促进出口贸易的发展，而国际贸易与各国经济战略紧密相关。因此，出口信用保险是一项具有强烈政策导向的业务，其实施与国家的外贸和外交政策密切相关。各国的出口信用保险机构所收取的保费都以保本为原则，有时甚至还不惜以亏损来支持出口，以实现国家整体经济利益的要求。但是不以营利为目的并不意味着出口信用保险可以忽视经济效益，恰恰相反，出口信用保险中的高风险要求出口信用保险机构应当严格风险控制和管理，力求以最小的成本取得最大的利益。

(2)风险复杂且难于控制。出口信用保险保障的是出口商的收汇安全。出口商不能安全收汇的风险主要有商业风险和政治风险，如买方无力偿还债务或买方破产或拖延支付货款；买方所在国家禁止或限制汇兑、实施进口管制、发生战争和暴乱等。这些风险极为复杂，加之出口商所在国与买方所在国彼此在政治、经济、外交、文化、法律、经营理念和贸易习惯等方面都存在差异，因此出口信用保险难以像普通保险那样依据大数法则来计算其风险发生的概率，而是要从各方面获取有关进口商的资信、规模和经营情况，以及进口国或地区的政治经济和外汇收支状况、外交政策和对华关系等信息，并据以做出风险评估，来确定出口信用保险的费率。

(3)政府支持和参与程度高。出口信用保险经营目标以及经营风险的特殊性，决定了它是由政府支持和参与的政策性业务。政府的参与和支持主要表现在：第一，规范经营和管理。国家颁布法律法规，明确规定办理出口信用保险的宗旨、方针政策、机构、财务核算办法等。第二，参与经营决策。从世界范围看，出口信用保险的经营模式有政府直接办理、政府间接办理、政府委托私营保险机构办理和政府机构控股办理等。无论采用何种模式，都是政府和市场在不同层面合作的产物。第三，提供资金支持。政府通过贷款、设立赔款准备金、贴现票据和再保险等方式，为出口信用保险机构提供资金支持。第四，提供各种优惠政策，包括税收优惠、赋予较大的资金运用权限等。

(三)出口信用保险的种类

1. 按责任起讫的时间划分

按责任起讫的时间划分，出口信用保险可分为出运前的保险和出运后的保险。

出运前的出口信用保险又称生产期出口信用保险，责任起讫从出口贸易合同生效日开始直至货物实际出运日终止。保险人负责赔偿货物在出运前因商业风险或政治风险原因致使买方取消或终止贸易合同而给出口商带来的直接损失，包括产品设计、制造、运输及其他费用等。这种保险通常作为短期出口信用保险的附加险承保。

出运后的出口信用保险责任起讫从货物交付给承运人开始到出口商安全收汇终止。如果在出口合同规定的信用期届满后，因保单责任范围内的风险致使出口商不能收到外汇货款，保险人在规定的等待期满后负责赔偿。

2. 按出口合同的信用期划分

按出口合同的信用期，出口信用保险可分为短期出口信用保险和中长期出口信用保险。

短期出口信用保险的信用期在180天以内，经扩展也可延长至一年。它是出口信用保险中使用最广、承保量最大的业务，一般大批量、重复性出口的初级产品、消费性工业制成品和工业用原材料均可投保，汽车、农用机械，机床工具等半资本性出口货物也可投保。短期出口信用保险适用于以信用证(L/C)、付款交单(D/P)、承兑交单(D/A)和赊账(O/A)方式结算的自中国出口或转口的贸易，出口产品应全部或部分在国内生产或制造。目前，我国的短期出口信用保险主要包括综合保险、统保保险、信用证保险、特定买方保险、买方违约保险、特定合同保险等险种。

中长期出口信用保险是指承保信用期在一年以上的出口信用保险，一般用于高科技、高附加值的机电产品和成套设备、飞机、船舶等大型运输工具等资本性或半资本性货物的出口，以及本国企业参加的海外大型工程承包项目等。目前，我国的中长期出口信用保险主要包括出口买方信贷保险、出口卖方信贷保险、再融资保险、海外融资租赁保险等。

(四)出口信用保险的主要内容

1. 出口信用保险的责任范围

(1)出口信用保险的保险责任

出口信用保险主要承保由政治风险和商业风险导致的出口商损失。

政治风险又称国家风险，是指出口贸易过程中发生的当事人无法控制的或影响的国家或政府行为所产生的风险，同时也包括因不可抗拒的原因导致的风险。政治风险主要包括：买方所在国禁止或限制汇兑；买方所在国实行进口管制、禁止贸易；买方所在国撤销进口许可证或不批准进口许可证展期；买方所在国或货物需经过的第三国颁布延期付款令；买方所在国发生战争、敌对行为、政治动乱、革命、暴动或其他骚乱等；以及买方所在国发生特大自然灾害等非常事件致使进口国无法进口货物等。

商业风险是指在国际贸易中由于买方自身原因带来的风险，具体包括：进口商被宣告破产或实际已资不抵债；进口商拖欠货款达 6 个月(或 4 个月)以上；进口商违约拒收货物并拒付货款，致使货物被运回等。

(2)除外责任

出口信用保险一般不承担下列责任：货物运输保险或其他保险项下的损失；汇率变动损失；被保险人或其代表违约或违法所致的损失；买方违约在先情况下被保险人坚持发货所致的损失；由于买方违反本国法令未获进口许可证所致的损失；被保险人的代理人或买方的代理人或承运人破产、欺诈、违约等所致的损失；被保险人未按时办妥投保手续的出口业务发生的损失；被保险人向未经保险人批准买方信用限额或不适用被保险人自行掌握的信用限额的买方出口所发生的损失；在损失发生之日起两年内，被保险人仍未向保险公司索赔的损失等。

2. 出口信用保险的责任限额

为了控制风险，出口信用保险通常规定三种责任限额。一般而言，当风险发生重大变化时，保险人有权以书面形式通知被保险人撤销或者修改信用限额。三种责任限额分别为：

(1)保单赔偿限额。保单赔偿限额是指保险人在保险期限内承担责任的最高累计限额，也称保单限额。保险人在承保业务之前，要求投保人填写投保单，并将其前一年的出口累计金额通知保险人，保险人根据被保险人的经营情况、产品销售情况、出运目的地的分布情况以及出口金额的大小，确定保险单的最高赔偿限额。一般按被保险人事先在当年预计出口总额的 1/3~1/2 掌握。

(2)买方信用限额。买方信用限额是指保险人对被保险人向特定买方出口货物所承担的最高赔偿限额。保险人要求被保险人就保单范围内的买家逐一申请其适用的信用放账额度，其额度经保险人核准后可以循环使用，不受时间、出口商品性质的限制，除非保险人书面通知被保险人更改或终止此信用限额。买方信用限额一旦确定，保险人将在规定限额内承担赔偿责任。

(3)被保险人自行掌握的信用限额。为减少被保险人办理手续的时间以及降低管理费用，鼓励被保险人同买方进行更多的交易，保险单会授权被保险人一个小数额作为其自行掌握的信用限额。在该信用限额以内，如果发生买方违约等保险合同项下的损失，保险人将负责赔付。被保险人自行掌握的信用限额适用于任何国家的任何买方。

3. 出口信用保险的承保

保险人在承保时会对被保险人的资信进行审核。一般来说，只有资信良好、具有相当出口经验和管理水平、会计账册健全的出口商才会被视为合格的承保对象。保险人将依据出口商提供的相关资料，结合通过调查所获得的信息，综合评估后决定是否承保。

实践中，短期出口信用保险一般采用全额投保的方式，即出口商有义务将以商业信用方式出口的货物全部投保。全额投保主要是约束出口商的，对于保险人来说并不意味着须全额承保，保险人不一定承保出口商的全部贸易业务。这样的规定，有利于防止逆选择，以达到风险分散和保持业务经营稳定的目的。

4. 出口信用保险的赔偿处理

在出口信用保险的赔偿处理中，应特别注意以下问题：

(1)填写可能损失通知书，进行可能损失的处理。被保险人获悉已经发生损失或引起损失的事件发生后，应在保单规定的时间内向保险人填报可能损失通知书。保险人在进行出运申报、信用限额的审核后，将针对不同风险采取相应措施。若买方拒收拒付，则应尽快处理货物，最大限度地减少损失；若买方破产，则应先行处理货物减损或要求被保险人向破产法院申请破产债权，以得到破产财产清偿。

(2)赔偿等待期。在被保险人提出索赔申请并按保险条款的规定提交有关证明损失已发生的文件后，只有等赔偿等待期结束后保险人才能核赔定损，进行赔付。保单规定赔偿等待期的原因在于：出口信用保险承保的是被保险人面临的收汇风险，即使在承保风险实际发生的情况下，被保险人仍有可能通过债务重组、法律诉讼或其他方式得到一定程度的补偿，因此，被保险人的损失需要等待一段时间才能最终确定。此外，赔偿等待期的存在也鼓励被保险人在此期间内采取积极措施，如催收款项、协商新的付款安排等，以减少损失。各国出口信用保险机构对赔款等待期的规定不同，一般为2~6个月。

(3)赔偿比例。出口信用保险的赔偿比例一般规定为80%~90%，但对信誉较差的出口商可规定更低的赔偿百分比。它表明不论发生多少损失，被保险人总是自己负担一定比例的损失。此外，在计算赔款时要注意扣除被保险人已经获得的补偿、买方已付的款项、被保险人转卖货物或变卖抵押品所得的款项、被保险人因不必履约而节省的费用、被保险人与买方已商定的让价等。

(4)代位追偿。出口信用保险的赔偿是以债权转让为前提的，被保险人必须将其向买方追偿的权利转移给保险人。

【案例 8-1】

2015年，L公司因出口贸易向B保险公司投保短期出口信用保险。保险单载明：被保险人为L公司，保险范围为信用证及非信用证支付方式的出口；买方破产、无力偿还债务、拖欠风险和拒绝接收货物所致损失的赔偿比例为90%；C公司为L公司境外关联公司，对于被保险人通过C公司与国外买方签订合同出口的，保险责任始于货物出口，终于买方付款。此后，L公司向B保险公司就乌干达客户M公司申请买方信用限额。B保险公司经审核后向L公司出具了《信用限额审批单》，认可L公司与M公司进行交易，并给予了相应信用限额。

期间，C公司与M公司签订钛白粉买卖合同，由C公司向M公司出运货物并向B保险公司申报，B保险公司向L公司发送《保险费通知书》，L公司缴纳了保险费。该批货物抵达目的港后，M公司没有提货，也未能如期付款。L公司认为已构成买方拒收，故与C公司一起向B保险公司提交《可能损失通知书》并申请索赔。B保险公司委托第三方机构进行海外调查，M公司声明该公司从未就该批货物进行过任何谈判或签订协议，亦未收到任何提货单。因此，B保险公司拒绝理赔。L公司遂诉至法院，请求判令B保险公司承担保险责任，赔付L公司相当于货物金额90%的保险金44万美元。

B保险公司辩称，本案存在贸易纠纷，L公司应当先依法在中国国际贸易仲裁委员会仲裁，在生效法律文书确定L公司与M公司之间贸易真实性及应收账款的确定数额后，才有权向B保险公司提出保险理赔要求。

（资料来源：上海市第一中级人民法院(2018)沪01民终9589号民事判决书.）

问题：

1. 出口信用保险的目的和作用是什么？

2. 该案中保险公司是否应当赔偿？为什么？

二、海外投资保险

(一)海外投资保险的概念

海外投资保险，也称政治风险保险，是承保投资者在海外投资期间，因投资引进国政治局势动荡或政府法令变动所引起的投资损失的保险。海外投资保险一般是由国家出资经营或国家授权的商业保险机构经营，其实质是国家政府为海外投资者提供的“国家保证”。我国的海外投资保险主要由中国出口信用保险公司承保。

海外投资保险源自1948年美国在马歇尔计划中的投资保证方案，旨在促进资本输出并保护私人投资者的海外利益。在我国，为了响应对外开放和吸引外资的国策，中国人民保险公司于1979年开办了投资保险，但当时的投资保险业务主要保障的是境外投资者的利益。直到2003年，中国出口信用保险公司签发了第一张海外投资保险单，才开始为我国在海外的投资者提供保障。随着中国经济的快速发展，特别是在“一带一路”倡议的推动之下，海外投资越来越普遍和重要，海外投资保险也因此成为我国信用保险领域的重要业务。

(二)海外投资保险的责任范围

1. 海外投资保险的保险责任

保险人负责赔偿被保险人因以下原因导致的损失：

(1)征收风险。也称为国有化风险，指投资所在国政府采取国有化、没收、征用等方式，剥夺投资项目的所有权和经营权，或投资项目资金、资产的使用权和控制权。

(2)战争及政治暴乱。指投资所在国发生革命、骚乱、政变、内战、叛乱、恐怖活动以及其他类似战争的行为，导致投资企业资产损失或永久无法经营。

(3)汇兑限制。指投资所在国政府实施的阻碍、限制投资者换汇自由，或抬高换汇成本，以及阻止货币汇出该国的措施。

(4)政府违约。指投资所在国政府非法地或者不合理地取消、违反、不履行或者拒绝承认其出具、签订的与投资相关的特定担保、保证或特许权协议等。

2. 海外投资保险的除外责任

(1)由于原子弹、氢弹等核武器造成的损失；

(2)被保险人投资项目受损后所造成被保险人的一切商业损失；

(3)被保险人及其代表违背或不履行投资合同，或故意违法行为导致政府有关部门征用或没收造成的损失；

(4)被保险人没有按照政府有关部门所规定的汇款期限汇出汇款所造成的损失；

(5)投资合同范围之外的任何其他财产的征用、没收所造成的损失等。

(三)海外投资保险的保险期限

海外投资保险的保险期限可分为短期和长期两种。短期一般为1年期，保单到期后，双方可以续保，但须另行商议承保条件；长期最短为3年，最长为20年。投保3年以后，被保险人有权要求注销保单，但如未到3年而提前注销保单，被保险人须交足3年的保险费。

(四)海外投资保险的保险金额

海外投资保险的保险金额以被保险人在海外的投资金额为依据，由投保人和保险人共同协商确定。1年期短期投资项目，保险金额是投资金额与双方约定比例(一般为90%)的乘积；长期投资项目的保险金额一般有当年保险金额和最高保险金额两种，当年保险金额按该年投资预算金额的约定百分比确定，最高保险金额按项目总投资金额的约定百分比确定。

(五)海外投资保险的赔偿处理

1. 赔偿等待期

由于各种政治风险造成的投资损失有可能在不久后通过多种途径得到一定程度的补偿，因此被保险人的损失需要一段相对较长的时间才能确定。正因为如此，投资保险有如下赔偿等待期限的规定：(1)政府有关部门的征用或没收引起的投资损失，在征用、没收发生满6个月后赔偿；(2)战争、类似战争行为、叛乱、罢工及暴动造成投资项目的损失，在提出财产损失证明后或者在被保险人投资项目终止6个月后赔偿；(3)政府有关部门汇兑限制造成的投资损失，自被保险人提出申请汇款3个月后赔偿。

2. 赔偿金额

当被保险人在保单所列投资合同项下的投资发生保险责任范围内的损失时，保险人按照投资金额与保险金额的比例赔偿损失；由于保险金额一般为投资金额的90%，因而对将来追回的征用、没收款项等，应由被保险人和保险人按照各自承担损失的比例分配。

三、国内信用保险

国内信用保险，也称一般商业信用保险，是以国内贸易中赊购方的买方信用、接受预付款的卖方信用，或借贷活动中的借方信用等为保险标的的信用保险。其主要业务有：

(一)国内贸易信用保险

国内贸易信用保险，简称内贸险，是卖方企业为防范买方企业因拖欠、破产、丧失偿付能力等原因无法支付货款，以买方企业的信用为保险标的，向保险人投保的一种保险。在实际的业务操作中，卖方企业将买方企业的信用风险转移给保险人，在买方企业无法履行还款义务时，由保险人承担赔偿责任，即向卖方企业赔付相应款项，并向买方追缴未还款项。

国内贸易信用保险的投保人和被保险人为国内贸易中的卖方，保险责任主要为买方企业的商业风险导致卖方企业的损失，包括：买方的长期拖欠，即买方在保单规定的等待期届满时尚未支付欠款的全部或部分以及买方无清偿能力。对于政治风险、被保险人的故意或过失行为、买卖双方共同进行的欺骗行为导致的卖方企业损失，国内贸易信用保险一般不承担赔偿责任。其保险期限通常为一年，责任限额与出口信用保险类似，有保单最高赔偿限额、买方信用限额和被保险人自行掌握的信用限额三种。

国内贸易信用保险有效化解了卖方企业贸易中的应收账款风险，弥补了卖方企业因款项未及时到位而造成的应收账款损失，完善了卖方企业内部信用风险管理的机制。我国的国内贸易信用保险发展较晚。2003 年，平安财险开发了首个国内贸易短期信用保险产品，开启了信用保险的新篇章。但由于我国社会信用体系不健全、缺少信用风险分担防范机制等原因，直到 2005 年才正式开展起来。此后，2005 年 6 月，中国出口信用保险公司在出口信用保险的基础上，转向国内市场，开展国内贸易信用保险业务。随后，人保财险、大地财险等国内多家财险公司，纷纷向卖家企业提供国内贸易信用保险保障方案，以保障企业应收账款的收款安全。2009 年，财政部与商务部联合下发《关于 2009 年度中小商贸企业发展专项资金使用管理有关问题的通知》，其中规定了对购买国内贸易信用保险保费的企业，按照实际缴纳保费给予 50%的补助，该项政策有力地促进了国内贸易信用保险的发展。随着国内信用交易法律制度的完善和国内企业风险管控意识增强，我国国内贸易信用保险市场发展的前景广阔。

(二)国内贸易预付款信用保险

国内贸易预付款信用保险的投保人和被保险人为国内贸易中的买方企业，保险标的为供应商的信用，主要补偿企业按贸易合同约定在国内供应商交付货物或提供服务前将部分或全部合同款项作为预付款支付给国内供应商，因国内供应商发生商业风险导致预付款无法退还的直接损失。

国内贸易预付款信用保险的承保风险包括供应商破产或者无力偿付债务以及供应商拖欠等，除外责任主要为被保险人或其代理人违约、欺诈或违约行为，被保险人在已知供货商违约时仍坚持支付预付款金和一些政治风险所导致的损失。保险期限一般为一年以内，如果因国内供应商发生商业风险导致预付款无法退还，保险人将根据保险合同向企业进行赔偿，最高赔偿比例通常为 90%。

(三)贷款信用保险

贷款信用保险属于融资性信用保险，是指保险人对贷款人与借款人之间的借贷合同进行担保并承保借款人信用风险的保险。通过这种保险，保险人承担了借款人违约的风险，从而帮助金融机构分散贷款风险。这不仅确保了银行和其他贷款机构的资金流动性和安全性，同时也支持了企业等借款方保持其信用健康。

经国家监管部门批准开办贷款业务的商业银行、信用社、小额贷款公司等金融机构，均可作为贷款信用保险的投保人及被保险人。其保险责任为由于借款人未按照约定履行还款义务且逾期时间超过保险合同约定的赔偿等待期，造成被保险人实际发放的贷款本金及利息损失。保险人赔偿后，可向借款人代位追偿。保险人不负责赔偿由于战争、罢工、骚乱、暴动、恐怖活动，核爆炸、核子辐射和放射性污染，行政行为或司法行为，被保险人或其雇员的故意、重大过失或犯罪行为造成的损失、费用和责任。此外，若发生借款人与被保险人订立的借款合同被依法认定无效或被撤销，以及借款人与被保险人采用欺诈、串通等恶意手段订立借款合同等情况，保险人也不负责赔偿。

贷款信用保险赔偿限额的确定，应以金融机构贷出的款项为依据确定；其保险期间为自借贷合同开始时间到偿清全部贷款(本息)的时间。

(四)融资租赁信用保险

融资租赁信用保险属于融资性信用保险，是指保险人对租赁人与承租人之间的融资租赁合同进行担保并承保承租人信用风险的保险。通过这种保险，一方面保障租赁机构取得正常收益，另一方面，有助于租赁机构向企业租赁机械设备，是助力小微企业发展的重要金融工具。

经国家相关管理部门批准，依法合规开展融资租赁业务的机构均可作为融资租赁信用保险的投保人和被保险人。其保险责任为承租人未按照与被保险人签订的融资租赁合同的约定支付到期租金、利息及其他合法款项，且拖欠任何一期款项超过赔款等待期的，由保险人负责赔偿。

【案例 8-2】

B 金融租赁公司向 A 保险公司投保了融资租赁信用保险。约定：承租人违反《租赁合同》项下约定的偿付义务，发生并持续存在 60 个自然日的，视为发生保险事故，保险公司应就《租赁合同》项下所有到期应付未付租金承担赔偿责任。

此后，A 保险公司、B 金融租赁公司与 C 公司又签订《融资租赁信用保险合作协议》，约定：A 保险公司为承租人的租赁履约行为提供信用保险，C 公司就租赁业务提供真实性审核服务；C 公司向 A、B 双方分别提供 C 公司确认的承租人具有真实性的书面文件；融资租赁信用保险合同和本协议约定有冲突的，以本协议为准。业务流程具体为：B 金融租赁公司在征信系统中完成承租人的征信审核，将结果反馈 C 公司。C 公司初审，审核融资租赁合同资料原件、面签照片或面签视频；A 保险公司再审，根据自身的内控要求进行独立审核后，将拟同意承保的承租人资料交由 B 金融租赁公司复审，并向 B 金融租赁公司出具保险单；B 金融租赁公司再根据内控要求进行审核，通过后对符合要求的承租人进行投放；自承租人逾期满 60 天，B 金融租赁公司将索赔通知书等寄送至 A 保险公司。

2017 年 3 月，B 金融租赁公司与承租人崔某签订《融资租赁合同》，后因崔某拖欠租金 8 万余元，B 金融租赁公司申请理赔，A 保险公司辩称：B 金融租赁公司在承租人未足额支付首付款的情形下即放款租车，未履行融资租赁审慎经营义务以及维护保险标的安全的义务，保险公司有权拒赔。

（资料来源：国家法官学院，等．中国法院 2023 年度案例：保险纠纷[M]．北京：中国法制出版社，2023：95-100.）

问题：

1. 信用保险业务中，保险公司面临哪些经营风险？
2. 你认为此案应如何处理？为什么？

第三节　保证保险

保证保险通常分为诚实保证保险和确实保证保险两大类。

一、诚实保证保险

诚实保证保险，又称为忠诚保证保险、雇员忠诚担保保险等，承保被保证人(雇员)的欺骗或不诚实行为，包括但不限于欺诈、伪造、贪污、侵占、非法挪用、违背职守等所造成的被保险人(雇主)的损失。

(一)保险责任

诚实保证保险的保险责任比较宽泛，只要是在规定的赔偿期内，保险单中列明的雇员在不中断的雇佣期间从事指定职位或岗位工作，因如盗窃、贪污、侵占、非法挪用、故意误用、伪造、欺骗等不诚实行为造成被保险人资产或现金损失，保险人在赔偿限额内负责赔偿。

保险人承担赔偿责任通常应具备三个条件：一是雇员的欺骗或不诚实行为应发生在保险期限以内；二是雇员欺骗或不诚实的行为所造成的损失应在保险期限结束 6 个月内或雇员死亡、被解雇或退休 6 个月内被发现，以先发生者为准；三是被保险人在发现其雇员不诚实行为之后 12 个月内向保险人提出索赔。

(二)除外责任

诚实保证保险的主要除外责任包括：因雇主擅自减少雇员工资待遇或加重工作任务而导致雇员不诚实行为所带来的损失；雇主没有按照安全预防措施和尽职督促检查而造成的经济损失；雇主获知其雇员的欺骗或不忠诚行为对雇主造成损失之后，该被保险雇员继续实施欺骗和不忠诚行为所造成的损失；雇员与本身职务无关的行为所致被保险人的损失；高于赔偿期的总赔偿限额的数额；罚款、罚金及惩罚性赔偿；精神损害赔偿；间接损失等。

(三) 承保方式

诚实保证保险的承保方式包括：

1. 指名保证

指名保证是以指定雇员为被保证人，又可分为个人保证和表定保证两种。在个人保证中，以一个特定的雇员作为保证人，当雇主遭受损失时，只有证明损失确为这一特定雇员单独或与他人合谋所造成的，才能获得保险人的赔偿。在表定保证中，以两个或两个以上的雇员作为被保证人，保险合同中须列出每个被保证人的姓名及其各自使用的赔偿限额。

2. 职位保证

职位保证是以指定职位上的雇员为被保证人，只须列出各种被保证的职位及其保证的人数，可不列明被保证人的姓名，凡担任该职位的雇员，都按约定的赔偿限额自动承保。职位保证可分为单一职位保证和职位表定保证两种，其中，单一职位保证承保单一职位上的若干被保证人，无论谁担任此职位均有效；职位表定保证承保两个或两个以上的职位，每一职位各自确定赔偿限额。

3. 总括保证

总括保证是以雇主的所有正式员工为被保证人，且通常所有雇员的赔偿限额相同。总括保证能有效避免逆选择和道德风险，当然，对某些处在特别职位上的雇员仍然可以在总括保证的基础上使用个人保证或职位作为补充，以提高该员工或职位的赔偿限额。

【案例 8-3】

某年年初，某合资公司策划在S市某百货商场举办护肤用品专柜特卖活动月，为组织好这次特卖活动，该公司通过某人才市场的招聘，雇用了5名女性担任此次活动的推销员。由于雇员是在人才市场临时聘用，雇主便对这些推销员在保险公司投保了雇员忠诚保证保险。有一天，该公司急需将20箱护肤用品，价值五万多人民币的货物从公司驻S市办事处运往商场。当时正值下午4时，公司专用送货车辆均已外出未归，活动现场又急等要货。为此，负责这次活动的业务员便安排推销员A叫一辆出租车送货，并再三吩咐其随车押货到指定的商场，同时联系商场专柜售货组派人在商场门口接货。但数小时过后，在商场门口接货的人员却始终未见随车押货的推销员A的踪影。业务员根据公司提供的手机号码与推销员A联系，可是一位接电话的男士声称是机主，却根本不认识业务员要找的推销员A。由于公司招聘资料只有推销员A的手机号码及一般个人资料，该公司一时无法找到推销员A的下落。发现这批货物已遭不测后，该公司立即向当地派出所报了案。公安刑侦人员根据该公司提供的情况和资料，通过向有关通信平台查询，结果发现推销员A提供的手机号码与实际机主身份不符，同时，推销员A在人才市场所留下的身份证及姓名、地址也有不少疑点。对于此案，公安部门虽然对所有的线索作了进一步的追查，但终究没有明确的结果。鉴于5万多元的损失是由于雇员不忠诚所带来的，因此，该公司在事故发生后，根据投保的雇员忠诚保证保险合同向保险公司提出了索赔申请。

（资料来源：许飞琼．财产保险与案例分析［M］．北京：中国财政经济出版社，2022：308-310.）

问题：

1. 什么是雇员忠诚保证保险？

2. 你认为保险公司是否应该赔偿？为什么？

二、确实保证保险

确实保证保险是指被保证人不履行其合同、法律或法规义务而使权利人遭受损失时，由保险人负责赔偿的保证保险。确实保证保险主要有两大类：合同保证保险和非合同保证保险。

（一）合同保证保险

合同保证保险，又称契约保证保险，指因被保证人不履行合同义务而造成权利人经济损失时，由保险人代替被保证人赔偿。合同保证保险最初主要是适应建筑工程投资人对承包人如期完工的要求而开办的，经过长期发展，已经成为产品类型多样的业务体系，目前其保费收入占全球保证保险市场的60%以上，主要产品包括建设工程履约保证保险、产品保证保险、贷款保证保险等，由于内容较多，本书将在后文单独介绍。

（二）非合同保证保险

非合同保证保险，又称商业保证保险，指因被保证人不履行法律、法规或行政义务造成权利人经济损失时，由保险人代替被保证人赔偿。非合同保证保险用途广泛，其主要产品有：

1. 司法保证保险

司法保证保险是为确保司法程序的正常进行而由保险人为被保证人因司法活动所产生的义务提供保证的保险。司法保证保险按其内容可分为诉讼保证保险和受托保证保险两种。

诉讼当事人（原告或被告）在要求法院为其利益采取某种行动或措施，如扣押、查封、冻结某些财产等，而有可能伤害另一方的利益时，法院为了维护双方的合法权益，通常会要求申请人提供诉讼保证保险。诉讼保证保险包括保释保证保险、上诉保证保险、扣押保证保险等。保释保证保险是保证被保释人在规定时间回到法庭出庭受审，如不出庭，所有法院罚金由保险人承担；上诉保证保险是当上诉法院维持下一级法院的判决时，保险人保证上诉人支付所有原判决金额及其利息和上诉费用；扣押保证保险是承保原告败诉时因错误扣押财产而给被告造成的损失。

受托保证保险承保由法院指定的受托人因其不尽职尽责而造成委托人的财产损失。其中，受托人可以是财产受托人、破产管理人、遗嘱执行人、遗产管理人或是缺乏完全行为能力的人的监护人等。

2. 执照和许可证保证保险

执照和许可证保证保险是保险人为被保证人从事某种经营活动或行为而需要向政府申请领取执照或许可证时提供担保的保险，如果被保证人在从事该项经营活动或行为中违反政府法令或公众利益时，由保险人承担由此引起的赔偿责任。

3. 关税保证保险

关税保证保险是一种为进出口企业提供海关税款缴纳保证的保险，如果进出口企业在保险期间内申报进出口货物所涉及的海关税款，未按海关规定的期限缴纳，由保险人赔偿被保证人应缴的海关税款及其滞纳金。关税保证保险不仅增强了海关税收的安全性，提升了口岸通关的效率，还能有效降低企业的资金占用成本，从而助力进出口贸易的发展。

4. 公务员保证保险

公务员保证保险是一种对政府工作人员提供保证的保险，分为诚实保证和忠实执行职务保证两种。前者主要对公务员因不诚实或欺诈行为所造成的损失承担赔偿责任，后者主要是对公务员因在工作中未能忠于职守而给政府造成的损失承担赔偿责任。

三、合同保证保险的主要业务

(一)建设工程履约保证保险

建设工程履约保证保险①是合同保证保险中最重要的业务，是保险人向被保险人提供的保证投保人履行建设工程合同义务的保险，在工程建设全过程中，当投保人未能按照建设工程合同约定履行义务时，保险人将代为承担赔偿责任。其中，建设工程是包括建筑工程如民用建筑、工业建筑等，土木工程如道路、轨道、隧道、桥梁、涵洞等，以及机电工程如电气、管道、机械设备安装、电子与信息通信等多种类型的工程项目的统称；投保人是指向建设工程招标人投标、中标、与招标人签订建设工程施工合同的、依法具有相应工程施工承包资质的建设施工企业；被保险人是指建设工程招标人、发包人、投资人或农民工等。具体而言，按照工程建设不同阶段，我国的建设工程履约保证保险通常包括以下保险产品：

1. 投标保证保险

此保险适用于建设工程招投标阶段，其责任期间一般自投保人向被保险人提交投标文件之日起至建设工程施工合同签署之日止。当投保人(工程投标人)未经被保险人(工程招标人)同意撤销或修改投标文件、无正当理由放弃中标、中标后不履行投标文件里的承诺、又或者违反招投标的约定给被保险人造成的直接经济损失，保险人在投标保证保险金额内承担赔偿责任。

2. 完工履约合同保证

此保险适用于建设工程施工阶段，其责任期间自建设工程施工合同签署之日起至建设

① 在国外业务实践中，建设工程履约保证保险通常被称为“合同保证保险”，这一术语也被国内教材广泛使用。但本书为了避免概念上的混淆，且保持与国内业务实践的一致性，故采用“建设工程履约保证保险”这一术语。

工程施工合同履行完毕之日止。当投保人(工程承包人)因自身原因未按照与被保险人(工程发包人)签订的建设工程施工合同履行相关义务，导致工程竣工延误或工程质量不符合建设工程施工合同要求，给被保险人造成直接经济损失的，保险人在完工履约合同保证保险金额内承担赔偿责任。

3. 预付款保证保险

此保险适用于建设工程施工阶段，其责任期间自预付款支付之日起至建设工程施工合同关于预付款的约定履行完毕之日止。当投保人(工程承包人)在收到被保险人(工程投资人)支付的工程预付款后，因未按约定使用或支配预付款给被保险人造成直接经济损失的，保险人在预付款保证保险金额内承担赔偿责任。

4. 支付保证保险

此保险适用于建设工程施工阶段，其责任期间自建设工程施工合同签署之日起至建设工程施工合同履行完毕之日止。当投保人(工程承包人)在履行建设工程施工合同过程中未及时支付供应商或分包人材料款、工程款或未及时支付职工工资，导致上述供应商、分包商或者职工要求被保险人(工程发包人)直接予以支付的，保险人在支付保证保险金额内承担赔偿责任。

5. 农民工工资支付保证保险

农民工工资支付保证保险是保障农民工合法权益的重要手段。此保险适用于建设工程施工阶段，其责任期间一般根据被保险人参与建设的工程施工合同期限确定，最长不超过一年。当投保人(工程建设单位或施工单位)未按照与被保险人(农民工)签订的劳动合同约定向被保险人履行全部或部分工资支付义务，给被保险人造成工资收入损失的，保险人依据劳动和社会保障管理部门或建筑行业管理部门的调查认定结论承担赔偿责任。

6. 工程质量保证保险

此保险适用于建设工程竣工交付阶段，其责任期间与建设工程施工合同中约定的缺陷责任期一致，最长不超过两年。当投保人(工程承包人)未按照建设工程施工合同有关约定履行建设工程质量缺陷维修义务，给被保险人(工程发包人)造成直接损失的，保险人承担赔偿责任。

实践中，工程建设相关利益关系人可以选择投保以上保证保险产品，也可投保综合的建设工程履约保证保险来获取保障。承保是建设工程履约保证保险经营中的重要环节。工程项目往往由于材料设备的供应、运输、能源、施工力量、技术水平、工程管理以及市政工程配套方面的种种问题不能如期竣工，风险较大，因此只有符合下列规定才能承保：投资项目已得到政府有关部门批准，工程列入国家计划，施工力量、设备材料及市政配套工程等均已落实；承包人向保险人提供反担保或签订“偿还协议书”；工程项目已投保工程保险。

(二)产品保证保险

产品保证保险，也称产品质量保证保险，是指以被保证人因制造或销售的产品丧失或不能达到合同规定的性能而造成产品购买者或消费者利益损失时，由保险人负责赔偿的保证保险。产品保证保险的开办对于保护消费者权益、促进企业产品质量的提升以及推动产品销售具有积极作用。

1. 保险责任

产品保证保险的保险责任一般为，在保险合同中列明的追溯期起始日之后，被保险人生产或销售的产品由于下列原因之一，导致权利人在保险期间内首次向被保险人提出索赔，且依据法律应由被保险人承担修理、更换或退货责任的，保险人在保险合同约定的赔偿限额内予以赔偿：不具备产品应当具备的使用性能而事先未做说明的；不符合在产品或者其包装上注明采用的产品标准的；不符合以产品说明、实物样品等方式表明质量状况的。另外，由于保险产品的修理、更换或退货引起的必要的、合理的应由被保险人承担的鉴定费用、运输费用和交通费用也由保险人负责赔偿。

2. 除外责任

保险人对下列原因造成的损失和费用不负责赔偿：产品生产者、销售者或购买者、使用者的故意行为或重大过失行为造成的损失；产品购买者、使用者不按使用说明书的要求安装、使用或自行拆装、修理产品造成的损失；产品在运输或仓储过程中因外来原因造成的损失；产品的自然消耗或磨损；产品召回导致的损失或费用；任何原因造成购买者、使用者或其他第三人的人身伤亡和被保险产品之外的财产损失；产品购买者、使用者认可并接受的有质量问题的产品造成的损失和费用等。

3. 赔偿处理

产品购买者、使用者认为产品存在质量问题的，经被保险人(必要时须经过保险人)鉴定确认后由被保险人向保险人提出索赔。

保险人在保单列明的赔偿限额内进行赔偿：若因设计、制造等原因导致产品零部件、元器件失效或损害，赔偿该部件或元器件的重置价和修理费用；若整件产品需要更换、退货，其赔偿金额以产品出厂价格或销售价格为限，若出厂价格或销售价格高于购买地重置价，其赔偿金额与重置价为限；更换或退回的产品残值须在赔款中扣除。此外，保险人赔偿因产品修理、更换、退货引起的鉴定费用、运输费用和交通费用，合计赔偿金额在同一赔案中不得超过赔偿金额的30%。

(三)贷款保证保险

贷款保证保险属于融资性保证保险，是为满足符合条件的企业及个体工商户等市场主体正常生产经营活动的融资需求而开办的保证保险，由企业或个体工商户作为投保人，金融机构为被保险人，金融机构以保单作为担保的方式向投保人发放贷款，当借款人未按合同约定履行还贷义务并在等待期结束后，由保险人按照相关约定对贷款损失承担赔偿责任。

作为一种风险管理工具和增信工具，贷款保证保险不仅有助于缓解企业尤其是中小微企业融资难、融资贵的问题，还能有效提升金融机构对这些企业的信贷支持力度，进而助力企业的稳健成长和促进实体经济的持续发展。

(四)个人贷款保证保险

个人贷款保证保险属于融资性保证保险，是个人在向银行等金融机构申请贷款时，为了确保贷款资金安全而向保险人购买的保证保险。其主要业务有：

1. 个人消费信贷保证保险

个人消费信贷保证保险，是为符合条件的申请个人消费信贷的自然人提供还款保证的保证保险，投保人为借款消费的个人，被保险人是提供个人消费贷款的金融机构。当投保人未能按照与被保险人签订的贷款合同的约定履行还本付息义务，且投保人拖欠任何一期欠款的时间超过保险单约定的索赔等待期时，保险人对投保人在贷款合同项下应偿还而未偿还的贷款本金及相应利息向被保险人支付赔偿金。

个人消费信贷保证保险的保险期间根据贷款合同约定的还款期限确定，其保险金额由投保人和保险人根据贷款合同中列明的贷款本金和利息协商确定。

2. 个人住房抵押贷款保证保险

个人住房抵押贷款保证保险，简称房贷险，是为以贷款购买的商品房向金融机构抵押的个人提供还款保证的保证保险，投保人为购买商品房并以商品房作为抵押物向银行借款的个人，被保险人是向购房人提供商品房抵押贷款的金融机构。当借款人因自然灾害、意外伤害事故导致死亡或伤残，而丧失全部或部分还贷能力，从而无法如期履行个人房屋抵押借款合同约定的还贷责任，致使贷款人经济损失时，由保险人代借款人向贷款人偿还未归还的贷款本金和利息，同时行使追偿权，从抵押物中得到补偿或向投保人追回赔款。这样，贷款人就无需耗费精力去行使房屋抵押权，加快了资金周转的速度。

房贷险的保险金额为贷款余额及利息之和，赔偿金额为借款人所拖欠的已到还款期限的本金和利息，以及以后按期支付的欠款，直至借款人恢复履行偿还贷款责任，或保险人付清借款人的全部欠款为止。保险期限一般是自保单签发次日起至贷款合同履行期届满 6 个月时止。

3. 个人机动车消费信贷保证保险

个人机动车消费信贷保证保险，简称车贷险，是为以贷款购买机动车的个人提供还款保证的保证保险，投保人为借款购车的个人，被保险人是提供机动车消费贷款的金融机构。在车贷险中，若购车者未能依照机动车辆消费贷款合同规定的期限偿还债务，则被视为保险事故的发生。保险事故发生后 3 个月，投保人仍未履行约定的还款义务的，由保险人承担赔偿责任。但对于下列原因导致的投保人不履行还款义务的情况，保险人不负责任：车辆被政府征用；因购车人违法涉及车辆及其他财产被罚没、查封、扣押、抵债及车辆转让、转卖、收购；车辆损毁或灭失，并且无法得到机动车辆保险的赔偿；因车辆的质量问题致使投保人不履行还款义务等。

车贷险的保险期限与车辆消费贷款合同约定的贷款期限应该一致，保险金额为投保人的贷款金额加上按贷款合同签订日的利率计算的贷款利息。

4. 教育贷款保证保险

教育贷款保证保险，也称助学贷款保证保险，简称学贷险，是为获得国家助学贷款或商业性助学贷款的学生提供还款保证的保证保险，投保人为借款学生，被保险人是贷款银行。

在学贷险中，如借款学生身故，包括被法院宣告死亡、借款学生全部或部分丧失劳动能力、借款学生连续 12 个月未完全履行还款义务时，视为保险事故发生，由保险人负责赔偿。学贷险的保险期限和贷款期限一致。且借款学生可以在毕业后两年内的任何时候开始偿还贷款，如果借款学生短期失业，可以向银行申请最长达6个月的豁免还款期，最多可申请两次，在此期间不还款不构成违约。

【案例8-4】

2017年1月13日，A银行和王某签订《个人借款合同》，约定借款用于个人消费，贷款期限36个月，A银行当即向王某的账户发放贷款20万元。当日，王某向B保险公司投保以自己为投保人，A银行为被保险人的《个人贷款保证保险》，保险期间自个人贷款合同项下贷款发放之日起至清偿贷款全部本息之日止，保费缴纳方式为每月支付保险费，投保人委托被保险人从指定的账户中扣除每月应缴保险费，投保人拖欠任何一期贷款达到80天(不含)，保险人依据保险合同约定向被保险人进行理赔，保险人理赔后，投保人需向保险人归还全部理赔款项和未付保费。

2018年12月开始，王某因收入未达预期，未按期归还银行贷款本息，也未按期缴纳约定的保险费。截至2019年3月初，王某拖欠A银行贷款本息8.4万元，拖欠B保险公司保险费8600余元。B保险公司就王某拖欠贷款本息部分向A银行进行了赔偿。之后，B保险公司起诉要求王某归还代偿款及利息，以及拖欠的保险费等费用。

但王某认为，自己是向A银行借款，不应当由B保险公司起诉，自己和保险公司没有任何借款合同关系。此外，自己应当只归还剩余借款的本金和适当利息，不应当支付保险费等。

(资料来源：上海市金山区人民法院〔2020〕沪0116民初13837号民事判决书.)

问题：

1. 保证保险中，保险人赔偿后可否向投保人追偿？为什么？

2. 此案应如何处理？试说明原因。

◎ 本章小结

1. 信用保险和保证保险，是指以履约信用风险为保险标的的保险。信用保险的信用风险主体为履约义务人，投保人、被保险人为权利人；保证保险的投保人为履约义务人，被保险人为权利人。和一般财产保险相比，信用和保证保险的承保风险为信用风险，费率厘定不完全以大数法则为基础，代位追偿是业务流程中不可或缺的一环，经营要求也更为严格。尽管信用保险与保证保险具有相似性，但两者在合同主体及利益关系、保险合同的形式、控制风险的方法和保险人面临的经营风险上也存在区别。
2. 信用保险的主要种类有出口信用保险、海外投资保险、国内信用保险。其中，出口信用保险和海外投资保险为政策性保险业务。出口信用保险是承保出口商在经营出口业务的过程中因进口商的商业风险或进口国的政治风险而遭受损失的信用保险，对推动本国出口贸易，保障出口企业收汇安全起到了十分重要作用。按出口合同的信用期，出口信用保险可分为短期出口信用保险和中长期出口信用保险；海外投资保险是承保投资者在海外投资期间，因投资引进国政治局势动荡或政府法令变动所引起的投资损失的保险，是国家政府为海外投资者提供的“国家保证”；国内信用保险是以国内贸易中赊购方的买方信用、接受预付款的卖方信用，或借贷活动中的借方信用等为保险标的的信用保险，包括国内贸易信用保险、国内贸易预付款信用保险和贷款信用保险等。

3. 保证保险包括诚实保证保险和确实保证保险两大类。诚实保证保险承保被保证人的欺骗或不诚实行为，包括但不限于欺诈、伪造、贪污、侵占、非法挪用、违背职守等所造成的被保险人的损失。确实保证保险是被保证人不履行其合同、法律或法规义务而使权利人遭受损失时，由保险人负责赔偿的保证保险。确实保证保险有合同保证保险和非合同保证保险之分，其中，合同保证保险承担因被保证人不履行合同义务而造成权利人的经济损失，其主要产品包括工程建设履约保证保险、产品保证保险、贷款保证保险等；非合同保证保险承保因被保证人不履行法律、法规或行政义务而造成权利人的经济损失，其主要产品有司法保证保险、执照和许可证保证保险、关税保证保险、公务员保证保险等。

◎ 课后练习

1. 信用和保证保险有什么特点？
2. 信用保险和保证保险有何区别？
3. 出口信用保险有哪些特征？其基本内容是什么？
4. 简述海外投资保险的主要内容。
5. 诚实保证保险的主要承保方式有哪些？
6. 我国的建设工程履约保证保险有哪些具体业务？
7. 比较产品责任保险与产品保证保险。
8. 简述个人消费贷款保证保险的种类。

◎ 实践探索

1.《信用保险和保证保险业务监管办法》中，对经营融资性信保业务的保险公司提出了更严格的要求。哪些信用和保证保险业务具有融资性？其发展现状和问题是什么？
2. 试分析“一带一路”建设中海外投资保险的作用，并进行案例分析。
3. 阅读材料：

上海某出口企业A与印度尼西亚买方交易多年，为其供应钢材。2019年5月，印度尼西亚买方拖欠933万美元货款，企业A向中国信保报损。正当定损核赔流程启动之时，买方在印度尼西亚本地法院对企业A以“部分产品存在质量问题”为由提起诉讼，并提出了高昂的反索赔要求。在案件发生后，中国信保联合内外部专家和律师深入分析买方动机及经营状态，指导企业A积极应诉，同时通过多种途径向买方施压，争取将买方拉回谈判桌。由于境外司法程序冗长叠加新冠疫情的影响，审判流程一再拖延。终于，在一审判决中，法院驳回了买方的上诉，但买方很快提起了二审申请，又把该案拉入漫长的法律程序。为缓解企业A资金困难，2020年1月，中国信保对未涉诉的部分进行了先行赔付约 40 万美元。2022 年 12 月，当诉讼获得初步进展时，中国信保根据一审、二审阶段性结论，第一时间对债权中无争议的两部分(合计 184 万美元)分别进行赔付。2023 年，买方部分主体在当地进入到破产程序，在中国信保的协助下，企业 A 顺利完成破产债权登记，并得到了破产法院的认可。在此背景下，中国信保联合律所果断采取行动，取得关键性的确权文件，迅速推进定损核赔，最终在 2024 年 3 月完成了第四笔赔款支付。至此，该案项下合计支付赔款 646 万美元。

（资料来源：中国出口信用保险公司．百口莫辩，巨款逾期遭反诉；百转千回，信保服务化险阻[EB/OL]．[2024-05-24]．https：//www. sinosure. com. cn/xwzx/xbsa/2024/05/218239. shtml.）

结合上述材料，谈谈你对出口信用保险的保障和服务包括哪些内容？以及出口信用保险在服务企业“走出去”中可以发挥哪些作用？

◎ 课后荐读

1. 卜林，赵轶薇，周莹莹．出口信用保险提高了中国出口竞争力吗[J]．国际金融研究，2023(3)：26-36.
2. 陈孝伟，白德雨．信用保险的发展现状、挑战与展望[J]．中国保险，2023（10）：10-13.
3. 谷伟．中国信用保证保险(2. 0 实践手册)[M]．北京：中译出版社，2023.
4. 唐金成，李莹莹．信贷市场上融资性保证保险的困境及对策[J]．中国保险，2024（2）：25-29.
5. 谢菁，赵泽皓，关伟．我国保证保险发展现状、困境与优化建议研究[J]．金融理论与实践，2022（6）：83-92.
6. 郑秀君．信用保险学[M]．上海：上海财经大学出版社，2020.
7. 中国政府网．信用保险和保证保险业务监管办法[EB/OL]．[2020-05-28]．https：//www. gov. cn/zhengce/zhengceku/2020-05/28/content_5515518. htm.

第九章　再　保　险

◎ 学习目标

了解再保险的概念、特征和作用；掌握临时再保险、合同再保险等合同安排方式，以及比例再保险和非比例再保险所包含的几种主要分保方式；掌握再保险合同的常见条款；更全面地认识保险公司的风险管理和对保险公司的监管。

◎ 引言

2023 年 6 月，原上海银保监局与上海市地方金融监管局联合发布《关于加快推进上海国际再保险中心建设的实施细则》，在上海开设面向全球的再保险分入业务交易市场，旨在推动我国再保险市场由“单向开放”向“双向开放”转型升级，为保险业数字化转型和高质量发展贡献中国智慧、提供中国方案，构建再保险国内大循环的中心节点和国内国际双循环的战略链接。2024 年 8 月 14 日，国家金融监督管理总局批复 7 家险企设立上海再保险运营中心，形成了各方政策支持合力，上海再保险“国际板”再次迈出实质性步伐。

再保险是直保公司扩大承保能力、分散风险最常用的手段，成熟的再保险市场有助于保险业更好地发挥经济减震器和社会稳定器功能作用，进一步增强保险业在推动国家治理体系和治理能力现代化中的作用。那么，究竟什么是再保险，它有何功能？为什么需要再保险？再保险有哪些种类，不同类型的再保险在分散风险和适用性方面有何差异？本章将就再保险的相关知识进行系统的介绍。

第一节　再保险概述

一、再保险的概念

再保险，又称分保，是指保险人在原保险合同的基础上，与另一保险人签订保险合同，将其承担的部分保险转移给其他保险公司的行为。《保险法》第二十八条规定：“保险人将其承担的保险业务，以分保形式部分转移给其他保险人的，为再保险。”

再保险是与原保险或直接保险相对的概念。直接保险是由投保人与保险人之间所签订的协议，投保人按照约定向保险人缴纳保险费，保险人根据保险单规定，在发生保险责任范围内的损失时，履行经济补偿责任。再保险是保险人与投保人签订合同后，再与另一个保险人签订保险合同，所以被称为再保险或分保。

再保险也被称为“保险的保险”，即再保险人为原保险人提供风险保障。这是由于有些损失对于单个的保险人来说也是难以承受的，在一些巨灾损失中，甚至可能会出现保险公司的全部资本用于赔付尚不够的情况。保险人为了避免这种情况出现，往往采取分保的方式来分散自身业务的风险。

再保险可以发生在一国范围内，也可以发生在国家与国家之间。尤其是对于一些超过国内市场承受能力的巨额风险，如航天飞机、核电站等在实验和运行过程中的风险通常要超越国界进行分保。因此，再保险还具有明显的国际性。

在再保险交易中，分出业务的公司被称为原保险人或分出公司；接受业务的公司被称为再保险人、分保接受人或分入公司。再保险还可以一保再保接连再保，即第一家再保险公司可将分入风险再向另一家再保险公司分出部分风险，形成二度转嫁。第二家再保险公司还可以继续向第三家再保险公司分出部分风险，如此等等。和直接保险转嫁风险一样，再保险转嫁风险也要支付一定保险费，这种保险费称分保费或再保险费；同时，由于分出公司在招揽业务过程中支出了一定的费用，分入公司应当支付一笔费用加以补偿，这种费用报酬称为分保佣金或分保手续费。如果再保险接受人将其接受的业务再分给其他保险人，这种做法称为转再保险或转分保，双方分别称为转分保分出人和转分保接受人。

二、再保险与原保险的比较

(一)再保险与原保险的联系

从合同关系的角度来看，再保险建立在原保险合同的基础之上，因此，二者之间存在着紧密的联系。

再保险人的责任范围以原保险人的责任为上限。再保险的保险金额不得超过原保险合同所规定的保险金额；再保险合同的有效期限亦不得超出原保险合同的有效期限。

若原保险合同因特定原因而终止，则再保险合同亦将随之失效。

在签订再保险合同时，依据最大诚信原则，原保险人有义务将原保险合同中投保人(被保险人)的声明及保证内容准确无误地告知再保险人。若原保险人故意或因疏忽而遗漏、误报或隐瞒了有关风险的重要事实，再保险人有权据此解除再保险合同。

上述再保险合同中的权利与义务关系亦可因双方当事人的约定而发生变更。

(二)再保险与原保险的区别

但是，再保险又是脱离原保险合同而独立存在的合同，并非原保险合同的从合同，二者之间有着明显的区别：

(1)主体不同。原保险合同的主体包括保险人和投保人；再保险合同主体双方均为保险人。

(2)保险标的不同。原保险的标的可以是财产、责任或者信用，也可以是人的身体和生命，而再保险的标的则是原保险人承担风险的部分赔付责任，属于责任保险。

(3)合同性质不同。原保险合同中的财产保险合同属于补偿性合同，而人身保险合同通常属于给付性合同；再保险中再保险人对原保险人支付的赔款和给付的保险金进行补偿，因此属于补偿性合同。

(三)再保险与共同保险的关系

共同保险是指多个保险公司基于同一保险利益，针对同一保险标的的同一风险，共同签订的保险合同。在这种安排下，多家保险公司共同承担对特定风险损失的补偿责任。尽管共同保险和再保险均具有分散风险、增强承保能力的功能，但共同保险本质上仍属于直接保险范畴，是风险的第一次分散，而再保险则代表了风险分散的第二次分散。在共同保险中，参与的保险公司之间存在的是横向关系，即并联关系；而在再保险结构中，保险公司之间则是纵向关系，即串联关系。

三、再保险的功能

分散风险是保险的基本功能，对于再保险亦是如此。从理论上讲，依据可保风险条件的规定，保险公司在其运营过程中，应当使保险标的在数量上尽可能地多，并确保这些标的具有同质性。然而，在实际操作中，财产标的在物理形态上差异巨大，在价值量上也参差不齐。例如，家庭财产等虽价值量较小但风险单位众多，而航空、核电站等则价值量巨大但风险单位较少。若保险公司过于严格遵循可保风险条件，可能会错失许多承保的机会。反之，若承保了大量不符合可保风险条件的标的，又可能使公司运营面临巨大风险。这是一个棘手的矛盾，而再保险提供了一种有效的解决途径。通过再保险，可以将大额风险分散为小额风险，转移给其他保险公司，由多家保险公司共同承担，从而在更广阔的范围内分散风险。风险转移是再保险关系建立的基础，而再保险的功能在于风险分散。

四、再保险的作用

(一)扩大承保能力

依据大数定律，保险公司需聚集尽可能多的风险单位，并接纳尽可能多的投保人。然而，保险公司的承保能力通常受限于其资本和准备金等财务状况。为了保护被保险人的权益，许多国家对保险公司的承保业务量设定了明确的规范，这些规范主要包括两个方面：一是规定了保险机构的最低资本额，并限制了每笔业务或每个风险单位的最高自留额，不得超过其资本加准备金的一定比例。根据我国《保险法》第一百零三条第一款的规定：“保险公司对每一危险单位，即对一次保险事故可能造成的最大损失范围所承担的责任，不得超过其实有资本加公积金总和的百分之十；超出部分应办理再保险。”通过再保险业务，保险公司的业务量不再受限，只要具备分保能力，即可接受任何额度的保险业务。因此，保险公司通常将安排再保险合同作为接受大额保险业务的前提条件。二是规定了保险公司必须具备与其业务规模相匹配的最低偿付能力。若偿付能力低于规定数额，保险公司需增加资本金以补足差额。我国《保险法》第一百零二条进一步规定：“经营财产保险业务的保险公司当年自留保险费，不得超过其实有资本金加公积金总和的四倍。”换言之，保险公司的资本额不得低于自留保费的四分之一，这意味着保险公司的业务量受到其资本额的限制。在不增加资本的情况下，通过再保险，保险公司可以增加其业务量。因此，再保险能够有效扩展保险公司的承保能力。

(二)形成巨额联合保险基金

通过再保险机制，可以实现将分散的、数量有限的保险基金汇聚成一个庞大的保险资金池。尽管这种聚合并非基于明确的书面协议，但通过再保险的分保和共保业务，各保险公司能够将超出自身承受能力的风险责任进行相互转移和分散，从而实际上发挥出联合保险基金的功能。随着科技的进步和普及，社会财富不断增长，大型保险标的物数量显著上升，相应地，风险也趋于集中。例如，人造卫星发射失败、十万吨级巨轮沉没、核电站发生爆炸、大型客机坠毁等事件，其造成的损失动辄以数亿元计算。在缺乏再保险的情况下，即便是资金实力雄厚的保险公司也难以独自承担如此巨大的损失。然而，通过再保险，独立运营的保险公司能够实现联合，共同构建起一个庞大的联合保险基金。

(三)促进保险行业发展

再保险的存在与发展为小型保险公司提供了更多生存的空间，进而推动了保险业内部的竞争。保险产业与其他工业产业的区别之一在于，小型企业提供的产品往往与大型企业提供的产品具有同质性。大公司在经营管理成本、品牌效应等方面都具有规模效应。若无再保险机制，难以与大型公司竞争。反之，若缺乏竞争，市场若被大型公司完全垄断，最终消费者的利益将受到损害。

此外，再保险还能推动行业内的合作。再保险人与全球各种各样的保险公司合作，积累了大量的承保专业知识，同时拥有来自世界各地的承保数据及与之伴随的更精准的风险评估和定价方案。再保险公司的这些专业知识和资源可以帮助直接保险公司进入新市场和提供新产品。

【案例 9-1】

名为共同保险实为再保险的司法认定标准

【基本案情】2017 年 5 月，某保险股份有限公司北京市分公司承保了某手机公司手机屏碎保障责任保险。后，某保险股份有限公司北京市分公司与某保险股份有限公司沈阳市分公司营业部签订《共保协议》，约定对上述保险按 50% 比例进行共同保险。某保险股份有限公司北京市分公司向某手机公司赔付保险赔款后，向某保险股份有限公司沈阳市分公司营业部主张分摊损失，双方产生争议，诉至法院。

【裁判结果】一审法院未认定本案再保险性质，而按实收保费的 90% 确定双方的分摊比例。二审法院认定本案系再保险纠纷，适用“共命运”原则及其除外条款进行改判。

【裁判观点】再保险合同具有责任分摊性，在再保险合同中，原保险人通过合同约定，将原保险合同的保险业务部分转移给再保险人，从而分摊原保险人的责任。而共同保险是指两个或两个以上的保险公司及其分支机构(不包括同一保险公司的不同分支机构)使用同一保险合同，对同一保险标的、同一保险责任、同一保险期限和同一保险金额进行承保的保险，系数个保险人与投保人建立的直接保险合同关系。认定再保险与共同保险时，应从投保人是否知情、保险人是否共同向投保人承保、是否存在责任分摊等因素出发。本案中，两保险公司虽然签订了共同保险合同，但是并未通知投保人两保险公司系共同保险，也无证据证明投保人知晓本案系共同保险，本案合同构成合约分保、比例再保险关系。在再保险中，赔款摊回适用“共命运”原则，即在分出公司根据保险条款尽职厘定损失的前提下，分出公司的理赔决定自动适用于再保险接受人。再保险接受人的赔偿责任限于原保单以及再保险合同约定的保险责任范围，分出公司自身的坏账、倒闭等财务风险，以及未经再保险公司同意的通融赔付(分出公司明知无实际赔偿责任的自愿赔付)等除外。本案中再保险分出人在与被保险人签订协议并明确放弃保险残值前，并未就保险残值问题与再保险接受人进行告知与沟通，再保险接受人亦未明示放弃保险残值权利，且再保险分出人并未提交充足证据证明不存有保险残值。因此，在再保险分入人进行抗辩的情况下，本案应适用“共命运”原则的除外条款，再保险分出人在单独承担案涉保险赔偿的部分责任后，剩余责任按照合同约定与再保险接受人进行分配。

(资料来源：北京金融法院保险类纠纷审判白皮书[EB/OL].[2022-11-09]. https://bjfc.bjcourt.gov.cn/cac/1667974580710.html.)

请分析在此案例中，一审法院未认定本案再保险性质的依据是什么？北京金融法院认定本案系再保险纠纷的依据是什么？对再保险性质认定的不同，如何影响双方的赔付责任？

第二节　再保险的合同形式

按分保安排方式的不同，再保险可以分为临时再保险、合同再保险和预约再保险。

一、临时再保险

临时再保险，又称为选择性再保险、自愿再保险或就地再保险，是指原保险人在有再保险需要时，临时与再保险人协商订立再保险合同，合同的有关条件也都是临时议定的。临时再保险具有以下特点：

第一，灵活性较大。在临时再保险关系中，原保险人和再保险人双方对每笔保险业务的分出和分入都有自由选择的权利。原保险人是否办理分保、分出什么险别、分出多少，可以根据自身所能承受的程度来决定；而再保险人是否接受原保险人分出的业务、接受多少、是否需要调整再保险的条件等，也完全可以根据业务的性质、自身的承担能力以及已接受业务的责任积累状况自主决定。

第二，适应性较强。临时再保险以一张保险单或一个危险单位为基础进行逐笔协商，业务条件清楚，适应性强。它不仅对于高风险的业务，诸如石油勘探责任险、航空险、地震、洪水以及战争险都是适用的，而且为超过合同限额以及合同除外的业务安排也提供了分散风险的渠道，另外对于新开办的、数量少、业务不稳定或规律性较难掌握的业务也创造了责任分担的条件。采用临时再保险形式分保时，既可按比例责任分保，也可按非比例方式分配分出公司与分入公司的责任，具体有成数临时再保险、溢额临时再保险和超额赔款临时再保险，可见其适应性较强。

第三，复杂度较高。尽管临时再保险的协议可以通过电话、电报、电传或信件等方式进行，以确定再保险条件及双方应承担的责任，但分出公司通常需待分入公司作出肯定答复后，方可确定其最终承担的风险责任。分入公司，即再保险人，亦需经过审慎审核，方能决定接受的分保业务的百分比或金额。至于合同条件的变更，亦须征得再保险人的同意，且只有在再保险人正式确认后，合同方能生效。有时，再保险分出公司需与多家再保险分入公司联系，以妥善安排业务，这可能会使其在竞争中处于不利地位。

临时再保险是最早的再保险合同安排方式，但后来随着合同再保险的广泛应用，采用临时再保险安排的合同逐渐减少。但是近年来科技和经济快速发展，保险标的金额日益增大，累积风险责任增加，往往超出合同再保险的责任限额。于是，临时再保险灵活便捷的优越性又重新凸显出来，再次在再保险市场中发挥重要作用。临时再保险主要用于下列情况：

(1)合同再保险中无法承保的风险。比如，新业务数量较少不足以安排合同再保险，或者因为风险过高而无法通过合同再保险进行分出。

(2)超出合同再保险限额的风险。比如，巨灾合同再保险往往有事故限额，需要临时再保险来分散超出限额的风险损失。

(3)原保险人主动把部分高风险业务从合同再保险中摘除，以期获得更好的合同再保险分保条件。

二、合同再保险

合同再保险又称“固定再保险”和“固定合同再保险”，是原保险人与再保险人之间预先签订的再保险合同，规定了再保险业务的范围、条件、金额和费用。在合同期限内，原保险人必须按照约定的条件分割约定的业务，再保险人必须接受约定的条件。双方不必逐一谈判，也不能选择分保业务。合同规定的分保业务在原保险人与再保险人之间自动分割，合同再保险适用于所有形式的比例和非比例再保险。合同再保险具有以下特点：

第一，强制性。合同再保险中覆盖了固定的某类风险或者风险组合，并且满足事先约定的保险风险自动被分出。原保险人有义务将合同约定的风险份额转移给再保险人，不得进行选择性地将高风险业务分出，再保险人有义务接受分出的所有风险。合同再保险对于分出公司和分入公司都有一定的强制性。

第二，稳定性。合同再保险起始日规范，一般为一年的第一天开始，终止日不确定，可能持续有效直到发生一些满足解约条件的事件(比如一方发生清算或者某方提出解约等)。与临时保险相比，合同再保险是按照营业年度安排的，而临时再保险是按笔安排的。由于事先签订了合同，合同再保险能够增加原保险人的承保能力并保证分保合同的稳定性，避免了临时分保中逐笔安排的复杂性和不确定性。

由于合同再保险手续简便，双方可以建立长期稳定合作关系，有利于原保险人的保险风险转移，也使得再保险人获得数量较多、风险较为分散的分保业务。此外，合同双方当事人有着更密切的共同利害关系。因此，合同再保险被广泛地用于各种形式的比例和非比例再保险，是国际保险市场中十分流行的险种。

三、预约再保险

预约再保险又称“临时固定再保险”，是一种介于临时再保险与固定再保险之间的再保险形式。预约再保险具有以下特点：

第一，对原保险人的灵活性。预约再保险对原保险人没有强制性，原保险人可以自由决定是否将业务分出给再保险人。这意味着原保险人在承保过程中有选择权，不必承担必须分出保险业务的义务。

第二，对再保险人的强制性。一旦原保险人决定将某项业务分出，再保险人则必须接受，不得拒绝。这种安排使得预约再保险在一定程度上具有合同再保险的强制性。

第三，手续简便，节省时间。与临时再保险相比，预约再保险的手续更为简便，能够节省大量时间。这对于需要快速处理大额或特殊风险业务的保险公司来说非常有利。

第四，不稳定性。由于原保险人可以选择是否进行分保，因此预约再保险的业务稳定性不如固定再保险。这可能会导致再保险人在业务质量控制方面面临挑战。

预约再保险往往用于对合同再保险的一种补充。对原保险人而言，对某类业务办理临时分保次数比较多时，往往考虑采用预约再保险。比如超过合同再保险限额的业务可通过预约再保险合同进行风险转移，不必分别安排临时分保。预约再保险灵活地提高了原保险人的承保能力。对接受公司来说，既无法事先判断分入业务的数量，也不能像临时再保险那样逐笔审查业务质量，所以难以准确掌握合同风险。尽管如此，预约再保险能增加其保费收入，所以预约分保也有一定的市场，常用于火险和水险的比例再保险。

第三节 再保险的业务类型

按保险责任划分的基础不同，再保险可以分为比例再保险和非比例再保险。

一、比例再保险

比例再保险是以保险金额为基础来划分原保险人和再保险人的责任。在比例再保险中，原保险人和再保险人的分保责任都基于保险金额的一定比例来衡量，双方按比例分配保额、保费和赔款。进一步地，比例再保险分为成数再保险、溢额再保险与成数和溢额混合再保险三种类型。

（一）成数再保险

成数再保险是指原保险人将每一风险单位的保险金额，按事先约定的比例向再保险人分出。在成数再保险中，分保比例确定后，保额、保费和赔款均按照这个约定比例在原保险人和再保险人之间进行划分。成数再保险一般用分出比例来表述，比如一份“70%的成数再保险合同”，指的是针对每个风险单位，原保险人自留比例为30%，分出比例为 70%。

成数再保险中双方按照约定比例承担责任，当遇到保险金额巨大的业务时，合同双方承担的责任就非常大，为控制责任，往往会设定合同责任限额，也即合同所能容纳的单个风险单位的最高限额，当保额超过最高限额时，超出的部分由原保险人承担或者原保险人再做其他再保险安排进行分出。

例如，一份 70%的成数再保险合同，限额为 1000 万元，合同包含 ABCD 四张保单，保额分别为 500 万元、800 万元、1000 万元和 1200 万元，每张保单为一个风险单位，则合同双方的责任分配如表 9-1 所示。

表 9-1 成数再保险责任分配表 单位：万元

保单	保险金额	自留责任 30%	分出责任 70%	其 他
A	500	150	350	0
B	800	240	560	0
C	1000	300	700	0
D	1200	300	700	200

表 9-1 中，保单 A 的保额为 500 万元，原保险人自留 30%即为 150 万元，另外的 70%即 350 万元归再保险人，保单 B 和 C 的责任也是如此分配。保单 D 的保额为 1200 万元，超出了合同的最高责任限额，该合同项下只能包含 1000 万元的保险金额，超出的 300 万元保额需原保险人寻求其他方式处理，否则将由原保险人承担。

在成数再保险中，保费和赔款均按照跟保额相同的比例进行划分。为便于说明，假设一份 70%的成数再保险合同仅包含 ABC 三张保单，此时每张保单的保费和赔款划分如表 9-2 所示。

表 9-2 成数再保险计算表 单位：万元

	原保险人自留 30%	再保险人接受 70%	总计
保单 A			
保险金额	120	280	400
保费	12	28	40
赔款	3	7	10
保单 B			
保险金额	180	420	600
保费	18	42	60
赔款	12	28	40

续表

	原保险人自留30%	再保险人接受70%	总计
保单C			
保险金额	300	700	1000
保费	30	70	100
赔款	21	49	70

可以看出，每张保单的保险金额、保费和赔款均按照原保险30%再保险人70%的比例划分。进一步地，原保险人的赔付率为此项业务总赔付支出与总保费收入的比值，即：(3+12+21)/(12+18+30)=60%。再保险人此项业务的赔付率为：(7+28+49)/(28+42+70)=60%，此项业务总的赔付率为：(10+40+70)/(40+60+100)=60%。可以证明，成数再保险中，无论双方按多大的比例进行责任划分，原保险人和再保险的赔付率以及业务总的赔付率总是相等的，所以在成数再保险中，合同双方利益高度一致，原保险人的道德风险较小，这是双方保持长久稳定合作的重要基础。

成数再保险具有以下特点：

第一，合同双方利益一致道德风险较小。如前述，无论原保单业务保额大小、质量高低，原保险人和再保险人均按照事先约定比例分配保额、保费和赔款，最终双方赔付率一致，经营损益接近，所以成数再保险中，原保险人道德风险较小。

第二，合同手续简单易于管理。由于成数再保险的每笔业务都按相同的比例分出，分保账单不必单独计算每个风险单位的分出保费和应摊赔款等(特殊重大损失事件需及时告知再保险人的情况除外)，只需计算账单周期内总业务的分出情况，分保账单编制的手续简化，管理成本低。

第三，缺乏弹性。原保险人希望通过再保险的方式分散保额较大风险较高的业务，但成数再保险中，所有保单按照同样的比例分出，导致保额低风险小原保险完全可以自行承担的业务也必须分出，而保额高风险大的业务也只能按原比例分出从而原保险不得不自留较大风险。

第四，不能均衡风险责任。由于比例再保险分保只按固定比例，所以做分保安排后，保额很小的保单原保险人自留部分就很少，保额很大的保单原保险自留额很大，业务依然是参差不齐的，原保险人的责任无法通过比例再保险进行均衡化。由于成数再保险存在合同限额，所以保额较高超过合同限额的保单，原保险还需再做其他再保险安排。

(二)溢额再保险

溢额再保险是指原保险人先确定自留额，单个风险单位保额超过自留额的部分，也即溢额，分出给再保险人的分保方式。在溢额再保险中，如果某笔业务(假设看作一个风险单位)的保额没有超过自留额，该笔业务就不必分出，如果超过了自留额，那么超过部分就归再保险人承担。当确定了原保险人自留额和再保险接受的保额后，就确定了双方承担责任的比例，保费和赔款责任均按照此比例进行划分，所以溢额再保险也属于比例再保险。显然，在溢额再保险中，由于单笔业务的保额不同，虽然自留额相同，但分出额不同，所以每笔业务的分出比例也不同。

再保险人为控制自身风险，一方面会对原保险人有最低自留额的限制，另一方面会约定自身接受的责任限额。责任限额一般用自留额的倍数表示。比如，原保险人的自留额(称为1线)为100万元，再保险人的责任限额为5线，即500万元，此时合同容量(合同所能容纳的风险额度)为600万元。

由于溢额再保险中包含责任限额，所以如果单笔业务保额很高超出责任限额，那么超出的部分又回到原保险人这里。实务中，为分散这类风险，往往采用分层的方式进行安排。比如，上例中，合同第一层溢额为5线，在此基础上可以安排第二层溢额，假设为8线，此时合同容量达到1400万元。还可以再安排第三层溢额，假设为11线，则合同容量达到2500万元，依次类推，可以继续安排第四溢额，直到所有保险风险都得到合理分散。此过程中，每层溢额可以由不同再保险人接受相关责任，风险在原保险和多个再保险人之间进行划分。这种方式可以提供非常强大的保障，能帮助原保险人处理高额风险或者一些特殊业务。

下面举例说明溢额再保险中双方如何划分责任。一份溢额再保险合同，自留额为100万元，再保险人责任限额为5线，合同包含ABC三张保单，保额分别为80万元、400万元和600万元，每张保单为一个风险单位，则合同双方的责任分配如表9-3所示。

表9-3 溢额再保险责任分配表 单位：万元

	自留部分	分保部分	总计
保单A			
保险金额	80(100%)	0(0%)	80
保费	8	0	8
赔款	10	0	10
保单B			
保险金额	100(25%)	300(75%)	400
保费	10	30	40
赔款	2.50	7.50	10
保单C			
保险金额	100(16.67%)	500(83.33%)	600
保费	10	50	60
赔款	6.67	33.33	40

表10-3中，保单A的保额小于自留额，所以原保险人全部自留不必分出。保单B的保额为400万元，原保险人自留100万元，分出300万元，所以双方责任划分比例为1∶3，从而保费和赔款原保险都分得25%，再保险人都分得75%。保单C的保额为600万

元，刚好达到合同容量，此时原保险人自留 100 万元，分出 500 万元，所以双方责任划分比例为 1∶5，从而保费和赔款原保险人分得 16.67%，再保险人分得 83.33%。如果有保单保额超过了 600 万元，那么双方的责任划分与保单 C 相同，超出的部分需要原保险人自留或者做其他分保安排。

溢额再保险具有以下特点：

第一，可以灵活确定自留额，均衡风险。溢额再保险中，原保险人的自留额为绝对值，一方面保额小风险低的业务不必分出，可以保留大量优质业务，另一方面即便原保险业务保额参差不齐，原保险人实际需要承担的责任都控制在自留额内，均衡了自身风险。同时，原保险人还可以根据业务质量和自身财务能力确定最合适的自留额，具有较强的灵活性。

第二，可能导致原保险人累积责任增加。虽然小的保单不必分出增加了原保险人业务量，但是如果事故中许多小保单的保险标的受损会给原保险人带来大量的赔付责任累积。比如，一次飓风导致很多家庭遭受财产损失，但这些家庭财产保险保单因为保额较低未能通过溢额再保险进行分出，那么相关损失均需要由原保险人自己承担。

第三，合同管理复杂费时。由于每张保单的保额一般都不相同，溢额再保险需要进行逐笔计算来确定分出比例，进而计算保费分割和赔付责任分摊，账单编制相对复杂，过程烦琐，管理成本高。

（三）成数和溢额混合再保险

成数和溢额混合再保险是将成数再保险和溢额再保险组织在一个合同里。自留额内的业务以成数再保险的方式分出，超过自留额的部分以溢额再保险的方式分出。

下面举例说明成数和溢额混合再保险的责任划分。假设一份成数和溢额混合再保险的自留额为 50 万元，溢额再保险接受人的责任限额为 4 线，自留额部分以成数再保险的方式分出，分出比例为 70%。合同包含 ABCD 四张保单，保额分别为 40 万元、80 万元、200 万元和 260 万元，每张保单为一个风险单位，则合同双方的责任分配如表 9-4 所示。

表 9-4　成数和溢额混合再保险的责任分配表　　单位：万元

保单	保险金额	成数分保			溢额分保	其他
		保额	自留 30%	分出 70%		
A	40	40	12	28	0	0
B	80	50	15	35	30	0
C	200	50	15	35	150	0
D	260	50	15	35	200	10

表 9-4 中，保单 A 的保险金额没有超过溢额分保的自留额，所以没有通过溢额再保险分出，而自留部分的 40 万元，按 70%的比例分给成数再保险接受人 28 万元。保单 B 超过自留额的 30 万元分给溢额再保险的接受人，自留部分的 50 万元按 70%的比例分给成数再

保险接受人35万元，保单C同理。保单D的保额超过了成数和溢额混合再保险总的限额，超出的10万元需要做其他安排。

成数和溢额混合再保险兼顾了成数再保险和溢额再保险的优势，即弥补了成数再保险分出保费过多弊端，又拥有溢额再保险项下保费和责任相对均衡的优势。这种混合合同通常用于转分保业务和海上保险业务。

二、非比例再保险

非比例再保险是以损失为基础来划分双方责任，当损失超过一定数额时，超出的部分由再保险人承担。再保险人开始承担责任的临界点称为起赔点。最常见的非比例再保险方式包括险位超赔再保险、事故超赔再保险和赔付率超赔再保险。

（一）险位超赔再保险

险位超赔再保险是以一次保险事故中每一风险单位所发生的赔款来计算原保险人自留的责任额和再保险人接受的责任额。如果一个风险单位赔款总金额不超过自负责任额，则赔款全部由原保险人承担；如果一个风险单位总赔款金额超过了自负责任额，则超出的部分由再保险人承担。当单个风险单位损失很大时，再保险人也面临着较大的赔付责任，所以险位超赔再保险中一般会约定再保险人的责任限额。比如，一份“超过100万元以后的500万元”的火险险位超赔分保合同，其中100万元为起赔点，500万元代表再保险人的责任限额。

下面，同样使用一个例子来说明险位超赔再保险的责任划分方式。

假设原保险人签订了一份超过100万元以后的500万元的险位超赔再保险合同，在一次飓风中有4个风险单位受损，损失金额分别为80万元、300万元、600万元和900万元，则双方责任分担如表9-5所示。

表9-5 险位超赔再保险的赔款分摊 单位：万元

风险单位	发生赔款	原保险人承担赔款	再保险人承担赔款	其他
A	80	80	0	
B	300	100	200	
C	600	100	500	
D	900	100	500	300
总计	1880	380	1200	300

表9-5中，风险单位A的赔款为80万元，没有达到起赔点，所以全部由原保险人承担。风险单位B和C的赔款分别为300万元和600万元，则原保险人承担赔款分别为100万元和100万元，再保险承担赔款分别为200万元和500万元。对于风险单位D受损带来900万元的赔款，原保险承担100万元，再保险人承担500万元已达到责任限额，剩下的300万元需原保险做其他分保安排或者自己承担。

根据表 9-5，每个风险单位的赔款只要超过 100 万元，超过的部分就由再保险人承担直至达到责任限额，可以看出，如果一次事故导致很多个风险单位受损，则会给再保险人带来责任累计额问题，所以险位超赔再保险中还往往包含单次事故限额。如果合同约定单次事故限额为 1000 万，则再保险人对单次事故带来的损失最多承担 1000 万的赔偿责任，仍以表 9-5 为例，则此时飓风带来的损失中再保险仅承担 1000 万元的赔付责任而不再是 1200 万元。

可见，如果单次事故导致多个风险单位受损，再保险人为控制自身风险设定有单次事故限额，此时原保险人无法通过险位超赔再保险获得充分保障。险位超赔再保险通常只适用于风险不高的一般性保险业务，分出公司的自负责任额大多偏低。

(二)事故超赔再保险

事故超赔再保险是以一次保险事故中的赔款总额为基础划分原保险人自留的责任额和再保险人接受的责任额。无论有多少个风险单位受损以及损失金额大小，事故超赔再保险只考虑单次事故带来的保险赔付总额，在起赔点以内的部分由原保险人承担，超过的部分由再保险人承担直至达到再保险人的责任限额。

事故超赔再保险的自留额由双方协商确定，一般定的较高，并且超出起赔点的部分常采用共同参与条款。由于可以有效地分散单次事故带来的巨额赔付风险，事故超赔再保险常用于巨灾风险的再保险安排。例如，原保险人签订了一份超过 100 万元以后的 1000 万元的事故超赔再保险合同，在一次飓风中有 4 个风险单位受损，损失金额分别为 100 万元、100 万元、300 万元和 500 万元，合同双方仅基于赔款总额进行责任划分，原保险人自留责任为 100 万元，超过自留额的 900 万元赔款由再保险人承担。

与险位超赔再保险相比，事故超赔再保险不考虑单个风险单位的损失，原保险人对单次事故承担的总责任仅限于起赔点以内的额度，不存在责任累计问题，更加有效的分散了风险。

在事故超赔再保险中，双方基于一次事故的总损失划分责任，所以一次事故的界定是其中的关键问题。实务中常用一个时间段(比如 48 小时、72 小时或者 96 小时等)来定义一次飓风、地震、洪水等事故，有些事故还有区域的限制，比如发生在同一城镇或乡村的罢工、暴动和恶意损坏行为为一次事故。对事故的定义和开始时间选择的不同，会带来责任划分的巨大差异。一般情况下，原保险人有权选择单次事故的开始时间，实现自身利益的最大化。

例如，原保险人有一份超过 200 万元的 1000 万元的事故超赔再保险合同，合同约定连续 72 小时为一次事故。飓风持续了 4 天，带来的损失情况及事故划分如如表 9-6。

由表 9-6 可知，如果从第一天开始划分事故，则共发生两次事故，其中原保险人承担责任分别为 200 万元和 200 万元(共计 400 万元)，再保险人承担责任分别为 500 万和 300 万(共计 800 万元)。如果从第二天开始划分事故，则共发生一次事故，其中原保险人承担责任为 200 万元，再保险人承担责任为 900 万元。由于第一天的损失需要由原保险承担，所以原保险人共承担责任 300 万元，再保险人共承担责任 900 万元。对比可知，原保险人选择事故从第二天开始，可以得到更大的保障。

表 9-6　飓风带来的损失及事故划分

<table>
<tr><th>时间</th><th>损失额</th><th>事故从第一天开始</th><th>事故从第二天开始</th></tr>
<tr><td>第一天</td><td>100 万元</td><td rowspan="3">第一次事故损失总计 700 万元</td><td>第一天损失 100 万元</td></tr>
<tr><td>第二天</td><td>200 万元</td><td rowspan="3">第一次事故损失总计 1100 万元</td></tr>
<tr><td>第三天</td><td>400 万元</td></tr>
<tr><td>第四天</td><td>500 万元</td><td>第二次事故损失总计 500 万元</td></tr>
</table>

事故超赔再保险在火灾保险、海上保险、责任险、汽车险和意外伤害险等方面都有广泛的运用，往往是作为比例再保险的补充，以防异常灾害损失。同时，因为再保险人存在责任限额，所以事故超赔再保险还需要其他保障(比如为超过再保险人限额的部分安排临时再保险)。

(三)赔付率超赔再保险

赔付率超赔再保险是以赔付率为基础来划分双方责任的一种再保险方式。在业务年度内(通常是一年)，当赔付率超过约定的原保险人的自负责任比率时，超出部分由再保险人承担。比如，一份超过 70%的 50%的赔付率超赔再保险合同，赔付率在 70%以内时，赔款责任全部由原保险人承担，赔付率在 70%到 120%的部分，由再保险人承担，超过 120%的部分，由原保险人承担或者安排其他再保险。由于原保险人的合同业务量很大保费收入很高时，再保险人按比率计算的赔付责任也会相应升高，为控制风险，再保险人的责任限额除了包含上述比率限额外，还往往包含实际赔付总金额的限制，比如年度赔付总额不超过 1 亿元。

赔付率超赔再保险中确定双方责任的核心是赔付率的高低。赔付率一般用业务年度的赔款净额与净保费收入之比来衡量。

例如，一份超过 70%的 50%的赔付率超赔再保险合同，再保险人的责任限额为 900 万元，赔付率限额和赔款责任限额中以较小者为准。假设某年度合同项下的保险业务赔款净额为 1800 万元，保费收入为 2000 万元。则该业务年度赔付率为 1800/2000 = 90%，原保险人承担责任为 2000×70% = 1400 万元，再保险承担责任为 2000 * (90%−70%) = 400 万元。

如果赔款净额为 2600 万元，其他条件不变，则赔付率为 130%，原保险人承担责任为 2000×70% = 1400 万元，再保险人仅承担 70%到 120%的部分，即 2000×(120%−70%) = 1000 万元。此外，因为还存在 900 万的责任限额，并且 900 万元小于 1000 万元，所以再保险最终承担赔付责任为 900 万元。

三、比例再保险与非比例再保险的区别

比例再保险是最早的再保险安排方式，合同方式责任明确，定价相对简单，在各种保险业务的再保险安排中得到广泛应用。后来汽车险和意外伤害险等业务迅速发展，这类业务的单个保单保额低，但集体伤亡事件又导致巨额赔款。这类业务一方面因为保单数量大

需要再保险手续比较简单，另一方面又要能保障集体损失带来的巨额赔款，传统的比例再保险的几种方式均无法同时满足这两个要求，非比例再保险以损失发生为基础，没有发生损失以及发生了损失但金额较小的保单都不必进行再保险的账单管理，很好地解决了这类业务的问题。具体来看，比例再保险与非比例再保险的区别如下：

第一，两者责任划分基础不同。比例再保险以保额为基础来划分双方责任，而非比例再保险以赔款为基础来划分双方责任，这也是两者最核心的区别。

第二，分保费率的厘定不同。比例再保险中，按原保单费率确定再保费，再保险所得保费比例与其所接受的保额比例一致，计算简便。非比例再保险中，再保险的费率基于业务规模、风险情况、往年损失经验等另行厘定，以合同年度的净保费收入为基础进行计算。

第三，分保佣金不同。比例再保险中，再保险人需要按照再保险的一定比例向原保险人支付分保佣金，而非比例再保险中，没有分保佣金。

第四，再保险人摊赔方式不同。比例再保险中，原保险人定期向再保险人提供账单双方进行结算，非比例再保险中再保险人的摊赔更加及时。

第四节　再保险市场

再保险市场是指从事各种再保险业务活动的再保险交换关系的总和。在再保险市场上，交易的对象是再保险人为原保险人所面临的保险风险提供的各种再保险保障。

一、再保险市场的特点

第一，再保险市场与原保险市场紧密相连，相互依存。再保险市场以原保险市场为基础，其存在和发展离不开原保险市场的发展。同时，再保险市场也为原保险市场提供了风险分散和资本支持，促进了原保险市场的稳定和健康发展。

第二，再保险市场具有国际性。再保险市场的交易往往跨越国界，具有广泛的国际性。再保险业务正是通过国际保险市场实现国际化的，特别是在处理巨灾风险、跨国企业保险等方面，国际再保险市场的作用尤为重要。国际再保险市场则是指保险人与再保险人所达成的国际再保险交易的市场，此市场所交易的是投保人的原始风险的二次分散，属于国际保险市场的二级市场。

第三，再保险市场主体多元。再保险市场的主体一般由再保险的买方、卖方和再保险中介人组成。再保险商品的买方主要指直接承保公司，经营再保险业务的公司也可成为买方。再保险的卖方有兼营再保险的直接承保公司、专业再保险公司、劳合社、再保险集团等。

二、世界主要保险市场

全球主要再保险市场集中在欧洲、北美和亚洲三大区域，这三大市场几乎占据了世界90%的再保险市场份额。具体来说，慕尼黑再保险和瑞士再保险有限公司在全球再保险市场中占据主导地位。

（一）伦敦再保险市场

伦敦再保险市场是全球最早出现的再保险中心，以其灵活性和多样性而闻名，吸引了来自世界各地的再保险公司参与。该市场由劳合社、伦敦保险承保人协会以及多个再保险联营组织构成，形成了一个完善有序的竞争体系。伦敦再保险市场特别擅长处理巨灾风险保障，如地震、洪水等，并在航空航天保险及能源保险领域占据重要地位，超过60%的相关业务集中在伦敦。此外，伦敦再保险市场还提供广泛的意外险和责任险分担服务。伦敦再保险市场的历史悠久，其交易习惯和惯例在全球范围内具有重要影响力。

在伦敦再保险市场中，劳合社占据着举足轻重的地位。劳合社并不是一家传统的保险公司，而是一个保险交易市场。劳合社（Lloyd's of London）是全球最古老的保险市场，成立于1688年，由爱德华·劳埃德在伦敦塔街的咖啡馆创立。最初，它主要经营海上保险业务，深受水手、商人和船主的欢迎，并逐渐发展成为世界上最著名的保险组织之一。劳合社由多个独立的承保人（会员）组成，这些会员通常被称为“辛迪加”。每个辛迪加代表一个资本集合，共同承担风险并提供各类保险服务。劳合社本身不直接承保业务，而是通过其成员进行交易和风险管理。劳合社在全球范围内拥有广泛的业务布局，目前在包括中国在内的全球200多个国家和地区开展业务。

（二）美国再保险市场

美国再保险市场是全球最大的再保险市场之一，占据了全球再保险市场的近三分之一的份额。该市场发展成熟且业务规模庞大，全球化程度非常高，从大型全球性公司到小型公司均积极参与市场竞争。纽约再保险市场尤其著名，由国内和国外专业再保险公司及直接保险公司组成，组织结构多样。近年来，由于自然巨灾频发的影响，再保市场持续走硬。此外，美国再保险市场的发展偏重于业务交换、共同保险和联营方式，比欧洲再保险公司的自留额高。

（三）欧洲大陆再保险市场

欧洲再保险市场在全球范围内占据重要地位，是世界再保险市场的重要中心之一。德国和瑞士是该区域的主要再保险市场，拥有世界上最大的三家再保险公司：慕尼黑再保险、瑞士再保险、汉诺威再保险。欧洲再保险市场以完全自由化和商业化为特征，竞争非常激烈。市场上的参与者可以自由进入和退出市场，并且没有法定分保的要求。

三、中国再保险市场

中国再保险市场发展较晚。在1979年国内保险恢复之前，涉外保险业务和国际分保业务由中国人民银行国外业务管理局保险处统一负责。1979年后，再保险业务重新由中国人民保险公司经营。1996年，中保再保险有限公司成立，标志着中国第一家经营再保险业务的专业公司的诞生。这一时期的再保险市场开始逐步规范，为后续的发展奠定了基础。同时，随着“政企分离”等政策的实施，中国再保险市场逐渐具备了快速发展的条件。

进入21世纪后，中国再保险市场迎来了加速发展的时期。2001年，中国成为世界贸易组织的成员，市场开放为中国再保险业的快速发展创造了条件。国内再保险机构经过市场化改革以及整合后崛起，行业竞争呈现出不断加剧的趋势。这一时期，国际再保险机构纷纷入华。例如，国际前三的再保险机构慕尼黑再保险、瑞士再保险、通用科隆再保险均在 2003 年获得在中国营业再保险业务的牌子。国际机构带来了先进的技术和管理经验，推动了中国再保险市场的快速发展。同时，国内再保险机构也通过与国际同行的交流与合作，不断提升自身的竞争力。

进入 21 世纪第二个十年以来，中国再保险市场持续保持着健康的发展态势。国家对低概率高灾损险种进行补贴等政策措施的实施进一步促进了市场的发展。随着市场竞争的加剧和消费者需求的多样化，中国的再保险公司不断推出新产品和服务以满足市场需求。特别是在健康保险、环境保险等新兴领域，再保险公司积极投入研发力量推出了更加创新且个性化的产品。

截至 2023 年年底，我国共有 14 家再保险公司，包括中再寿险、中再产险、前海再保险、太平再保险(中国)、人保再保、中国农业再保险 6 家中资公司，以及瑞再北分、慕再北分、汉诺威再上分、法再北分、德国通用再上分、RGA 美再上分、大韩再上分、信利再保险(中国)8 家外资险企。作为中国再保险行业的领军企业，中再保险经历了从业务独立到国家再保险公司面世、从法定经营到市场化运作、从立足国内到走向国际的跨越式发展。目前中再集团已成为亚洲最大再保险集团之一，在国际市场上也具有较高的知名度和影响力。

在当前全球背景下，中国的再保险市场展现出积极的发展趋势。随着经济的稳步增长以及保险需求的提升，众多国际再保险巨头纷纷被吸引至中国市场。中国政府推行的开放政策为再保险市场的发展创造了有利的外部条件。与此同时，中国的再保险公司亦在积极开拓国际市场，并与全球再保险公司建立了合作网络，为国内外保险机构提供了风险分散的途径。国际再保险协会及其他国际组织对中国再保险市场的发展给予了高度评价，视其为推动亚洲乃至全球再保险市场发展的重要力量。

2024 年 8 月 2 日，国家金融监督管理总局和上海市人民政府联合发布了《关于加快上海国际再保险中心建设的实施意见》。这为中国再保险市场的国际化、专业化发展提供了战略蓝图和政策支持，旨在通过建设上海国际再保险中心，增强中国在全球再保险市场的影响力和竞争力，促进再保险业的集聚、创新与开放，为中国乃至全球的金融稳定和经济发展提供更加坚实的风险保障。

【专栏 9-1】

中国“一带一路”再保险共同体在京成立

2020 年 7 月 28 日，中国“一带一路”再保险共同体(以下简称：“一带一路”再保险共同体)成立大会暨第一次成员大会在北京召开。“一带一路”再保险共同体由中再集团、中再产险、人保财险、人保再、太保财险、平安财险、国寿财险、中华联合、太平财险、中银保险、华泰财险共同发起设立。中国银保监会副主席梁涛、财险部(再保部)主任李有祥，以及 11 家发起公司代表出席，共同见证“一带一路”再保险共同体的成立。

“一带一路”再保险共同体将通过制度化安排和商业化模式，聚焦海外风险管理亟需但国内技术相对薄弱的特殊风险领域，充分聚合国内保险业力量，补齐行业保障短板，深化政策落地，搭建行业交流平台，增强服务“一带一路”的能力和水平。这是保险业推动形成服务“一带一路”合力的关键举措，标志着保险业高质量服务“一带一路”迈出了坚实的一步。

（资料来源：新华网．中国“一带一路”再保险共同体在京成立[EB/OL]．[2020-07-29]．http://www.news.cn/money/topic/zhibo/202007/3732747.html.）

◎ 本章小结

1. 再保险是以合同方式把保险风险从一个保险人转移到另一个保险人，再保险人以收取一定再保费为回报，同意补偿原保险人直接保险业务下的保险事故带来的部分或全部赔付支出。原保险是再保险的基础，再保险是原保险的后盾，但两者的合同主体、保险标的和合同性质均不同。再保险可以提高原保险人的承保能力，为原保险人提供巨灾保护和承保指导。
2. 按分保安排方式的不同，再保险可以分为临时再保险、合同再保险和预约再保险。临时再保险是针对单个风险单独进行再保险安排，合同双方可以自由选择；合同再保险针对一系列风险一起进行再保险安排，对合同双方均有约束；预约再保险介于临时再保险和合同再保险之间，原保险人可以自由选择分出或者不分出，一旦分出再保险人必须接受。
3. 按保险责任划分的基础不同，再保险可以分为比例再保险和非比例再保险。比例再保险是以保险金额为基础来划分原保险人和再保险人的责任；具体又分为成数再保险、溢额再保险以及成数和溢额混合再保险。非比例再保险是以损失为基础来划分双方责任，常见的有险位超赔再保险、事故超赔再保险和赔付率超赔再保险。
4. 再保险市场是指从事各类再保险业务活动之交换关系的总和。伦敦、美国及欧洲大陆是国际再保险市场之主要聚集地。尽管我国再保险市场之发展起步稍晚，但随着对外开放程度之逐步加深以及积极寻求国际合作，其发展潜力极为巨大。

◎ 课后练习

1. 再保险与共同保险的区别和联系是什么？
2. 再保险对再保险人和原保险保单持有人有何作用？
3. 为什么合同再保险在实务中使用最为广泛？
4. 预约再保险相对于临时再保险而言有哪些优点和缺点？
5. 比例再保险与非比例再保险有哪些区别？
6. 成数再保险与溢额再保险的优缺点分别是什么？
7. 险位超赔再保险、事故超赔再保险的主要区别是什么？
8. 赔付率超赔再保险有什么特点？

◎ 实践探索

1. 中国再保险集团是我国市场份额最大的再保险公司，2023 年保费规模排在全球第八位。浏览其官方网站，查找其机构设置及主要业务类型，以及公开信息披露，全面地了解一个再保险集团的运营，并与直保公司进行比较。
2. 2023 年 10 月，中再保数字科技有限责任公司成立，注册资本 2 亿元人民币，经营范围包括物联网应用服务、人工智能应用软件开发、网络与信息安全软件开发、人工智能公共服务平台技术咨询服务等。试分析科技的运用对再保险发展的影响。
3. 在再保险市场中，财产保险的分保比例远高于寿险。结合财险和寿险的风险特征，分析造成这一现象的内在原因。

◎ 课后荐读

1. G. Deelstra, G. Plantin. Risk Theory and Reinsurance[M]. London: Springer, 2014.
2. 国家金融监督管理总局．关于加快推进上海国际再保险中心建设的实施细则[EB/OL]．[2023-06-08]．https://www.cbirc.gov.cn/branch/shanghai/view/pages/common/ItemDetail.html?docId=1112240&itemId=4188&generaltype=11.
3. 瑞士再保险. Sigma 研究报告[EB/OL]. https://www.swissre.com/institute/research/sigma-research.html.
4. 中再集团. 中再产险季讯/寿再探索[EB/OL]. https://www.chinare.com.cn/zhzjt/441151/index.html.

第三编　保险经营实务

第十章　保险经营

◎ 学习目标

了解保险经营的含义、意义、特征与原则；熟悉保险经营的主要环节和运作流程；理解保险经营风险的特征、类别，掌握保险经营风险管理工具的运用。

◎ 引言

作为经济和社会的重要组成部分，保险业稳健经营对于发挥保险的经济"减震器"和社会"稳定器"功能至关重要。国家金融监督管理总局披露的2023年保险行业经营情况显示：截至2023年末，保险公司总资产29.96万亿元，同比增长10.4%。2023年全年，保险公司原保险保费收入5.1万亿元，同比增长9.1%；赔款与给付支出1.9万亿元，同比增长21.9%。新增保单件数754亿件，同比增长36.1%。在偿付能力方面，2023年四季度末，保险业综合偿付能力充足率为197.1%，核心偿付能力充足率为128.2%。这些数据表明我国保险经营在保费收入、资产规模、偿付能力等多个方面表现出稳健的发展态势，保险公司在服务消费者、履行社会责任方面的表现得到了市场的认可。那么，保险公司是如何进行经营的呢？本章将系统地介绍保险经营的原理、环节与风险。

第一节　保险经营概述

一、保险经营的含义与意义

(一)保险经营的含义

"经营"是指企业或个体通过有效的资源配置、市场策略、内部管理等一系列活动以实现其目标的过程。"保险经营"是保险企业为实现一定的经济目标所进行的计划、组织、指挥、控制和协调等一系列活动的总称。保险经营通常包括保险产品开发、保险营销、承保、理赔、保险投资等环节。

(二)保险经营的意义

保险经营不仅对于保险业的可持续发展具有至关重要的作用，还通过发挥风险保障与资金融通的功能，对整个社会的稳定和发展都发挥着关键作用。

1. 夯实行业发展基础

保险经营为保险业的发展提供了稳定的基础。通过有效的保险经营，保险公司能够积累足够的资本和储备，以应对可能发生的赔付和风险。这种稳健的经营模式确保了保险业的长期稳定发展，为保险行业的持续繁荣奠定了坚实基础。

2. 推动产品创新和服务升级

保险经营的不断创新是推动保险业发展的重要动力。保险公司通过深入了解市场需求和客户需求，不断推出新的保险产品和服务，以满足客户多样化的保障需求。保险产品创新不仅提升了保险业的竞争力，也为客户提供了更加全面、个性化的保障方案。

3. 优化风险管理机制

保险经营的核心是风险管理。通过保险经营，保险公司能够收集和分析大量的风险数据，建立科学的风险评估和管理体系。风险管理机制有助于保险公司更好地识别、评估和控制风险，降低经营风险，提高经营效益。同时，也为整个保险业的风险管理提供了有益的借鉴和参考。

4. 提升行业形象和信誉

保险经营对于提升保险业的形象和信誉具有重要作用。通过诚信经营、优质服务、及时理赔等方式，保险公司能够赢得客户的信任和口碑，提升行业的整体形象和信誉。良好的形象和信誉有助于吸引更多的客户和业务，推动保险业的持续健康发展。

5. 维护社会稳定

在面对自然灾害、大型事故等突发事件时，保险经营能够迅速调动准备金，为受灾主体提供及时的救助和经济支援，减轻灾害对社会的影响，维护社会的和谐稳定。

6. 促进经济发展

保险公司将收取的保费形成保险资金，然后通过保险投资促进资金的流动和增值，推动社会经济的发展。保险经营通过汇聚众多主体的力量，实现社会资源的有效配置。

二、保险经营的特征

保险公司所经营的保险商品是一种特殊商品，使得保险经营具有自身的特殊性。

(一) 保险经营具有较大的风险性

保险是集合具有同类危险的众多单位或个人，以合理计算分担金的形式，对遭受危险事故的成员进行赔付的行为。保险公司以风险为经营对象，风险的发生以及所致损失的大小，都具有不确定性和偶然性，不为保险公司所控制。因此，保险公司经营本身具有较大的风险性。

(二) 保险经营活动是一种特殊的劳务活动

保险经营活动不是一般的物质生产和商品交换活动，而是一种特殊的劳务活动。保险经营的过程以可保风险为基础，运用大数法则、数理统计、精算原理等科学方法合理计算出保险费，通过集合众多的风险单位，向少数遭受风险损失的个体进行赔付，从而发挥其分散风险和经济补偿的职能。保险经营的对象不是普通的有形商品，而是一种特殊的无形商品。在经营保险这种无形商品的过程中，保险的经营活动主要表现为服务性和劳务性。

这种保险服务既不属于生产环节，也不属于一般的流通领域，但却能够为生产和流通提供不可或缺的安全保障。

(三)保险经营具有负债性

保险经营通过向投保人收取保险费来建立保险基金，并以保险基金作为补偿和给付保险金的来源。保险经营的资产绝大部分是保险人按照保险合同向投保人收取的保险费以及从中提取的各种准备金，保险公司的自有资本金则主要用于各项开业费用和开业初期的保险金支出。因此，保险公司运营资金中的相当一部分是其对被保险人未来赔偿或给付的负债，在被保险人发生损失时，以保险金的形式返还给被保险人。

(四)保险经营成果具有不确定性

保险公司经营成果主要由成本和利润来决定，而这两者都具有不确定性。保险公司经营的预期成本是在过去的历史支出的平均成本基础上，通过预期的估算得来的。保险公司经营的实际成本是保险金的赔偿或给付，主要以赔偿支出来核算。由于风险的损失频率和损失后果具有不确定性，因而保险公司的成本核算也具有不确定性。在利润方面，一般工商企业通过销售商品收入减成本和税金来计算利润。而保险公司经营利润的核算，除要从保费收入中减去保险赔款、经营费用和税金外，还要扣除各项准备金，准备金的提取同样具有不确定性。

(五)保险经营具有分散性和广泛性

保险公司经营过程本质上既是风险集中的过程，也是风险分散的过程。保险公司只有集合众多的风险单位，才能符合大数法则的要求，使实际损失接近于预期损失，从而既使损失得以恰当地弥补，又能促使保险公司健康发展。因此，保险公司承保的风险范围之宽、经营险种之多、涉及的客户群体之广，是一般企业无法相比的。一旦保险公司出现偿付能力不足或经营陷入困境，将影响众多被保险人的切身利益，甚至影响整个社会的安定。

三、保险经营的原则

保险公司经营除了要遵守一般公司原则外，还应遵循一些特殊的原则。

(一)保险公司经营的一般原则

保险公司具有普通公司的共性，普通公司经营应遵循的一般原则同样适用于保险公司，主要包括：

1. 合法经营的原则

保险公司的经营管理活动必须在法律规定的范围内进行，具有合法性。保险公司的经营管理对象、经营管理方法、经营管理渠道等都必须符合法律规定。

2. 自主经营的原则

公司在经营管理活动中享有自主经营权，或者说公司有权依法自主经营，这是公司法规定的公司的一项基本权利。保险公司是法人实体，有独立的利益、独立的人格，有权独立地作出经营决策，自主决定经营内容、经营方法，组织经营活动，不受来自公司外的非法干预。

3. 自负盈亏的原则

保险公司对自主经营中所产生的经济后果自行负责。获得盈利，由保险公司享有；出现亏损，也由保险公司自行承担责任。自负盈亏和自主经营是结合在一起的，它们都是公司作为独立的法人实体而产生的权利和义务。

4. 依法接受国家宏观调控的原则

保险公司作为在宏观经济环境中运作经营的个体，必然要受到国家宏观调控的影响，要服从于国家的经济政策，接受国家依法采取的宏观调控措施。

5. 实现资产保值增值的原则

保险公司作为市场竞争主体，应当按照市场经济的基本规则，根据市场需求进行经营管理。在公司经营管理活动中要遵循以营利为目的的原则，降低成本、增进效益、提高劳动效率，实现资产保值增值。

(二)保险经营的特殊原则

保险经营是一种特殊的商品经营，除了遵循一般的经营原则外，还要遵循自己的特殊原则。

1. 风险大量原则

风险大量原则是指在可保风险范围内，保险人根据自己的承保能力，努力承保尽可能多的风险单位。

风险大量原则是保险经营的基本原则。其原因在于：第一，保险经营必须建立在大数法则基础之上，它是计算保险费率的数理基础。只有承保大量的风险单位，大数法则才能显示其作用，使风险发生的实际情形与预先计算的风险损失概率更加接近，确保保险经营的稳定性。第二，风险的发生具有不确定性，只有承保尽可能多的风险单位，才能建立起雄厚的保险基金，才能保证保险经济补偿职能的履行。第三，扩大承保数量可以降低保险成本，提高经济效益。承保的风险单位越多，保费收入就越多，而单位营业费用会随之相对减少。因此，扩大承保数量是保险公司提高经济效益的一个重要途径。

风险大量原则对保险公司的经营活动提出了规模要求。保险公司应在维护和巩固原有业务的同时，积极拓展业务领域，扩大承保规模，增加保费收入。

2. 风险选择原则

风险选择原则是指保险人在承保时，对投保人所投保的风险种类、风险程度、保险金额以及被保险人的情况等要有充分、准确的评价和认识，进而作出承保、不承保、有条件承保等选择。风险选择可以提高承保质量，降低经营风险，带来良好的经济效益。同时，风险选择可以杜绝投机行为和道德风险，带来良好的社会效益。

保险人对业务进行选择，目的在于使保险人在自身处于有利的条件下来承保风险，以便稳定保险业务经营，提高保险服务质量。在实行风险选择时，不能轻易做出拒绝承保的决定，而是要做周密、细致的工作，通过协商和调整保险条件(如提高保险费率、规定自负额、附加特殊风险责任或赔偿限制性条款、建议改善保险标的的安全管理等），以尽量满足社会对保险服务的需要。

风险大量原则是对保险经营数量的要求，风险选择原则是对保险经营质量的要求，科学的保险公司经营原则是风险大量与风险选择的有机统一。

3. 风险分散原则

风险分散原则是指由多个保险人或被保险人共同分担某一风险责任，使其承担的保险责任被控制在可承受的范围之内。保险经营的实践证明，如果保险人承担的风险过于集中，那么一旦发生较大的风险事件，保险人就无法赔付巨额损失。这不仅威胁着保险公司的生存，还有损于被保险人的利益。因此，保险公司为保证经营的稳定性，应使风险分散的范围尽可能扩大。

风险分散包括承保前分散和承保后分散。承保前的风险分散主要通过承保控制的方法进行，即保险人对所承保的风险责任加以适当控制。承保前控制的手段主要有：规定一定的免赔额；实行比例承保；规定按实际损失赔偿；控制高额保险；在承保时要合理划分危险单位，并使每个危险单位尽可能独立。承保后的风险分散主要是采取再保险和共同保险的方法。

【专栏 10-1】

《中华人民共和国保险法》“第四章保险经营规则”的部分条款

第九十五条　保险公司的业务范围：

（一）人身保险业务，包括人寿保险、健康保险、意外伤害保险等保险业务；

（二）财产保险业务，包括财产损失保险、责任保险、信用保险、保证保险等保险业务；

（三）国务院保险监督管理机构批准的与保险有关的其他业务。

保险人不得兼营人身保险业务和财产保险业务。但是，经营财产保险业务的保险公司经国务院保险监督管理机构批准，可以经营短期健康保险业务和意外伤害保险业务。

保险公司应当在国务院保险监督管理机构依法批准的业务范围内从事保险经营活动。

第九十六条　经国务院保险监督管理机构批准，保险公司可以经营本法第九十五条　规定的保险业务的下列再保险业务：

（一）分出保险；

（二）分入保险。

第九十七条　保险公司应当按照其注册资本总额的百分之二十提取保证金，存入国务院保险监督管理机构指定的银行，除公司清算时用于清偿债务外，不得动用。

第九十八条　保险公司应当根据保障被保险人利益、保证偿付能力的原则，提取各项责任准备金。

保险公司提取和结转责任准备金的具体办法，由国务院保险监督管理机构制定。

第九十九条　保险公司应当依法提取公积金。

第一百条　保险公司应当缴纳保险保障基金。

保险保障基金应当集中管理，并在下列情形下统筹使用：

(一)在保险公司被撤销或者被宣告破产时，向投保人、被保险人或者受益人提供救济；

(二)在保险公司被撤销或者被宣告破产时，向依法接受其人寿保险合同的保险公司提供救济；

(三)国务院规定的其他情形。

保险保障基金筹集、管理和使用的具体办法，由国务院制定。

第一百零一条　保险公司应当具有与其业务规模和风险程度相适应的最低偿付能力。保险公司的认可资产减去认可负债的差额不得低于国务院保险监督管理机构规定的数额；低于规定数额的，应当按照国务院保险监督管理机构的要求采取相应措施达到规定的数额。

第二节　保险经营环节

保险经营环节是保险公司运营过程中至关重要的组成部分，它涵盖了保险产品开发、市场营销、承保、理赔以及保险投资等多个方面。这些环节相互关联，共同构成了保险业务的完整流程。

一、保险产品开发

保险产品开发是指保险公司根据市场需求、消费者偏好以及公司的战略目标，通过系统的方法和流程，设计和创造新的保险产品，或对现有保险产品进行组合、改进和优化的过程。

(一)保险产品开发的内容

一个完整的产品概念由三个层次构成，即核心产品、有形产品和延伸产品。核心产品是满足消费者基本需求的核心，有形产品是核心产品的具体实现形式，而延伸产品则是在有形产品基础上为消费者提供的额外价值和服务。与之相对应，保险产品开发的内容可以分为产品的基本属性设计、产品的基本要素设计、产品的外延设计等三个方面。

1. 保险产品的基本属性设计

保险产品的基本属性包括其保障功能、金融特性、法律约束、人性需求满足以及其他辅助属性。这些属性共同构成了保险产品的核心价值和使用价值，满足了消费者在不同方面的需求和期望。

保险产品的基本属性设计首先聚焦于其核心的保障功能。这一设计确保在客户面临意外风险、健康风险或财产损失时，能够按照合同规定获得相应的经济补偿。通过精心设计的保险条款和保障范围，保险产品为投保人提供了全面的风险保障，使他们在面对不确定的未来时能够感受到安全和安心。

除了保障功能外，保险产品的基本属性设计还涵盖了金融、法律和人性等多个方面。在金融属性方面，保险产品通过投融资功能，为投保人提供了额外的收益机会，同时确保其投资的安全性和稳健性。在法律属性方面，保险产品作为法律合同，受到严格的法律约束和保护，确保双方的权益得到有效保障。在人性属性方面，保险产品满足了人们对安全感和稳定感的追求，为他们提供了心理和经济上的双重支持。这些基本属性的设计共同构成了保险产品独特而全面的价值，为不同需求的消费者提供了个性化的保障方案。

2. 保险产品的基本要素设计

保险产品通常包括以下基本要素：

(1)保险标的。保险标的是指保险合同中载明的投保对象，也就是保险公司所承保的风险载体。它可以是人的身体、生命，也可以是财产或者其他有关利益。保险标的决定了保险产品的性质和保障范围。

(2)保险责任。保险责任是指保险公司根据保险合同的约定，在保险标的发生保险事故时应当承担的赔偿责任或给付保险金的责任。这是保险产品的核心内容，也是投保人购买保险产品的主要目的。

(3)保险期限是保险合同约定的保险公司为被保险人提供保险保障的时间范围。它可以是短期的(如一年期的企业财产保险)，也可以是长期的(如终身寿险)。保险期限的长短直接影响到保险合同的保障效力和保费数额。

(4)保险金额是保险合同约定的保险公司承担赔偿或给付保险金责任的最高限额。它通常根据保险标的的价值、被保险人的需求和保险公司的承保能力等因素确定。

(5)保费是指被保险人向保险公司支付的费用，用于购买保险合同的保障。保费的金额根据保险标的的风险程度、保险责任的范围和保险期限的长短等因素来确定。保费的支付方式可分为趸交(一次性支付)和期交(分期支付)两大类。

上述基本要素共同构成了保险产品的核心内容，决定了产品的特性和功能。在设计保险产品时，需要综合考虑这些要素以满足不同客户的风险保障和财务安全需求。

3. 保险产品的外延设计

保险产品的外延设计是保险产品整体策略中不可或缺的一部分，它涵盖了保险产品的品牌与形象设计、附加值服务设计、特色化设计等方面。

(1)品牌与形象设计，包括品牌名称、标志、口号以及与之相关的视觉识别系统。在设计品牌与形象时，需要充分考虑目标客户的需求、偏好以及市场竞争态势。同时，要确保品牌形象与保险公司的核心价值观和业务理念相契合，从而塑造出独特的品牌形象。

(2)附加值服务设计，主要包括风险咨询、防灾防损、健康管理、紧急救援等。例如，针对健康保险产品，可以提供癌症早筛、健康管理咨询等增值服务；针对财产保险产品，可以提供防灾防损指导、紧急救援服务等。

(3)全周期服务设计，包括从客户咨询、购买、理赔到后续服务等各个环节的设计和优化。通过提供便捷、高效和专业的服务，可以提升客户对保险产品的整体满意度和忠诚度。

(4)特色化设计，通过提供具有特色的产品和服务，可以增强保险产品的差异化和竞争力。特色化设计可以体现在多个方面，如产品功能的创新、服务模式的优化、营销策略的差异化等。例如，可以针对特定客户群体设计专属的保险产品；或者通过提供个性化的服务模式和营销策略，满足不同客户群体的需求。

总之，保险产品的外延设计是一个综合性的工作，需要充分考虑客户的需求和偏好、市场竞争态势以及保险公司的资源和能力等因素。通过精心的设计和优化，可以提升保险产品的市场竞争力和客户满意度。

（二）保险产品开发的流程

保险产品开发的流程是一个由多步骤组成的循环迭代过程。这些步骤共同确保产品的设计、开发和推出都基于充分的市场调研、客户需求、公司策略以及法规合规要求。

1. 市场调研与需求分析

保险公司采取收集、分析市场数据的方法，了解行业动态、消费者需求、竞争对手情况等。通过市场调研，保险公司可以识别并明确目标客户群体的需求，发现市场的潜在机会，确定产品的定位和目标市场。

2. 产品策划与定位

根据市场调研结果，确定产品的定位、目标市场、目标客户群以及产品的核心竞争优势。制定产品策略，明确产品的保险责任、保险期限、保险金额等关键要素。

3. 技术评估与风险评估

对产品开发所需的技术支持、系统能力和基础设施进行评估，确保技术实现的可行性。对产品开发过程中可能出现的风险进行识别、评估和控制，包括市场风险、信用风险、操作风险等。

4. 产品设计与开发

设计详细的保险条款和费率结构，确保产品能够满足客户需求并符合公司策略。开发相应的 IT 系统，包括承保、理赔、客户服务等模块，确保产品能够高效运作。编写产品手册、操作指南等培训材料，为销售人员和客户提供必要的信息和支持。

5. 内部审核与审批

提交产品方案至公司内部相关部门进行审核，确保产品符合法规要求、公司战略与市场需求。经过多次修缮和优化后，将产品方案提交至公司高层或相关决策机构进行审批。

6. 监管报备与审批

根据法律法规和监管规定要求，保险公司将保险产品的保险条款、产品费率表、产品精算报告、产品可行性报告、产品说明书等材料提交国务院保险监督管理机构审批或备案。我国《保险法》第一百三十五条规定：“关系社会公众利益的保险险种、依法实行强制保险的险种和新开发的人寿保险险种等的保险条款和保险费率，应当报国务院保险监督管理机构批准。国务院保险监督管理机构审批时，应当遵循保护社会公众利益和防止不正当竞争的原则。其他保险险种的保险条款和保险费率，应当向保险监督管理机构备案。保险条款和保险费率审批、备案的具体办法，由国务院保险监督管理机构依照前款规定制定。”

7. 产品上市与推广

保险公司在获得监管批准后，制定产品上市计划，包括市场宣传、销售策略、客户服务等。然后，保险公司与销售渠道合作，推动产品的销售工作，并确保销售团队充分了解和掌握产品信息。此外，保险公司需持续关注市场动态和客户需求变化，对产品进行持续监控和改进。

【专栏 10-2】

中国人寿财险山东省分公司开发“绿色生态系统碳汇系列农险产品”

2024 年 7 月，“2024 山东好品金融”名单正式出炉，中国人寿财产保险山东省分公司报送的“绿色生态系统碳汇系列农险产品”入选“好品金融”绿色金融产品名单。中国人寿财险山东省分公司运用“金融+科技+生态”模式，将气象大数据、遥感技术应用于产品研发和承保理赔服务，推进绿色保险创新。目前，公司已经建立起完善的“双碳”保险和服务体系，涉及海洋、森林、湿地三大生态系统，为激活绿色生态链注入了新动能。

山东海洋资源丰度指数居全国第一，海洋碳汇资源丰富。作为推动碳汇价值多元转化的全新探索，中国人寿财险山东省分公司研发的国内首款海草床碳汇指数保险在威海落地，有效化解了海草床灾害风险，解决了灾后碳汇资源救助、灾后重建和养殖维护资金短缺的问题。为持续扩大碳汇渔业规模，提高碳汇资源保护能力，公司创新研发了牡蛎养殖碳汇指数保险产品，并与威海文登、乳山贝类养殖企业签订国内首款渔业碳汇指数保险合同。该险种以牡蛎的产品、储碳、释氧等碳汇经济价值作为补偿依据，以牡蛎因特定海洋环境变化造成的碳汇能力减弱事件为保险责任，当遥感监测数据达到约定的理赔数值时，视为保险事件发生，使贝类养殖这一绿色产业获得了海洋碳汇和生产经营的双重风险保障。2023 年，又全国首创“海洋碳汇保险+信贷”模式，帮助企业利用碳汇指数保单作质押融资增信，在银行成功申请贷款 100 万元，化解资金流转。

山东是生态资源大省，森林、湿地面积分别达到 4253 万亩和 174 万公顷。中国人寿财险山东省分公司创新森林碳汇指数配套保险方案，先后为沂源、博山、章丘、邹城、冠县等县区 87.3 万亩森林提供碳汇指数风险保障 5095.2 万元，重点保障林业所产生的富余价值、生态环保价值，化解碳逆转风险。作为推动碳汇价值多元转化的全新探索，山东省首款湿地碳汇指数保险先后在潍坊、济宁、淄博签单，有效化解了湿地灾害风险，赔款可用于灾后碳汇资源救助、碳源清除、资源培育及生态保护修复等，持续为“绿水青山”注入金融活水。

（资料来源：闫明．中国人寿财险山东省分公司获保险业唯一优秀金融创新产品——碳汇指数保险护航绿水青山［EB/OL］．［2024-04-30］．https：//baijiahao.baidu.com/s？id＝1797748527687247749&wfr＝spider&for＝pc.）

二、保险营销

保险营销是保险公司在充分了解消费者保险需求的基础上，利用险种、费率、保险促销等组合手段去满足顾客需要，从而实现公司经营战略目标的一种保险经营活动。

(一)保险公司营销管理的流程

保险公司营销管理流程包括营销机会甄别、市场调查与预测、市场细分与选择、制定营销策略、组织实施营销计划、售后服务等环节。

1. 营销机会甄别

分析市场环境、寻找营销机会是保险营销管理活动的起点。营销机会是营销环境中存在的对保险公司的有利因素，一个市场机会能否成为保险公司的营销机会取决于公司的目标和资源。营销管理部门需要依据公司整体的经营目标、公司的资源禀赋加以通盘考量，从各种市场机会中甄别出属于公司的营销机会。

2. 市场调查与预测

市场调查与预测是指为了形成特定的市场营销决策，采用科学的方法和客观的态度，对市场营销有关问题所需的信息，进行系统的收集、记录、整理和分析，以了解市场活动的现状和预测未来发展趋势的一系列活动过程。

保险市场调查的目的主要是明晰保险需求及其发展趋势。市场调查的程序包括确定调查目的、调查计划、调查方法、对掌握的数据进行分析、撰写调查报告等。保险市场预测管理即对保险市场预测进行科学有效的跟踪和动态管理，包括目标市场容量的预测管理。保险市场预测管理通常需要经过六个步骤：明确预测管理目标、确定预测管理计划、确定预测管理时间和方法、收集预测管理资料、分析预测管理结果、整理预测管理报告。

3. 市场细分与选择

保险公司不可能在大型、广泛多样的市场中与所有顾客都建立联系，也不可能占领保险市场的全部领域。每家保险公司只能根据自身资源禀赋、经营优势及市场定位占领特定市场，这就需要保险公司对市场进行细分并确定目标市场。

市场细分就是依据保险购买者对保险产品需求的偏好以及购买行为的差异性，把整个保险市场划分为若干个需求愿望各不相同的消费群，即“子市场”。在市场细分的基础上，保险公司可以根据自身的特点和比较优势选择适合的目标市场。一般而言，保险公司首先要对市场进行评估，再选择一个或几个细分市场作为目标市场，然后确定占领市场的策略。

4. 制定营销策略

保险营销策略主要有险种策略、费率策略、销售渠道策略和保险促销策略。险种策略是根据保险市场的保险需求制定的，包括新产品开发策略、险种组合策略、产品的生命周期策略等。费率策略包括定价方法、新险种费率厘定等。销售渠道策略是将保险产品送达保险消费者的渠道决策。保险促销策略是指促进和影响人们购买行为的各种手段和方法，如线上线下促销、广告促销和公共关系促销等。

保险公司的营销策略主要是从顾客、成本、便利、沟通四个方面进行营销活动的组合策略。利用这四种角度的组合，可以提升公司和顾客的全面认识，增强两者之间的相互关系，建立相应的共同利益。

5. 组织实施营销计划

组织实施和控制营销计划是保险公司营销管理中的核心环节。一方面，保险公司应设立管理和检查市场营销计划执行情况的机构(部门)，保险公司的营销部通常承担该项职责；另一方面，保险公司要用有效的手段来保证营销计划的实现。

6. 售后服务

保险售后服务即是为客户在购买保险后可享受到的保险服务，其目的是维护老客户，并在此基础上拓展保险市场，销售保险产品。保险售后服务主要工作内容包括：接受客户的咨询，为客户提供有关保险产品的详细资料和建议；收集客户的保险申请，并确保申请资料的准确性；处理客户的理赔申请，包括核实客户的资料、收集相关资料，并协助客户进行理赔；对客户投保的保险产品进行有效的管理，确保客户的利益得到充分保障；定期与客户进行沟通，及时反馈保险产品的变动情况，并及时解答客户的疑问；维护客户关系，及时处理客户的投诉和建议，并及时跟进客户的服务需求。

(二)保险营销策略的主要内容

1960 年，美国市场营销专家麦卡锡(E. J. Macarthy)教授在总结营销实践经验的基础上，提出了著名的“4P 营销策略组合理论”，即产品(Product)、定价(Price)、渠道(Place)、促销(Promotion)。长期以来，保险公司的营销策略主要包括保险产品策略、保险定价策略、保险营销渠道策略以及保险促销策略。

1. 保险产品策略

所谓保险产品策略，即指保险公司制定经营战略时，首先要明确自身能提供什么样的保险产品和服务去满足消费者的要求。保险产品策略主要包括险种开发策略、险种组合策略等。其中，险种开发策略又包括险种创新策略、险种模仿策略。多数公司采用险种模仿策略和险种组合策略。值得注意的是，保险产品从本质上看是一种服务，保险产品营销也就是服务营销。保险产品服务除了具有一般服务的特点外，还具有独特的风险性和长期性的特点。

当前我国保险公司在保险产品策略方面存在的主要问题是，不能及时矫正由于顾客导向不明确导致产品策略出现的结构性偏差。顾客导向要求企业决策以顾客需求为基本前提。在保险业发达的国家，保险公司的产品设计遵循需求导向原则。而我国保险公司在了解客户保险需求方面所做的市场调研和市场分析不足，所设计开发的险种尚不能很好满足市场需要。虽然市场上新的保险产品不断涌现，但模仿的多、趋同的多，有特色的少、技术含量高的少、真正形成品牌的少。为了抢时间、抢市场，急功近利、仓促推出不成熟的新产品的现象时有发生。保险产品同质化严重，保险供求失衡。

2. 保险定价策略

价格通常是影响交易成败的重要因素，同时又是市场营销组合中最难以确定的因素。与普通产品基于成本的定价方法不同，保险产品的定价必须建立在大数法则的基础之上，坚持收支平衡，根据风险发生率、死亡率、利率和费用率等因素，运用精算技术厘定保险产品价格。

保险定价策略管理就是要防范和控制精算风险，使保险产品的价格与价值基本相符，理性参与市场竞争。我国的保险业起步较晚，精算水平落后于保险业发达国家。我国保险产品的定价还不够精细，风险分类标准较粗，忽视了不同客户群在风险特征和风险水平上的差异以及不同地区之间的风险差异。此外，保险业务数据统计口径的不一致，在一定程度上也影响了保险产品费率的厘定。

3. 保险营销渠道策略

保险公司营销渠道策略主要分为直接营销渠道策略和间接营销渠道策略。各公司在发展的不同时期会采用不同的营销渠道策略，也会因为产品的不同特点匹配不同的营销渠道。在改革开放后我国保险业恢复初期，保险公司主要采用的是直接营销渠道策略。进入21世纪以来，保险公司主要采用间接营销渠道策略，保险公司主要业务来源于个人代理人、银行代理、保险代理公司、保险经纪人等渠道。

保险营销渠道策略管理要根据公司的目标、资源禀赋、市场定位以及产品特点科学选择、合理匹配保险营销渠道，实现以最小的渠道建设投入获得最大的回报。保险公司在营销渠道策略方面存在盲目追求市场扩张、缺乏策略意识等问题。随着金融一体化进程的加快，单一的营销渠道模式不能适应时代发展的要求，保险公司需要构建立体式、多层次的营销渠道体系，实现营销模式的新突破。

4. 保险促销策略

保险促销策略包括价格促销、服务促销、产品促销等。保险促销策略管理就是要合理使用、搭配上述促销手段，实现营销目标。在人员推销、公共关系与营业推广等促销方式的选择上，应以最小的投入获取最大的回报。

保险营销管理人员的任务，就是将各种策略进行合理搭配、组合和互补形成促销的合力，把以保险商品使用价值为核心的信息传送到目标市场，说服顾客购买保险商品。保险营销管理应该对各种促销形式做出合理的设计和安排。保险营销管理还应该善于运用各种促销手段的配合，取得事半功倍的营销效果。

三、承保

承保是保险经营中的重要环节，它主要通过业务选择和承保控制来保证保险业务的质量。承保的质量好坏直接关系到保险公司的风险控制、经营稳健、收益保证以及客户的利益。

(一)承保的含义

承保是指保险人对投保人所提出投保申请经过审核同意接受的行为。可以说，一项保险业务从接洽、协商、审核到签订保险合同的全过程，都属于承保业务环节。

核保是承保工作中最主要的环节，只有通过核保保险公司才会承保。所谓“核保”意为“审核承保条件”，是指在投保人向保险人申请投保的前提下，由保险人对该申请进行审核，对风险进行评判与分类，从而决定是否接受承保、以何种条件承保的过程。这里的“承保条件”主要指保险责任范围(包括基本条款、特约条款中有关的内容)、保险金额(或责任限额)、保险费率、免赔额(免赔率)、保费的缴付方式、其他费用(中介费用、服务成本)等内容。

(二)承保的基本原则

承保原则是保险公司承保人员在工作过程中必须遵循的风险分类和选择，以及风险组合管理的根本要求和准则。目的是最大可能地接受合格被保险人的同时，确保保险公司经营的稳定性。

1. 实现长期的承保利润

全面、细致、谨慎地进行核保，争取最好的承保条件，保证保险公司具有长期的承保利润。避免片面追求保费规模的短期行为，否则将会破坏保险公司和客户的关系，不利于其长远发展。

2. 提供优质的专业服务

以风险控制为基础，实施科学决策。积极、主动开展承保标的风险评估工作，为承保决策提供依据。收集、整理、分析与研究历史灾害数据，进一步细化业务政策。

3. 谨慎运用公司的承保能力

保险公司经营以稳定为先，在条件不成熟的时候，不盲目承保高风险项目。研究巨灾风险，注意风险积累，并在确保公司利润的前提下，充分利用再保险的支持，慎重核保，准确划分危险单位，确定自留比例，合理分散风险。

4. 实施规范化管理

严格遵守国家法律、地方法规和监管部门的监管规定，遵照行业协会要求及公司的规章制度，实施承保管理过程制度化、标准化、程序化，依法合规开展承保管理工作。

(三)承保流程

承保流程是指从投保申请开始到签发保单的整个过程，主要包括投保申请、受理初审、信息录入、核保、处理问题件、作出承保决定、单证管理等环节。

1. 投保申请

投保申请是指客户根据自己的需要，向保险公司提出购买保险产品的申请，其中包括按照保险公司的相关规定填写投保单及提交各种资料的过程。投保申请既是客户向保险公司提出保险申请的过程，也是公司为客户提供保险服务的开始。

2. 受理初审

受理初审是指保险公司的新契约受理人员，对客户投资的投资申请和相关资料，按照规定进行审核。受理过程中最重要的是审核投保资料的真实性、准确性、完整性，是否符合公司的要求。

3. 信息录入

收到受理初审人员上传的投保单及相关资料后，录入员将投保信息录入保险公司系统。投保信息录入主要包括三个环节：(1)资料扫描：将投保单及各种投保资料按照相关的规则排序并进行扫描操作。(2)资料信息录入：录入人员将客户投保资料按照要求录入电脑系统，同时对问题件进行记录分流。(3)资料信息复核：复核人员检验录入至电脑系统的投保资料，对发现的不同类型的问题按照相应的规则下发问题件，同时进行投保单的电脑自动核保，对问题件进行记录分流。

4. 核保

核保的主要方式有两种，自动核保①和人工核保。自动核保可以对大部分简单的、小保额的、客观的信息进行分类、审核，做出核保结论；但对于复杂的、高保额的、主观的信息不能准确判断。此时，系统通常会将相关信息转入人工核保流程，由核保人员进一步分析与判断是否可以承保以及以何种条件承保。人工核保的作用就是利用专业核保人员的综合分析，判断出计算机自动化系统无法确定的投保风险，提高了核保的精度。

5. 处理问题件

问题件是指投保单填写不规范、保险费不符、违反投保规则、有告知异常或按投保规则需体检、进行生存调查的投保件。处理流程包括：对问题件进行整理、登记、匹配、处理、回销、修改，对新生成的问题件打印、下发并进行追踪，对逾期未回销的问题件进行撤件处理，新契约的退费、承保前撤件的处理工作。

6. 作出承保决定

经核保后，保险公司需要决定是否承保以及承保条件。承保条件主要包括保险金额、承保标的、承保费率、保险期限、免赔额、保险单的附加条款和特别约定等。

7. 单证管理

承保人作出承保决定后，由签单员缮制保险单。接着，由复核员按签单要求对投保单、保险单、批单以及其他各种单证进行复核。复核无误后，向保户收取保费并送交保单。最后，将投保单、保险单和批单副本、相关单证和资料清分存档。

四、理赔

(一)理赔的含义

保险理赔即处理赔案，是保险人在保险标的发生风险事故后对被保险人提出的索赔请求进行处理的行为。理赔是保险公司执行保险合同，履行保险义务，承担保险责任，发挥保险补偿功能的具体体现。一方面，理赔工作做得好，被保险人的损失才可能得到应有的补偿，保险的职能作用才可能发挥，社会再生产的顺利运行和人民生活的正常安定才可能得到保障，保险公司的信誉才可能提高；另一方面，通过保险理赔，可以检验承保业务的质量，暴露防灾防损工作中的薄弱环节，便于公司进一步掌握灾害事故发生的规律，总结和吸取经验教训，进一步改进和提高保险公司的经营管理质效。

核赔是指保险公司专业理赔人员对保险赔案进行审核，确认赔案是否应该赔、应该怎样赔或应该怎样拒赔的业务行为。核赔作为理赔的关键环节，是保险公司控制业务风险的重要关口。有效的核赔可以发现和防止查勘、定损、理算等环节的错误，识别和防范道德风险，从而使保险公司正确履行合同义务，准确合理支付保险赔款，维护保险人和被保险人双方的权益。同时，核赔也是对承保风险进行监督和检验，对理赔全过程进行指导、监

① 自动核保是指根据事先确定的核保规则，通过计算机自动化系统对投保单进行审核。

督、管理、评价的手段之一，专业、规范、标准的核赔有利于提高保险公司管理水平。

(二)理赔的原则

理赔直接关系到保险公司及被保险人的切身利益，应当遵循以下基本原则：

1. 重合同、守信用

保险金的赔付是保险公司履行保险合同义务和实现经济保障职能的具体体现。在处理各种保险理赔案件时，要严格按照保险合同和有关法律法规执行，笃守信用，切实维护保险合同双方当事人的合法权益。

2. 实事求是

对每一个理赔案件的处理，应坚持以事实为依据，不掺杂任何个人主观臆断，做到既不惜赔，也不滥赔。面对复杂的理赔案件，理赔人员需要站在客观公正的立场上，摆正公司与客户的利益关系，时刻维护公平原则，积极维护诚实客户的权益。

3. 及时、主动、准确、合理

理赔必须注重时效性，保险事故发生后，理赔人员应主动迅速地展开理赔工作，在合理的期限内尽快审定索赔材料是否完备、事故是否属于保险责任等，准确计算赔款，及时向被保险人或受益人支付赔款，避免积压和拖延赔案。要在准确的基础上，力求及时合理，使保户满意。

(三)《保险法》中有关理赔的规定

为规范保险公司理赔管理工作，保障保险人和被保险人双方的利益，我国制定了相应的法律法规和政策指引，以确保保险公司开展理赔业务时有法可依。《保险法》是保险理赔最重要的法律依据，其相关规定如下：

1. 索赔材料

《保险法》第二十二条规定："保险事故发生后，按照保险合同请求保险人赔偿或者给付保险金时，投保人、被保险人或者受益人应当向保险人提供其所能提供的与确认保险事故的性质、原因、损失程度等有关的证明和资料。保险人按照合同的约定，认为有关的证明和资料不完整的，应当及时一次性通知投保人、被保险人或者受益人补充提供。"

2. 理赔处理的时限

《保险法》第二十三条规定："保险人收到被保险人或者受益人的赔偿或者给付保险金的请求后，应当及时作出核定；情形复杂的，应当在三十日内作出核定，但合同另有约定的除外。保险人应当将核定结果通知被保险人或者受益人；对属于保险责任的，在与被保险人或者受益人达成赔偿或者给付保险金的协议后十日内，履行赔偿或者给付保险金义务。保险合同对赔偿或者给付保险金的期限有约定的，保险人应当按照约定履行赔偿或者给付保险金义务。保险人未及时履行前款规定义务的，除支付保险金外，应当赔偿被保险人或者受益人因此受到的损失。任何单位和个人不得非法干预保险人履行赔偿或者给付保险金的义务，也不得限制被保险人或者受益人取得保险金的权利。"

《保险法》第二十四条规定："保险人依照本法第二十三条的规定作出核定后，对不属于保险责任的，应当自作出核定之日起三日内向被保险人或者受益人发出拒绝赔偿或者拒绝给付保险金通知书，并说明理由。”

《保险法》第二十五条规定：“保险人自收到赔偿或者给付保险金的请求和有关证明、资料之日起六十日内，对其赔偿或者给付保险金的数额不能确定的，应当根据已有证明和资料可以确定的数额先予支付；保险人最终确定赔偿或者给付保险金的数额后，应当支付相应的差额。”

3. 索赔的时效

《保险法》第二十六条规定：“人寿保险以外的其他保险的被保险人或者受益人，向保险人请求赔偿或者给付保险金的诉讼时效期间为二年，自其知道或者应当知道保险事故发生之日起计算。人寿保险的被保险人或者受益人向保险人请求给付保险金的诉讼时效期间为五年，自其知道或者应当知道保险事故发生之日起计算。”

4. 保险公司不承担赔付责任的情形

(1)一般规定

《保险法》第二十七条规定：“未发生保险事故，被保险人或者受益人谎称发生了保险事故，向保险人提出赔偿或者给付保险金请求的，保险人有权解除合同，并不退还保险费。投保人、被保险人故意制造保险事故的，保险人有权解除合同，不承担赔偿或者给付保险金的责任；除本法第四十三条规定外，不退还保险费。保险事故发生后，投保人、被保险人或者受益人以伪造、变造的有关证明、资料或者其他证据，编造虚假的事故原因或者夸大损失程度的，保险人对其虚报的部分不承担赔偿或者给付保险金的责任。投保人、被保险人或者受益人有前三款规定行为之一，致使保险人支付保险金或者支出费用的，应当退回或者赔偿。”

(2)人身保险合同

《保险法》第四十三条规定：“投保人故意造成被保险人死亡、伤残或者疾病的，保险人不承担给付保险金的责任。投保人已交足二年以上保险费的，保险人应当按照合同约定向其他权利人退还保险单的现金价值。受益人故意造成被保险人死亡、伤残、疾病的，或者故意杀害被保险人未遂的，该受益人丧失受益权。”

《保险法》第四十四条规定：“以被保险人死亡为给付保险金条件的合同，自合同成立或者合同效力恢复之日起二年内，被保险人自杀的，保险人不承担给付保险金的责任，但被保险人自杀时为无民事行为能力人的除外。保险人依照前款规定不承担给付保险金责任的，应当按照合同约定退还保险单的现金价值。”

《保险法》第四十五条规定：“因被保险人故意犯罪或者抗拒依法采取的刑事强制措施导致其伤残或者死亡的，保险人不承担给付保险金的责任。投保人已交足二年以上保险费的，保险人应当按照合同约定退还保险单的现金价值。”

(3)财产保险合同

《保险法》第四十八条规定：“保险事故发生时，被保险人对保险标的不具有保险利益的，不得向保险人请求赔偿保险金。”

《保险法》第四十九条规定：“保险标的转让的，保险标的的受让人承继被保险人的权利和义务。保险标的转让的，被保险人或者受让人应当及时通知保险人，但货物运输保险合同和另有约定的合同除外。因保险标的的转让导致危险程度显著增加的，保险人自收到前款规定的通知之日起三十日内，可以按照合同约定增加保险费或者解除合同。保险人解除合同的，应当将已收取的保险费，按照合同约定扣除自保险责任开始之日起至合同解除之日止应收的部分后，退还投保人。被保险人、受让人未履行本条第二款规定的通知义务的，因转让导致保险标的危险程度显著增加而发生的保险事故，保险人不承担赔偿保险金的责任。”

《保险法》第五十二条规定：“在合同有效期内，保险标的的危险程度显著增加的，被保险人应当按照合同约定及时通知保险人，保险人可以按照合同约定增加保险费或者解除合同。保险人解除合同的，应当将已收取的保险费，按照合同约定扣除自保险责任开始之日起至合同解除之日止应收的部分后，退还投保人。被保险人未履行前款规定的通知义务的，因保险标的的危险程度显著增加而发生的保险事故，保险人不承担赔偿保险金的责任。”

5. 责任保险的赔偿

《保险法》第六十五条规定：“保险人对责任保险的被保险人给第三者造成的损害，可以依照法律的规定或者合同的约定，直接向该第三者赔偿保险金。责任保险的被保险人给第三者造成损害，被保险人对第三者应负的赔偿责任确定的，根据被保险人的请求，保险人应当直接向该第三者赔偿保险金。被保险人怠于请求的，第三者有权就其应获赔偿部分直接向保险人请求赔偿保险金。责任保险的被保险人给第三者造成损害，被保险人未向该第三者赔偿的，保险人不得向被保险人赔偿保险金。责任保险是指以被保险人对第三者依法应负的赔偿责任为保险标的的保险。”

五、保险投资

“保险投资”又称“保险资金运用”，是指保险公司在组织经济补偿和给付过程中，将积累的闲散资金合理运用，使资金增值的活动。保险投资是保险公司重要的利润来源，是保险公司防范风险的重要手段，也是保险公司扩大承保和偿付能力的重要保障。

（一）保险投资的资金来源

从资金来源来看，保险公司的投资资金主要由自有资金和负债资金两大部分构成。

1. 自有资金

自有资金是指保险公司为进行经营活动所经常持有、能自行支配而不需偿还的资金，属于所有者权益性质。

（1）资本金

拥有法定资本金是保险公司成立的一个必要条件，也是保险公司经营的一个前提。资本金是指保险公司成立时由股东认缴的股金或由政府拨款的金额以及个人拥有的实际资本。为了保证保险经营的稳定和保障被保险人的利益，各国保险法都对资本金做了明确规定，最低资本金的数额在不同的国家的要求并不一致。

美国纽约州根据保险人的组织形式规定最低资本金：人寿保险股份有限公司的最低资本金为 450 万美元，相互人寿保险公司的最低资本金为 15 万美元，财产与责任保险股份有限公司的资本金不得低于 250 万美元，财产与责任相互保险公司必须拥有 50 万美元以上的资本金。

我国《保险法》规定，设立保险公司，其注册资本的最低限额为人民币二亿元。国务院保险监督监管机构根据保险公司的业务范围、经营规模，可以调整其注册资本的最低限额，但不得低于人民币二亿元。保险公司的组织资本必须为实缴货币资本。

此外，各国保险法还要求保险企业用一定比例的资本金缴纳保证金，以在保险公司清算时用于清偿债务。我国《保险法》规定保险公司应当按照其注册资本总额的百分之二十提取保证金，存入国务院保险监督管理机构指定的银行，除公司清算时用于清偿债务外，不得动用。

尽管不同的国家对于保险公司资本金的规定存在差异，但将资本金作为其中一种保险投资资金的来源，在各个国家的保险市场已经达成了共识。保险公司的资本金属于公司的所有者权益部分，是保险人的自有资金，一般情况下不需要承担偿付责任，但如果发生了特大自然灾害事故或者出现经营不善导致偿付能力不足时，才会动用资本金去填补亏损。从资本金的属性来看，它是保险公司的自有资金，是股东对保险公司的投资。根据我国《公司法》的规定，股东一般不能撤回资金。因此，资本金除去上缴保证金部分外，其余部分基本处于闲置的状态。资本金具有稳定性和长期性的特点，可以作为保险公司进行长期投资的资金来源。

(2)公积金

我国《保险法》明确规定，保险公司应当依法提取公积金。公积金是指保险公司为满足经营业务和发展需要而保留的盈余，它是资本公积金和盈余公积金的总称，是保险公司所有者权益的重要组成部分。

资本公积金一般包括三个部分，即捐赠公积金、资本溢价公积金和资本折算差额。捐赠公积金是指保险公司因接受现金或其他资产捐赠而增加的投资人权益；资本溢价公积金是指投资人缴付的出资额大于注册资本而产生的差额；资本折算差额是指保险公司实际收到外币投资时，由于汇率变动而发生的有关资产账户与实收资本账户的折合记账本位币差额。

盈余公积金由法定盈余公积金和任意盈余公积金两个部分构成，两者都是依法从历年税后利润中提取的，并且是保险公司偿付能力的重要组成部分。我国《保险公司财务制度》第五十八条第三款规定：“保险公司应提取法定盈余公积金。法定盈余公积金按税后利润(减弥补亏损)的10%提取，法定盈余公积金累积达到注册资本的50%时，可不再提取。”按照规定提取法定盈余公积金后，可以按照公司章程或股东会议决议，提取相应的任意盈余公积金，其中包括保险总准备金。保险总准备金一般指应付特大风险损失的一项专项准备金，又称“巨灾准备金”。

与资本金一样，公积金也属于公司的所有者权益部分，是保险公司的自有资金，正常情况下处于闲置的状态。因此，公积金也具有稳定性和长期性的特点，可以用于长期投资。

2. 负债资金

保险公司经营具有明显的负债性特点，即业务收入发生在先、赔付支出发生在后。根据大数法则的原理，保险公司承保大量的同类风险保单，通过管理和运作客户预先缴纳的保费所形成的保险资金，达到分散风险、分摊损失并获取利润的目的。但是，保险公司对客户的负债具有很大的不确定性，对于一份没有到期或者是没有终止的保险合同来说，无法确定在保险期间内是否会发生保险事故，即使知道已经发生了保险事故，也不一定能很快确定最终的理赔金额和结案时间。为了保证保险公司的正常经营，保护被保险人的利益，各国一般都以保险立法的形式规定保险公司必须提存保险准备金，以确保保险公司具备与其保险业务规模相应的偿付能力。保险公司根据不同的业务提取相应的责任准备金，这些责任准备金主要包括：

(1)非寿险未到期责任准备金

保险公司通常以每年的最后一天(12 月 30 日)作为会计评估日，对保险业务进行评估核算并编制相应报表。由于保费的收取总是早于未来义务的履行，加之保险年度与会计核算年度不相匹配，保险事故可能发生在评估日和保单到期日之间的任一时刻，因此保险公司在评估日必须承担未来保险事故可能发生引起的责任，同时还应承担退保风险。根据会计核算的权责发生制原则，该段时间的保费不应作为利润直接入账，而应在评估日提取相应的准备金，以反映在评估时点保险公司所应承担的责任，该部分准备金称为“保费责任准备金”或“未到期责任准备金”。

(2)赔款准备金

对于已经发生保险事故的有效保单，在未结案之前，保险公司需要准备向保单持有人履行赔付责任并承担赔付过程中所发生的费用，这些费用统称为“赔款准备金”，包括未决赔款准备金和理赔费用准备金。

根据评估时点和已发生事故报告日之间的关系，可以将未决赔款准备金进一步划分为两种：第一，当评估日在事故发生日和事故报告日之间，保险公司在评估日并不知道事故已经发生，但保险公司肯定要对这种已发生，但由于报案延迟还未报案承担责任，为该种责任提取的准备金称为“已发生未报案未决赔款准备金”；第二，当评估日在事故报告日之后，保险公司已经收到赔案报告，但由于赔案延迟，必须经过勘查并确定赔付金额之后才会进行赔偿，对于此类处于已报案但未完全赔付状态的赔案，保险公司必须计提相应的准备金，称为“已发生已报案未决赔款准备金”。

保险公司处理赔案的过程当中会发生相关费用，为这些费用计提的准备金称为“理赔费用准备金”。根据费用的具体情况，可以将理赔费用准备金作进一步的细分。其中，直接发生于具体赔款的费用，称为“直接理赔费用”，如专家费、律师费、损失检验费等，需计提直接理赔费用准备金；不是直接发生于具体赔案的费用，称为“间接理赔费用”，需计提间接理赔费用准备金，如从事理赔的员工薪酬等。

由于财产风险的特殊性，财产保险所承保风险发生的随机性也会随之变大，赔款准备金自然成为了财产保险公司资产负债表中的最大负债。

(3)寿险责任准备金

对以死亡为保障责任的保险，死亡率通常随年龄增长而上升，但在实际中保险费则是以趸缴、限期缴费的均衡保费和可变动保费的形式购买的；对以生存为保险责任的保险，生存金的支付则一般在时间上要晚于保险费缴费的时间。因此，在保单早期，投保人支付的保费会超过当前会计年度的保险成本；在保单后期，情况却正好相反。这些不是立即用于支付保险金和费用的剩余资金，必须由保险公司确认并为所有保单所有人的利益而保存起来，直至未来某天用于履行对客户的理赔或给付承诺。类似地，当投保人以趸缴保费形式购买保单时，该保费成为保单所有人对未来赔款和费用支出的唯一来源，因此，这一保费的大部分必须由保险公司持有并不断积累以备履行未来义务。这可以很好解释为什么在寿险公司的资产中，大部分对应的是准备金负债。随着寿险业务的不断扩大，责任准备金的规模也不断增大。

(4)存入分保准备金

存入分保准备金是指保险公司的再保险业务按照合同约定，由分保分出人扣存分保接受人部分分保费以应付未了责任的准备金。存入分保准备金通常根据分保业务账单按期扣存和返存，扣存期限一般为十二个月，至下年同期返还。

(5)储金

储金是指保险企业在办理保险业务时，不是直接向投保人收取保费，而是向投保人收取一定数额的到期应返还的资金。以储金产生的收益作为保险收入的业务，是一种返还型的保险形式。例如，家庭财产两全保险是一种定期三年、五年的长期性保险业务，具有补偿经济损失和保险期满还本的双重性质。投保时所缴纳固定的费用则称为储金。保险期满时，无论在保险期间内是否发生赔付，保险储金均返还投保人。

(6)长期责任准备金

我国对长短期险种的分类是以险种的期限划分，保险期在一年期内的称为短期险种，超过一年期的称为长期险种。长期责任准备金是指财产保险公司对长期财产保险业务，如商品房抵押保险、汽车消费信贷保证保险、长期工程险等提取的准备金。由于长期财产保险业务按照业务年度而不是会计年度结算损益，所以对于长期工程险、再保险等按业务年度结算损益的业务，按业务年度营业收支差额提取；对长期工程险等以外的，不需要按照业务年度结算损益的长期财产险业务按精算结果提取责任准备金。

保险资金的负债性决定了保险公司不能把这些资金作为业务盈余在股东之间分配，也不能作为经营利润上缴所得税。保险人必须在金融市场上运用保险资金，使之构成融通资金的一个主要组成部分。保险资金通过不断增值，以履行未来的赔付责任。

(二)保险投资的原则

由于保险经营的特殊性和保险投资资金的负债性、返还性，保险投资既要遵循一般性原则，也要遵循特殊性原则。

1. 一般性原则

(1)安全性原则

安全性是指保证保险投资资金的返还。由于保险经营是一种负债经营，所以保险公司在投资时，首先要保证资金的绝对安全，否则会影响到保险经济补偿职能的实现。因此，为了确保保险投资的安全和偿付能力，保险公司在投资前必须加强对投资项目的可行性研究，同时在投资时注意分散风险。

(2)收益性原则

收益性原则是指保险资金运用中必须以获取一定的收益为目标，保证一定的收益能力。投资收益是保险公司弥补承保业务亏损、增强自身偿付能力和市场竞争力的重要手段。尤其是人寿保险业务，其大部分都是长期性的保单，保险公司厘定费率时假定的预定利率是以保险投资的预期收益率为基础的。保险合同一旦成立，假定的预定利率就成了保险公司对投保人的一种长期利率保证，在保险事故发生或保险期满时保险人必须按预定利率水平进行保险金的给付。因此，保险投资的收益率只有超过保单的预定利率，才能保证将来的保险金给付，并获得相应的利润。但在具体实践中，投资收益和投资风险往往成正比，投资收益率越高，投资风险也就越大，这就要求保险公司从事保险投资时，在安全性原则和收益性原则之间选择最佳的组合，在总体上符合安全性的前提下，尽可能提高投资收益率。

(3)流动性原则

流动性原则是指在不损失资产价值的前提下保证投入资金的变现能力。由于保险期限内保险事故的发生具有随机性，为随时满足保险赔偿和给付的需要，保险投资必须具有较强的流动性。尤其是财产保险和短期性的人身意外伤害险，由于它们的保险期限短，自然灾害和意外事故发生的随机性大，对保险投资的流动性要求相对较高。

保险投资的安全性、流动性和收益性三者之间存在着密切的关系。安全性是收益性的基础，流动性是安全性的保证，收益性是安全性和流动性的最终目标。从总体上讲，安全性和流动性通常是成正比的，流动性越强，风险越小，安全性越好，反之亦然。流动性、安全性与收益性成反比，流动性强、安全性好的资产往往收益低，而流动性差、安全性不好的资产盈利能力强。因此，保险投资时一定要注意安全性、流动性和收益性的合理组合，在保证投资安全性和流动性的前提下，追求最大可能的收益。

2. 特殊性原则

(1)对称性原则

对称性原则要求保险公司在业务经营中注意资金来源和资金运用的对称性。也就是说保险投资时使投资资产在期限、收益率和风险度方面与保险资金来源的相应要求匹配，以保证资金的流动性和收益性。例如资本金、法定公积金、总准备金一般可作长期投资，各种准备金按照各险种责任期限的长短分别加以投资运用。

(2)替代性原则

替代性原则首先要求保险公司在制定投资策略时根据自身资金来源、保单的性质和期限以及保险金的给付情况对投资目标定位；其次是充分利用各种投资形式在安全性、流动性和收益性方面的对立统一关系，寻求与保险公司业务相适应的资产结构形式；最后，在某一投资目标最大化的前提下，力求使其他目标能在既定的范围内朝最优的方向发展或者牺牲一个目标来换取另一目标的最优化。

(3)分散性原则

分散性原则要求保险投资策略多元化、投资结构多样化，尽量选择相关系数小的资产进行投资搭配，以降低整个保险投资资产组合的风险程度。分散性原则是安全性原则的直接要求。首先，保险公司在投资客体上要实现多样化，在保险法允许的范围内采取多项投资，尽量分散投资风险；其次，在投资的地域上尽可能分散，对股票和债券的投资风险在国际金融市场上分散；再次，投资资产规模尽可能分散，投资于同一部门、行业的资金规模不能过大；最后，适度控制保险投资的结构和比例，即对投资于某类资产的最高比例或对某单项资产投资的最高比例进行限制。

(4)转移性原则

转移性原则是指保险公司可以通过一定的形式将投资的风险转移给他方而降低自身的风险。最常用的风险转移方式有：一是转让，即通过契约性的安排让合约的另一方承担一定的风险，如通胀时期的浮动利率债券合约；二是担保，如保单质押贷款、第三方保证贷款、以银行或信用机构为担保的贷款以及以不动产或动产为抵押的贷款；三是再保险或购买风险证券化的保单，将风险转移给再保险人或资本市场的投资者；四是套期保值，保险公司通过持有一种资产来冲销所持有的另一种资产的风险，从而达到降低自身投资风险的目的。

(5)平衡性原则

平衡性原则要求保险公司投资的规模与资金来源规模大体平衡，并保证一定的流动性。既要防止在资金来源不足的情况下进行投机性的买空卖空交易，增加投资的风险性；又要避免累积大量资金不运作或少运作而承担过高的机会成本，无法满足将来保险金赔付的需要。

(三)保险投资的形式

根据我国《保险法》的规定，保险公司的资金运用必须稳健，遵循安全性原则。保险公司的资金运用限于下列形式：一是银行存款；二是买卖债券、股票、证券投资基金份额等有价证券；三是投资不动产；四是国务院规定的其他资金运用形式。

1. 银行存款

保险资金可投资的银行存款，主要指的是保险机构除用于维持日常经营需要的活期存款外的所有其他银行存款。特别地，保险资金还可以投资境内依法发行的同业存单和大额存单，这些也纳入银行存款管理。银行存款是保险资金运用的传统渠道，具有高度的安全性和流动性。银行存款能够为保险公司提供稳定的利息收入，但相较于其他投资形式，其收益率较低。

2. 债券投资

根据发行主体划分，债券分为政府债券、金融债券和企业债券三种。国债是由国家政府发行的债券，具有最高的信用等级和最低的风险。国债的收益相对稳定，是保险公司重要的投资标的。金融债是由金融机构发行的债券，其信用等级和收益水平介于国债和企业债之间。金融债通常具有较好的流动性和较低的信用风险。企业债是由企业发行的债券，其信用等级和收益水平因发行企业的不同而有所差异。保险公司通常会对企业债的信用风险进行严格的评估和控制。

3. 股票投资

股票是一种虚拟资本，其价值主要体现在它的收益性上，股票收益来自股息收入和资本利得。投资于股票有助于保险公司实现资产的多元化配置，降低投资组合的整体风险。通过投资不同行业和领域的股票，保险公司可以更好地分散风险，提高投资组合的稳定性。在经济繁荣时期，股票市场的表现往往优于其他投资渠道，能够带来较高的收益。但是，股票市场具有较高的波动性，受宏观经济、政策环境、市场情绪等多种因素影响，存在较大的市场风险。一旦市场出现大幅调整或下跌，保险公司可能面临较大的投资损失。

4. 证券投资基金

证券投资基金是指通过公开发售基金份额募集资金，由基金托管人托管，由基金管理人管理和运作资金，为基金份额持有人的利益，以资产组合方式进行证券投资的一种利益共享、风险共担的集合投资方式。保险资金投资于证券投资基金具有专业管理、风险分散、流动性高、投资门槛低和透明度较高等优点，但同时也存在费用较高、无法直接控制投资决策、市场风险大和依赖基金管理人能力等缺点。

5. 投资不动产

保险资金投资的不动产，是指土地、建筑物及其他附着于土地上的定着物。根据我国目前的法律法规，保险资金可以投资基础设施类不动产、非基础设施类不动产及不动产相关金融产品。保险资金投资于不动产具有稳定的现金流和长期的资产价值增值潜力，有助于保险公司实现资金的稳健增值和降低投资风险。然而，不动产投资也存在一定的风险，如不动产贬值风险和流动性风险等。

6. 其他

除了上述投资形式外，保险资金还可进行股权投资、贷款类投资，或者投资于黄金、外汇、金融衍生品等。这些投资形式具有较高的潜在收益，但是风险也较大。

第三节 保险经营风险

保险公司是专门从事风险集中与分散的企业，在市场上为消费者提供转移和分担风险的保险商品和相关服务。保险公司不仅需要承担或转化消费者的风险，也需要防范自身经营活动中的风险。因此，保险公司的稳定经营依赖于它对自身各类风险的评估与识别能力，即保险公司的风险管理水平决定了保险公司经营的稳定性。

一、保险经营风险的特征

(一) 风险来源双重性

保险公司经营的对象是风险，其本身的经营管理活动也存在着风险，这就形成了风险来源的双重性。保险公司不仅要关注经营对象的风险测度与评估，还要对其自身的经营风险、特别是对双重风险之间的互相影响高度重视。

(二) 风险种类多元化

保险经营风险产生的原因多种多样，包括市场风险、信用风险、操作风险、法律风险等。这些风险可能来自外部环境，如经济周期、市场竞争、政策法规等，也可能来自内部运营，如管理不善、决策失误等。

（三）风险处于动态变化中

保险公司面临的风险种类很多，影响保险公司风险的因素既有内部因素也有外部因素。内部因素如承保业务的各个环节的风险、资金运用的质量、企业战略、公司治理结构、风险文化、再保险安排，等等；外部因素如宏观经济环境、国家外汇政策、产业政策、货币政策、财税政策以及保险行业的监管政策，等等。内部因素与外部因素都处于变化之中，对保险公司经营产生的影响具有环节多、层次多、变动多的特点，保险公司各类风险具有明显的动态变化特征。

（四）风险之间交互影响

宏观和微观风险交织在一起，共同影响保险公司经营。风险之间的关系主要区分为独立和相关两类。在独立性假设的前提下，保险所依据的大数定律和中心极限定理才有应用的前提，保险公司可以通过风险集中来有效地管理风险。此外，在独立性假设的前提下，只要给出个体风险的统计数据，就可以得到风险组合统计数据的联合分布。事实上不同风险存在较强的相关性，忽略这种相关性会导致结果的不正确。比如，其他各类风险的发生导致声誉风险、战略制定或实施不当导致承保风险、各种市场风险导致违约风险，等等。因此，在处理保险公司的风险时，要密切关注和准确把握风险之间的关系。

二、保险经营风险的类别

偿付能力是评价保险公司风险管理能力的核心指标，它直接反映了保险公司在面临各种风险时，是否具备足够的资本实力和财务稳健性来履行其赔付或给付责任。根据我国第二代偿付能力监管体系（C-ROSS）（简称“偿二代”）的监管规则，保险公司偿付能力风险由固有风险和控制风险构成，这也是保险经营风险的主要类别（见图 10-1）。

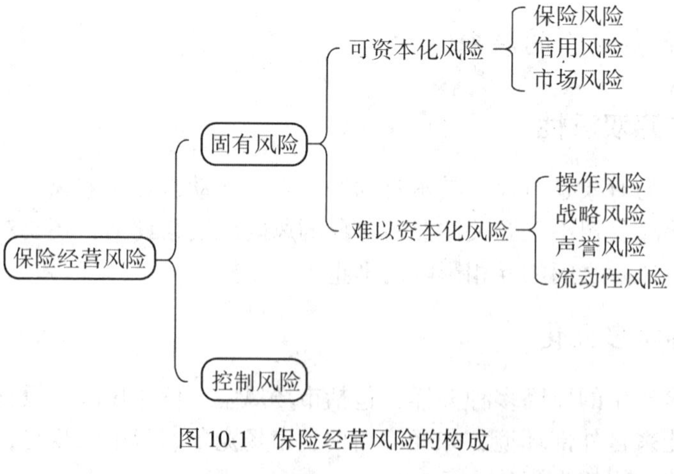

图 10-1 保险经营风险的构成

(一)固有风险

固有风险是指在现有正常保险行业物质技术条件和生产组织方式下，保险公司在经营和管理活动中必然存在的、客观的偿付能力相关风险。① 固有风险由可资本化为最低资本的风险(以下简称“可资本化风险”)和难以资本化为最低资本的风险(以下简称“难以资本化风险”)构成。

1. 可资本化风险

可资本化风险是指那些可以通过资本化手段进行量化和管理，从而转化为最低资本要求的风险，包括保险风险、市场风险和信用风险。

保险风险是指由于死亡率、疾病发生率、赔付率、退保率、费用率等假设的实际经验与预期发生不利偏离而造成损失的风险。

市场风险是指由于利率、权益价格、房地产价格、汇率等不利变动导致保险公司遭受非预期损失的风险。市场风险包括利率风险、权益价格风险、房地产价格风险、境外资产价格风险、汇率风险和集中度风险。

信用风险是指由于利差的不利变动，或者由于交易对手不能履行或不能按 时履行其合同义务，或者交易对手信用状况的不利变动，导致保险公司遭受非预期损失的风险。

2. 难以资本化风险

难以资本化风险是指那些难以通过资本化手段进行量化和管理，从而难以直接转化为最低资本要求的风险。这类风险虽然难以直接量化，但其对保险公司的稳健经营和长期发展具有重要影响。难以资本化风险包括操作风险、战略风险、声誉风险和流动性风险。

操作风险是由于不完善的内部操作流程、人员、系统或外部事件而导致直接或间接损失的风险，包括法律及监管合规风险(不包括战略风险和声誉风险)。在分类监管中，操作风险分为以下六类：保险业务线的操作风险、资金运用业务线的操作风险、公司治理相关的操作风险、信息系统相关的操作风险、案件管理相关的操作风险、其他操作风险。

战略风险是由于战略制定和实施的流程无效或经营环境的变化，导致公司战略与市场环境、公司能力不匹配的风险。主要从以下两方面评估保险公司的战略风险：一是评估保险公司战略与市场环境的匹配情况；二是评估保险公司战略与公司能力的匹配情况。

声誉风险是由于保险公司的经营管理或外部事件等原因，导致利益相关方对保险公司产生负面评价，从而造成损失的风险。主要从以下方面评估保险公司的声誉风险：评估公司声誉风险的外部环境，包括行业声誉风险的总体水平和趋势；评估公司声誉风险的历史数据、当前舆论报道、潜在风险因素；评估可能导致公司声誉风险的外部因素，包括合作伙伴、利益相关方、信用评级、不可抗力等

流动性风险是保险公司无法及时获得充足资金或无法及时以合理成本获得充足资金，以支付到期债务或履行其他支付义务的风险。

① 国家金融监督管理总局．保险公司偿付能力监管规则第 11 号：风险综合评级(分类监管)[EB/OL]．[2021-12-30]．https：//www. cbirc. gov. cn/cn/view/pages/governmentDetail. html? docId = 1027892&itemId = 861&generaltype = 1.

(二)控制风险

控制风险是指因保险公司内部管理和控制不完善或无效，导致固有风险未被及时识别和控制的偿付能力相关风险。从保险公司内部控制体系的构成来看，控制风险产生主要原因为：

1. 内部控制基础不扎实

保险公司的内部控制基础包括公司治理、组织架构、人力资源、信息系统和企业文化等。内部控制基础不扎实可能导致内部控制的薄弱和风险管理的不力。例如，组织架构设置不合理，职责划分不明确，可能导致风险管理和内部控制的执行不力。关键岗位人员缺乏必要的专业知识和技能，或者存在道德风险，可能导致内部控制失效。企业文化没有强调风险管理和内部控制的重要性，导致员工对风险的认识不足。

2. 内部控制程序不完善

保险公司的内部控制程序包括识别评估风险、设计实施控制措施等。内部控制程序导致控制风险的可能情形包括：第一，控制措施不完善。缺乏必要的控制措施或控制措施不完善，导致风险得不到有效控制。第二，控制措施执行不力。虽然制定了控制措施，但执行过程中存在偏差或疏漏，使得控制措施形同虚设。第三，缺乏持续监控。控制措施缺乏持续监控和评估，无法及时发现和纠正问题。

3. 内部控制保证不健全

保险公司内部控制保证不健全的原因可以归纳如下：第一，缺乏有效的信息沟通机制。信息传递渠道不畅通，公司内部的信息传递可能存在层级过多、流程复杂的问题，导致信息在传递过程中失真或延误。第二，内控制度不完善。内控制度可能未能涵盖所有业务领域和操作环节，或者制度本身存在漏洞和缺陷，无法有效约束员工的行为。第三，内部审计应急机制不完善。内部审计部门可能受到管理层或其他部门的干扰，导致审计结果不客观、不公正。在面对突发事件或重大风险时，保险公司缺乏有效的应急机制，导致风险无法得到及时控制和化解。第四，问责机制缺乏执行力。部分保险公司可能存在“收入上移，风险下放”的现象，导致基层员工缺乏相应的保障和激励，心态失衡，甚至进行违规操作。

三、保险经营的风险管理工具

保险公司需要运用恰当的风险管理工具来防范与控制各类风险，这些风险管理工具包括但不限于：

(一)全面预算管理

全面预算管理，是指保险公司根据战略规划和经营目标，通过预算的方式，将经营活动、资源配置、业绩考核、风险偏好等管理活动进行有效的统筹、组织、协调，为达成战略和经营目标提供组织和职能保证。

全面预算管理具体体现在：第一，全部经济活动均纳入预算体系，包括各项业务经营计划、资本性支出计划、人力发展计划等经济活动；第二，各项经济活动的事前、事中、事后均纳入预算管理过程；第三，各部门、各机构、各岗位、各级人员共同参与预算管理。

（二）资产负债管理

保险资产负债管理，是指保险公司在风险偏好和其他约束条件下，持续对资产和负债相关策略进行制定、执行、监控和完善的过程。

保险公司应当建立健全资产负债管理体系：一是制定科学、全面、合规的资产负债管理制度，有效管理资产负债；二是将偿付能力风险管理目标嵌入资产负债管理流程中，在资产负债管理的决策和日常工作中充分考虑偿付能力风险，确保资产和负债的互动在风险偏好约束之下；三是加强资产负债错配风险管理，制定资产负债匹配相关指标的限额，有效识别、分析、监测、预警资产负债错配风险并及时采取相应措施。

（三）资本规划与配置

资本规划是指保险公司基于偿付能力充足率目标，对资本规模、资本结构、资本来源和运用等进行的计划和安排。① 作为风险管理的重要工具，保险公司应当通过资本规划与配置识别公司经营管理过程中面临的风险，及时有效地补充资本。

保险公司资本规划应遵循以下原则：一是充足性原则。保险公司资本规划应当与其风险状况相适应，确保偿付能力持续满足监管要求。二是审慎性原则。保险公司应当综合考虑宏观经济状况、风险变化趋势、业务产品特性等，基于历史经验和未来趋势，审慎选取合理的参数和假设制订资本规划。三是前瞻性原则。保险公司制定资本规划应当与其长期发展战略相符，以确保偿付能力满足业务经

营的长期资本需求。四是可行性原则。保险公司资本规划的目标、资本补充措施等应当与公司实际情况和市场环境相符，具有可行性。

（四）压力测试

压力测试是指保险公司在基本情景②和各种压力情景③下对其未来一段时间内偿付能力、资本充足性和整体财务稳健性的预测和评价，旨在识别和预警导致经营风险的主要风险因素，及时采取相应的管理和监管措施，预防偿付能力充足率不达标情况的发生。

压力测试的方法主要有：(1)情景法测试，评估多种风险因素同时联动变化情景下对公司偿付能力充足率的影响。这种方法可以帮助保险公司模拟各种可能的市场和经济环境，以评估其应对能力。(2)敏感性测试，评估某一特定风险因素的变动对公司偿付能力充足率的影响。这种方法有助于保险公司了解单一风险因素对公司财务状况的潜在影响。

---

① 国家金融监督管理总局．保险公司偿付能力监管规则第 14 号：资本规划[EB/OL]．[2021-12-30]．https：//www.cbirc.gov.cn/cn/view/pages/governmentDetail.html？docId = 1027892&itemId = 861&generaltype = 1.

② 基本情景是指保险公司合理估计的未来发生的情景。

③ 压力情景是指保险公司未来有可能发生并且会对偿付能力充足率产生重大不利影响的情景。

(3)反向压力测试，针对特定风险因素，反向评估偿付能力充足率不达标时该风险因素的不利变动幅度。这种方法有助于保险公司确定需要重点关注的风险领域。此外，还有其他一些方法如历史回溯法、应激测试法等，这些方法可以根据保险公司的具体需求和业务特点进行选择和应用。

(五)风险管理信息系统

保险公司风险管理信息系统是一个用于帮助保险公司有效识别、评估、监控和控制风险的信息系统。它利用计算机和互联网技术，收集、处理、分析和储存与风险管理相关的数据和信息，为保险公司提供全面的风险管理支持。

保险公司应当建立满足自身风险管理要求的风险管理信息系统，至少实现以下功能：第一，与业务、财务等相关系统对接，实现风险管理相关数据的采集、加工，关键风险指标的计算、存储、查询和导出；第二，支持风险容忍度、风险限额和关键风险指标管理，尤其是对超限额指标的预警和管理；第三，以关键风险指标为基础，对保险风险、市场风险、信用风险、操作风险、战略风险、声誉风险和流动性风险的风险状况进行列示、分析和预警；第四，风险管理报表与报告的生成和传递，并留档备查；第五，风险管理信息在各级分支机构、各职能部

门之间的汇总和共享，并能够按照不同访问权限区分风险信息列示的内容。

【专栏 10-3】

金融监督管理总局发布 2023 年保险公司偿付能力风险管理评估工作信息

偿付能力风险管理要求与评估(简称 SARMRA 评估)是保险公司偿付能力监管的重要内容，对于提升保险公司风险管理水平、增强行业防范化解风险能力具有重要意义。

2023 年，金融监管总局对 36 家保险公司开展了 SARMRA 评估，其中集团公司 2 家，财险公司 15 家，人身险公司 16 家，再保险公司 3 家。从分数分布看，80 分以上的 13 家，占比 36.10%；70 分到 80 分的 21 家，占比 58.30%；70 分以下的 2 家，占比 5.60%。从机构类型看，保险集团、财险公司、寿险公司、再保险公司的评估平均分分别为 80.86 分、75.45 分、78.10 分、78.81 分。从得分变化看，除太平集团、泰康集团和中农再保险是首次评估外，33 家再次评估公司的平均得分 76.80 分，较之前评估上升 1.61 分，其中评估得分上升的 21 家，占比 63.64%；评估得分下降的 12 家，占比 36.36%。

2023 年 SARMRA 评估结果显示，保险公司普遍增强了风险管理意识，强化了风险管理主体责任，在风险管理方面取得了进步，搭建了较为完整的风险管理架构，制定了较为全面的风险管理制度，构建了较为合理的风险管理工作机制，建立了符合自身情况的风险偏好体系。

2023 年 SARMRA 评估也反映出部分保险公司在风险管理方面仍存在一些不足。部分公司简单照搬监管制度，不能因地制宜明确“重大”“核心”“定期”等内容的定量

要求；部分公司资本规划脱离实际情况，压力测试情景设置不合理、测试结果分析利用不充分；部分公司风险管理意识不到位，岗位人员存在空缺，业务流程不完善。

（资料来源：国家金融监督管理总局．国家金融监督管理总局发布2023年度保险公司偿付能力风险管理评估工作信息［EB/OL］．［2024-01-19］．https：//www.cbirc.gov.cn/cn/view/pages/ItemDetail.html？docId=1148472&itemId=915&generaltype=0.）

◎ 本章小结

1. 保险经营是保险企业为实现一定的经济目标所进行的计划、组织、指挥、控制和协调等一系列活动。保险经营是一种特殊的劳务活动，它具有风险性、负债性、分散性和广泛性等特点。保险经营既要遵守合法经营、自主经营、自负盈亏、依法接受国家宏观调控、实现资产保值增值等一般公司原则，还要遵循风险大量、风险选择、风险分散等特殊原则。
2. 保险经营环节是保险公司运营过程中至关重要的组成部分，它涵盖了保险产品开发、市场营销、承保、理赔以及保险投资等。保险产品开发的内容可以分为产品的基本属性设计、产品的基本要素设计、产品的外延设计三个方面。保险公司营销管理流程包括营销机会甄别、市场调查与预测、市场细分与选择、制定营销策略、组织实施营销计划、售后服务等环节。承保流程是指从投保申请开始到签发保单的整个过程，主要包括投保申请、受理初审、信息录入、核保、处理问题件、作出承保决定、单证管理等环节。保险理赔即处理赔案，是保险人在保险标的发生风险事故后对被保险人提出的索赔请求进行处理的行为。保险投资又称保险资金运用，是指保险公司在组织经济补偿和给付过程中，将积累的闲散资金合理运用，使资金增值的活动。
3. 保险经营风险可分为固有风险与控制风险两大类。固有风险由可资本化为最低资本的风险和难以资本化为最低资本的风险构成。保险公司风险管理工具包括但不限于：全面预算管理、资产负债管理、资本规划与配置、压力测试、风险管理信息系统。

◎ 课后练习

1. 保险经营具有哪些特殊性？
2. 保险经营需要遵循哪些原则？
3. 保险经营主要包括哪些环节？
4. 简述保险产品开发的内容。
5. 保险营销策略有哪些？
6. 简述保险公司承保的流程。
7. 保险公司投资的资金来源主要有哪些？
8. 保险经营风险有哪些类别？
9. 保险经营的风险管理工具有哪些？

◎ 实践探索

1.《国务院关于加强监管防范风险推动保险业高质量发展的若干意见》（国发〔2024〕21号）

提出“发挥保险资金长期投资优势。培育真正的耐心资本，推动资金、资本、资产良性循环”。请查阅人保、平安等上市保险公司的最近一期的年报，了解保险公司资金运用的结构，分析其如何通过资产配置安排来培育耐心资本。

2.《国务院关于加强监管防范风险推动保险业高质量发展的若干意见》(国发〔2024〕21 号)提出“探索推进医疗保障信息平台与商业健康保险信息平台信息交互”。此举对于健全健康保险产品定价机制有何重要意义？

3. 在互联网上查找保险公司的招聘广告，了解核保岗和理赔岗的主要工作职责和岗位要求。

◎ 课后荐读

1. [英]大卫·迪克森. 保险风险与破产[M]. 李栓明，张志民，译. 北京：科学出版社，2019.

2. 粟芳. 保险营销学(第五版)[M]. 上海：上海财经大学出版社，2023.

3. 余洋，袁辉，仲赛末. 保险公司经营管理原理与实务[M]. 武汉：武汉大学出版社，2023.

4. 中国保险资产管理业协会. 保险资金运用全面风险管理实务[M]. 北京：经济科学出版社，2019.

5. 中国保险资产管理业协会. 中国保险资产负债管理监管、实践与发展[M]. 北京：经济科学出版社，2023.

第十一章　保险市场

◎ 学习目标

理解保险市场的概念、构成要素、特点、功能及分类；掌握保险市场供求和价格机制的基本原理；了解世界主要保险市场的发展状况。

◎ 引言

保险市场是金融市场的重要组成部分，发挥着经济补偿、资金融通、社会管理等作用。中国保险市场是全球保费增速最快的市场之一，自 2017 年起，其规模已稳居世界第二位。中国的保险市场的发展以支持国家宏观经济政策为指导，与实体经济形成了积极的互动关系，实现了共同发展与繁荣。例如，在“一带一路”倡议下，中国保险市场为企业提供跨境保险服务，以保障中国企业在相关国家贸易活动中的风险管理；在乡村振兴战略中，大力发展农业保险，增强了农业部门的风险抵御能力；在支持“双碳”目标的实现过程中，为绿色能源、交通、建筑和森林碳汇等领域提供了必要的风险保障；在推进健康中国建设进程中，建立了多层次的医疗保障体系；在应对人口老龄化的挑战中，为银发经济提供了多支柱的养老保障体系。鉴于此，中国保险市场展现出巨大的发展潜力和广阔的发展空间。

本章我们将讲述保险市场的基本原理，带领大家一起了解世界主要保险市场的发展状况。

第一节　保险市场概述

一、保险市场的概念

一般意义上的市场通常有两个含义：一是狭义上的市场，是指商品交换的场所；二是广义上的市场，是指商品生产者之间全部交换关系的总和。保险是一种特殊的商品，保险市场也有狭义和广义之分。狭义的保险市场仅指进行保险商品交换的固定场所，例如保险交易所；广义的保险市场是指保险商品交换关系的总和或是保险商品供给与需求关系的总和。

保险市场的交易对象是保险人为消费者提供的保险经济保障。较早的保险市场出现在英国的保险中心——伦巴第街。后来随着“劳合社”海上保险市场的形成，参与保险市场交易活动的两大主体——供给方与需求方渐趋明朗，但这种交换关系仍较简单。随着保险业的发展，仅由买卖双方直接参与的交换关系已不能适应现实，这时保险中介人应运而生，使得保险交换关系更加复杂，同时也使保险市场更加成熟。在现代社会中，科技进步日新月异，信息革命波及全球，它们不断为保险市场注入新的活力并改变着保险市场。因此，要以全面、动态、发展的眼光去看待保险市场。

【专栏 11-1】

劳合社(Lloyd's)

劳合社是英国最大的保险组织，更确切地说是一个保险市场。它与纽约证券交易所相似，但只向其成员提供交易场所和有关的服务，本身并不承保业务。伦敦劳合社是从劳埃德咖啡馆演变而来的，故又称“劳埃德保险社”。

1871 年经议会通过法案，劳合社才正式成为一个社团组织。劳合社由其社员选举产生的一个理事会来管理，下设理赔、出版、签单、会计、法律等部，并在 100 多个国家设有办事处。该社为其所属承保人制订保险单、保险证书等标准格式，此外还出版有关海上运输、商船动态、保险海事等方面的期刊和杂志，向世界各地发行。至 1996 年，劳合社约有 34000 名社员，其中英国 26500 名，美国 2700 名，其他国家 4000 多名，并组成了 200 多个承保组合。劳合社的每名社员至少需具备 10 万英镑资产，并缴付 37500 英镑保证金，同时每年至少要有 15 万英镑保险收入。历史上，劳合社规定每个社员要对其承保的业务承担无限的赔偿责任。但由于劳合社近年累计亏损 80 亿英镑，现已改为有限责任。

20 世纪 90 年代，劳合社对业务经营和管理进行了整顿、改革，允许接受有限责任的法人组织作为社员，并允许个人社员退社或合并转成有限责任的社员。因此，改革后的劳合社个人承保人和无限责任的特色逐渐淡薄，但这并不影响劳合社在世界保险业中的领袖地位。

在历史上，劳合社设计了第一张盗窃保险单，为第一辆汽车和第一架飞机出立保单，还是计算机、石油能源保险和卫星保险的先驱。劳合社设计的条款和保单格式在世界保险业中有广泛的影响，其制定的费率也是世界保险业的风向标。劳合社对保险业的发展，特别是对海上保险和再保险作出的杰出贡献是世界公认的。

（资料来源：保观百科．劳合社(Lloyd's)[EB/OL]．[2016-06-18]．http：//wiki. baoxianguancha. com/doc-innerlink-2256. html.）

二、保险市场的构成要素

保险市场具有三大基本要素，即主体、客体和交易价格。

(一)保险市场的主体

保险市场的主体是指保险市场交易活动的参与者，包括保险商品的供给方和需求方以及保险市场的中介方。

（1）保险商品供给方。保险商品供给方是指在保险市场上，提供各类保险商品，承担、分散和转移他人风险的各类保险人。他们以多种保险组织形式出现在保险市场上，如国有保险人、私营保险人、合营保险人、合作保险人、个人保险人。通常他们必须是经过国家有关部门审查认可并获准专门经营保险业务的法人组织。在保险市场运行过程中，完善的组织结构和供给主体是先决条件，也是保险市场发育成熟程度的主要标志。

（2）保险商品需求方。保险商品需求方是指面临特定的风险威胁，期望获得保险保障，并具有一定支付能力的经济主体。保险商品需求方的组成多种多样，包括个人、家庭、各类企业的经济单位、政府及其机构。只有大量需求方的存在，才能使保险的基本原理"大数法则"得以实现，才能满足风险分散的要求。因此，保险商品需求方是保险市场生存和发展的前提。

（3）保险市场中介方。保险市场中介方既包括活动于保险人与投保人之间，促成双方达成交易的媒介人（如保险代理人、保险经纪人）；也包括独立于保险人与投保人之外，以第三者身份处理保险合同当事人委托办理的有关保险业务的公证、鉴定、理算、精算等事项的人（如保险公估人、保险理算师、保险精算师、保险验船师）。保险市场中介方是保险市场有效运行的保证。

（二）保险市场的客体

保险市场的客体是指保险市场上供求双方具体交易的对象，即保险商品。保险商品实质上是保险人提供的保险经济保障，具有抽象性。只有在约定风险发生或约定期限届满时，保险商品才会发挥其经济补偿或给付的作用，而不像一般实物商品可以实质性地感受到其价值和使用价值。

（三）保险市场的交易价格

保险市场的交易价格即保险费率，它是调节保险市场活动的经济杠杆。保险费率的确定要比一般商品定价复杂许多。一般商品价格可以依据已发生的成本费用和合理盈利，结合市场供求状况核定。而在保险经营中，损失赔偿支出是事后发生的，不能在收取保费时事先精确测定。因此，保险费率是一个受制于风险损失概率及需求主体预期效用的变量，其确定难度较高。尽管如此，通过长期的市场实践，各类保险已经形成了应有的合理费率水平。

三、保险市场的特点

保险市场的特点是由保险市场交易对象即保险商品的特殊性所决定的，主要表现为：

（一）保险市场是直接的风险市场

保险市场交易的对象是保险经济保障，即对投保人转嫁于保险人的各类风险提供经济保障。保险商品的交易过程就是保险人聚集与分散风险的过程。"无风险，无保险"，风险的客观存在和发展是保险市场形成和发展的基础与前提。

（二）保险市场是特殊的“期货”交易市场

期货交易的显著特点是合约订立和实际交割在时间上分离，保险交易具有期货交易的特点。保险合同签订后，被保险方不能立即从保险人那里得到保险支付，保险人是否对被保险方进行经济补偿，取决于保险合同约定时间内是否发生约定的风险事件以及这种风险事件造成的损失是否在保险合同约定的偿付范围之内。

（三）保险市场是“非即时结清”市场

所谓“即时结清的市场”是指市场交易一旦结束，供需双方立刻就能够确切知道交易结果的市场。保险交易活动因风险的不确定性和保险的射幸性，使得交易双方都不可能确切地知道交易结果，不能立刻结清。此外，还必须通过订立保险合同来确定双方当事人的保险关系，并且依据保险合同履行各自的权利和义务。

四、保险市场的功能

保险市场作为现代金融体系的重要组成部分，发挥着至关重要的功能，主要表现为以下几个方面：

（一）合理安排风险，维护社会稳定的功能

保险市场通过保险商品交易合理分散风险、提供经济补偿，在维护社会稳定方面发挥着积极的作用。保险市场为个人、家庭和企业等经济主体提供了转移风险的场所和渠道，经济主体可以根据自身面临的风险及经济实力在众多保险商品中进行选择。通过保险的风险转移机制，可以消除因保险事故的发生对个人或家庭的损害所造成的社会不稳定因素，以维护社会生活秩序的安定。企业在遭受自然灾害、意外事故后，能够及时获得保险补偿，迅速恢复生产，使社会再生产得以正常进行。

（二）聚集、调节资金，优化资源配置的功能

保险市场的经济活动本质上是资金的再分配过程。保险再分配的资金来源于投保人的货币收入和资金收入，这部分收入作为保险费交给保险人后，投保人便失去对这部分资金的使用权，所得到的是遭灾受损后的经济补偿权。保险基金的用途是补偿经济损失和给付保险金。这部分资金支付后，保险人便失去了对这部分资金的所有权，转化为被保险企业或个人的资金。由此可见，保险市场通过保险交易对资金进行再分配。保险资金收入与支出之间有一个时间差，期间的资金归入社会总资金，参与社会总资金的运动，从而充分发挥资金的时间价值。保险资金通过多种形式调节资金市场，有利于形成资源在地区、部门、行业、企业之间的最优配置，为国民经济的发展提供动力支持。

（三）实现均衡消费，提高人民生活水平的功能

保险市场通过鼓励消费者购买保险产品、缴纳一定的保险费，改变资金在消费和储蓄之间的比例关系，在某种程度上可以减轻国家货币信贷压力，支持货币政策的有效操作。

同时，消费者可以获得一定生活水平的保障，应对将来可能出现的风险。消费者还可通过投保信用保证保险获取更多的消费信贷，转变消费观念，提高生活质量。因此，保险市场为减轻居民消费的后顾之忧提供了便利，使之能够妥善安排生命期间的消费，提升人民生活的整体水平。

(四)促进科技进步，推动社会发展的功能

高新科技的研发与应用常常伴随着巨大的风险，一般的企业或其他经济单位通常无法独自承担可能发生的巨大损失。保险市场通过合理的风险安排，运用科学的风险管理技术，为高新技术风险提供保障，为企业开发新技术、新产品以及使用专利减少可能的损失。由此促进新技术的推广应用，加快科技现代化的发展进程，对社会的发展起着重大的作用。

五、保险市场的分类

根据不同的标准，可以把保险市场进行以下分类：

(一)财产保险市场与人身保险市场

按照保险承保的标的来划分，保险市场可分为财产保险市场和人身保险市场。在财产保险市场上，保险人承保的标的是各种财产及其相关利益。在人身保险市场上，保险人承保的标的是身体、生命和健康。

(二)国内保险市场与国际保险市场

按照保险活动范围来划分，保险市场可分为国内保险市场和国际保险市场。国内保险市场的发展程度和本国经济状况息息相关，国内的其他因素，如国家对保险业实施的宏观政策、地理环境、文化传统等也会影响国内保险市场。国内保险市场可再分为地区性保险市场和全国性保险市场。国际保险市场是指由于保险人跨国经营保险业务而形成的市场。目前，保险市场国际化已成为一种趋势。国际保险市场可细分为区域性保险市场和全球性保险市场。

(三)原保险市场与再保险市场

按照保险交易的层次来划分，保险市场可分为原保险市场和再保险市场。在原保险市场中，投保人与保险人直接签订保险合同，当保险标的遭受保险责任范围内的损失时，保险人直接对被保险方承担赔偿责任。在再保险市场中，保险人在原保险合同的基础上，通过签订再保险合同把其所承担的保险责任向其他保险人进行转移，从而达到再次分散风险的目的。

(四)自愿保险市场与强制保险市场

按保险实施的方式划分，保险市场可分为自愿保险市场和强制保险市场。在自愿保险市场中，保险关系由保险当事人自主决定。投保人可以决定是否投保、向谁投保，还可以

自由选择保障范围、保障程度和保险期限等。保险人也可以根据情况自愿决定是否承保、怎样承保等。双方在自愿平等的基础上，签订保险合同，确定权利义务关系。而在强制保险市场中，保险关系不是产生于投保人与保险人之间自由选择行为，而是产生于国家或政府的法律效力，国家或政府以法律、法令或条例规定特定对象必须投保某一险种。

第二节 保险市场的供给与需求

保险市场是保险供给和保险需求博弈的场所，供求双方的力量对比和相互关系决定着市场整体的运行状况。

一、保险市场需求

(一)保险市场需求的含义

保险需求是指在一定的费率水平上，保险消费者从保险市场上愿意并有能力购买的保险商品数量。而保险市场需求是一个总括性、集合性的概念，即在特定时间内，在不同费率水平上，保险消费者需求的集合形成了保险市场需求。一般的需求通常表现在物质方面，如人们对食品或衣物的需求。保险需求不仅表现在物质方面，即当遭受损失后，被保险方将会得到经济补偿；而且还表现在精神方面，即当消费者买了保险之后，认为危险已被转嫁出去，心理上便产生一种安全感。

(二)影响保险市场需求的主要因素

保险市场需求是一个变量，受多种因素影响，主要包括：

(1)风险因素。风险是保险产生、存在和发展的前提条件与客观依据，从而也就成为产生保险需求的触发条件。风险程度越大，保险需求越强烈，风险所致的损失越大，以至于经济主体无法自行承担，保险需求就会越强烈。

(2)保险费率。在保险市场中，保险费率作为保险商品的价格对保险需求产生重要影响，它会使保险需求与其呈反方向变动：费率上升会带来保险需求的减少，费率下降会导致保险需求的增加。

(3)消费者的收入水平。消费者的收入水平直接关系到其购买力的大小。当消费者收入水平提高时，其财富增加，面临的风险增大，同时其缴费能力增强，将会增加对保险的需求；反之，对保险的需求将会减少。

(4)相关商品价格。当保险商品价格不变，而其互补品或替代品的价格变动时，保险需求也会发生变化。例如汽车保险与汽车是互补品，当汽车价格下降时，会引起汽车需求量的增加，进而导致汽车保险需求的增加，反之，则会引起汽车保险需求的减少。又如，一些人寿保险产品是储蓄的替代品，当储蓄利率上升时，对这类寿险产品的需求就会减少，反之则会增加。

(5)文化传统。保险需求在很大程度上受人们风险意识的影响，而人们的风险意识又受到特定的文化环境影响和控制。例如，某些地区的宗教信仰根深蒂固，人们有时宁愿求神也不愿通过购买保险获得保障，从而抑制了保险需求。

(6)经济体制。与计划经济相比，市场经济条件下经济主体的利益十分明确，其所面临的风险不再由国家包揽解决，因而经济主体规避风险的需求更加强烈，保险需求也更旺盛。

【专栏 11-2】

保险市场需求变化趋势

2024 年初，波士顿咨询(BCG)发布《全球保险最新购买趋势》(以下简称“BCG 报告”)指出，世界各地保险市场都在发生巨大变化。全球经济增长放缓、地缘政治冲突加剧等因素叠加，给保险市场增添了不确定性，也改变了保险客户的需求和行为。同时，虚拟世界和加密货币等数字资产技术迅速发展。保险公司必须拿出对策，根据不同市场实际情况调整产品、客户和渠道策略。

全球保险业呈现三大消费趋势：客户对风险更为谨慎；全渠道客户旅程越来越普遍；创新的保险产品和渠道日益受到青睐，尤其是在年轻一代中。

在充满不确定性的世界中，保险客户对风险越来越谨慎——车祸、财产损失、医疗费用和退休风险无不引起他们的担忧。富裕客群对风险的厌恶程度最高，并对所有类型保险(尤其是人寿保险)表现出强劲需求。年轻受访者特别是 18 岁至 25 岁群体，则优先考虑产品灵活性和销售理赔过程中的体验，其价格敏感度较低。从投资态度看，年轻一代表现出更高的风险承受能力和更积极的投资态度。

全渠道旅程的兴起正在重塑保险格局。许多保险客户可以轻松地在线上、线下无缝切换，个人渠道在保单购买中仍很受欢迎。尽管独立中介机构在许多国家越来越受欢迎，但专属代理商往往占据主导地位。同时，包括比价网站在内的数字渠道正受到越来越多的关注。超过三分之一的受访者表示，与代理互动相比，他们更喜欢在线搜集资料和比价。

年轻一代特别是 18 岁至 25 岁群体、26 岁至 41 岁群体，对创新的保险产品和互动形式接受度最高。他们愿意从元宇宙中的虚拟机构购买保险，愿意为加密货币等数字资产保险买单。此外，受访者对购买的商品包含嵌入式保单具有极大兴趣，但只有约半数受访者愿意为嵌入式保单支付额外费用。年轻顾客在各类嵌入式保险的购买意愿最高。

不断变化的客户需求和行为对全球保险公司在客户方法、定价、渠道选择和目标方法方面产生许多影响。

(资料来源：谭乐之. BCG 发布报告指出全球保险业有三大消费趋势[EB/OL]. [2024-02-21]. 中国银行保险报，http://www.cbimc.cn/content/2024-02/01/content_507216.html.)

(三)保险需求函数、需求曲线及需求弹性分析

保险需求函数是所有影响该需求量的因素的函数。因此，保险需求函数可表示为：

$$Q^d = f(a_1,\ a_2,\ a_3,\ \cdots)$$

式中，Q^d 为保险需求量，a_1，a_2，a_3 等为影响需求量的因素。我们假定其他因素不变，仅分析当价格变动时保险需求量的变动情况。于是，保险需求函数又可写为：

$$Q^d = f(P)$$

式中，P 为保险费率。由保险需求函数我们可得出保险需求曲线，它表示在影响保险需求量的其他因素的作用不变时，保险价格与保险需求量之间的关系。保险需求曲线(见图 11-1) 既可以是直线，也可以是曲线。从需求曲线上不难发现，保险价格与保险需求量呈负相关关系，当保险价格为 P_1 时，需求量为 Q_1；当价格下降到 P_2 时，需求量则增加到 Q_2。

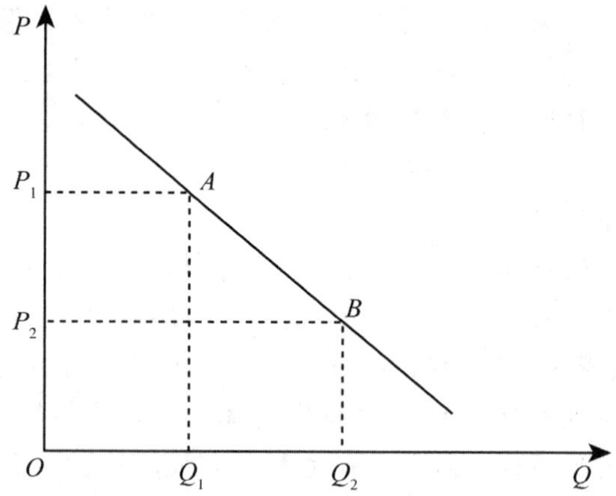

图 11-1 保险需求曲线

保险需求弹性是指保险需求量对各影响因素变化的反应程度，其一般公式为：

$$保险需求弹性系数 = \frac{需求量变动率}{诸因素变动率}$$

保险需求弹性主要包括三种：保险需求的价格弹性、保险需求的收入弹性和保险需求的交叉弹性。

(1)保险需求的价格弹性。保险需求的价格弹性是指保险价格的变动所引起的保险需求量的变动情况，它反映了需求量变动对价格变化的敏感程度。用公式表示为：

$$E_p = \frac{\Delta D/D}{\Delta P/P}$$

式中，E_p 为保险需求价格弹性系数，D 为保险需求量，ΔD 为保险需求量的变动，P 为保险费率，ΔP 为保险费率的变动。

许多因素都可能影响保险需求的价格弹性，主要有：

第一，保险商品的可替代性。一般说来，保险商品的可替代品越多，其需求弹性就越大；反之，保险商品的替代品越少，其需求弹性就越小。

第二，保险商品对消费者的重要程度。重要程度越大，其需求弹性就越小；反之，则越大。

第三，保险商品在消费者消费支出中所占比重的大小。如果保险商品在消费支出中占有很大比重，则其需求弹性就大；反之，则较小。

第四，保险商品用途的广泛性。保险商品的使用范围越广泛，它的需求弹性越大；反之则越小。这是因为，如果保险商品具有多种用途，当其价格上升时，消费者将大幅度减少其购买量，只将其用于少数重要用途上。

(2)保险需求的收入弹性。保险需求的收入弹性是指保险消费者货币收入变动所引起的保险需求量的变动，它反映了保险需求量对保险消费者货币收入变动的反应程度。用公式表示为：

$$E_i = \frac{\Delta D/D}{\Delta I/I}$$

式中，E_i 为保险需求收入弹性系数，I 为货币收入，ΔI 为货币收入的变动。

相对于其他商品而言，保险需求的收入弹性较大。随着收入的增长，人们的边际消费率递减，边际储蓄率递增。保险商品尤其是人身保险具有很强的储蓄性。因此，随着收入的增多，人们对保险的需求会更强烈。

(3)保险需求的交叉弹性。保险需求的交叉弹性是指相关商品价格变动所引起的保险需求量的变动，它反映保险需求量相对于它的相关商品价格变动的反应程度。用公式表示为：

$$E_{12} = \frac{\Delta D_1/D_1}{\Delta P_2/P_2}$$

式中，E_{12} 为保险需求的交叉弹性系数，D_1 是某保险商品的需求量，ΔD_1 是需求量的变动量，P_2 是相关商品的价格，ΔP_2 是相关商品的价格变动量。

E_{12} 可以为正值，也可以为负值。当保险商品与其相关产品是替代关系时，E_{12} 就为正值；当保险商品与相关产品是互补关系时，E_{12} 就为负值。

二、保险市场供给

(一)保险市场供给的含义

保险市场供给是指在一定的费率水平上，保险市场上保险人愿意并且能够提供的保险商品的数量。保险供给包括质和量两个方面的内容：其质的方面既包括保险人提供的各种不同的保险商品品种，也包括每一具体的保险商品品种质量的高低；保险供给的量既包括保险人为某一保险商品品种提供的经济保障额度，也包括保险人为全社会所提供的所有保险商品的经济保障总额。

(二)影响保险市场供给的主要因素

保险供给是以保险需求为前提的。因此，保险需求是制约保险供给的基本因素。存在保险需求的前提下，保险市场供给还受到以下主要因素的影响：

(1)保险费率。保险费率作为保险商品的价格决定着保险供应的盈利空间。从而影响着市场向保险领域引导和配置的资本总量和承保能力。保险供给与保险费率呈正相关关系。

(2)偿付能力。由于保险经营的特殊性，各国法律对于保险人都有最低偿付能力标准的规定。因而，保险供给会受到偿付能力的制约。另外，保险人的业务容量比率=(净保费收入/净资产)也制约着保险人不能随意、随时扩大供给。

(3)保险技术。保险的专业性、技术性很强。有些风险发生的概率、损失程度很难预测，即使有市场需求，也难以设计出相应的保险产品。因而，保险技术的高低影响了保险供给。

(4)市场结构。市场结构从三方面影响保险供给：一是社会保险程度，过度的社会保险会挤占商业保险的运行空间；二是竞争程度，高度垄断的保险市场结构将不利于保险供给的增加；三是开放程度，国际化的保险市场有利于增加保险供给。

(5)市场的规范程度。竞争无序的市场会抑制保险需求，从而减少保险供给；而竞争有序、行为规范，则会使保险市场效率提高，从而刺激保险需求，扩大保险供给。

(6)政府监管。政府监管从多方面影响保险供给：一是市场模式的选择，比如，是选择市场化、多元化和适度开放，抑或国家垄断、集中单一和封闭自守。二是具体的产业、财政、金融政策，适当的产业扶持、税收优惠和金融鼓励政策有利于保险供给的增加。三是监管的方法和程度，科学灵活的监管能够维持有序、公平的竞争，有利于保险供给的增加；过分的控制则会束缚保险人，不利于保险供给的增加。

(三)保险供给函数、供给曲线及供给弹性分析

保险供给函数是所有影响该供给量的因素的函数。因此，保险供给函数可表示为：

$$Q^s = f(a_1, a_2, a_3, \cdots)$$

式中，Q^s 为供给量；a_1，a_2，a_3 等为各影响因素。我们假设其他因素不变，保险供给量仅受价格变动的影响，则保险供给函数可表示为：

$$Q^s = f(P)$$

式中，P 为保险商品价格，根据供给函数可以做出供给曲线(见图 11-2)。

保险供给曲线可以是直线型，也可以是曲线型。从图 11-2 中可以看出，保险价格与供给量呈正相关关系。

保险供给的弹性是指一定时期内保险商品的供给量相对于该商品其他因素变动的反应程度。保险供给的弹性主要分为两类，即保险供给的价格弹性和保险供给的利润弹性。

(1)保险供给的价格弹性。保险供给的价格弹性反映了保险商品的供给量对保险价格变动的反应程度。假定 S 和 P 分别为保险商品的供给量及价格，ΔS 和 ΔP 为供给量及价格的变动，E_s 为供给价格弹性系数，则保险供给的价格弹性系数的公式可表示为：

$$E_s = \frac{\Delta S/S}{\Delta P/P}$$

E_s 一般取正值，因为价格和供给量是同方向变动的。

影响保险供给价格弹性的因素主要有两个：一是时间因素。当某一保险商品的价格发生变化时，保险人要在较短时间调整其供给量有时是不可能的，但在较长的时间内，保险

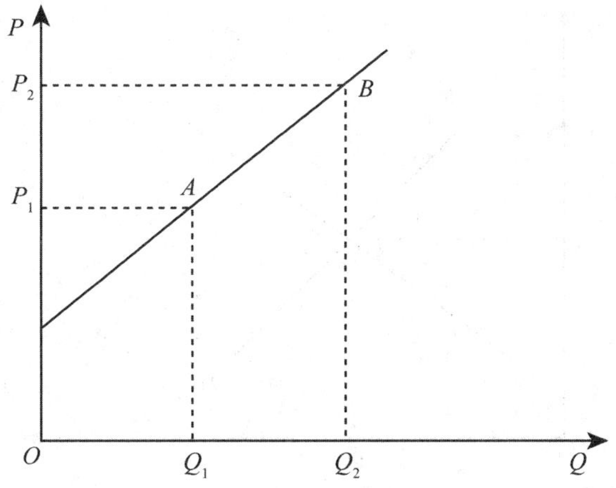

图 11-2　保险供给曲线

人就能通过展业、承保、理赔等事项作出安排，而增加保险商品的供给量。因此，在短期内，供给量对价格变动反应不灵敏，保险供给弹性较小，而在长期内，保险供给弹性则要大一些。二是保险成本随供给量变化而变化的程度。如果保险供给量的增加只引起保险商品边际成本的微小变化，保险供给的价格弹性就较大；反之，则供给的价格弹性就较小。

(2)保险供给的利润弹性。保险供给的利润弹性是指保险商品的供给量变动对利润变动的反应程度，可用公式表示为：

$$E_{\pi}=\frac{\Delta S/S}{\Delta\pi/\pi}$$

式中，E_{π} 为利润弹性系数，S 为供给量，π 为利润率。一般而言，保险供给对利润率很敏感，它们之间存在着正相关关系，利润率提高，将会带来保险商品供给量的增大，而利润率下降时，保险供给量也会下降。因此，保险供给的利润弹性是正值。

三、保险市场的供求均衡

保险市场的供求均衡是指在一定费率水平下，保险供给恰好等于保险需求的状态，即保险供给与需求达到均衡点。保险市场均衡状态如图 11-3 所示。

需要指出的是，保险市场供求均衡包括总量均衡与结构均衡两个方面，且均衡是相对的。保险市场供求的总量均衡是指保险供给规模与需求规模的平衡。保险市场供求的结构均衡是指保险供给的结构与需求的结构相匹配，包括保险供给的险种与消费者需求的险种的适应性，费率与消费者缴费能力的适应性以及保险产业与国民经济产业结构的适应性等。

供求规律通过对供需双方力量的调节达到市场均衡，从而决定市场的均衡价格。就一般商品市场而言，其均衡价格的形成直接取决于市场的供求状况。但对保险市场而言，保险价格对供求均衡的作用过程和程度更为复杂，这是由于保险商品及其价格有以下特殊性：一是它的表达形式比较曲折，通常以费率水平来表示，而非像普通商品那样以明确的单价呈现；二是它的定价因素相当复杂，一般消费者难以诠释和判断；三是由于单个商品

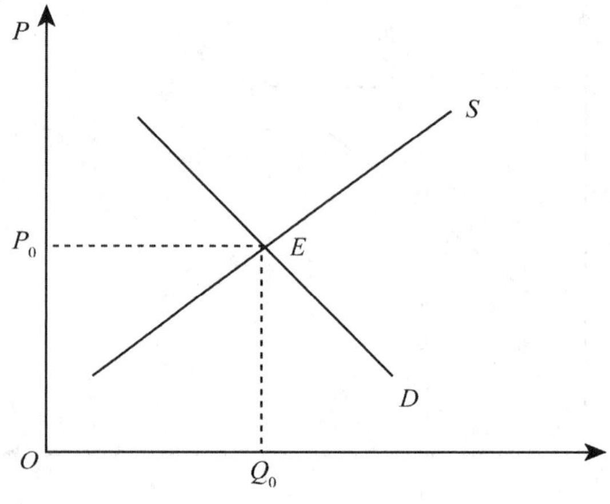

图 11-3 保险市场的供求均衡

服务的内涵不一致，因此保险商品完全不同于其他金融产品，客观上缺乏统一的价格标准，不同保单之间的价格比较存在技术上的障碍。所有这些都表明，保险费率用为一种利益引导机制和市场状态信号，在引导和均衡保险供求关系上的功能会受到一定的限制。

第三节 保险市场的价格机制

一、保险市场价格机制的内涵

价格机制是指价格形成及其变动对生产、消费和供求关系等经济活动的调节和影响的自发过程与形式，是商品经济中市场机制的重要内容。价格机制主要包括价格形成的方式、影响价格形成的因素及其对价格的制约作用、价格形式的采用和各种价格形式之间的关系。

保险商品是一种特殊商品，这种商品的价值一方面体现为保险人提供的保险保障(包括有形的补偿或给付和无形的心理保障)所对应的等价劳动的价值，另一方面体现为保险从业人员社会必要劳动时间的凝结。保险费率即保险商品的价格，投保人据此所缴纳的保险费是为换取保险人的保险保障而付出的代价，无论从个体还是总体的角度，都表现为等价交换。但是，由于保险费率的主要构成部分是依据过去的、历史的经验测算出来的未来损失发生的概率，价值规律对于保险费率的自发调节只能限于凝结在费率中的附加费率部分的社会必要劳动时间。因而，保险市场的价格机制具有特殊性。

二、保险产品价格的构成

(一)保险费率

保险产品的价格即保险费率(Premium Rate)，是保险人按单位保险金额向投保人收取保险费的标准，也是投保人为获得每一单位保险金额的保险保障应缴纳的保险费的比例。

保险产品的单位通常为百元保额、千元保额或万元保额，因此费率通常表示为保险金额的千分之多少、百分之多少或者万分之多少。保险费率是计算保险费的基础，投保人应缴纳的保险费为保险费率和保险金额的乘积，其计算公式为：

保险费=保险金额×保险费率

例如，某位母亲为其8岁的儿子投保XX保险公司的重大疾病保险，交费方式为10年交，保险金额为50万元。通过查看费率表(见表11-1)可知，其所对应的每1000元基本保险金额对应的保险费为22.92元，其年交保费=500000×(22.92/1000)=11460元。

表11-1 XX保险公司重大疾病保险费率表(部分)

(每1000元基本保险金额对应的保险费) (单位：元)

交费方式 投保年龄	男性			女性		
	5年交	10年交	20年交	5年交	10年交	20年交
0	33.46	18.58	10.7	33.12	17.75	10.22
1	35.53	19.04	10.97	33.97	18.2	10.48
2	36.44	19.53	11.25	34.86	18.68	10.76
3	37.39	20.04	11.55	35.78	19.17	11.04
4	38.39	20.57	11.86	36.74	19.69	11.34
5	39.49	31.13	12.18	37.75	20.22	11.66
6	40.5	21.71	12.52	38.79	20.78	11.98
7	41.62	22.3	12.86	39.87	21.36	12.32
8	42.77	22.92	13.22	40.98	21.96	12.67
9	43.95	23.56	13.6	42.13	22.58	13.04
10	45.17	24.21	13.98	43.32	23.22	13.41

保险费率一般由纯费率(Pure Rate)和附加费率(Surcharge Rate)两部分构成。习惯上，将纯费率和附加费率相加所得到的保险费率称为毛费率，即为保险人向被保险人计收保险费的费率。保险费率的计算公式如下：

保险费率=纯费率+附加费率

(二)纯费率

纯费率亦称“净费率”，是保险费率中最为基本的部分。以纯费率为基础而计算收取的保险费称为“纯保费”，用于保险事故发生后对被保险人进行赔偿和给付。

纯费率的计算依据因险种的不同而不同。财产保险纯费率的计算依据是保险金额损失率，即一定时期内的赔款金额与保险金额之比；人身保险的纯费率是根据人的生存率、死亡率、资金收益率等因素计算的。

（三）附加费率

附加费率是保险费率的次要部分，按照附加费率收取的保险费称为“附加保费”。附加费率是附加保费与保险金额的比率，通常以占纯费率的一定比例表示。

附加保费是指保险公司为满足风险管理要求、支付经营管理费用、获取正常利润等目的而收取的保费。附加保费包括费用附加、风险附加和利润附加等。费用附加是指保险公司因获取保单、维持保单和履行保险责任等经营管理行为所产生的费用成本，包括营业税、代理手续费、企业管理费、工资及工资附加费、固定资产折旧等费用。风险附加是指保险公司因实际赔偿金额可能高于风险保费的不确定性而承担的成本。利润附加是指保险公司销售保险产品的预期利润。

三、保险产品定价的数理基础

保险产品定价即保险费率的厘定，它需要以概率论与数理统计作为理论基础，其中最为核心的原理是收支相等原则和大数法则。

（一）收支相等原则

所谓收支相等原则就是使保险期内纯保费收入的现金价值与支出保险金的现金价值相等。保险收支相等原则描述了参保群体所缴纳的保险费与保险赔款支出之间在数量上的关系。

在通常情况下，从投保人缴纳保险费到保险事故发生后保险人支付保险赔款，这两个事件之间有一个时间间隔，因而要考虑保险费与保险赔款的时间价值。可以根据需要，采取不同的计算方式来实现“收支相等”：一是根据保险期间末期的保费收入的本利和（终值）及支付保险金的本利和（终值）保持平衡来计算；二是根据保险合同成立时的保费收入的现值和支付保险金的现值相等来计算；三是根据在其他某一时点的保费收入和支付保险金的“本利和”或“现值”相等来计算。

（二）大数法则

大数法则（Law of Large Numbers）又称“大数定律”或“平均法则”，是概率论与数理统计学的基本定理之一，是关于随机变量序列的算术平均值向常数收敛的一系列极限定理的统称。通俗地说，在随机事件的大量重复出现中，往往呈现几乎必然的规律，这个规律就是大数定律。大数法则有多种形式，其中最常见的有切比雪夫（Chebyshev）大数法则、贝努利（Bernoulli）大数法则和泊松（Poisson）大数法则等。

大数法则是近代保险业赖以建立的数理基础。对于保险而言，大数法则的意义在于：风险单位数量越大，实际损失的结果会越接近从无限单位数量得出的预期损失可能的结果。据此，保险人就可以比较精确地预测危险，合理的厘定保险费率，使在保险期限内收取的保险费和损失赔偿及其他费用开支相平衡。

保险公司正是利用在个别情形下存在的不确定性将在大数中消失的这种规则性，来分析承保标的发生损失的相对稳定性。例如，假设一个保险公司只承保一辆汽车的损失，那么它将无法预测这辆车是否会被盗或遭受事故损坏。但是，如果这个保险公司承保了10000 辆汽车，那么它可以根据历史数据和经验，预测未来的损失情况。按照大数法则，保险公司承保的每类标的数目必须足够大；否则，缺少一定的数量基础，就不能产生所需要的数量规律。因此，可保风险需满足一系列条件，其中两个必要条件就是损失是可测定的以及有大量同质风险的保险标的。当保险公司承保的风险数量越多，他们就能更准确地预测到将来需要支付的赔款。

四、保险产品定价的主要方法

在实务中，保险产品定价称之为"保险费率的厘定"。附加费率主要根据保险公司的营业费用来确定，较为简单。因此，保险费率的厘定关键在于纯费率的厘定，其方法主要有观察法、分类法和增减法。

(一)判断法

判断法又称为"观察法"或"个别法"，它由保险公司的承保人员根据经验和判断，对每个保险标的分别评价其损失概率和损失程度，从而确定适合的费率。之所以采用判断法，是因为承保的风险较为特殊，保险标的的数量太少，无法获得足够的数据资料来确定费率。

判断法通常应用于海上运输保险、航空航天保险等领域，因为这些险种的风险具有独特性，航程不定、气候变化或交替使用不同运输工具而使风险形式多样且多变，各种船舶、港口、货物和危险水域的情况错综复杂，无法分类统一风险。此外，一些新开办的保险业务，由于缺乏历史数据，也会使用判断法。例如，1965 年，美国"国际通信卫星 IA"号向英国劳合社投保保额为 350 万美元的卫星发射保险，迈开了航天工程保险的第一步，此次保险采用判断法来确定费率。

观察法根据不同性质的风险，从保险标的的个别情况出发单独厘定费率，能够反映个别风险的特性，具有灵活性。但是，其厘定的费率在很大程度上取决于承保人员的主观判断，因此难以保证费率的准确性。

(二)分类法

分类法是现代保险经营中经常使用的厘定费率的方法，它根据若干重要且明显的风险标志，把性质相同的风险归类，根据该类别风险的平均损失经验数据确定费率。采用分类法是基于这样一种假设：被保险人将来的损失很大程度上由一系列相同的因素决定。因此，最理想的分类费率的条件为：每一类别中，各保险标的所有风险因素的性质完全一致，这样每个保险标的的预期损失及费用都相同。

在保险实务中，分类法在机动车辆保险、火灾保险、人寿保险等业务中得到了广泛的应用。例如，火灾保险根据房屋的建筑等级采取级差费率制，先求得各种房屋的平均费率为 1.06‰，假定这些房屋根据建筑情况分为三等，1.06‰为中间等级的费率，一等建筑可确定为 0.86‰，二等建筑可确定为 1.06‰，三等建筑可确定为 1.26‰。又如，人寿保险以被保险人的年龄、性别、健康状况来分类，适用于不同的分类费率。

分类法的主要优点是使用方便，同类保险标的的费率只要在保险手册上就能很快查到。但是，单个保险标的的风险状况可能并不与该类别的风险完全一致，分类法所厘定费率不能保证与单位保险标的的实际风险完全吻合，其准确度既有赖于分类的适当性，又取决于各类别所包含的风险单位的数量。

(三)修正法

修正法又称增减法，是在分类法确定的基本费率的基础上，根据保险标的的风险进行增减变动而确定的费率。修正法实际上是对分类法中较大的分类，根据实际情况再进行较细的分类，进而实现风险修正、费率增减。因此，修正法既具有分类法的广泛性，又具有判断法的灵活性。在保险精算实务中，修正法又分为表定法、经验法、追溯法等。

1. 表定法

表定法是指保险人对每一具有相似风险的类别规定若干客观标准，然后依据标准情况下的风险程度制定出来，并以表格形式列示的一系列费率。

当投保人投保时，核保人员以实际投保标的所具有的风险与原定标准相比较，若其条件比原定标准好，则按表定费率减少一部分；反之，则做适当增加。表定法一般用于性质较为复杂的财产风险或团体人寿保险。例如，建筑物火灾保险以砖造、具有一般消防设备的建筑物为基础，对影响建筑物火灾的四大因素——用途、构造、位置、防护设施分别确定调整幅度表，并规定调整幅度至多不超过基础费率的15%。又如，当保险人在某团体初次投保时，因为没有过去承保该团体的可靠数据，因此保险费率是在基本费率基础上，再考虑若干个影响成本的因素(团体规模、行业性质、年龄结构等)来加以调整，从而得到表定保险费率。

表定法具有两个显著的优点：第一，适应范围广，它适用于程度不等的风险和各种规模的投保单位。第二，可以通过费率增减鼓励被保险人加强防灾防损。表定法的缺点是灵活性太大，业务人员在竞争激烈时，为争取承保更多业务而可能过度地降低费率。

2. 经验法

经验法是根据被保险人过去的损失经验，通过对按分类法计算的费率加以增减来厘定费率。在实际操作中，通常以过去一段时期(一般为3年)的平均损失为基础，估算未来时期被保险人的保险费率，其计算公式为：

$$M = \frac{A - E}{E} \times C \times T$$

式中，M为保险费率调整的百分数，A为经验期(考察期)被保险人的平均实际损失，E为被保险人适用某分类费率时的预期损失，C为信赖因数，T为趋势因数。其中，信赖因数的大小表示经验期间所取得的数据的可信赖程度，趋势因数主要反映平均赔偿金额支出的趋势以及物价指数的变动等。

例如，某企业投保产品责任保险，按分类费率计缴保险费总额为5000元，其中80%为纯保险费(预期损失)，过去3年平均实际损失为3000元，假定信赖因数为38%，趋势因数为1，则其费率调整幅度为：

$$M=\frac{A-E}{E}\times C\times T=\frac{3000-(5000\times 80\%)}{5000\times 80\%}\times 38\%\times 1=-9.5\%$$

即该企业投保时实际保险费率应比分类费率减少9.5%，所以调整后应缴保险费为：

$$5000\times(1-9.5\%)=4525(\text{元})$$

经验法的优点是，在费率厘定时已考虑到影响风险发生的众多因素，而表定法仅考虑若干个重要因素。经验费率大多适用于主观风险因素较多、损失变动幅度较大的保险，如责任保险、汽车保险等。

3. 追溯法

追溯法以保险期间内保险标的实际损失为基础计算被保险人当期应缴的保险费。由于保险标的当期损失实际数须到保险单期满后才能得知，这样确切应缴的保险费只有在保险期满后才能计算出来。因此，在使用追溯法时，先在保险期限开始前，以其他类型费率(如表定法或经验法)确定预缴保险费，然后在保险期满后，根据实际损失对已缴保险费进行增减变动。如果实际损失大，缴付的保费就多；实际损失小，缴付的保费就少。由于追溯法计算复杂，程序烦琐，故而其应用较少。

【专栏 11-3】

车险费率市场化

车险费率市场化是指车险保费的价格由市场供需关系决定，不再由政府设置或监管机构制定，保险公司可以根据风险状况和市场竞争情况灵活设定车险保费。

过去，车险保费往往由保险公司提交资料，由保险监管机构制定价格。但是这种方式的缺点是保险公司的风险评估能力不同，导致有些公司的保费过高，有些公司的保费过低，这就影响到了市场的公平竞争。

车险费率市场化具有以下优势：第一，提高市场竞争力。车险费率市场化后，保险公司可以根据自己的风险评估能力，设定适当的保费，从而提高自己的市场竞争力，这也有助于提高车险产品的质量和服务。第二，提高保险公司风险评估能力。车险费率市场化后，保险公司需要根据自己的风险评估能力来设定保费。这就要求保险公司提高风险评估能力，加强对风险管理的控制。第三，提高客户的购买体验。车险费率市场化后，客户可以根据自己的需求和风险情况，选择适合自己的保险产品和保险公司，从而提高客户的购买体验。第四，促进保险市场的健康发展。车险费率市场化后，保险公司需要根据市场需求和风险情况来设定保费。这就促进了保险市场的健康发展，有利于提高保险市场的效率和透明度。

总而言之，车险费率市场化是保险市场改革的重要一步，有利于提高市场的竞争力和效率，促进保险市场的健康发展。保险公司需要根据自己的风险评估能力和市场竞争情况来设定保费，从而提高自己的市场竞争力和服务质量。客户也可以根据自己的需求和风险情况，选择适合自己的保险产品和保险公司。

（资料来源：和讯网. 什么是车险费率市场化[EB/OL]. [2023-10-12]. https://stock.hexun.com/2023-10-12/210555005.html.）

第四节 世界主要保险市场

一、全球保险市场概况

全球保险市场呈现出明显的区域分布特征。北美和欧洲是全球最发达的保险市场，这些地区拥有成熟的市场体系、丰富的保险产品和完善的监管环境。亚太地区则是全球保险市场中增长最快的地区之一，得益于该地区经济的快速发展。此外，拉丁美洲、中东和非洲等地区的保险市场也在不断发展壮大，具有巨大的增长潜力。

(一)总体规模

进入21世纪以来，全球保险市场保持着良好的发展态势，保费收入总额不断增长。2001年，全球保费收入为2.41万亿美元，2015年增长至4.55万亿美元。2023年，全球保费收入达到6.2万亿欧元(约6.72万亿美元)。仅在过去三年，全球保费收入就增长了1.1万亿欧元，增幅达21.5%。2023年全球保险业增长了7.5%，创下了自2006年以来的最快增长纪录，展示出强劲的市场活力。① 2015—2023年全球保费收入如图11-4所示。

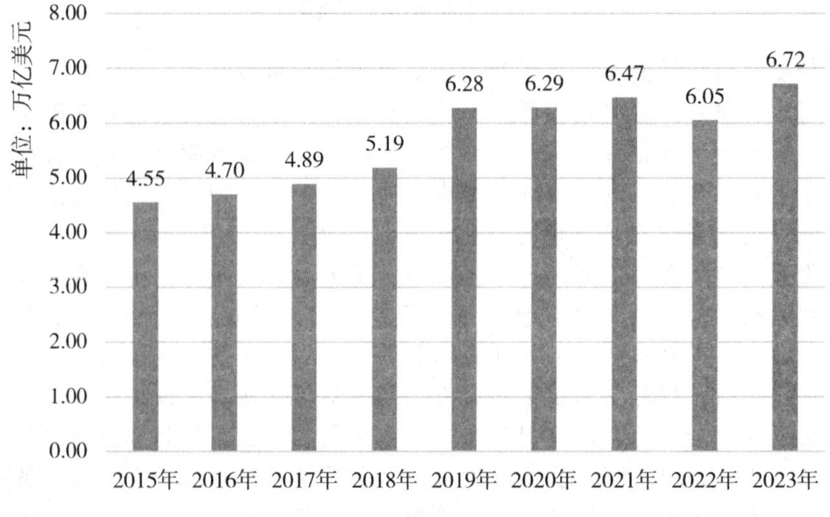

图11-4 2015—2023年全球保费收入

资料来源：2015—2022年数据通过瑞士再保险研究院(Swiss Re Institute)Sigma Explorer获得，2023年数据来自安联集团发布的《2024安联全球保险业发展报告》。

(二)市场结构

全球非寿险业务和寿险业务整体均呈上涨趋势。2018年以前全球寿险业务份额一直

① 金融界. 安联：2023年全球保险公司共收取6.2万亿欧元保费[EB/OL]. [2024-05-29]. https://baijiahao.baidu.com/s?id=1800392771346421415&wfr=spider&for=pc.

高于非寿险份额，之后被非寿险反超。2021 年非寿险业务占比约 54.9%，2022 年约 53.6%，2023 年约 58%。

2022 年全球保费收入接近 5.6 万亿欧元，比 2021 年增长了 4.9%。其中寿险保费收入为 2.6 万亿欧元，尽管增速在 2021 年大幅放缓，仅为 2.4%(2021 年为 4.4%)，但寿险仍为全球保险业最大细分业务板块。2022 年全球财产险保费收入 1.8 万亿欧元，实现 8.7%的强劲增长。2022 年，全球健康险保费收入为 1.1 万亿欧元，较上一年度增长了 4.9%。①

2023 年，全球保费收入约 6.2 万亿欧元。其中，人寿险保费收入为 26200 亿欧元、财产险保费收入为 21530 亿欧元、健康险保费收入为 14270 亿欧元，占比最大的是人寿保险业务，约为 42%(见图 11-5)。与 2022 年全球保费增长主要由财产险业务推动的情况相比，2023 年的增长显得更加平衡。其中人寿险、财产险和健康险三大业务的增长幅度较为接近，其中人寿险为 8.4%，财产险为 7.0%，健康险则增长 6.6%。②

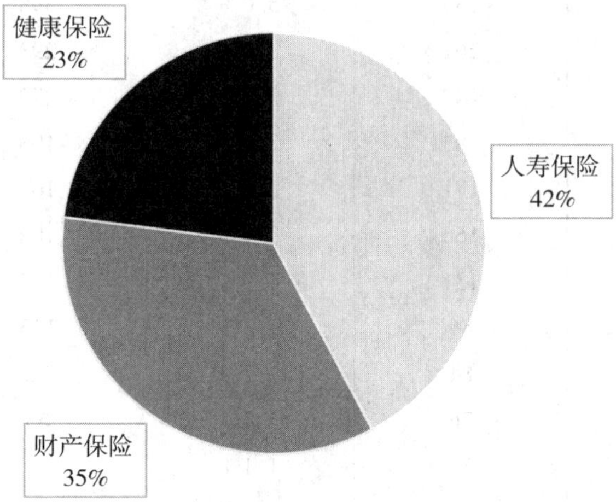

图 11-5　2023 年全球保费收入中三类业务占比

资料来源：安联集团发布的《2024 安联全球保险业发展报告》。

(三)市场排名

全球保险市场主要以美国及欧洲市场占据绝大部分份额。值得关注的是，自 2010 年来新兴市场在中国的带动下表现强劲，全球业务增长主要是由亚洲市场推动。2023 年，亚洲人寿险保费收入增长 16.2%，成为世界上最大的区域市场，领先于西欧，全球市场份额占比为 30.0%。而财产险业务上，北美仍是全球最大的区域市场，2023 年取得 7.1%

① 保观．寿险低迷，财险、健康险稳涨——2022 全球保费增速为何分化明显[EB/OL]．[2023-06-16]．https：//baijiahao. baidu. com/s？ id＝1768577767823824197&wfr＝spider&for＝pc.

② 金融界．安联报告看好中国保险市场十年高增[EB/OL]．[2024-06-03]．https：//baijiahao. baidu. com/s？ id＝1800827123825425738&wfr＝spider&for＝pc.

增幅，全球市场份额占比高达 54. 2%。亚洲(不含日本)的财产险保费收入增长 6. 6%，全球市场份额保持在 15. 5%。①

从保险费总额来看，美国是目前最大的保险市场，其次是中国内地，之后依次是英国和日本。2021 年、2022 年全球保费规模前 20 的保险市场如表 11-2 所示。

表 11-2　2022 年与 2021 年世界 20 大保险市场(按名义保费总额计)

排名	国家/地区	2022 年		2021 年	
		保费规模（10 亿美元）	占全球市场份额	保费规模（10 亿美元）	占全球市场份额
1	美国	2960	43. 7%	2725	40. 3%
2	中国内地	698	10. 3%	696	10. 3%
3	英国	363	5. 4%	374	5. 5%
4	日本	338	5. 0%	398	5. 9%
5	法国	261	3. 9%	293	4. 3%
6	德国	242	3. 6%	272	4. 0%
7	韩国	183	2. 7%	193	2. 9%
8	加拿大	171	2. 5%	166	2. 5%
9	意大利	160	2. 4%	192	2. 8%
10	印度	131	1. 9%	123	1. 8%
11	中国台湾	86	1. 3%	113	1. 7%
12	荷兰	84	1. 2%	92	1. 4%
13	巴西	76	1. 1%	63	0. 9%
14	澳大利亚	72	1. 1%	72	1. 1%
15	中国香港	69	1. 0%	73	1. 1%
16	西班牙	68	1. 0%	73	1. 1%
17	瑞士	56	0. 8%	58	0. 9%
18	瑞典	54	0. 8%	59	0. 9%
19	新加坡	47	0. 7%	45	0. 7%
20	南非	46	0. 7%	50	0. 7%
合计	前 20	6165	91. 0%	6131	90. 7%
	全球	6782	100%	6785	100%

资料来源：瑞士再保险研究院(Swiss Re Institute)Sigma2023 年第 3 期《全球保险市场趋势》[EB/OL]. [2023-07-10]. https：//www. swissre. com/institute/research/sigma-research/sigma-2023-03/5-charts-wold-insurance-2023. html.

---

① 东方财富网 . 安联集团发布《2024 年安联全球保险业发展报告》[EB/OL]. [2024-05-29]. https：//finance. eastmoney. com/a/202405293090413438. html.

二、美国保险市场

（一）总体情况

自18世纪20年代美国第一家海上保险组织诞生以来，美国的保险业同其经济的发展一样逐渐发展壮大。美国保险市场是一个高度发达且多元化的市场，其规模和影响力在全球范围内均居于领先地位。在经济发展和科技创新等多重因素推动下，美国的保险市场如今具有产品多样化、市场竞争激烈、保险技术发达等特点，并拥有很多极具影响力的保险机构。

美国保险市场是全球最大的保险市场。2022年，美国保险市场的保费收入为29600亿美元，约占全球市场份额的43.7%。美国大约有6000多家保险公司，保险从业人员约500万人。

美国实行联邦政府和州政府两级监管方式，两者分工明确、各司其职。联邦政府主要进行宏观经济政策的调控、保险规则的制定、直接行政监管等；而各州的保险监管部门则主要负责保险公司法人治理、机构组织、偿付能力、资产负债业务等具体保险事宜的监管。这种双重监管体制确保了从宏观和微观层面稳定保险主体，保障被保险人的权益。

全美保险监督官协会(National Association of Insurance Commissioners，NAIC)在美国保险监管体系中具有举足轻重的作用。它成立于1871年，由美国50个州、哥伦比亚特区以及4个美国属地的保险监管专员组成，是一个非营利性组织。NAIC的主要任务是向各州保险监督官提出建设性建议，定期交流保险管理信息与观点，拟定样板法律和条例供各州保险立法参考。虽然NAIC制定的文件不具有法律效力，但对各州保险监管的有效实施起到了很大的推动作用。

（二）市场结构

美国的保险市场由人身保险与财产保险两大类险种构成，其中财产保险的规模略高于人身保险。

美国保险监督官协会(NAIC)公布的数据显示，2023年美国人身险(包括寿险、年金以及意外和医疗险在内)市场保费达到9169.70亿美元，同比增长11.3%。分险种来看(见图11-6)，2023年，年金保险总保费4986.96亿美元，占美国人身险总保费的份额为55%，较上年同期增长约31%。人寿保险的保费为1936.51亿美元，占美国人身险总保费的份额为21%，较上年同期增长约0.05%，基本持平。意外和医疗保险的总保费为2246.21亿美元，占美国人身险总保费的份额为24.4%。①

2023年美国财险业的保费收入为9608亿美元，同比增速超过11%。其中，车险保费收入3807亿美元，同比增长13.5%；责任保险保费收入1914亿美元，同比增长3.2%；家庭一切险保费收入1519亿美元，同比增长14.6%。此外，农业保险的保费收入为191.9亿美元，与上年度基本持平。

---

① 保观．2023年美国人身险25强发布[EB/OL]．[2024-03-25]．https：//www.sohu.com/a/766600855_444669.

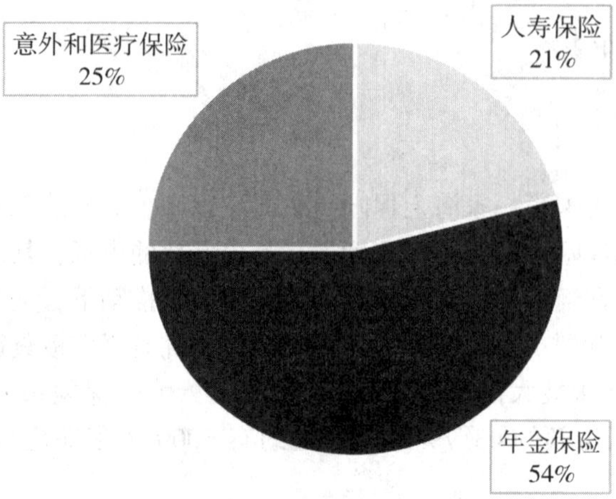

图 11-6　2023 年美国人身保险的险种结构

资料来源：保观 .2023 年美国人身险 25 强发布[EB/OL].[2024-03-25]. https://www.sohu.com/a/766600855_444669.

从险种结构来看，近 20 年来美国主要险种结构一直较为稳定。2023 年车险保费收入占比 39.6%，自 2016 年以来，已经连续三年市场份额占比低于 40%；责任险保费收入占比 20%，家庭一切险保费收入占比 16%，农险保费收入占比 2%。①

(三)市场主体

在美国的保险市场中，存在着大量的保险公司，其中既有大型的公司，也有众多的中、小型公司。2020 年，美国有 6000 多家保险公司，其中财产保险公司约 3800 家，寿险公司约 2200 家。美国保险业实行分业经营，但是不少大保险公司都是集团公司。在这些集团公司旗下，既有产险公司，又有寿险公司。

从 2023 年美国人身保险的市场份额来看(见表 11-3)，前三家公司共占据了约 15.4%，前五家公司的累计市场份额为 23.78%，前十家公司的累计市场份额为 40.49%，前二十家公司的累计市场份额为 61.72%。这些数据表明美国人身保险市场呈现出相对集中趋势。

表 11-3　2023 年美国人身保险市场保费规模排名前 25 的保险公司

排名	公司简称	保费收入(单位：亿美元)	市场份额	累计市场份额
1	CVS Health	489.04	5.33%	5.33%
2	Apollo Global Management	466.44	5.09%	10.42%

① 13 个精算师 . 美国财险行业公布 2023 年数据[EB/OL].[2024-04-22]. https://baijiahao.baidu.com/s? id=1797016016154711219&wfr=spider&for=pc.

续表

排名	公司简称	保费收入（单位：亿美元）	市场份额	累计市场份额
3	United Health Group	456.38	4.98%	15.40%
4	Mass Mutual Life	416.72	4.54%	19.94%
5	Prudential Financial	352.20	3.84%	23.78%
6	New York Life Insurance	347.25	3.79%	27.57%
7	Met Life	321.88	3.51%	31.08%
8	Lincoln Financial	302.30	3.30%	34.38%
9	Cigna Corp	285.60	3.11%	37.49%
10	AIG	275.15	3.00%	40.49%
11	Nationwide Group	271.07	2.96%	43.45%
12	John Hancock	230.81	2.52%	45.96%
13	Equitable Holdings	218.82	2.39%	48.35%
14	Allianz	197.74	2.16%	50.51%
15	Aegon Us Holding	195.28	2.13%	52.64%
16	Northwestern Mutual	176.20	1.92%	54.56%
17	TIAA Family	175.51	1.91%	56.47%
18	Pacific Life	174.10	1.90%	58.37%
19	Voya Financial	172.17	1.88%	60.25%
20	Jackson Natl	134.70	1.47%	61.72%
21	Guardian Life	127.37	1.39%	63.11%
22	Brighthouse Financial	125.28	1.37%	64.47%
23	Fidelity Natl Fin Inc.	124.78	1.36%	65.83%
24	Global Atlantic	121.25	1.32%	67.16%
25	Mutual of Omaha	116.27	1.27%	68.42%
合计	6274.31	68.42%		

资料来源：保观．2023 年美国人身险 25 强发布[EB/OL]．[2024-03-25]．https://www.sohu.com/a/766600855_444669.

表 11-4 显示了 2023 年美国财产保险业保费收入前 25 的公司市场份额情况。总体来看，2023 年美国前 25 家公司财险保费收入约 6393 亿美元，占市场累积份额 66.5%；规模前五公司保费市场累积份额 32.3%。其中，美国州立农业保险(State Farm)保费收入 937.9 亿美元，市场份额 9.8%，稳居第一位；巴菲特执掌的伯克希尔·哈撒韦(Berkshire

Hathaway）保费收入 627. 1 亿美元，市场份额 6. 5%，居第二位；前进保险（Progressive）保费收入 596. 7 亿美元，市场份额 6. 2%，居第三位。①

表 11-4　2023 年美国财产保险市场保费规模排名前 25 的保险公司

排名	公司简称	保费收入（单位：百万美元）	市场份额	累计市场份额
1	State Farm	937. 9	9. 8%	9. 8%
2	Berkshire Hathaway	627. 1	6. 5%	16. 3%
3	Progressive	596. 7	6. 2%	22. 5%
4	Allstate	500. 4	5. 2%	27. 7%
5	Liberty Mutual	457. 9	4. 8%	32. 5%
6	Travelers	386. 0	4. 0%	36. 5%
7	Chubb	320. 0	3. 3%	39. 8%
8	United Services Automobile Assn.	316. 9	3. 3%	43. 1%
9	Farmers	272. 2	2. 8%	46. 0%
10	Nationwide	197. 7	2. 1%	48. 0%
11	Zurich	185. 6	1. 9%	49. 9%
12	AIG	166. 3	1. 7%	51. 7%
13	Hartford Fire & Cas	159. 5	1. 7%	53. 3%
14	American Family Ins	159. 3	1. 7%	55. 0%
15	CAN Ins	137. 4	1. 4%	56. 4%
16	Tokio Marine Holdings	131. 1	1. 4%	57. 8%
17	Auto Owners	119. 2	1. 2%	59. 0%
18	Fairfax Financial Holdings	113. 5	1. 2%	60. 2%
19	WR Berkley	100. 6	1. 1%	61. 3%
20	Assurant	100. 5	1. 1%	62. 3%
21	American Financial Group	91. 7	1. 0%	63. 3%
22	Erie Insurance Group	87. 9	0. 9%	64. 2%
23	Markel Group	77. 2	0. 8%	65. 0%
24	AXA	75. 6	0. 8%	65. 8%

① 13 个精算师．美国财险行业公布 2023 年数据［EB/OL］．［2024-04-22］．https：//baijiahao.baidu. com/s？ id＝1797016016154711219&wfr＝spider&for＝pc.

续表

排名	公司简称	保费收入 （单位：百万美元）	市场份额	累计市场份额
25	SompoHoldings	74.6	0.8%	66.5%
	合计	6392.8	66.5%	

资料来源：13 个精算师．美国财险行业公布 2023 年数据［EB/OL］．［2024-04-22］．https：//baijiahao. baidu. com/s？ id＝1797016016154711219&wfr＝spider&for＝pc.

三、中国保险市场

1949 年 10 月 20 日，中国人民保险公司在北京成立，宣告了中华人民共和国统一的国家保险机构的诞生。1958 年起，国内保险业务全部停办。自 1980 年保险业恢复以来，中国保险市场从弱小到强大，市场体系不断完善，风险管理和保障功能日益发挥。2017 年，中国成为仅次于美国的世界第二大保险市场。

（一）市场规模

中国保险市场经历了蓬勃的发展，成为全球保费收入增长最快的保险市场。1980 年，国内保险业务恢复，全国保费收入仅 4.6 亿元。2000 年，全国保费收入达 1596 亿元，年均增长 34%。2010 年，全国实现保费收入 1.45 万亿元，同比增长 33%。2023 年，全国原保险保费收入达到 5.12 万亿元，同比增长 9.13%。2010—2023 年中国原保险保费收入如图 11-7 所示。

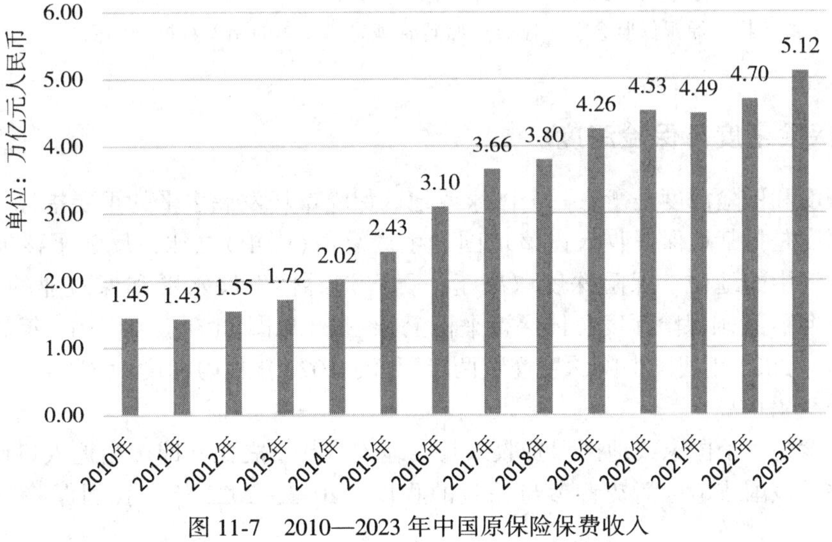

图 11-7　2010—2023 年中国原保险保费收入

资料来源：根据《中国保险年鉴》相关年份的数据整理而得。

2023 年，中国保险市场原保险赔付支出达到 18883 亿元，自 2011 年以来年均增长率高达 13.98%，而同期年均保费收入增速降至 11.20%。当前，赔付支出增长率已超过保费收入增长率，保险赔付成为改善保险服务、夯实保险价值的重要动力。

我国保险公司总资产规模持续增长，保险市场扩容明显(见图 11-8)。2004 年，保险公司资产总额首次突破万亿元重要关口，达到 1.19 万亿元。2014 年，突破 10 万亿元大关，达到 10.16 万亿元。截至 2023 年底，保险公司资产总额达到 29.96 万亿元，同比增长 10.35%，资金运用余额 27.67 万亿元，同比增长 10.47%。①

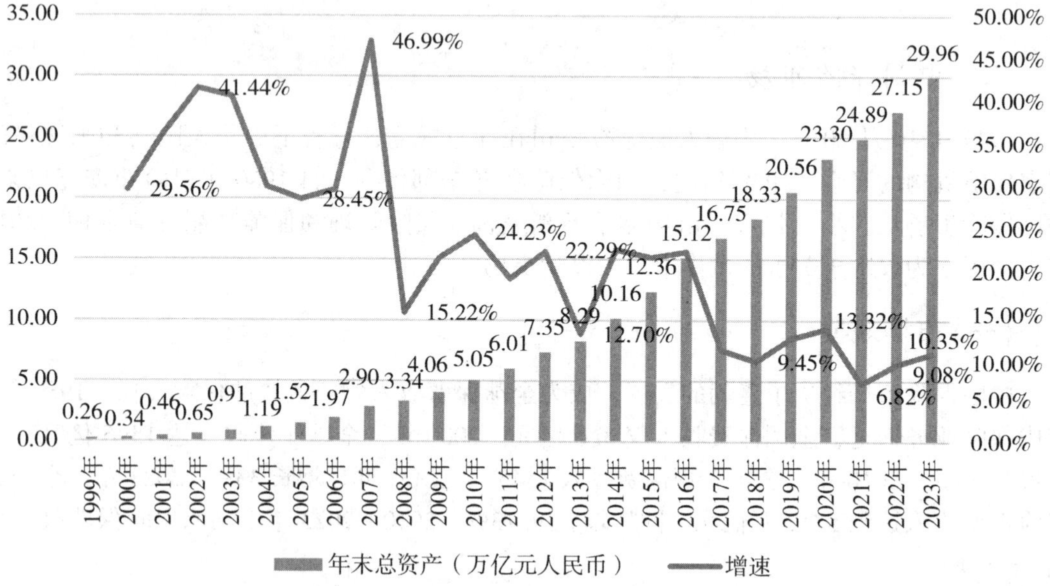

图 11-8　2019—2023 年中国保险公司总资产规模与增速

资料来源：根据原银保监会、国家金融监督管理总局发布的相关数据整理而得。

(二)保险密度与保险深度

保险密度和保险深度是衡量一个国家或地区保险市场发展水平的重要指标。

保险深度是指某地保费收入占该地国内生产总值(GDP)之比，反映了该地保险业在整个国民经济中的地位。保险深度取决于一国经济总体发展水平和保险业的发展速度。2013—2023 年，我国保险深度总体保持平稳上升之势(见图 11-9)，但 2017 年之后有所波动。2021 年、2022 年我国保险深度连续两年下降，2022 年保险深度为 3.88%。2023 年保险深度回升至 4.07%。

保险密度是一个国家或地区保费收入与当地人口数量之比，即按当地人口计算的人均保费，反映了该国或地区消费者参与保险的程度。2013—2023 年，我国保险密度整体呈

① 数据源自国家金融监督管理总局发布的 2023 年保险行业经营情况。

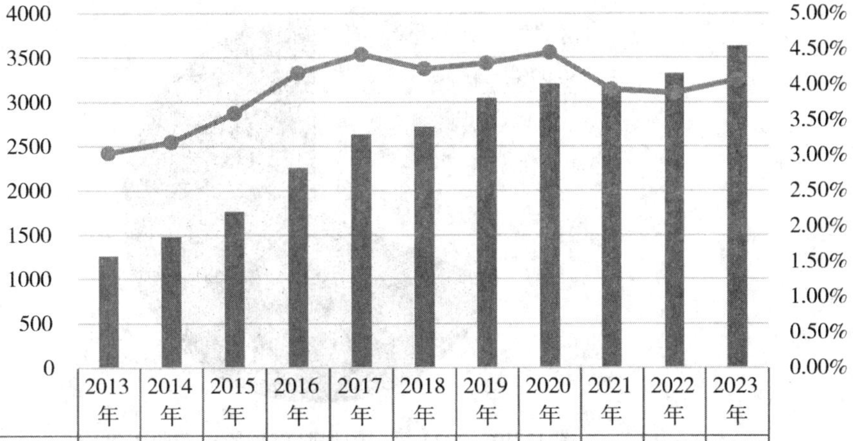

	2013年	2014年	2015年	2016年	2017年	2018年	2019年	2020年	2021年	2022年	2023年
保险密度（元/人）	1266	1479	1766	2258	2632	2724	3046	3206	3179	3326	3635
保险深度	3.03%	3.18%	3.59%	4.16%	4.42%	4.22%	4.30%	4.45%	3.93%	3.88%	4.07%

图 11-9　2013—2023 年中国保险深度与保险密度

资料来源：根据原银保监会、国家金融监督管理总局历年公布的相关数据整理而得。

上涨趋势(见图 11-9)，我国居民参保程度逐年增长，保险市场发展良好。2023 年，我国保险密度为 3635 元/人。

尽管中国保险市场总体规模已居全球第二，但保险深度与保险密度仍低于全球平均水平。2023 年，中国保险密度为 3635 元/人(约 516 美元/人)，低于约 882 美元/人的全球平均保险密度；中国保险深度为 4. 07%，也低于约 6. 83%的全球平均保险深度。这表明中国保险市场有着巨大的发展空间。

(三)市场结构

1980 年，我国恢复财产保险业务。1982 年，开始恢复办理人身保险业务。1997 年，人身保险保费收入首次超过财产保险，占当年总保费收入的 55. 33%。自此，我国保险市场结构由以财产保险业务为主，转向以人身保险业务为主。2023 年中国保险市场原保费收入结构如图 11-10 所示。

2023 年，人身险公司实现原保险保费收入 3. 54 万亿元，按可比口径同比增长 10. 25%。在人身险公司的三大险种中，增速最快的是寿险业务，其原保险保费收入达到 2. 76 万亿元，同比大增 12. 75%。此外，健康险同比增长 2. 97%。

财产险业务方面，2023 年财产险公司共取得保费收入 1. 59 万亿元，按可比口径同比增长 6. 73%，较 2022 年全年 8. 71%的增速有所放缓。其中，车险实现原保险保费收入 8673 亿元，同比增长 5. 64%；农业保险增速最快，同比增长 17. 31%，健康险和责任险分别同比增长 10. 89%和 10. 45%。①

① 数据源自国家金融监督管理总局发布的 2023 年保险行业经营情况。

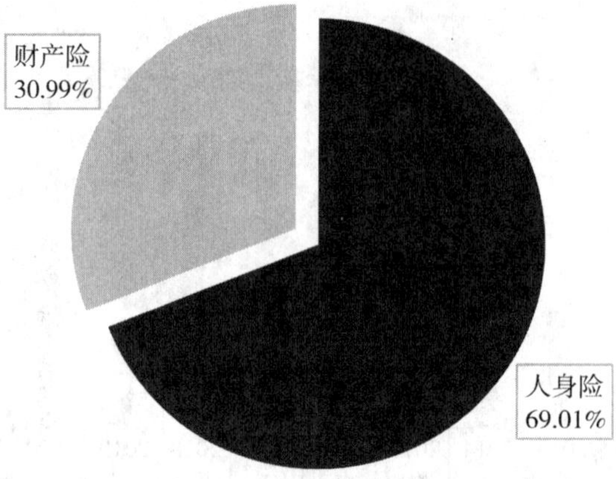

图 11-10　2023 年中国保险市场原保费收入结构

资料来源：根据国家金融监督管理总局发布的 2023 年保险行业经营情况相关数据计算而得。

(四)市场主体

中华人民共和国成立之初，我国只有一家保险公司，即中国人民保险公司。1986 年，新疆生产建设兵团农牧业保险公司成立，这是中华人民共和国成立的第二家具有法人资格的保险公司。1988 年，平安保险公司在深圳成立，这是我国第一家股份制保险企业。1991 年，太平洋保险公司在上海成立，是第一家全国性股份制商业保险公司。此后，我国保险公司数量逐渐增加。

2022 年，全国共有保险法人机构 237 家。其中：保险集团和控股公司 13 家，财产险公司 89 家，人身险公司 92 家，保险资产管理公司 33 家，再保险公司 7 家，农村保险互助社 3 家。①

截至 2023 年 12 月末，我国共有 238 家保险机构法人。与 2022 年的 237 家和 2021 年的 235 家相比，数量有所增长。具体来看，2023 年保险机构法人名单增加了深圳比亚迪财产保险有限公司、中汇人寿保险股份有限公司、海港人寿保险股份有限公司、瑞众人寿保险有限责任公司、中国渔业互助保险社、中邮保险资产管理有限公司等。与此同时，易安财产保险股份有限公司、天安人寿保险股份有限公司、恒大人寿保险有限公司、华夏人寿保险股份有限公司、安邦财产保险股份有限公司等已不在 2023 年的保险机构法人名单中。此外，2023 年底我国共有 2566 家保险专业中介机构法人，相较于 2022 年底减少了 16 家。②

从原保险保费收入来看，头部保险公司排名基本稳定。2017—2023 年，在人身险公司中，中国人寿、平安人寿一直稳居第一、第二，太保寿险长期处于第三(见表 11-5)。在财

① 中国保险行业协会 .2022 中国保险业社会责任报告[EB/OL].[2024-04-16]. https://www. iachina. cn/art/2024/4/16/art_44_107585. html.

② 新浪财经 . 增至 238 家！保险机构法人数量有这些变化[EB/OL].[2024-05-12]. https://finance. sina. com. cn/wm/2024-05-12/doc-inauyvma5981730. shtml.

产险公司中，人保财险、平安财险、太保财险、国寿财险一直稳居前四名(见表 11-6)。

表 11-5　2017—2023 年中国人身险公司保费收入排名前 10 位（单位：亿元）

排名＼年度	2017	2018	2019	2020	2021	2022	2023
1	中国人寿 5892.97	中国人寿 5362.06	中国人寿 5683.81	中国人寿 6129.44	中国人寿 6197.96	中国人寿 6152.00	中国人寿 6413.80
2	平安人寿 4677.13	平安人寿 4468.85	平安人寿 4939.13	平安人寿 4760.87	平安人寿 4570.35	平安人寿 4392.80	平安人寿 4665.40
3	安邦人寿 2430.30	太保寿险 2013.43	太保寿险 2123.64	太保寿险 2084.60	太保寿险 2096.10	华夏人寿 2535.00	太保寿险 2331.42
4	太保寿险 1862.04	华夏人寿 1582.75	华夏人寿 1827.95	新华人寿 1595.11	新华人寿 1634.70	太保寿险 2223.40	泰康人寿 2031.88
5	华夏人寿 1752.93	太平人寿 1236.19	太平人寿 1404.59	华夏人寿 1471.22	泰康人寿 1544.91	泰康人寿 1708.00	太平人寿 1688.56
6	泰康人寿 1625.06	新华人寿 1222.86	新华人寿 1381.31	太平人寿 1443.67	太平人寿 1486.95	新华人寿 1631.00	新华人寿 1659.03
7	太平人寿 1185.64	泰康人寿 1173.58	泰康人寿 1308.38	泰康人寿 1439.56	人保寿险 968.47	太平人寿 1618.00	中邮人寿 1098.66
8	富德生命 1174.23	人保寿险 937.17	人保寿险 981.35	人保寿险 961.81	中邮人寿 858.09	人保寿险 1337.00	人保寿险 1006.34
9	人保寿险 1167.90	富德生命 717.31	前海人寿 765.39	中邮人寿 819.96	富德生命 807.50	中邮人寿 914.34	阳光人寿 746.00
10	新华人寿 1142.88	天安人寿 585.72	中邮人寿 675.41	前海人寿 783.47	前海人寿 718.41	百年人寿 529.00	友邦人寿 607.61

资料来源：转引自中南财经政法大学风险管理研究中心、燕道数科发布的《2024 中国保险发展报告》。

表 11-6　2017—2023 年中国财产险公司保费收入排名前 10 位（单位：亿元）

排名＼年度	2017	2018	2019	2020	2021	2022	2023
1	人保财险 3492.90	人保财险 3880.03	人保财险 4316.44	人保财险 4320.19	人保财险 4495.33	人保财险 4854.00	人保财险 5158.07

续表

年度 排名	2017	2018	2019	2020	2021	2022	2023
2	平安财险 2159.84	平安财险 2474.44	平安财险 2709.30	平安财险 2858.54	平安财险 2701.13	平安财险 2980.00	平安财险 3021.60
3	太保财险 1039.94	太保财险 1173.80	太保财险 1322.32	太保财险 1467.18	太保财险 1526.43	太保财险 1708.00	太保财险 1903.27
4	国寿财险 662.15	国寿财险 691.06	国寿财险 770.24	国寿财险 863.96	国寿财险 916.06	国寿财险 983.00	国寿财险 1061.00
5	中华联合 388.29	大地财险 424.15	中华联合 485.52	中华联合 527.15	中华联合 557.17	中华联合 603.00	中华联合 652.83
6	大地财险 371.23	中华联合 422.32	大地财险 484.18	大地财险 477.51	大地财险 434.96	大地财险 461.00	大地财险 493.60
7	阳光财险 344.59	阳光财险 362.31	阳光财险 395.01	阳光财险 372.7	阳光财险 409.19	阳光财险 403.80	阳光财险 442.38
8	太平财险 220.69	太平财险 242.30	太平财险 269.12	太平财险 281.19	太平财险 314.49	太平财险 283.00	太平财险 300.66
9	出口信用 184.89	出口信用 195.40	天安财险 156.18	众安财险 167.03	众安财险 203.74	众安财险 236.00	众安财险 294.78
10	天安财险 141.72	天安财险 151.03	出口信用 147.01	出口信用 164.72	华安财险 158.16	华安财险 167.00	华安财险 174.45

资料来源：转引自中南财经政法大学风险管理研究中心、燕道数科发布的《2024 中国保险发展报告》。

四、英国保险市场

英国保险市场历史悠久，是当今世界最发达的保险市场之一，对全球保险业的发展产生了深远影响。

(一) 近现代保险业的发源地与中心

早在 14 世纪，随着英国海外贸易的扩张，海上保险需求激增，伦敦逐渐成为海上保险的国际中心。1568 年，伦敦设立了皇家交易所，为海上保险提供专门的交易场所。1575 年，英国女王特许在伦敦皇家交易所内设立保险商会，负责保险单登记和制订标准保单及条件，这标志着英国海上保险业的进一步规范化。伴随海上保险业的发展，以短期死亡风险为保障责任的人身保险产生了，承保对象主要是航海商人、船员及船上的乘客。1583 年 6 月，伦敦皇家交易所签发了迄今为止发现的世界上最早的定期人寿保险单。

1688年，世界上第一个保险承保人集合体——劳合社（Lloyd's）诞生。劳合社原是1683年开业的伦敦一家咖啡馆的名字，最初定期以通讯形式发布海事信息，1691年后逐渐成为船舶、货物和海上保险交易的中心。英国议会于1871年正式承认劳合社为保险社团组织，并赋予其法人资格。1906年，英国国会通过了《海上保险法》，该法不仅是英国海上保险法律的集大成者，而且为世界其他国家和地区的海上保险法提供了范本。

继海上保险制度之后形成的是火灾保险制度。1666年9月2日，伦敦发生大火，损失惨重。次年，尼古拉·巴蓬开办了房屋火灾保险，他被称为"现代火灾保险之父"。1710年，查尔斯·波文创立了伦敦保险人公司，后改称"太阳保险公司"，开始承保不动产以外的动产保险，它是英国现存最古老的保险公司之一。此后，英国保险市场陆续诞生了许多世界第一，凭借其强大的市场竞争力与影响力不断创新，引领世界保险行业发展。

【专栏11-4】

英国在世界保险史上创造的第一

第一起人寿保险出现在1536年的英国。当年6月18日，英国人马丁为一个名叫吉明的人承保了2000英镑的人寿险，保险期限为12个月，保费为80英镑。

第一个海上保险专门交易所是英国的皇家交易所。它于1568年12月22日经伦敦市长批准开设，取代了从伦巴第商人沿袭下来的一日两次在露天广场交易的习惯。

第一份人寿保单是伦敦皇家交易所16个属于保险行会的商人于1583年共同签发的。

第一部有关海上保险的法律是1601年伊丽莎白女王颁布的。该法律规定在保险商会内设立仲裁法庭，以解决日益增多的海上保险纠纷。

第一家专门承保火灾保险的营业所是由英国一个名叫尼古拉斯·巴蓬的牙医于1667年在伦敦创办的。

第一张生命表是1693年英国著名数学家、天文学家哈雷制定的。

第一家世界上正式的人寿保险组织是1699年成立的英国孤寡保险社。

第一个以股份制公司形式成立的保险组织是1710年由英国人查尔斯·波文创办的"太阳保险公司"。

第一家保险学术团体是1873年在曼彻斯特成立的"英国特许保险学会"。

第一张盗窃保险单是1887年由劳合社设计并签发的。

第一张正规的汽车保险单是1901年由英国的劳合社设计并签发的。它借鉴海上保险的做法，将汽车视为在陆地上行驶的船，保费按汽车马力的大小来确定，每一马力收取保费一镑。

第一张飞机保险单是1910年由英国的白十字协会设计并签发的。

（二）市场规模与发展水平

从保费规模来看，英国是欧洲最大的保险市场，占欧洲市场的份额超过20%，2022

年世界排名第三位。英国的保险市场处于成熟期，保费规模比较平稳，各年度之间变化不大(见图 11-11)。2010 年，英国原保险保费收入为 3452.7 亿美元，2022 年为 3630.09 亿美元。

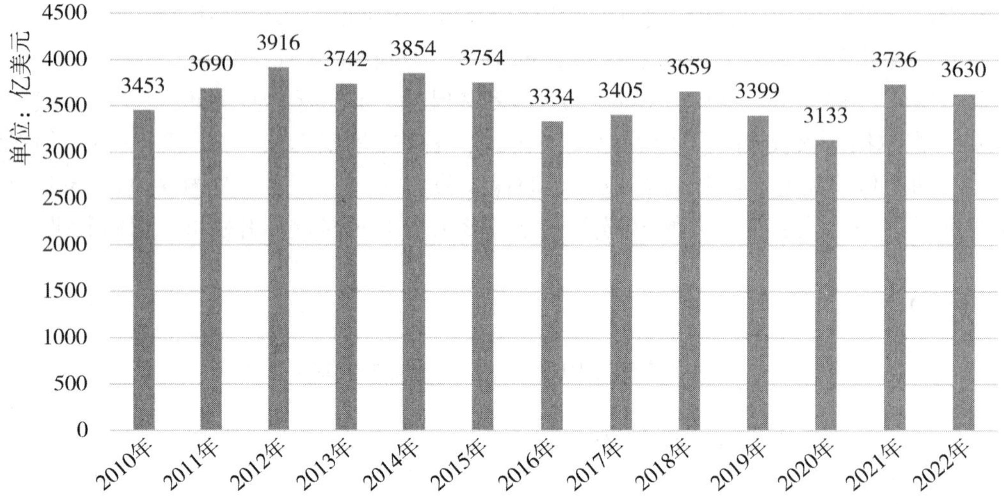

图 11-11 2010—2022 年英国原保险保费收入

资料来源：根据瑞士再保险研究院(Swiss Re Institute)Sigma Explorer 相关数据整理而得。

英国的保险深度与保险密度在全球处于较高水平。2022 年，英国的保险密度为 5355 美元/人，保险深度为 11.75%，居世界前列，远高于全球平均水平(见图 11-12、图 11-13)。

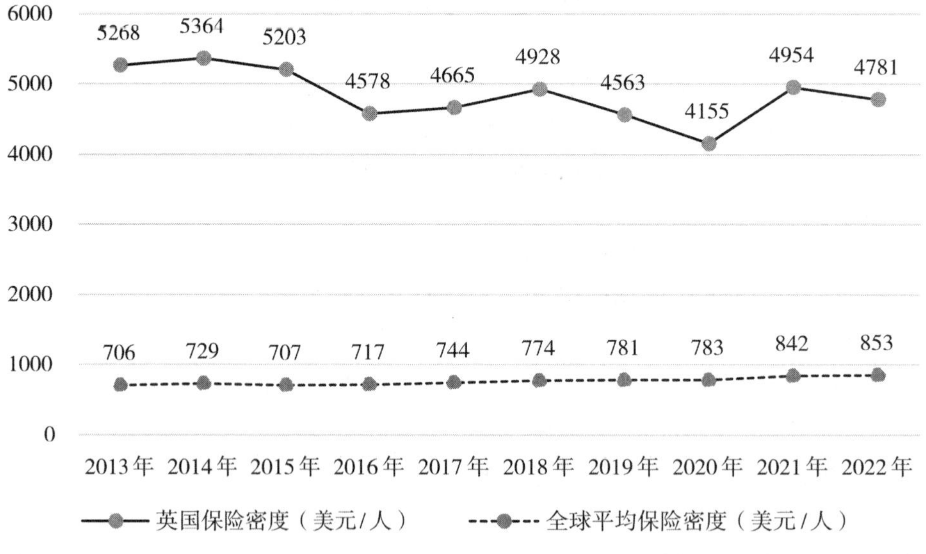

图 11-12 2013—2022 年英国与全球平均保险密度

资料来源：根据瑞士再保险研究院(Swiss Re Institute)Sigma Explorer 相关数据整理而得。

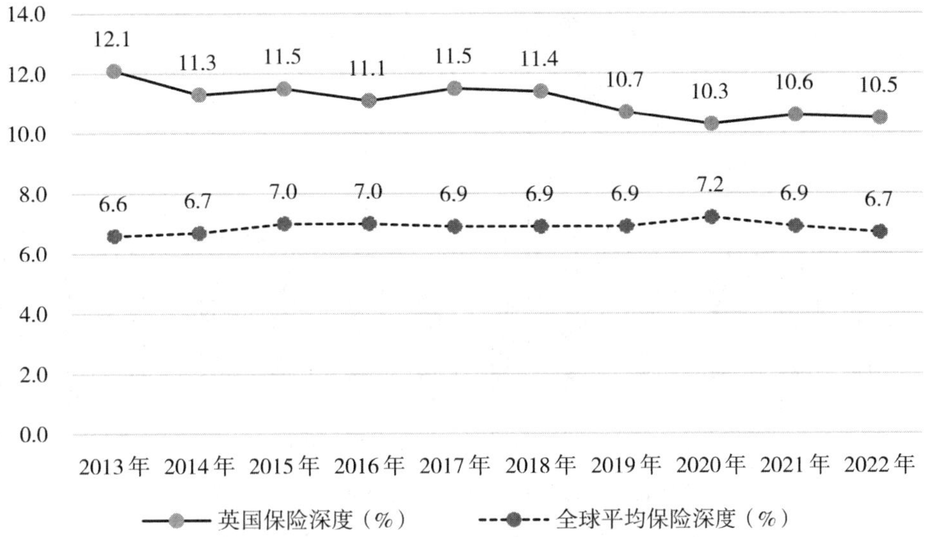

图 11-13　2013—2022 年英国与全球平均保险深度

资料来源：根据瑞士再保险研究院(Swiss Re Institute)Sigma Explorer 相关数据整理而得。

(三)市场结构

英国保险市场的业务可以分为寿险和非寿险两大类。寿险业务主要包括人寿险、养老金、长期健康保险等，非寿险业务包括航海、航空、车辆、地产、意外事故及健康以及债务风险等。2010—2022 年，英国保险市场中寿险业务的保费收入在 2100 亿~2900 亿美元，非寿险业务保费收入在 900 亿~1200 亿美元(见图 11-14)，寿险业务的保费收入远高于非寿险。

如果从寿险或非寿险保费收入总量来衡量，英国在全球保险市场中的重要性并不突出。但是，海上保险和航空保险是英国的强势险种，处于国际领先地位。英国是全球最大的航空险市场，其保费收入约占全球航空险保费的 30%。英国也是最重要的国际海上保险中心。2022 年全球航运保险的保费收入约 358 亿美元，按地区划分，欧洲占 47. 7%(英国约占 32%)，亚太地区占 28. 4%，拉丁美洲占 10. 3%，北美占 8. 5%，其他地区占 5. 1%。① 在海上石油和天然气钻探设备保险中，英国市场甚至拥有超过 60%的市场份额。英国保险市场还是全球大型工业风险承保中心。在英国市场中运营的劳合社和其他商业保险商，以承保从石油钻塔到网络攻击等各种复杂风险闻名。

伦敦不仅是世界保险中心，而且是世界再保险中心。在伦敦再保险市场中，大约有 50 家专业再保险公司，劳合社的保险费收入一半以上来自再保险市场。在伦敦再保险市场成交的业务中，外国业务的比重非常高。以劳合社为例，美国的业务占 60%，其中大

① 信德海事网．国际海上保险联盟 2023 保险摘要［EB/OL］．［2023-10-20］．https：//xindemarinenews. com/data/baoxianjinrong/2023/1020/50787. html.

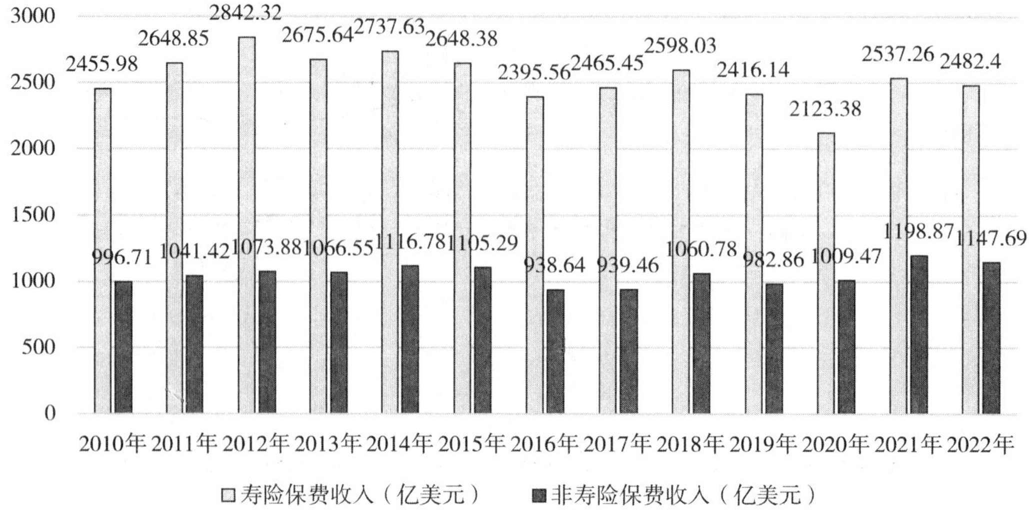

图 11-14　2010—2022 年英国寿险、非寿险保费收入

资料来源：根据瑞士再保险研究院(Swiss Re Institute)Sigma Explorer 相关数据整理而得。

部分是以美元成交；其余 40%中的大部分业务来源于世界 100 多个国家和地区的 2000 多个保险公司，只有少部分业务来源于本地，这在其他再保险市场极为少见。

(四)市场主体

英国保险市场的参与者包括保险公司、劳合社、再保险公司、保险经纪人、保险代理人以及专业服务机构等，共同构成了英国保险市场的多元化体系。

英国市场上的保险公司通常是经过英国贸工部依据 1982 年《保险公司条例的规定》准许注册的。另外，从 1994 年 7 月 1 号起，总部设在欧洲联盟或者是在欧洲经济区的成员国持有本国颁发的执照的保险公司也可以进入伦敦保险市场。据统计，英国本国持执照可办理保险业务的公司有 502 家，外国保险公司 227 家，共计 729 家。①

劳合社并不直接经营保险业务，而是采用独特的会员制经营模式，为其会员提供交易场所和相关的服务。劳合社会员通过组合形成承保主体劳合社辛迪加(syndicates)，共同承担和分散风险。劳合社本身不承接风险，风险都是由其平台上的会员所承保，同时根据监管机构的授权，劳合社对其会员和相关运营主体行使部分市场管理、运行和监管职能。

以保险经纪人为主的销售模式是英国保险市场的特色之一。英国有 3200 多家独立的保险经纪公司，是保险公司的 4 倍多，近 8 万名保险经纪人，业务范围涉及财产保险、人寿保险和再保险领域。保险经纪市场份额占财产保险业务量的 60%以上，占一般人寿保险业务量的 20%，占养老金保险业务量的 80%。② 英国经纪人组织形式可以是个人、合伙

① 汇外网．伦敦保险市场[EB/OL]．[2021-06-10]．https：//www. huiwai. net/article/61120. html.

② 深蓝保．英国保险经纪制度经验借鉴[EB/OL]．[2021-07-02]．https：//www. shenlanbao. com/zhishi/10-318288.

企业和股份有限公司。

五、日本保险市场

作为亚洲发达国家，日本是著名的保险强国，保险市场的规模和发展水平都稳居世界前列。

(一)市场规模与发展水平

日本保险业是以海上保险、火灾保险为中心发展起来的。20 世纪 50 年代开始，由于日本制造业崛起和人口数量增长，使得日本保险市场飞速发展。20 世纪 90 年代初，日本保险市场达到了一个高峰。1994 年，日本的保费收入总额达 6060 亿美元，首次超过美国成为世界第一。该年度日本的保险密度和保险深度也均居世界第一，保险密度高达 4849 美元，远高于其他国家和地区。

20 世纪末，随着泡沫经济的破灭，日本保险业遭遇通货紧缩持续、投资收益暴跌、利差损严重等一系列问题，导致日本保险市场发生危机。1997 年 4 月 25 日，日产生命保险公司破产，这是日本保险业第二次世界大战以后 50 多年内第一桩破产案。2000 年前后，在日本保险 40 家保险公司中，有 7 家公司相继破产，破产比率接近 20%。

2007 年以后，日本保险业才有效抑制了持续下滑的态势(见图 11-15)。2011 年，保费收入达到最高点 6280 亿美元，但此后又出现下滑趋势。2022 年，日本被英国超过，保费收入排名由世界第三位降至第四位。

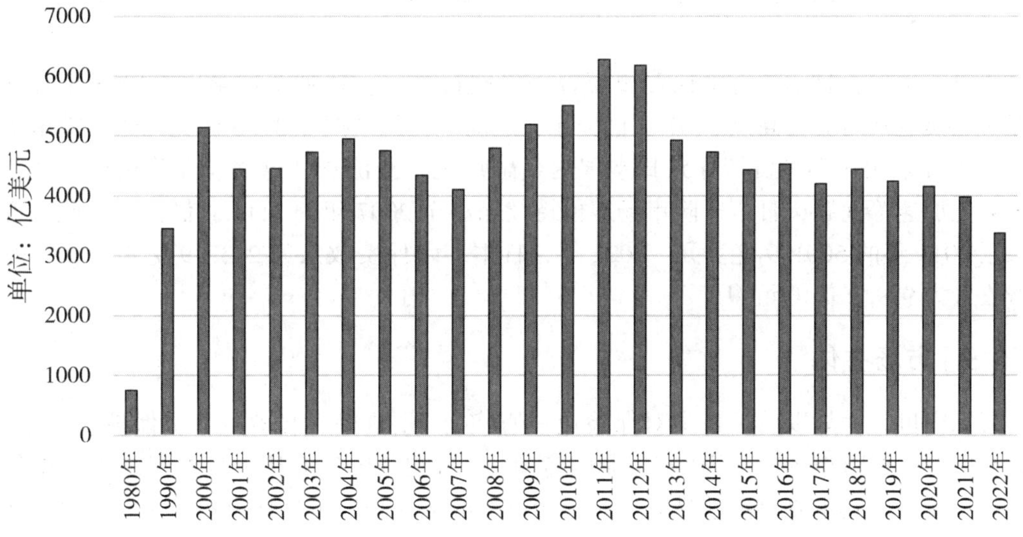

图 11-15　1980—2022 年日本保费收入

资料来源：根据瑞士再保险研究院(Swiss Re Institute)Sigma Explorer 相关数据整理而得。

2013—2022 年，日本的保险深度在 8%~10%，保险密度在 2600~3900 美元，远高于全球平均水平。2022 年，日本的保险深度为 8.2%(全球平均为 6.7%)，保险密度为 2690

美元/人(全球平均为853美元/人)。

(二)市场结构

从险种的市场结构来看，日本寿险保费规模远远大于非寿险保费规模(见图11-16)。

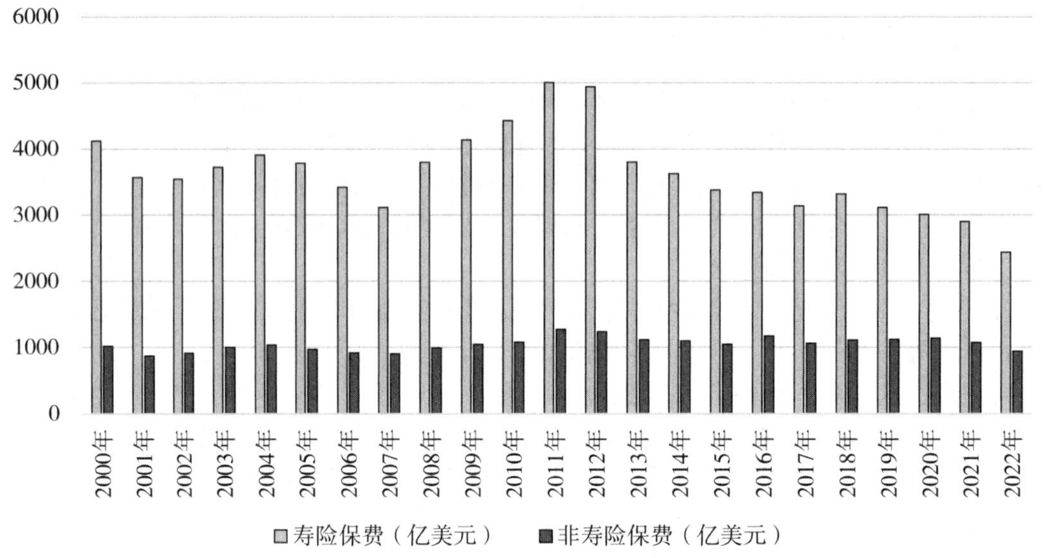

图11-16　2000—2022年日本寿险、非寿险保费

资料来源：根据瑞士再保险研究院(Swiss Re Institute)Sigma Explorer相关数据整理而得。

历史上来看，日本的寿险保费规模曾一度超过美国，位列全球第一。1995年日本寿险保费规模达到历史性高点5107.2亿美元，远高于美国同期2631.6亿美元的寿险市场规模。1995年后由于不良资产导致日本国内金融危机、经济长期低迷、保险机构破产、人口老龄化加速等问题，日本寿险市场规模持续缩小至2007年的3111.4亿美元，此后逐渐增长至2011年的5001.9亿美元。2022年，日本寿险保费收入为2438.9亿美元，非寿险保费收入为939.2亿美元。①

(三)市场主体

第二次世界大战以后，日本对保险业一直实行“重规模、轻效益，重保护、轻竞争”的政策思想，保险市场表现为“有限制的竞争”。与欧美国家对比，日本保险市场中保险公司数量较少，其主要原因就是日本对保险市场的准入采取了严格审核原则，通过控制保险公司数量来限制竞争。据经合组织(OECD)1998年发布的数据显示，日本保险公司数量为117家，而在同期，美国保险公司的数量达5162家，英国814家，德国690家，法国507家。

① 资料来源：根据瑞士再保险研究院(Swiss Re Institute)Sigma Explorer相关数据整理而得。

在经历1997—2001年的衰退期后，日本保险公司采取兼并重组的方式，很多中小型保险公司多被大公司收购合并。根据日本金融监管机构的统计数据，截至2020年底，日本共有176家保险公司。这些保险公司涵盖了寿险公司、车险公司、健康险公司、团体保险公司等多种类型，具体分布为：60家寿险公司、40家车险公司、10家健康险公司、48家互助公司以及18家其他类型的保险公司。①

日本保险市场集中度高。前五大寿险公司分别为日本生命保险公司、日本邮政保险有限公司、第一生命保险公司、明治安田生命保险公司、住友生命保险公司，它们的保费收入所占寿险市场份额超过60%。日本前三大财险公司，即东京海上日动火灾保险公司，MS&AD保险集团以及昭浦控股财产保险公司在财产保险市场中所占份额超过70%。

(四)营销体系

日本的保险营销体系独具特色。在寿险领域，保险公司主要依靠自己的业务员(外勤人员)进行直接销售。这些营销员与保险公司签订劳务合同，而非代理合同，他们的薪酬体系结合了固定工资和比例工资，激励他们积极推销保险产品。

财产保险领域则主要采用代理店的展业形式。这些代理店与保险公司是委托关系，代理店通常为独立机构。它们能够节省保险公司的开支，并覆盖更广泛的销售网络。日本非寿险90%以上的业务由代理店来招揽。

除了传统的营销员和代理店销售渠道外，日本还通过银行、汽车相关行业、不动产门店等兼业代理店销售保险产品。此外，随着科技的发展，邮寄、电话、网络等新型销售渠道也逐渐兴起，如保险超市等新型销售模式。

◎ 本章小结

1. 狭义的保险市场仅指进行保险商品交换的固定场所，例如保险交易所；广义的保险市场是指保险商品交换关系的总和或是保险商品供给与需求关系的总和。保险市场具有三大基本要素，即主体、客体和交易价格。保险市场是直接的风险市场、特殊的“期货”交易市场、“非即时结清”市场。
2. 保险需求是指在一定的费率水平上，保险消费者从保险市场上愿意并有能力购买的保险商品数量。影响保险市场需求的主要因素有风险因素、保险费率、消费者的收入水平、相关商品价格、文化传统、经济体制等。保险市场供给是指在一定的费率水平上，保险市场上保险人愿意并且能够提供的保险商品的数量。保险需求是制约保险供给的基本因素。保险市场供给还受到以下主要因素的影响：保险费率、偿付能力、保险技术、市场结构、市场的规范程度、政府监管等。
3. 保险产品的价格即保险费率，由纯费率和附加费率两部分构成。保险产品定价即保险费率的厘定，它需要以概率论与数理统计作为理论基础，其中最为核心的原理是收支相等原则和大数法则。保险费率的厘定关键在于纯费率的厘定，其方法主要有观察法、分类法和增减法。

① 保险网．日本有多少保险公司[EB/OL]．[2024-04-18]．https：//www.9m8m.com/819300.html.

4. 全球保险市场呈现出明显的区域分布特征。北美和欧洲是全球最发达的保险市场，亚太地区则是全球保险市场中增长最快的地区之一，拉丁美洲、中东和非洲等地区的保险市场也在不断发展壮大。从保费规模来看，美国、中国、英国和日本是全球四大保险市场。

◎ 课后练习

1. 如何理解保险市场是特殊的“期货”交易市场？
2. 保险市场在我国社会经济高速发展的过程中发挥了哪些作用？
3. 什么是纯费率？它的计算依据是什么？
4. 保险产品定价中收支相等与大数法则的核心原理是什么？
5. 保险产品定价的主要方法有哪些？
6. 分析美国、中国、英国和日本保险市场的主要差异。

◎ 实践探索

1. 查阅《2024 中国保险发展报告》，根据我国历年来的保费规模增长趋势，分析 2006 年“国十条”以及 2024 年“新国十条”的影响，预测 2024 年“国十条 3.0”可能带来的积极效应。
2. 在国际保险市场中，有哪些知名的保险经纪公司。与之相比，我国保险经纪公司在业务结构上有何差异？在“报行合一”的监管导向下，我国的保险经纪行业能从国际保险经纪市场中获得哪些借鉴？
3. 香港保险市场具备哪些独特性？近年来，该市场缘何能够吸引众多内地游客的青睐？

◎ 课后荐读

1. 陈辉，董洪斌．中国保险业可持续发展报告 2023[M]．北京：中国经济出版社，2023.
2. 寇业富．2023 保险蓝皮书——中国保险市场发展分析[M]．北京：中国财政经济出版社，2023.
3. 孙榕，李云泽：以保险业高质量发展助力中国式现代化建设[N]．金融时报，2024-06-20(001).
4. 郑路，徐旻霞．传统家庭观念抑制了城镇居民商业养老保险参与吗？——基于金融信任与金融素养视角的实证分析[J]．金融研究，2021 (6)：19.
5. 郑伟．中国保险业发展报告 2023[M]．北京：经济科学出版社，2023.

第十二章　保险科技

◎ 学习目标

理解保险科技的内涵、主体及其影响；了解保险科技的发展历程与现状；熟悉保险科技的核心技术及应用；洞悉保险科技面临的挑战与发展趋势。

◎ 引言

2023年年底，中央金融工作会议提出“加快建设金融强国”，做好“科技金融、绿色金融、普惠金融、养老金融、数字金融五篇大文章”。2024年国务院政府工作报告将“大力推进现代化产业体系建设，加快发展新质生产力”列为当年政府工作十大任务之首，并作了具体部署。提升保险科技水平，服务新质生产力发展，既是保险行业基于其功能定位的使命所在，也是推动行业自身实现高质量发展的重要引擎。

作为最早拥抱科技的金融领域之一，保险业对科技应用的探索已久。从最初的互联网保险，到2023年生成式AI大模型技术(AIGC)在保险业务流程中的嵌入，保险科技从“数字化”升级为“数智化”。保险业对于科技的认识定位也开始从提升工作效率的辅助工具，逐渐转变为赋能创新的重要推动器。

随着保险科技的快速发展，保险行业正经历从局部业务优化到全域数智化的整体进阶。通过深化保险科技的应用，可以提升保险服务的效率和覆盖面，增强保险行业的风险管理和赔付能力，使保险能够更好地应对自然灾害、经济波动等不确定因素带来的挑战，为经济社会稳定发展贡献力量。同时，保险科技还能促进保险产品的创新，满足人民群众多样化、个性化的保险需求，推动保险行业向更高质量、更高效率、更加可持续的方向发展。

第一节　保险科技概述

一、保险科技的概念

(一)保险科技的内涵

保险科技(Insurance Technology，InsurTech)这一概念兴起于2011年，由“金融科技”(FinTech)演化而来。国际金融稳定委员会(Financial Stability Board，FSB)于2016年3月首次发布了关于金融科技的专题报告，对“金融科技”进行了初步的定义，即金融科技是指技术带来的金融创新，它能够产生新的商业模式、应用、过程或产品，从而对金融市场、金融机构或金融服务的提供方式产生重大影响。2017 年，国际保险监督官协会(International Association of Insurance Supervisors，IAIS)将保险科技定义为：保险科技是金融科技在保险领域的分支，即有潜力改变保险业务的各类新兴科技和创新型商业模式的综合。

在我国，尚无关于“保险科技”的统一定义，学界和业界从不同角度对保险科技进行了界定。孙祁祥(2020)认为，保险科技是保险领域里一切有益的技术进行与创新活动的总和。① 陈秉正(2020)提出，保险科技泛指可以影响和改善保险经营的所有科学技术的利用，尤其是指一些较新发展起来的技术在保险业的应用。② 许闲(2021)认为，保险科技是保险与科技的结合，通过将相关技术融入保险业务的价值链中，实现创新风险管理方式、增强风险管理能力、提升保险业务价值、提升保险服务效率的目的。③ 陈辉(2022)认为，保险科技将保险和科技融合在一起，旨在将科技导入保险发展的重要领域，如风险治理、价值创造和资源配置等。④ 完颜瑞云、锁凌燕、陈滔(2022)提出，保险科技是“保险”与“科技”的融合，借助诸如大数据、云计算、物联网、人工智能和区块链等新兴技术，优化保险业务链条，重塑传统保险业态，以精准把握和满足用户需求，帮助传统保险企业拓展其服务市场。⑤ 中国保险行业协会 2021 年发布的《保险科技“十四五”发展规划》指出：“保险科技是保险和科技融合创新的成果与生态体系。”

综上所述，由于保险科技的动态发展和不断创新，目前对保险科技并无统一规范的定义，但比较一致的共识是，保险科技高度强调新兴科技在保险领域的运用和对整个保险业的影响。因此，对保险科技的内涵可以做以下理解：保险科技是保险和科技融合创新的成果与生态体系，它通过将科技导入保险发展的重要领域，对保险市场、保险机构或保险服务的提供方式产生了重大影响。

(二)保险科技与相关概念辨析

为进一步明晰保险科技的概念，有必要将保险科技与科技保险、互联网保险、保险数字化进行比较分析。

1. 保险科技与科技保险

保险科技是保险和科技融合创新的成果与生态体系，而科技保险是一种保险产品。具体而言，科技保险是指以与科技企业技术创新和生产经营活动相关的有形或无形财产、科技企业从业人员的身体或生命、科技企业对第三方应承担的经济赔偿责任，以及创新活动的预期成果为保险标的的保险。

2. 保险科技与互联网保险

---

① 孙祁祥．快速适应与应对新技术对保险行业重塑的时代趋势[J]．保险业风险观察，2020(4)：25.

② 陈秉正．保险科技与保险业的重构[J]．中国保险，2020 (4)：9.

③ 许闲，等．中国保险科技发展报告[EB/OL]．[2021-10-31]．https：//fddi. fudan. edu. cn/58/5e/c18985a415838/page. htm.

④ 陈辉．保险科技的价值：赋能、产能和增能[J]．中国保险，2022 (4)：15.

⑤ 完颜瑞云，锁凌燕，陈滔．保险科技概论[M]．北京：高等教育出版社，2022：35.

2020 年原银保监会发布的《互联网保险业务监管办法》中规定：“互联网保险业务，是指保险机构依托互联网订立保险合同、提供保险服务的保险经营活动。”互联网保险突出的特点在于，这类保险的信息咨询、投保、缴费、核保、承保、保单信息查询、保全变更、续期缴费、理赔和给付等经营活动均通过网络得以实现。简单来讲，互联网保险也就是保险业务网络化。由此可见，互联网保险是互联网科技与保险业务相结合的产物，是保险科技的一种业态，保险科技涵盖了互联网保险。

3. 保险科技与保险数字化

保险数字化，是指保险机构通过一系列的数字技术应用与创新，实现组织架构、业务模式、内部流程升级改造，提升服务质效的过程。保险数字化以数字技术为支撑，而数字技术是多项前沿科技的融合，例如大数据技术、网络技术、算力、算法、软件、硬件、物联网、人工智能、云计算、数字孪生等信息技术的融合发展。因此，保险数字化是保险科技发展中的一个过程。

二、保险科技的主体

保险科技的主体按照不同的经营路径和业务领域进行分类，主要包括传统保险公司、专业互联网保险公司、保险科技初创公司和第三方技术服务商。

(一) 传统保险公司

传统保险公司不仅是保险市场上主要的产品和服务提供者，也是参与保险科技的重要力量。传统保险公司通过开发应用、成立部门、投资企业、寻求合作、成立科技子公司等多种手段参与保险科技的布局，力争在保险科技市场依然处于领先地位，保持自身竞争优势。

我国以中国人保、中国平安、中国人寿和太平洋保险等为代表的传统保险公司，已将保险科技提升至战略高度。这些保险公司通过整合原有的技术部门，组建数据中心或科技平台，实现保险科技由后台技术向更多核心业务流程驱动的转变。

(二) 专业互联网保险公司

与传统保险公司相比，专业互联网保险公司实现了销售、投保、理赔等业务全链条线上化，这使得其具有成本和技术上的先天优势。一方面，专业互联网保险公司无需设立大量的实体网点，降低了租金和人力成本，从而可以将更多的资源投入技术创新和客户服务。另一方面，借助大数据、云计算等先进技术，专业互联网保险公司能够更精准地分析用户需求，优化产品设计，提升用户体验。同时，通过线上化的业务流程，用户可以随时随地完成投保和理赔，大大提高了服务效率和便捷性。

例如，众安在线财产保险股份有限公司(简称“众安保险”)，是我国首家专业互联网保险公司，由蚂蚁金服、腾讯、中国平安等国内知名企业于 2013 年发起设立。之后泰康在线、安心保险、易安保险等专业互联网保险公司相继成立。

(三) 保险科技初创公司

保险科技初创公司是指在保险科技领域中创新性地开展业务活动的年轻公司，它具有以下特点：一是以先进的新科技手段为主要竞争力，通常由具有创新思维和技术背景的人员创建；二是经营范围或应用的科技手段聚焦于某个保险专业领域，以解决保险市场上存在的问题或填补空缺为目标，通过创造出独特的产品或服务在市场上获得竞争优势；三是成立时间较短，处于创业阶段，经营经验较少；四是需要大量的资金来支持其研发和创新活动，通常向风险投资者或其他形式的融资机构寻求资金支持。

按照主要业务的不同，保险科技初创公司可分为三类：

(1)To A 公司，通过科技手段给代理人、经纪人(Agent/Broker)群体提供更有效的展业工具。在国内诸如保险师、腾保保险、超级圆桌、e 家保险、i 云保等已成为行业领军者。

(2)To B 公司，以企业作为服务主体，主要有两类：一种是赋能保险公司，为保险公司的业务环节提供科技支持，如豆包网、保险极客等；另一种为“线上+线下”场景端切入，主要针对互联网流量场景和特定群体场景，例如退货运费险、航班延误保险、中小企业补充医疗保险等。

(3)To C 公司，面向保险消费者，帮助客户匹配最佳保险产品。To C 公司的业务类型包括综合销售平台、比较销售平台、管理型总代理①、网络互助平台、保单管理及智能保顾等。我国的大特保、悟空保、小雨伞、惠择网等都属于 To C 公司。

(四)第三方技术服务商

许多传统保险公司在技术研发领域的实力较弱。一些保险公司选择与技术手段相对成熟、研发经验丰富的第三方技术服务商合作，由其根据保险公司经营的实际需求为其提供专业的保险科技产品和服务，发挥技术优势，加速保险与新技术手段的融合进程。在我国，此类公司以中软科技、南燕科技、合金在线、秒健康和迪纳科技等第三方技术服务公司为代表，正积极参与到保险科技产业链的建设之中。

三、保险科技对保险公司经营管理的影响

保险科技作为保险业高质量发展的重要基础力量，能够有效推动保险机构数字化转型，赋能保险业务创新，提升保险服务质量和效率，优化保险发展方式，强化服务国家战略能力。保险科技对保险公司经营管理的影响具体表现为以下几个方面：

(一)减少信息不对称性

科技的运用在一定程度上减少或消除了传统保险市场的信息不对称状况。在大数据、信息互联、可视化等情境下，被保险人的信息可能比以往更趋透明，发生道德风险和逆选择的概率将会降低。代理人销售保险的过程可以通过科技方式变得更加可控，误导客户的情况将有大量减少。理赔欺诈现象也能在一定程度上得到有效识别和遏止。

(二)提高经营效率

保险科技为保险公司提供了更高效、更精准的业务处理方式。通过人工智能、大数据

① 管理型总代理(Managing General Agent，MGA)，此类公司提供产品设计、营销以及客户服务等全链条服务，并与直保公司共同承担承保风险，如大特保、悟空保等。

等技术，可以提高预测和理赔的准确性和速度。自动化保险销售系统和智能化客户服务工具可以加快业务处理，使保险公司更加高效地开展业务。

（三）降低经营成本

保险科技推动了平台化、数字化、智能化、无纸化的作业模式成为现实。通过保险科技的赋能，保险公司能够借助营销渠道的优化、合理定价、反欺诈、流程自动化、人力替代等多方面因素，实现经营成本的降低。

（四）创新保险产品

保险科技使得保险精算突破了大数法则的限制，基于数据、图像、模型与算法的智能定价，提高了定价的灵活性、实时性，推动保险产品设计从同质化走向差异化、定制化、个性化。通过数据分析技术，保险公司能够及时根据客户需求改进和优化产品，提升客户体验和满意度，缩短了产品更新迭代的周期。

（五）提高风险管理能力

保险科技可以使保险公司更好地识别和管理潜在的风险点，借助于大数据、人工智能等对各类运营数据的分析、挖掘和处理。保险科技的应用扩展了保险公司风险监控的覆盖面，缩短了风险响应时效，增加了风险应对手段，提高了风险管控效果，推动保险公司整体风险管理水平的提升。

【专栏 12-1】

科技提升保险理赔效率

2023 年以来，国寿寿险在多个省份试点“全流程无人工理赔”，人工作业时间缩短超 90%，试点地区自动通过赔案比例达到 5%至 15%。2023 年，国寿寿险的理赔直付赔案量超过 727 万件，赔付金额近 50 亿元，最快可达秒级理赔。所谓“秒级理赔”，即客户出院结算医疗费用时，通过医保和商业保险的数据直连，保险金实时计算并完成给付，直接抵扣医疗费。

以国寿寿险推出的“重疾一日赔”为例，申请重大疾病赔付且符合条件的客户，一个工作日内可完成理赔处理，实现“确诊即可赔”。目前，“重疾一日赔”已覆盖了重大疾病赔付中占比最高的恶性肿瘤和部分心脑血管疾病。2023 年国寿寿险“重疾一日赔”赔付 24.4 万件，赔付金额近 112 亿元，符合标准的重大疾病赔案中，近 95%赔案可以一日赔付。

中国人寿寿险公司发布的 2023 年度寿险理赔服务报告显示，该公司年度理赔件数为 2213 万件，同比增长 15.5%，赔付金额为 599 亿元，同比增长 16.3%。科技赋能理赔一方面改善了消费者的理赔体验，另一方面也促进了保险公司理赔业务流程的升级，进而促进了保险行业的发展。

（资料来源：经济日报．科技提升保险理赔效率［EB/OL］．［2024-03-29］．https：//baijiahao.baidu.com/s？id=1794811170535734481&wfr=spider&for=pc.）

第二节 保险科技的发展历程与现状

随着新一轮科技革命、产业变革和数字经济的迅猛发展，保险与科技的融合发展已成为行业发展新燃点，将保险业推向了大变革、大转型的新时代。

一、保险科技的发展历程

保险与科技不断融合发展，从点到面、由表及里，逐渐深入渗透整个保险价值链，构造保险科技新生态。从保险科技应用的技术发展及功能变革出发，可将保险科技的演进历程分为四个阶段：

（一）萌芽起步期（1980—1992 年）

20 世纪 80 年代，计算机的普遍应用促成了“保险+数字”要素的融合，使保险业进入了电子化、信息化时代。这一时期，科技在保险业的应用主要表现为，保险机构通过电子计算机的软硬件设备，完成电子记账、保险客户信息录入。例如，日本生命保险公司于 1989 年建立客户综合数据管理系统。保险业务的电子化、信息化显著提升了保险公司的管理效率。

（二）探索拓展期（1993—2008 年）

1993 年，美国实施“国家信息基础设施”计划，极大地推动了以互联网为核心的信息技术在社会各个方面的应用。起初，互联网技术在保险行业中的运用主要有两个方面：一是为保险公司搭建功能一体化的业务处理系统，利用互联网对接保险的资产端—交易端—资金端；二是建立保险公司的门户网站，以便开展公司宣传和产品推广。之后，保险公司逐步在互联网上开展投保咨询、报案理赔等业务服务。一些独立网络公司和第三方交易平台也开始进入保险市场，为客户提供保险产品对比与选择、投保、索赔、争议解决等服务。1995 年，美国第三方网络保险平台 Ins Web 创立，这是世界最早、最大的第三方网络保险平台。

这一阶段，科技对保险业的影响以传统保险业务的线上化为特征，“保险科技”的“科技”属性并不显著，而是更多的表现为“互联网+保险”“保险+网络营销”等概念的叠加。互联网化带来了保险营销模式的改变，促成了保险业表层渠道的变革。

（三）深化发展期（2008—2014 年）

2008 年，国际金融危机爆发后，保险科技初创公司迅速发展，保险科技进入了新的深化发展时期。

这一阶段保险科技的发展具有两个显著特征：一是保险科技的主体扩大。与前两个阶段不同，这一时期保险科技的主体不只有传统的保险机构，还有保险科技公司。二是保险科技全面渗透保险业务流程。保险科技不局限于保险营销，而是将大数据、云计算等技术融入保险产品开发、定价、核保、理赔、营销及分销过程中，催生场景化保险、定制化保险，提高核保、理赔效率，驱动保险业务升级。例如，基于互联网场景的微保险、基于用户行为/用量的保险。

（四）全面赋能期（2015 年至今）

从 2015 年开始，保险科技发生了由量变到质变的阶段性突破，呈现出爆发式发展，展现出以下特点：

1. 保险科技由“科技服务保险”转变为“科技赋能保险”

以物联网、5G 通信、人工智能为代表的新兴科技增加了保险科技的深度和广度，使保险核心系统进入分布式“云时代”。科技的应用充分释放了数据要素价值，衍生出新的风险管理诉求，带来营销模式、服务模式、运营模式、竞争模式的深度变革，促使保险从风险保障、资金融通和社会管理三大传统功能向风险治理、价值创造和资源配置的现代功能转变。科技对于保险的意义，不仅仅在于通过线上化、智能化服务为保险行业降本增效，而在于催生新的市场，引领保险业的发展。科技以“赋能者”的角色深入渗透到保险业务流程与各类场景中，成为引领保险行业发展的新引擎。

2. 保险科技生态圈构建成型

保险公司、科技企业、第三方平台、监管机构纷纷发挥各自的功能与优势，参与保险科技发展，共同组成了保险科技生态圈。这些多元主体在竞争与合作中，将保险业务相关的线上、线下场景进行整合，打破各参与主体的数据壁垒，共同推动保险业的变革与创新。

3. 保险科技体量快速增长

敏锐的资本市场捕捉到了保险科技发展的巨大潜力，保险科技领域融资快速增长，产业规模迅速扩大，北美洲、亚洲和欧洲成为保险科技创新的聚集区。2011 年，全球保险科技交易为 28 项，保险科技投资为 1.4 亿美元；2016 年，全球保险科技交易为 173 项，保险科技投资为 16.9 亿美元。2016 年保险科技投资交易中，2/3 发生于创业的前期（种子轮或者 A 轮融资），这些初期融资高达 5.08 亿美元，比 2015 年增加 47%。①

从演进历程中可以发现，保险科技发展的内在逻辑是“优化-创新-重构”，即保险科技从助力保险业务流程优化，到催生保险产品和服务创新，再到重构保险产业链、塑造保险新业态。

二、保险科技发展的国际格局

2020 年以来，全球保险科技创新的环境与策略加速调整，保险科技的投融资空前活跃，关键领域技术取得突破式进展，呈现出多维度、多极化发展的国际格局。

（一）融资规模呈上升态势

2010—2022 年，全球保险科技融资额和融资数量呈总体上升之势（见图 12-1）。2020

① 许闲．保险科技的框架与趋势[J]．中国金融，2017（10）：89.

年，新冠疫情的冲击使消费者更加青睐“无接触式”交易方式，将更多的生活场景转移到了线上。资本投资者敏锐地洞察到这一变化，创新场景化保险产品，保险科技融资不降反升。2020 年，全球保险科技融资总额为 71.08 亿美元，融资数量为 377 笔。与 2019 年相比，融资总额增长了 12%，交易数量增长了 20%。2021 年，全球保险科技融资总额飙升至 158 亿美元，是 2020 年的 2 倍，创下历史新高；融资数量达到 583 笔，也是史上最高水平。2022 年全球保险科技股权融资数量为 521 笔，融资总额约 79.97 亿元。① 虽有下滑，但仍然显著高于 2020 年，显示出足够的韧性。

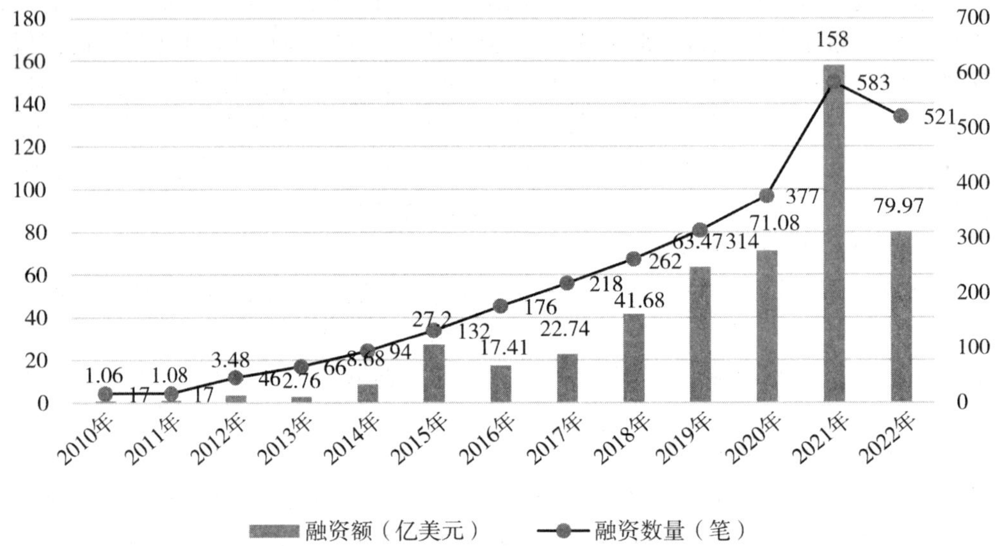

图 12-1　2010—2022 年全球保险科技融资额与融资数量

资料来源：2010—2020 年数据来自全球咨询公司韦莱韬悦（Wills Towers Waston）《2020 年全球保险科技融资报告》，2021 年、2022 数据来自北京鑫科金融发展研究院《2023 保险科技洞察报告》。

（二）地域多元化格局显现

2020 年以来，美国保险科技一枝独秀的局面被打破，部分保险科技创新活动逐渐向新兴经济体转移，保险科技发展的地域多元化格局初步显现。

2021 年，美国保险科技融资金额与数量继续蝉联世界第一，分别占全球的 50.12%、38.66%。从融资金额来看，居于第二位的是英国和中国，占比分别为 16.7% 和 14.3%。从融资数量来看，中国占比为 19.3%，英国为 9.6%。印度保险科技融资日益活跃，其融

① 北京鑫科金融发展研究院 .2023 保险科技洞察报告［EB/OL］.［2023-09-03］.http://tfdi.org.cn/attach/202309/1693874062130137188.pdf.

资金额占比为3.4%，融资数量占比为5.2%。① 法国、新加坡、澳大利亚、瑞士、以色列和韩国的保险科技融资明显增长。南美洲的智利，非洲的南非、肯尼亚和尼日利亚也出现了保险科技融资活动。2022年，全球保险科技股权融资数量为521笔，主要集中在美国、英国、中国和印度以及东南亚等地(见图12-2)。

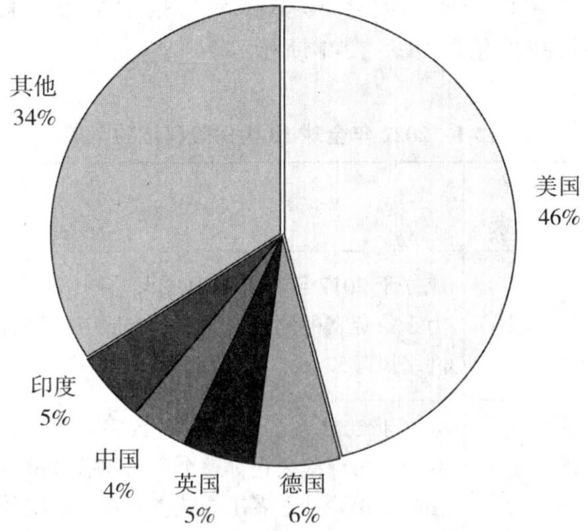

图12-2　2022年全球保险科技投资总交易量主要国家占比

资料来源：北京鑫科金融发展研究院.2023保险科技洞察报告[EB/OL].[2023-09-13].搜狐网，https://www.sohu.com/a/719965412_121757514.

Fintech Global 2023全球保险科技百强公司榜单中，从地域分布来看，有51家公司来自欧洲，占总数的一半以上，其中英国为27家，法国4家，荷兰4家，意大利和德国各3家；有34家公司来自北美，约占总数的1/3，其中美国公司居多，有29家，加拿大为5家。亚洲公司共有9家，其中以色列为3家，中国香港地区、印度和新加坡各2家。剩余几家公司分布在澳大利亚、新西兰和非洲。

(三)业务领域全面覆盖

保险科技从最初的互联网营销发展为覆盖保险业务全流程，涉及产品创新、营销渠道、承保、客户服务、理赔等各环节，产生了保险产品比价平台、保险代理人展业平台、数字化保险中介、网络互助保险、保险交叉销售、智能投保、快捷理赔等多种应用模式。

2021年，保险科技获投最多的是业务是健康医疗保险，其次为保险技术服务、汽车保险、房屋保险，而保险测评、保险销售代理、保险经纪等业务较少。2021年末，全球现存的34家保险科技独角兽中，医疗健康险独占12席，包括微医、水滴、镁信健康和思

① 资料来源：根据零壹财经·零壹智库《全球保险科技投融资报告(2021Q1)、(2022H1)、(2022Q3)》(https://www.01caijing.com/article/325416.htm，2022-07-18)相关数据整理而来。

派科技等“健康+医疗+保险”模式类公司；保险 SaaS(Software-as-a-Service，软件即服务)9家，数字化车险 6 家，综合保险 2 家，网络安全险 3 家，定制化企业保险、智能家居保险各占 1 席。①

2020 年以来，保险科技大额融资频出，创造出了一系列保险科技独角兽。这些独角兽来自保险科技多个细分领域，体现了不同业务领域的创新方向。截至 2022 年底，全球涌现出 49 家保险科技独角兽企业，现存 36 家保险科技独角兽，其中美国独揽 27 家。②2022 年全球 10 大保险科技独角兽如表 12-1 所示。

表 12-1　2022 年全球 10 大保险科技独角兽

排名	公司名称	估值(美元)	所在国家	简　　介
1	Coalition	50 亿	美国	成立于 2017 年，是美国最大的网络保险和安全提供商之一，致力于将免费的网络安全工具和服务相结合，帮助企业管理和缓解网络风险
2	Wefox	45 亿	德国	成立于 2015 年，通过线上数字平台，将保险公司、保险中介、客户、再保险公司等整个产品与服务链条中的各方相连接，大大提高了保险从业者工作效率和客户的服务体验，形成了一个彼此赋能的业务生态
3	Next Insurance	40 亿	美国	成立于 2016 年，是一家智能化保险中介公司，主要目标客户为小微型企业(包括独资企业)和独立工作者。它在承保、价格制定以及配置政策方面拥有更多主导权，致力于为小企业主和自由职业者提供简单、经济实惠且量身定制的保险
4	Digit Insurance	36 亿	印度	成立于 2017 年，是一家保险定制服务提供商，可根据用户实际需求与偏好，为用户提供定制化保险产品，涵盖汽车、旅行和个人配饰等领域，具体包括手机保险、健康保险、旅游保险和珠宝保险等，保障用户财产及健康安全
5	Ethos	27 亿	美国	创立于 2016 年，是一家基于互联网为用户提供在线寿险服务的保险科技公司
6	Alan	26.9 亿	法国	创立于 2016 年，是一家数字医疗保险公司，推出了数字健康保险平台，以解决医疗保健系统效率低下的问题

① 王冰倩，赵金龙. 2022 年全球保险科技独角兽及案例报告[EB/OL]. [2022-04-14]. https://www.01caijing.com/article/318934.htm.

② 零壹智库. 全球保险科技投融资报告(2022)[EB/OL]. [2023-02-03]. 东方财富网，https://caifuhao.eastmoney.com/news/20230203091827878498220.

续表

排名	公司名称	估值(美元)	所在国家	简　介
7	Newfront	22 亿	美国	成立于 2017 年，是一家技术驱动型现代保险经纪公司，利用软件和专家的组合为客户提供数据驱动的风险管理方法
8	Manypets	20 亿	英国	成立于 2017 年，是英国第一家提供在线免表格理赔和加快支付速度的宠物保险科技公司
9	Lemonade	16.5 亿	美国	成立于 2015 年，是总部位于美国纽约且在纳斯达克上市的互联网保险公司，目前主营租客险、屋主险、车险、宠物险和定期寿险等产品
10	Collective Health	15 亿	美国	创立于 2013 年，是一家无纸化医疗保险解决方案提供商，通过基于云的集成式健康福利平台，致力于取消保险公司中间人角色，为员工创建自己的医疗保险计划

资料来源：排名及估值来自北京鑫科金融发展研究院《2023 保险科技洞察报告》，公司简介通过搜集网上资料整理而得。

（四）监管政策包容审慎

对于保险科技发展所产生的风险，监管机构普遍由最初的担忧转为理性监管。以 2021 年为例，欧美等国监管部门采取了鼓励创新与防控风险并举的包容审慎原则，不断完善保险领域新技术应用风险防控法规，从主体、业务和技术等方面细化监管规则（见表 12-2）。

表 12-2　2021 年部分国家与机构发布的保险科技监管新政策

发布方	时间	规则名称或主题	主要内容
美国保险监督官协会（NAIC）	2021.1	2021 年保险业监管战略重点	2021 年保险业监管战略重点包括：新冠疫情、长期护理保险、种族与保险、气候风险和弹性、消费者数据隐私、大数据/人工智能
新加坡金融管理局（MAS）	2021.1	《技术风险管理指南》（*Technology Risk Management Guidelines*）	为保险公司、银行等金融机构设定应对新兴技术和网络威胁的风险缓解策略，包括建立健全流程、进行网络演习等
国际清算银行（BIS）金融稳定研究所与国际保险监督员协会秘书处（IAIS）	2021.4	《重新定义新常态下的保险监管》（*Redefining Insurance Supervision for the New Normal*）	监管机构应当加大监管流程的数字化改革，培养监管人员的必备数字技能，与保险机构紧密合作，通过实地监管与远程监管相结合的方式应对监管新挑战

续表

发布方	时间	规则名称或主题	主要内容
新加坡金融管理局（MAS）	2021.4	“监管科技拨款计划”与“升级版数字加速拨款计划”	在2020年“金融领域科技与创新强化机制”（Enhanced Financial Sector Technology and Innovation Scheme）基础上，推出总额4200万美元的监管科技（Regtech）和升级版数字加速（Digital Acceleration Grant）拨款计划
德国联邦金融监管局（BaFin）	2021.6	《大数据和人工智能的监管原则》	发布了金融机构在决策过程中使用算法、大数据和人工智能的监管原则
韩国金融服务委员会（FSC）	2021.7	《人工智能金融服务指南》	建立风险监控和管理体系来预防隐私泄露风险
英国金融行为监管局（FCA）	2021.7	基于大数据、人工智能等技术建立风险监控预警系统——监管托儿所（Regulatory Nursery）	监管托儿所能够自动搜集整合金融保险科技创新试点企业的相关数据信息，并通过系统内部的企业风险识别模型快速甄别标的企业可能存在的风险隐患，为监管当局及时制止“监管沙盒”中企业的高风险活动提供保障
美国金融业监管局（FINRA）	2021.7	建立风险审查系统	使用机器学习和自然语言处理等技术建立风险审查系统，辅助监管部门进行舆情监控和风险审查工作
英国金融行为监管局（FCA）	2021.8	数字沙盒（Digital Sandbox）规模沙箱（Scalebox）	将监管沙盒的申请窗口期转变为可随时申请，为更多保险科技企业进入监管沙盒提供便利。推出针对支持ESG（改善环境、社会和治理）数据和披露领域的数字沙盒（Digital Sandbox）、专注于扩展创新技术公司的规模沙箱（Scalebox）

三、中国保险科技发展现状

我国保险科技核心技术持续升级，整体实力从量的积累迈向质的飞跃、从点的突破迈向系统能力提升，全面赋能保险产业链。

（一）融资水平不断升级，投入规模持续增长

2015年至2021年，中国保险科技受到资本的热捧，一批耳熟能详的公司在资本的助力下迅猛发展。2015—2021年，我国保险科技领域公开披露的融资金额由14.34亿元增长至41.6亿元（见图12-3）。2022年，中国保险科技市场在国家和行业“十四五”规划指导

下，实现价值的回归。保险科技的融资笔数为18，融资金额下降至10.16亿元。①

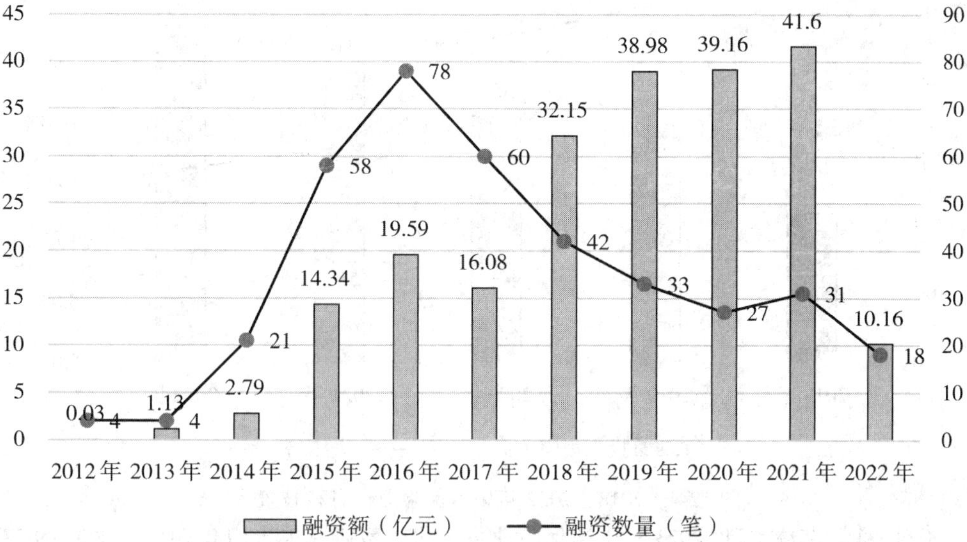

图12-3 2012—2022年中国保险科技融资金额及数量

资料来源：北京鑫科金融发展研究院．2023保险科技洞察报告［EB/OL］．［2023-09-03］．http://tfdi.org.cn/attach/202309/1693874062130137188.pdf.

保险机构对保险科技的投入持续增加（见图12-4），大数据、云计算、区块链等为代表的科技创新快速渗透到保险业。2022年，中国保险业信息科技投入规模约为481亿元，同比增长16.1%。② 随着智能金融的快速发展和行业乱象的出清，预计保险科技投入将保持在20%左右的增长速度。

（二）头部险企成立科技子公司，加码科技领域布局

大型保险公司通过深度的股权合作和内部的孵化创新来联合发起或者是单独发起保险科技子公司，以减少对外部技术的依赖，提升保险科技竞争实力。

2020年7月，中国太保董事会决议，成立全资子公司太保科技有限公司（以下简称"太保科技"）作为中国太保转型2.0"强科技"的重大战略决策。2022年1月，太保科技获原银保监会批复。2022年3月，太保科技取得企业法人营业执照，注册资本为人民币7亿元。2021年，中国人保审议通过了设立全资子公司人保信息科技有限公司（以下简称"人保科技"）的议案。2022年1月，人保科技经原银保监会批准正式成立，注册资本人民币4亿元，主要经营人工智能基础软件开发、物联网技术服务、软件外包服务、人工智能

① 北京鑫科金融发展研究院．2023保险科技洞察报告［EB/OL］．［2023-09-03］.http://tfdi.org.cn/attach/202309/1693874062130137188.pdf.

② 艾瑞数智．2023年中国保险业数字化转型研究报告［EB/OL］．［2023-09-27］．https://baijiahao. baidu. com/s? id=1778126573565436296&wfr=spider&for=pc.

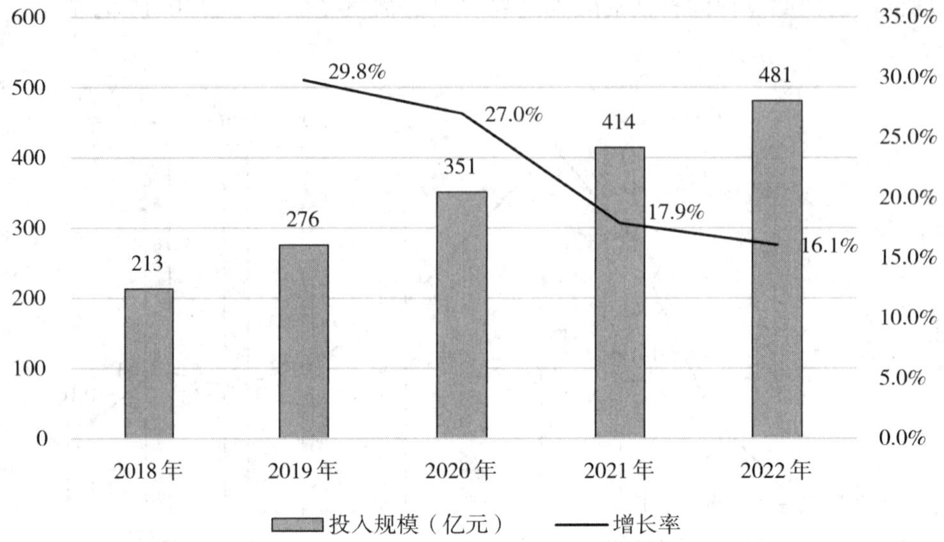

图 12-4 2018—2022 年中国保险业信息科技投入

资料来源：艾瑞数智 . 2023 年中国保险业数字化转型研究报告[EB/OL]. [2023-09-27]. https：//baijiahao. baidu. com/s？id=1778126573565436296&wfr=spider&for=pc.

基础资源与技术平台等。2022 年 2 月，中国太平旗下保险科技公司完成 3. 55 亿元增资，增资后公司注册资本金达到 8. 55 亿元。

目前，中国平安、中国人寿、中国太保、中国人保等头部险企都已拥有自己的科技子公司。此外，合众人寿、大地保险、阳光保险等保险公司也已设立科技子公司。这些科技子公司的主业从销售渠道逐渐延伸到技术支持，从综合科技平台到专攻细分领域科技。

（三）互联网保险规范发展，持续优化业务结构

2021 年，《互联网保险业务监管办法》正式实施，一系列配套规范性文件相继出台，我国互联网保险由粗放式增长逐步向规范可持续发展阶段转变。中国保险行业协会统计数据显示，2013 年到 2022 年，开展互联网保险业务的企业已经从 60 家增长到 129 家，互联网保险的保费规模从 290 亿元增加到 4782. 5 亿元，年均复合增长率达到 32. 3%。

1. 保费规模稳步增长

2021 年，互联网人身保险业务继续保持平稳增长，累计实现规模保费 2916. 7 亿元，较 2020 年同比增长 38. 2%。① 互联网财产保险累计实现保费收入 862 亿元，同比增长 8%。同期，财产保险行业整体增速为 1%。2017 年，互联网财产保险业务渗透率。② 为

① 中国保险行业协会 . 2021 年度人身险公司互联网保险业务经营情况分析报告[EB/OL]. [2022-03-21]. http：//www. iachina. cn/art/2022/3/21/art_22_105816. html.

② 互联网财产保险业务渗透率是指互联网财产保险业务保费与产险公司全渠道业务保费的比值。

4.7%；2021 年，这一指标上升为 6.3%。①

2. 渠道发展日趋规范

互联网人身保险业务呈现出以渠道合作为主、保险公司官网自营为辅的特点。2021 年，互联网人身保险业务通过渠道累计实现规模保费 2529.4 亿元，较 2020 年同比增长 41.5%，占比为 86.7%；通过官网自营平台累计实现规模保费 387.3 亿元，较上年同比增长 19.6%，占比为 13.3%。②

互联网财产保险业务各渠道保费收入占比呈差异化发展，专业中介保费占比大幅提升。2021 年，专业中介渠道累计保费收入 412 亿元，占比为 48%，较 2020 年同比提升 16 个百分点；保险公司自营平台累计保费收入 195 亿元，占 23%，同比下滑 1 个百分点；营销宣传引流累计保费收入为 248 亿元，占 29%，同比下滑 13 个百分点。③

3. 险种结构持续调整

从保费规模来看，互联网人身保险中的各类险种占比有所改变(见图 12-5)。2021 年，所占比重最高的仍然是人寿保险，保费收入为 1899.3 亿元占比为 65.1%；健康保险取代年金保险成为第二大险种，保费收入为 551 亿元，占比为 18.9%；年金保险为第三大险种，保费收入为 414.3 亿元，占比为 14.2%；意外险保费收入为 52.1 亿元，同比下降 28%，占比仅为 1.8%。

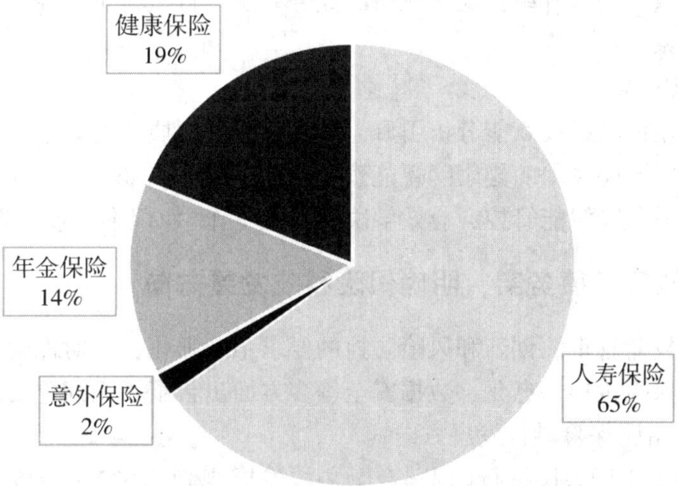

图 12-5　2021 年我国互联网人身保险各细分险种保费收入占比

资料来源；中国保险行业协会 .2021 年度人身险公司互联网保险业务经营情况分析报告[EB/OL]. [2022-03-21]. http：//www.iachina.cn/art/2022/3/21/art_22_105816.html.

① 中国保险行业协会 .2021 年互联网财产保险发展分析报告[EB/OL]. [2022-05-13]. http：//www.iachina.cn/art/2022/5/13/art_22_106027.html.

② 中国保险行业协会 .2021 年度人身险公司互联网保险业务经营情况分析报告[EB/OL]. [2022-03-21]. http：//www.iachina.cn/art/2022/3/21/art_22_105816.html.

③ 中国保险行业协会 .2021 年互联网财产保险发展分析报告[EB/OL]. [2022-05-13]. http：//www.iachina.cn/art/2022/5/13/art_22_106027.html.

2021 年，互联网车险保费收入为 224 亿元，较 2020 年同比增长 1%，结束连续两年的负增长局面。在互联网非车险中，保费规模最大的是意外健康险，为 290 亿元，占互联网财产保险保费收入的 33.7%；保费增速最大的是信用保证保险，较 2020 年同比增长 80%。①

(四)数字化转型进程加速，构建数智保险生态体系

我国保险公司积极推动经营管理全过程数字化、智能化，通过数字化转型寻求全新盈利增长点。

1. 创新保险数字服务

承保服务方面，保险公司在新契约承保服务全流程电子化的基础上，推出智能投保、智能双录等智能化承保工具，提供远程分享填单、智能填单、双录语音播报、远程双录等场景化服务，大幅缩短了承保服务时效，满足了不同销售场景的投保服务需求。理赔服务方面，保险公司在原有手机 App、微信、网上保险等服务平台内嵌入 OCR 识别、智能问答机器人、智能引导交互上传资料等功能，进一步提升客户理赔服务体验。

2. 打造保险数字生态体系

保险公司不断将云计算、大数据、人工智能、机器人流程自动化(RPA)、等新技术应用于全业务链条，完善升级保险主业核心业务系统，打造自主可控、稳定安全、技术领先的技术生态体系。

3. 提升智能风控等级

保险公司运用前沿科技赋能分析引擎，提高风险控制质量与效率。保险公司还建立了基于大数据和人工智能技术的健康险智能理赔模型，覆盖关键风险类别，让理赔更高效、便捷；实施营销员风险智能管控，有效解决反洗钱工作“发现难、查证难”的痛点。

(五)监管政策审慎务实，明确保险科技发展方向

我国保险科技监管审慎创新和风险防控的要求不断强化，针对保险科技发展方向、互联网保险业务、保险机构信息化、数据安全等多方面出台了一系列重要政策。

1. 顶层设计指明保险科技发展方向

2021 年 1 月，中国人民银行印发《金融科技发展规划(2022—2025 年)》，提出“力争到 2025 年实现整体水平与核心竞争力跨越式提升”的金融科技发展愿景，明确金融数字化转型的总体思路、发展目标、重点任务和实施保障。

2. 强化互联网保险业务监管

2021 年 2 月 1 日正式实施的《互联网保险业务监管办法》厘清了互联网保险业务本质，规定了互联网保险业务经营要求，强化持牌经营原则，明确了非持牌机构禁止行为；按经营主体分类监管，在规定“基本业务规则”的基础上，针对互联网保险公司、保险公司、

① 中国保险行业协会.2021 年互联网财产保险发展分析报告[EB/OL].[2022-05-13]. http://www.iachina.cn/art/2022/5/13/art_22_106027.html.

保险中介机构、互联网企业代理保险业务，分别规定了“特别业务规则”。①

2021年10月，原银保监会发布《关于进一步规范保险机构互联网人身保险业务有关事项的通知》，同时配套下发《关于试运行互联网人身保险业务定价回溯工作的通知》。其主要内容包括：明确互联网人身保险业务经营条件，实施互联网人身保险业务专属管理，加强和改进互联网人身保险业务监管。首次实施分渠道定价回溯监管，建立登记披露机制，探索问题产品事后处置机制。②

3. 细化保险科技监管规则

一是加强保险机构、保险中介机构信息化监管。2021年1月，原银保监会发布《保险中介机构信息化工作监管办法》，从信息化治理、信息系统建设、信息安全机制、分支机构管理等方面对保险中介机构信息化工作提出要求。

二是重视监管数据安全管理。2021年1月，原银保监会发布《中国银保监会监管数据安全管理办法(试行)》，强调数据安全全生命周期管理，对监管数据采集、存储、加工、使用、停用和销毁等各环节均提出安全管理要求，并强调银保监会系统对外提供监管数据应充分评估数据安全风险。

4. 强化监管引领

保险监管机构持续完善保险科技政策体系，制定相关实施方案，引领、推动我国保险科技的发展。2022年1月，原银保监会发布《关于银行业保险业数字化转型的指导意见》，这是原银保监会出台的关于银行业保险业数字化转型的首份专门文件，在机制、方法等方面对银行业保险业数字化转型予以规范和指导，为推进银行保险机构数字化转型做好顶层设计，推动金融高质量发展。2024年5月，国家金融监督管理总局发布《关于银行业保险业做好金融“五篇大文章”的指导意见》，围绕发展新质生产力，落地落细科技金融、绿色金融、普惠金融、养老金融、数字金融“五篇大文章”，提高金融服务实体经济的质量和水平提出具体举措。

(六)科技普惠属性凸显，服务社会经济高质量发展

保险科技服务国家战略、服务社会需求、服务民生保障的功能日益显著，通过科技手段促使保险更加精准服务于乡村振兴、绿色发展、民生普惠、产业数字化等关键领域。

1. 服务乡村振兴，提升农业保障精密度

大数据、云计算、卫星遥感、远程查勘等信息技术在农业保险领域的不断应用，提升了农业保险精准化水平和服务质效，对于促进农业生产、稳定农民收入、保障国家粮食安全具有重要意义。

在种植险领域，多家保险公司已形成“移动终端+卫星遥感+无人机+线下验证”四位一

---

① 银保监会．互联网保险业务监管办法[EB/OL]．[2020-12-14]．http://www.cbirc.gov.cn/cn/view/pages/ItemDetail.html?docId=949137&itemId=928.

② 银保监会．中国银保监会办公厅关于进一步规范保险机构互联网人身保险业务有关事项的通知[EB/OL]．[2021-10-22]．http://www.cbirc.gov.cn/cn/view/pages/ItemDetail.html?docId=1014129&itemId=928.

体的查勘定损模式，打造了“天、空、地”一体化的农业保险服务体系，实现了高效“按图承保”和“按图理赔”。在养殖险领域，保险公司全面引进电子耳标、AI 智能点数、脸部识别、智能测量、电子围栏、影像查重等技术，解决了查勘定损难、理赔时效弱的问题。

2. 解构绿色保险重点领域，数智护航“双碳”目标

保险科技助力保险业为绿色能源、绿色交通、绿色建筑、绿色技术、气候治理和森林碳汇等领域提供风险保障。2021 年，中国人保承保绿色低碳技术首台(套)装备保险项目 18 个，为 47 台(套)重大技术装备提供风险保障 80.09 亿元；承保绿色技术新材料保险项目 31 个，提供风险保障 14.42 亿元。① 平安产险、华农保险等公司开发了林业碳汇遥感指数保险，基于林业光学遥感数据(TM)、合成孔径雷达卫星数据(SAR)、激光雷达数据(LiDAR)和中分辨率遥感影像等技术，进行森林碳储量与碳汇换算。

绿色发展相关数据设施的建设、行业间数据交换机制的形成，为保险公司在“双碳”目标下运用保险资金、精准选择投资标的提供了技术支持。国家金融监督管理总局的数据显示，2023 年，我国绿色保险保费收入达 2297 亿元，赔款支出达 1214.6 亿元。

3. 助力普惠保险，增进人民群众健康福祉

自 2015 年深圳市首次推出“重特大疾病补充医疗保险”以来，惠民保产品于 2020 年快速推进。根据复旦大学发布的《2023 年城市定制型商业医疗保险(惠民保)知识图谱》，截至 2023 年年底，各省、自治区、直辖市共推出 284 款惠民保产品(不包含迭代产品)，总参保人数已达 3 亿人次。面对数量庞大的参保人，“惠民保”以医学知识图谱、疾病模型、自然语言处理等技术为基础，为业务运营提供精准定价、智能核保、智能理赔与数字化健康管理等核心能力，使医疗保障和健康服务更普惠、更精准、更优质。

第三节 保险科技的核心技术及应用

目前，对保险行业影响较为广泛的新科技主要包括云计算、大数据、人工智能、区块链、物联网等。越来越多的保险公司在经营管理过程中运用保险科技，实现产品创新、精准营销、智能核保、智能理赔、智能风控等创新发展，提高保险公司经营管理的效率。

一、云计算

(一)云计算的概念、服务模式与部署模式

1. 云计算的概念

云计算(Cloud Computing)是一种基于互联网的计算模式，它通过网络连接将计算资源、存储空间和应用程序等服务提供给用户。美国国家标准与技术研究院(NIST)对云计算的定义是：云计算是一种应用资源模式，它可以根据需要用一种很简单的方法通过网络

① 戴梦希. 中国人保发力服务“双碳”战略重点领域 2021 年为绿色低碳发展等领域提供风险保障超 23 万亿元[EB/OL]. [2022-06-15]. https://www.financialnews.com.cn/bx/jg/202206/t20220615_248882.html.

访问已配置的计算资源。这些资源由服务提供商以最小的代价或专业的运作快速配置和发布。中国保险行业协会和中国通信标准化协会将云计算定义为“一种通过网络将可伸缩、弹性的共享物理和虚拟资源①池按需自服务的方式供应和管理的模式”②。

云计算的出现使得计算资源像供水和电力一样，向公共服务产品形态发展。因此，云计算成为了信息时代重要的基础设施。通过云计算，散布在各类终端的信息整合更加便捷。

2. 云计算的服务模式

从用户体验的角度来看，云计算有三大服务模式：基础设施即服务（Infrastructure-as-a-Service，IaaS）、平台即服务（Platform-as-a-Service，PaaS）和软件即服务（Software-as-a-Service，SaaS）。

（1）IaaS（基础设施即服务）：提供基础的计算资源，如虚拟机、存储、网络等，用户可以根据自己的需求自由配置和管理这些资源，实现自己的应用程序和服务。

（2）PaaS（平台即服务）：提供应用程序开发和部署的平台，用户可以在这个平台上开发、测试和部署自己的应用程序，而无需关注底层的基础设施。

（3）SaaS（软件即服务）：提供完整的应用程序和服务，用户可以通过互联网直接使用这些应用程序和服务，而无需关注底层的基础设施和平台。

3. 云计算的部署模式

云计算部署模式表示的是某种特定的云环境类型，主要由所有权、大小和访问方式进行区分，不同的部署模式对基础架构提出了不同的要求。目前，业界存在四种通用的云计算部署模式，即公有云（Public Cloud）、私有云（Private Cloud）、社区云（Community Cloud）和混合云（Hybrid Cloud）。四种云计算部署模式对比如图 12-6 所示。

（二）云计算在保险公司经营管理中的应用价值

云计算在保险公司的主要应用于保险核心业务系统。通过云计算海量、高并发的数据处理能力，保险公司可以在产品定价、承保理赔等多个业务环节实现经营能力的大幅提升。

1. 共享 IT 基础设施

云计算是保险公司的重要基础设施，它使保险公司共享 IT 基础设施的设想成为可能。不同于传统的机房等 IT 基础设施自建、自用的模式，云计算的 SaaS 等按需付费使用的模式，进而使得计算资源像供水和电力一样开始向公共服务产品形态发展。

2. 提供强大的算力支持

互联网保险的兴起引发了高并发、高峰值流量以及灵活多变的碎片化保险需求，导致保单数量激增。同时，保险公司接入互联网渠道开展营销活动也对其峰值处理能力提出了更高要求。在此情况下，传统保险 IT 系统已经难以应对。保险公司需要借助于云计算提

① 资源包括服务器、操作系统、网络、软件、应用和存储设备等。

② 中国保险行业协会，中国通信标准化协会．保险行业云计算场景和总体框架[S]．标准号：T/IAC CCSA 32-2019，2019-12-24。

公有云

- ♣ 基于互联网向企业外部用户提供服务
- ♣ 需要对用户实施严格的访问控制机制
- ♣ 一般由云服务运营商搭建，是面向公众的云计算类型

私有云

- ♣ 建筑、运营和使用都在某个组织或企业内部完成
- ♣ 对外没有公开接口，最大程度保证了信息的安全性
- ♣ 拥有公有云的弹性与服务提供的特点，将数据、程序、网络等都在组织内部管理
- ♣ 规模有限

社区云

- ♣ 针对拥有共同目标、利益的用户群体提供云计算服务的部署模式
- ♣ 与公有云的区别在于具备更强的目的性
- ♣ 规模通常比公有云小

混合云

- ♣ 两种或多种云部署模式的组合
- ♣ 通过对公有云及私有云的优点进行整合，往往具有更高的灵活性和可扩展性
- ♣ 在应对需求的快速变化时有无可比拟的优势

图 12-6　云计算的部署模式对比

供的强大算力，以支持突发性、高运算量的业务场景。

3. 有效降低 IT 成本

保险公司利用云计算技术能够科学、高效地整合险企内部的 IT 资源，提升内部 IT 资源的利用率和管理水平，降低 IT 系统的建设成本和运维成本，有效解决了传统 IT 技术方案面临的投入成本高、运维工作量大、资源配置不灵活以及数据安全无法保障等问题。

4. 实现精准智能的业务运营

通过云计算，保险公司能够对散落在各个数据终端的各类数据资源进行整合，以更好的实现对资源的动态分布和调配，从而在产品开发、风险定价、客户营销、承保理赔等多个环节实现更加精准智能的业务运营。

（三）云计算在保险公司经营管理中的应用场景

云计算在保险公司经营管理中的典型应用场景可分为开发测试云、生产云和灾备云。

1. 开发测试云

保险公司测试业务繁多、开发项目较为独立，存在测试资源不足且不易分配、资源无法共享、无法灵活调配、运维响应慢等问题。开发测试环境上云能够有效解决上述问题。

（1）提供弹性扩容能力

保险应用系统繁多，每个系统往往需要多套开发环境、集成测试环境、系统测试环境、压力测试环境以及预发布环境，且每套环境需要多台 WEB、应用服务器和数据库服务器，造成服务器需求的不断增大。而云计算服务具有弹性的扩容能力，能够灵活解决资源天花板的限制。

（2）实现快速资源调配

开发项目通常以项目为单位，所分配的设备资源一般是项目组独有。在项目的间歇期，这些资源基本都处于空置状态，造成资源的浪费。而通过云平台，保险公司可以在数分钟内完成资源的重新分配和调度，提高整体资源利用率，大幅降低开发测试成本。

(3)按需使用资源

在项目的不同阶段，开发和测试对系统资源的要求不一样。例如在编码阶段，对性能要求并不高，使用普通性能的云服务器。而到压力测试的时候，对系统性能的要求较高，此时可以将云服务器升级为高性能版本。

(4)提供监控运维手段

由于开发、测试环境庞杂，给运维管理带来了很大的工作量。云计算提供多种云监控手段，丰富的监控指标和实时故障告警，可根据不同保险业务，自定义告警阈值，精准掌握状态，快速响应各类问题。

2. 生产云

保险公司可根据信息系统所承载数据的敏感程度、业务的重要性等因素综合考量后，将系统生产环境迁移到云计算平台，把保险行业中自行构建的高风险高成本的系统服务替换为云平台上的高可靠、低成本服务。

3. 灾备云

基于云计算技术和数据中心基础设施服务，构建保险公司灾备云平台，能够为保险公司提供安全可靠的系统灾难恢复、灾备演练、数据统计分析等服务。灾备云能够帮助保险公司更加经济、快速、确有实效地完成灾备系统建设，有利于减少重复建设投入，推动灾备标准化建设。

二、大数据

(一)大数据的概念与基本特性

1. 大数据的概念

大数据(Big Data)指无法在一定时间范围内用常规软件工具进行捕捉、管理和处理的数据集合，是需要新处理模式才能释放更强的决策力、洞察发现力和流程优化能力的海量、高增长率和多样化的信息资产。有别于传统的抽样分析，大数据分析是对全量的数据进行分析和处理。

大数据一般分为结构化数据、半结构化数据和非结构化数据。近年来对非结构化数据的挖掘和应用，成为大数据领域的重要发展方向。

2. 大数据的特点

(1)规模性(Volume)。大数据的数据量是惊人的，随着技术的发展，数据量开始爆发性增长，达到 TB 甚至 PB 级别。大数据如此庞大的数据量是无法通过人工处理的，需要智能的算法、强大的数据处理平台和新的数据处理技术来处理这些大数据。

(2)多样性(Varity)。大数据广泛的数据来源，决定了大数据形式的多样性。

(3)高速性(Velocity)。大数据的交换和传播是通过互联网、云计算等方式实现的，远比传统媒介的信息交换和传播速度快。

（4）价值性（Value）。现实中大量的数据是无效或者低价值的，大数据最大的价值在于通过从大量不相关的各种类型的数据中，挖掘出对未来趋势与模式预测分析有价值的数据。

（二）大数据在保险公司经营管理中的应用价值

大数据应用的核心在于挖掘数据中蕴藏的情报价值，而不是简单的数据计算。大数据对于保险公司的应用价值，不仅仅在于运营，而在更高层面的经营管理，它让保险公司决策的先知、先觉、先行成为可能。

1. 大数据有助于明确市场定位

保险公司通过架构大数据战略，能够拓宽保险市场调研数据的广度和深度，从大数据中了解保险市场构成、细分市场特征、消费者需求和竞争者状况等众多因素。在科学系统的信息数据收集、管理、分析的基础上，提出更好的解决问题的方案和建议，使公司市场定位更具个性化，提高市场定位的可行性。

2. 大数据有助于提升收益管理

保险公司在实施收益管理过程中通过大数据技术的应用，能在自有数据的基础上，依靠自动化信息采集软件来收集更多的保险行业数据，了解更多的保险行业市场信息。这会对制定准确的收益策略、赢得更高的收益起到推进作用。

3. 大数据有助于创新保险产品

通过大数据，保险公司能够建立网评大数据库。然后，再利用分词、聚类、情感分析了解消费者的消费行为、价值趣向、评论中体现的新消费需求和企业产品质量问题。此举能够改进和创新产品，量化产品价值，制定合理的价格及提高服务质量。

（三）大数据在保险公司经营管理中的应用场景

通过对全量数据而非抽样数据的分析，大数据技术为保险公司在产品设计、精算定价、客户服务、营销推广和风险控制等方面，提供更加精准的数据分析和全新的视角。

1. 险种创新

保险公司利用大数据技术对风险进行精细化预测，通过对更多丰富场景内数据的分析和挖掘，开发更多更丰富的保险产品。例如，建立气象数据分析结果基础上的气象保险，基于运动数据而开发的面向健康管理的医疗保险，基于购物行为数据分析基础上的退货运费险等。

2. 精细定价

不同于传统定价和设计方法对抽样样本的数据分析，大数据技术的应用使保险精算人员能够实现对全量数据样本的分析，以更多维度的数据作为风险因子指导定价，从而提高风险定价的精准度。例如，泰康集团推出团险大数据自动化报价，为企业客户定制的个性化团险生命表涉及5大类18个险种，为企业客户提供智能定价，真正实现了“千企千价”。

3. 精准营销

保险公司通过对客户的包括身份信息、生理自然信息、社会关系信息和特征偏好信息在内的海量行为数据进行大数据建模分析，以区别客户的需求特征，对客户进行分群。结合用户画像和推荐算法，将合适的产品推荐给合适的用户，实现购买转化率的提升。例如，大地保险通过上线客户画像平台，360 度刻画用户特征，包含 3 大类维度、200 多项标签，帮助保险公司实现个性化推荐、精准营销和精准服务。

4. 精致客户服务

保险公司通过大数据分析对客户的分群经营，实现对不同群体客户千人千面的精准服务。此外，通过手机 APP 等新型客户体系，增加了客户的使用时长，使保险公司有充足的数据支持对客户的知识图谱构建、健康状况管理分析等，从短期的售前咨询向长期的客户管理转变。例如，大地保险基于大数据分析建立了新型客户体系，对个人客户和团体客户分别采用星级权益体系及 VIP 管家体系，覆盖包含直升机救援、高铁贵宾厅权益、重疾绿色通道等 30 多项增值服务，有效加强了客户互动，提升了客户黏性。

5. 智能风控

从业务流程上看，大数据风控的应用主要体现在投保前的风险排查、承保中的风险管控以及理赔时的风险识别和反欺诈。(1)在投保环节，运用大数据分析技术建模，实现自动化核保，提高核保效率，同时识别逆选择投保行为。例如，在健康险领域利用大数据技术对医疗险数据平台中的海量医疗数据进行数据分析与挖掘以实现疾病预测。(2)在承保运营环节，可以利用大数据风控对保险客户的动态跟踪反馈，定期对承保中客户信息进行维护，更新客户风险指数。(3)在理赔环节，建立实时的反欺诈规则引擎，通过对大数据进行关联分析识别骗保行为。例如，平安产险应用大数据技术推出车险理赔平台“智能闪赔”，打造了包括 5 个物定损数据库、12 个人伤定损数据库以及黑名单数据库等在内的千万级车险理赔标准数据与模型库，实现一厂一价，使定损环节的风险管控更加精准。

三、人工智能

(一)人工智能的概念及特点

1. 人工智能的基本概念

人工智能(Artificial Intelligence，AI)是研究、开发用于模拟、延伸和扩展人的智能的理论、方法、技术及应用系统的一门新的技术科学。人工智能的研究范畴非常广泛，包括知识获取、感知问题、模式识别、神经网络、复杂系统、遗传算法等诸多内容。目前人工智能的核心技术主要包括：机器学习、计算机视觉、自然语言处理、人机交互、生物识别技术、机器人技术等。

2. 人工智能的特点

人工智能可以模拟人类智能，实现自主学习、自我优化、自适应和自主决策等功能，从而实现自动化、智能化和高效率的工作。人工智能的特点主要体现为：

(1)智能化。人工智能通过对数据的收集、处理、分析和判断，能够实现自主决策和行动，模仿人类的思维和行为，在某些方面表现出类似人类智能的能力。

（2）学习能力。人工智能可以通过拥有学习算法和模型，从大量的数据中学习并提高自己的能力。它可以对数据进行分析、识别、抽象和总结，从而形成知识和规则，并可以运用到下一个任务中。

（3）感知能力。人工智能可以通过感知技术获取外界的信息，并进行分析、处理和识别，从而实现对周围环境的感知，如图像、声音、温度、湿度、气味等。

（4）自主决策。人工智能可以基于先前学习的知识和规则，结合当前的环境信息，进行自主决策和行动。

（5）自适应性。人工智能可以适应不同的环境和任务，并根据情况调整自己的行为。

（6）交互性。人工智能可以通过人机交互的方式，与人类进行沟通和互动，并根据人类的需求和反馈，进行相应的调整和优化。

（二）人工智能在保险公司经营管理中的应用价值

人工智能技术的应用将推进保险公司"生产力"的全面重构与升级，其应用价值表现为以下方面：

1. 大众定制化生产，突破成本与个性化的界限

人工智能技术的发展使得机器能够主动学习和理解每一个个体，从而使个性化、定制化的需求得到满足。同时，数据的持续积累以及运算成本的大幅下滑使边际成本可趋近于零，保险产品的大规模个性化定制有望实现。

2. 经验沉淀数据化，加强经验与知识的融合

人工智能的实现大多源于训练大量的标签数据与非标签数据。随着可穿戴技术和语音交互技术的快速发展，更加多元化的数据来源将使得许多行为经验得以留存，有助于改善保险行业人员流动性强所导致的经验知识难以沉淀的问题，帮助保险公司实现经验与知识体系的融合。

3. 用户参与常态化，加快保险产品创新

智能设备的连接以及用户互动渠道的不断增加为用户参与创新提供了机会。这将改变现有的保险公司内部主导创新的模式，将用户需求更加直接地纳入产品或服务的创新因素中，帮助保险公司对产品的市场反应做出更清晰的判断。

4. 智能服务高效化，提升经营管理效率

通过在投保、核保、核赔等保险业务环节应用人工智能技术，保险公司在保险业务全链条实现了智能化和自动化，大幅提升经营效率，降低运营成本。

（三）人工智能在保险公司经营管理中的应用场景

应用人工智能技术能够帮助保险公司在产品、营销、核保、理赔及风控反欺诈等领域赋能保险业务价值链，其应用场景主要有：

1. 智能客服

智能客服是一种使用人工智能（AI）技术和机器学习算法的自动化服务，它被设计为模拟人类客服代表的交流方式，以提供基于文本或语音的快速技术支持和响应。智能客服

通过自动化和数据分析来提高客户服务，能够提供 7＊24 小时在线服务，改善客户体验，使客户与保险公司的沟通更加方便、快捷和个性化。

新华保险自主设计、研发人工智能客服“智多新”，对接 7 个电子化服务平台，拥有 37 万个智能服务场景、70 余项智能工具，可为客户、代理人队伍提供全天候的产品咨询、服务信息查询、业务办理等保险服务，并通过迭代升级不断增强服务能力，年服务客户超过 1000 万人次。

2. 智能保顾

智能保顾即智能保险顾问，是指利用人工智能技术为保险客户提供风险评测、保险知识问答、保险需求分析、保险产品对比和推荐等服务的系统。与传统人工保险顾问相比，智能保顾以用户需求为导向，回归保障本源，秉承客观公正原则，向用户提供由算法直接生成的推荐结果，排除销售佣金和公司政策等主观因素干预，且完全不受时空局限，能有效解决用户过去咨询线下顾问的疑虑和不便。因此，智能保顾可以帮助保险公司降低人力成本，提高客户转化率和忠诚度，增强竞争力。

目前市场知名度比较高的智能保顾包括众安精灵、太保阿尔法、微信风险评测、车车科技的阿保保险等。其中，作为中国太保集团于 2017 年推出的行业首款智能保险顾问产品，“阿尔法保险”以家庭保险需求为导向，利用自然语言理解技术和智能推荐算法，解答用户与保险相关的咨询问题。基于微信小程序，用户可以通过语音或文字聊天方式咨询“阿尔法保险”机器人，了解保险常识并获取针对个人及家庭需求的保险规划建议。

3. 智能核保

智能核保通过人脸识别、图像识别、声纹识别等技术实现用户在线审核，能够大大简化投保流程，缩减投保时间。对于复杂的投保情况，人工智能的接入简化了核保流程，通过知识图谱技术建立的核保规则能够关联核保因子，并且能够通过 AI 技术进行风险推理。相比传统的人工核保，智能核保能够为客户提供更快速、更便捷的保险体验，能够更准确地评估风险，提高了核保的效率和准确性。

2015 年，新华保险上线“Magnum 智能核保系统”，实现了人机互动的核保模式，支持寿险、重疾险、医疗险等保障责任的智能风险评估。它在对客户健康等基本状况进行询问时，可根据每个客户差异化的告知内容自动生成“人机对话”式、动态输出的交互式问卷，大大提升了客户的投保体验，同时缩短了承保时效。

4. 智能理赔

智能理赔是一种利用先进的人工智能技术，对保险理赔业务进行自动化管理和处理的软件系统。它通过数据挖掘、自然语言处理和机器学习等技术，能够实现对保险理赔案件的快速分类、智能分析和自动处理，从而提高理赔效率、降低人工成本并减少错误率。智能理赔的主要功能包括在线定损、快速理赔、自动结案等。智能理赔还具备实时监控、报警提醒等功能，能够对理赔业务进行全面管理。同时，智能理赔还能够提供数据分析、损益分析、趋势分析等功能，为保险公司管理者提供更多决策参考。

智能理赔已在保险行业广泛应用，大大提高了理赔效率和客户体验。以中国人寿寿险公司为例，截至 2022 年 12 月 31 日，已为近 1400 万人次的客户提供全流程智能理赔服务，智能化作业占比超70%。又如，由众安打造的“智能理赔”系统引领行业开创健康险“服务型理赔”新模式，简化理赔流程，做到平均28秒内完成一个理赔结案，95%理赔实现线上申请，客户获赔等待时长同比减少57%。在理赔流程上凭借“智能理赔、智能校验、智能上传”三大技术让用户在遇到大多数理赔案件时可以一次性提交理赔材料、免上传电子发票，更好地享受保险服务带来的便捷体验。

5. 智能风控

智能风控技术旨在通过人工智能、大数据分析和云计算等技术手段，对保险机构面临的各类风险进行预测、评估和控制，帮助保险机构更好地保护自身利益和客户安全，实现保险业务的稳定发展。智能风控技术可以帮助保险机构更准确地评估风险，有效预测潜在的保险欺诈行为，加强保险机构的客户服务和风险管理能力。

太平洋产险推出的智能风控产品“听风者”，在车险报案环节嵌入了语音情绪识别，将客户报案的情绪特征与车险欺诈场景进行匹配建模，测算欺诈指数，从“事后看”走向“事前防”，从“单一数据监测”走向“综合智能风控”。太平洋寿险打造的“北斗”系统，对公司各机构、人员业务数据进行监测，识别评估机构、人员是否存在舞弊、欺诈、非法集资等风险，提高了保险公司重点领域合规风险识别的技术水平。

【专栏12-2】

中国保险业积极探索AI大模型应用

自2022年年底ChatGPT掀起AI大模型热潮后，中国人保、中国平安、阳光保险、众安保险等众多保险公司均已围绕大模型进行了布局。

阳光保险集团于2023年初启动了“阳光正言GPT大模型战略工程”，建设了以GPT大模型为核心技术能力的阳光正言大模型开放平台。一方面该公司与多家外部大模型技术进行链接；另一方面在开源大模型私有化部署的基础上进行二次开发，注入阳光保险的知识和数据，构建GPT技术底座，建立保险专业垂直领域能力，实现集团、产寿各条线的全应用覆盖，引领该公司智能化升级。阳光保险规划了“1+3+N”的应用建设模式：“1”是赋能全员办公；“3”代表重点建设的“三类机器人”，即销售机器人、服务机器人和管理机器人；“N”代表联合科技公司，共同探索大模型在保险行业的垂直深度应用。

中国人保打造并发布人保大模型，多场景应用落地。通过自建人工智能算法团队、推进内外部生态合作，中国人保打造了人保大模型，并在代理人赋能、智能客服等场景试点应用，为集团各公司提供基于大模型的智能产品和技术服务。同时，中国人保与认知智能国家重点实验室及科大讯飞合作研发了人保首个专属问答大模型。中国人保通过自研与合作双轨并行，构建以深度理解保险行业的专属通用大模型为底座、面向垂直业务领域的自研场景大模型为主体、外部大模型能力为辅助的人保大模型生态，已在该集团各公司百余个场景中应用落地。

平安推出数字人产品。平安人寿推出了基于大模型的数字人产品，主要用途在于协助代理人更有效地与客户沟通。平安健康打造了专门为医生服务的“ChatGPT”——AskBob智能医生，可为医生提供个体化精准诊疗推荐和辅助决策。平安旗下金融壹账通作为国内金融科技领域的AI先行探索者，已率先布局大模型和生成式人工智能(AIGC)，并在银行、保险、投资等金融垂直领域落地应用。

（资料来源：阳光保险集团联合清华大学五道口金融学院，中国保险学会，北京百度网讯科技有限公司，中国科学院计算技术研究所智能信息处理重点实验室．大模型技术深度赋能保险行业白皮书(2023)[EB/OL]．[2023-12-30]．https：//www.sohu.com/a/748253908_121676001.）

四、区块链

(一)区块链的概念与特点

1. 区块链的基本概念

区块链(Blockchain)本质上是一种去中心化的分布式数据库，是分布式数据存储、多中心的点对点传输、共识机制和加密算法等多种技术在互联网时代的创新应用模式。

通俗地说，可以把区块链比作一种“账本”。传统账本由一方“集中记账”，区块链这种新式“账本”则可以在互联网上由多方参与、共享，各参与方都可以“记账”并备份，而每个备份就是一个“区块”。每个“区块”与下一个“区块”按时间顺序线性相连，其结构特征使记录无法被篡改和伪造。

2. 区块链的特性

(1)去中心化。区块链的所有操作都部署在分布式账本上，不再部署在中心化机构的服务器上。它不需要依赖特定的集中机构或者中心数据库，也不需要依赖特定的技术来支持节点，从而降低了其可能对现有信息系统产生冲击的可能性。

(2)不可篡改。由于采用密码学原理将数据上链，且后一个区块包含前一个区块的时间戳，按时间顺序排序，因此区块链可以具备不可篡改或者篡改成本非常高的特性。

(3)可追溯性。区块链本身是一个块链式数据结构，链上的信息依据时间顺序环环相扣，每个节点都可以被记录和存储，所有的信息都可以追溯到指定的时间或指定的事件。

(4)开放性。除了数据直接相关各方的私有信息通过非对称加密技术被加密外，区块链的数据对所有节点公开，因此整个系统信息高度透明。

(5)匿名性。由于区块链各节点之间的数据交换遵循固定且预知的算法，因此区块链网络是无须信任的，可以基于地址而非个人身份进行数据交换。

(6)自治性。区块链采用基于协商一致的机制，使整个系统中的所有节点能在去信任的环境自由安全地交换数据、记录数据、更新数据，任何人为的干预都不起作用。

(二)区块链在保险公司经营管理中的应用价值

保险业自身的发展以及科技的进步对传统的保险公司经营管理模式提出了新的要求，区块链以其自身的特性为这些新问题、新情况提供了解决的技术思路。

1. 重构保险信任机制

保险将最大诚信作为其交易的重要原则，然而信息不对称问题是保险经营中一直无法解决的难题。区块链不需要中心化机构来验证交易，而是通过一套公开透明的可信体系，使得链上的参与方以极低的成本达成互信共识。通过区块链技术的应用，能够实现保险合同主体、风险情况、承保、理赔等信息的互联互通，提升数据信息的真实性，提升保险各参与主体之间的信任度。

2. 实现保险信息共享

传统的保险信息共享方法存在数据格式不统一、数据不对称、共享机制不够透明等问题。区块链技术能够利用去中心化的方式，将保险信息存储在区块链网络中的多个节点上，并利用智能合约等技术手段，实现数据格式统一、数据共享机制透明等功能，提高了保险信息的共享效率和安全性。

3. 提升信息安全水平

区块链通过把诸如保险标的、保险金额等数据分布式存储在“链式”结构中，能够有效保证其防篡改性和防伪造性，特别适合保险场景下电子化保险合同的数据保全与存证服务。同时，区块链的非对称加密算法能够防控保险客户信息泄露，能够保障消费者个人隐私权利更好地落实。

4. 提升保险监督效力

区块链的去中心化、数据不可篡改、集体监督维护等特征，能够帮助保险公司建立起有效的监督制约机制。区块链的应用可以使每笔保险资金流向都公开透明，资金流转数据都不可篡改，资金去处和用途都有迹可查，实现保险公司经营管理的可持续运作与高质量发展。

(三)区块链在保险公司经营管理中的应用场景

1. 保险智能合约

智能合约是一种基于区块链技术的自动化合约机制，可以自动执行一系列的交易和事件。保险公司将智能合约应用于事故赔付、合同执行、索赔处理等流程，实现保险合同的自动执行和理赔处理，从而大大缩短交易流程的时间，提高流程效率。

以理赔为例，当投保方报案后，通过区块链技术可以从可信赖的外部公开数据中获取需要的信息来验证索赔是否成立，当系统收到正确的参数后就可以自动执行理赔。而且索赔记录会存储在区块链上，防止同一保险事件多笔索赔的发生。目前应用最广泛的是飞机延误保险、医疗费用保险的自动理算与赔付。

2. 保险标的溯源

区块链可以记录下每一个保险标的的历史信息，确保每一个保险标的的信用和历史追溯能力，提高保险核保的准确性。通过区块链技术，可以在保险标的买卖、流转过程中，对该标的物的的交易情况以及价值进行更新，增加保险标的信息的透明度。

在农业保险中，采用区块链防伪溯源，可以实时了解到养殖产品的相关数据信息，降低了保险和信贷的风控风险及评估成本。人保财险和众安保险分别将区块链技术应用于肉牛、散养鸡的养殖领域，以保证流程的明确登记和不可篡改。在钻石、珠宝等贵重物品的保险中，通过区块链技术溯源，可以加强风险管控，增加了贵重物品的可保性。

3. 保险产品个性化定制

通过区块链可将用户信息、保单信息以及理赔信息记录储存起来，并依靠区块链的安全多方计算技术挖掘数据价值。通过区块链还可将保险与多个行业融合，加强保险公司产品开发的广度与深度。依据买方需求开发出更多有效性产品，实现产品的快速迭代和演进，解决中心平台业务单一问题。通过区块链的数据共享机制，可为不同需求消费者定制个性化的保险产品与服务。

2023 年 3 月，太平洋保险借助区块链创新工程机械保险产品。工程机械设备只要开机，其运行数据便加密上传至区块链，这些数据包括运行轨迹、总里程数、连续开工时长等。太平洋保险运用链上可信数据，可根据开机情况，灵活停保。

4. 再保险交易

传统的再保险交易具有复杂的分保、转分保关系，面临合同金额巨大、合同条款复杂、标准化程度低、交易效率低等问题。再保险区块链交易平台基于区块链分布式账本实现参与各方的信息实时更新、同步共享、随时核验，交易进程与业务条件公开、透明、可回溯。

人保财险将区块链技术引入再保险交易平台，利用区块链上的合同信息不可篡改的特性，同时引入邀约核验、要约核验、确认核验等操作，使再保险人可以直观了解当前再保合约与历史上链时点合约信息的变化，解决再保险人担心无法及时识别合约信息变动、人工核验成本较高等问题。人保财险通过该平台每年向全球 200 家以上再保险经纪公司、再保险公司发布合约邀约，审核再保人要约超过 3000 笔，要约确认超过 1000 笔。自投入使用以来，合同签订从平均历时两个月缩短至平均历时 15 天，谈判效率得到显著提升。

5. 保险资产管理

区块链技术的应用可以实现保险资产信息的透明化和去中心化管理，提高资产管理的效率和安全性。首先，区块链技术具有极高的数据安全性，可以有效防止外界非法侵入，保护资产免受损失。其次，由于采用了区块链技术，每个交易的记录都是可信赖的，每个资产管理块的交易可以立即执行，资产也可以很容易地进行追踪。此外，区块链资产管理应用可以帮助保险公司更好的整合财务管理，实现实时的收入支出统计，帮助保险公司做出更好的投资抉择。

2018 年，由中国保险资产管理业协会金融科技专业委员会牵头，太平资产与上海保险交易所合作完成“基于区块链技术的另类投资债权计划交易系统”区块链验证，针对存续期不透明、合同信息造假及业务相关参与方信息孤岛等问题，通过将产品底层信息和交易信息记录到区块链，增加数据流转效率，实时监控资产真实情况，为管理者、投资者及监管机构提供透明真实的资产信息，提高交易链条各方机构对底层资产的信任程度，并降低信息交互摩擦，提升信息协作效率。

6. 反保险欺诈与反洗钱

在分布式账本上，保险公司可将交易永久记录，并通过严格控制访问权限来保证其安全性。而将索赔信息记录存储到分布式共享总账上，有助于加强各保险公司合作，识别出整个保险体系中可疑的欺诈行为。保险公司使用区块链记录所有客户的信息和验证情况，并用客户各自持有的私钥进行加密。当客户投保时，只需将该区块链与公钥交于各家保险机构，便能快速验证，极大地提高保险业反洗钱工作效率。

2016 年 9 月，日本最大的财险公司之一 Sompo 与 Soramitsu 公司联合开发了一款区块链运营模型。将区块链技术、聚类分析、社交网络分析和深度画像等技术结合起来，构造先进的反欺诈系统。

五、物联网

(一) 物联网的概念与特征

1. 物联网的基本概念

2005 年，国际电信联盟(International Telecommunication Union，ITU)发布了《ITU 互联网报告 2005：物联网》，对物联网(Internet of Things，IoT)做了如下定义：通过二维码识读设备、射频识别(RFID)装置、红外感应器、全球定位系统和激光扫描器等信息传感设备，按约定的协议，把任何物品与互联网相连接，进行信息交换和通信，以实现智能化识别、定位、跟踪、监控和管理的一种网络。

物联网被称为"万物相连的互联网"，其有两层含义：第一，物联网的核心和基础仍然是互联网，是在互联网基础上延伸和扩展的网络；第二，其用户端延伸和扩展到了物品与物品、人与物品之间。

2. 物联网的基本特征

(1)全面感知。利用条形码、射频识别、传感器等各种感知、捕获和测量的技术手段，随时随地获取物体的信息。

(2)互通互联。各种通信网络与互联网相互融合，通过网络的可靠传递实现物体信息的共享。

(3)智慧运行。利用云计算、数据挖掘以及模糊识别等人工智能技术，对海量的数据和信息进行分析和处理，对物体实施智能化的控制。

(二) 物联网在保险公司经营管理中的应用价值

1. 物联网技术可采集实时数据

通过对实时数据的监控，保险公司可以对保险标的物的风险情况进行动态监测，快速评估风险；实时数据采集可以帮助保险公司及早发现定价、承保、理赔等业务环节中的问题并进行修正，从而做出更快速、更准确的决策；实时数据采集可以帮助保险公司了解客户需求并及时作出反应，从而提高客户服务质量。

2. 物联网技术可降低风险

对保险而言，物联网技术降低风险的途径主要有三种：一是设备自动化降低风险。在没有任何人工干预的情况下，物联网执行器采取自动化措施降低风险。例如，汽车中的自动驾驶系统(ADAS)。二是人工实时干预。当风险状况发生变化，物联网设备发出警告，从而降低风险。例如，财产保险公司的物联网水淹报警设备系统，帮助客户建立起高效、精准、闭环的水灾防范体系。三是促进保险客户的低风险行为，对客户降低风险的行为改变给予奖励。

3. 物联网技术可创新保险定制化产品

运用物联网技术保险公司能够收集到大量真实数据，并根据实际情况和数据为用户提供个性化的解决方案。这种做法能够充分满足用户的保险需求，从被动保险和损失赔偿转变为主动保障和避免损失。

(三)物联网在保险公司经营管理中的应用场景

目前，保险公司对于物联网技术的运用主要体现在和客户的高效互动、加速和简化承保及索赔处理上，比较常见的应用场景主要有车联网、智能家居和健康管理等。

1. 车联网

车联网是物联网技术的分支，保险公司运用车联网的具体功能技术(诸如定位系统、监控系统等)，通过收集车辆行驶状况的信息数据，进行综合评定，建立基于驾驶者驾车行为习惯的定价模型，为其提供全新的保险产品和服务。

车联网带来了车辆保险定价模式的改变，基于使用的保险(UBI)产品应运而生。对UBI通常有两种解释：一种是Usage Based Insurance，即基于使用来付费的保险；另一种是User Behavior Insurance，即按驾驶人行为来设计的保险。虽然两种解释不同，但是本质相同，即保险公司通过车载信息终端收集、监测、评价不同车辆的实际状况和不同驾驶人驾驶行为，并据此计算和调整保费。欧美发达国家车联网较为成熟，UBI发展迅速，普及程度也较高。在我国，终端厂商和互联网企业对车联网热情高涨，纷纷进行车联网技术的开发和商业模式布局，但车联网保险还处于探索起步阶段。

【专栏12-3】

特斯拉(Tesla)推出UBI车险

UBI(Usage Based Insurance，即“基于实际使用的保险”)在美国市场发展最早且最广泛。作为UBI车险鼻祖，美国的前进保险公司(Progressive Insurance)于1999年首次推出按里程付费的(PAYD)产品。2019年8月28日，特斯拉公司宣布“特斯拉保险”(Tesla Insurance)服务正式面世。2021年10月，特斯拉保险正式在美国得克萨斯州上线基于实时驾驶行为定价的车险(insurance using real-time driving behavior)。

通过安装在车上的各式各样传感器，特斯拉记录了车主每千英里非自动驾驶向前碰撞警告、硬刹车、激进转弯、不安全跟车、过度超速、深夜驾驶、强制解除自动驾驶仪以及未系安全带驾驶等七个驾驶安全系数指标。特斯拉UBI使用这些指标对驾驶行为进行评估，针对投保客户生成一个0到100分范围内的安全评分，并显示在用户特斯拉APP上。

特斯拉UBI依据车主驾驶习惯和风险等级，以月为单位定制保费并灵活调整，为安全驾驶的车主提供优惠政策：接近平均安全分数的车主可以节省20%~40%的保费，高安全评分的车主至多可以免去60%的保费。

与传统车险显著不同，特斯拉 UBI 定价不考虑信用评分、年龄、性别、婚姻状态、历史出险、交通违章等传统车险产品使用的重要风险因子。这意味着，特斯拉 UBI 保费只与当下驾驶者的实时驾驶行为有关，摒弃了传统保险产品用历史推导未来的大数预测。

总的来说，特斯拉保险的优势在于其科技实力、UBI 车险模式、安全评分系统以及对于新能源汽车市场的深度理解和洞察。这种创新的保险模式不仅有可能为特斯拉带来新的收入来源，更重要的是，它可能对整个保险行业产生深远的影响，推动行业的变革和发展。

（资料来源：新浪科技．车险 AI 化，旧势力与新革命的未来之争[EB/OL]．[2022-02-18]. http：//finance. sina. com. cn/tech/csj/2022-02-18/doc-ikyamrna1542960. shtml.）

2. 智能家居

一些保险公司在智能家居的基础上，提供更为优质的家财险保险服务。通过传感器对住宅进行远程监控有助于及时发现和缓解风险，从而降低理赔成本，提高消费者的客户体验。例如，在检测到火灾或泄露时，可以通过智能手机联系到投保人，并自动分配给保险公司或公共机构派出的紧急响应小组进行处理。

美国最大的财产保险公司 State Farm 和 ADT 警报安全公司合作，在用户家中安装智能家居设备。该套智能设备可在失火或家中漏水之前自动关掉阀门，消灭安全隐患；或在犯罪发生时远程告知住户采取措施，减少损失；或为家中需要照顾的人自动调节光线或温度，提供医疗警报服务。

3. 健康管理

最初，保险公司通过智能眼镜、智能手环、智能手表、智能衣服、智能手套、智能鞋等可穿戴设备，实时感应和监测个人的身体状况。随着手机技术和移动应用程序的不断创新发展，手机演化为功能丰富的健康管理工具。利用物联网技术，保险公司可以收集被保险人身体数据，以便更精准了解被保险人身体健康状况。当被保险人身体指标出现某种异常时，就会收到医疗保健中心的提醒，督促其做出改善，降低健康风险。

美国健康保险公司信诺(Cigna)与高精度可穿戴传感器制造商 Body Media 合作开展了一项面向企业客户的保险项目。企业雇主希望自己员工佩戴 Body Media 臂带，追踪他们的健康状况，甚至用金钱或其他方式鼓励员工养成良好生活习惯，降低员工患糖尿病概率，从而降低企业医疗保健成本。保险公司则可以记载客户睡眠及锻炼数据，形成客户健康档案，制定更加个性化的保单价格，改变健康风险评估方式。

第四节　中国保险科技发展趋势与展望

一、深度融合开启保险科技新挑战

保险与科技深度融合，不仅只是兼具保险和科技的功能与属性，而是保险与科技功能的重塑和再造。保险科技发展面临新机遇的同时，也面临新的挑战。

(一)经济环境复杂多变，市场竞争加剧

1. 外部环境的不确定性加剧

当前，百年未有的变局加速演进，地缘政治风险加剧，中国新旧动能转换需求紧迫，利率中枢快速下移，城市化、老龄化社会演进速度加快，经济社会发展的不确定性快速提升。受国内外复杂多变的经济环境影响，保险科技的投融资风险加大，运营成本提升，保险科技企业面临的不确定性增加，导致保险科技发展的内生动力不足。

2. 市场主体竞争态势激烈

云计算、人工智能、大数据等新技术成熟广泛应用的背景下，互联网巨头公司、互联网新中介、数字化运营和服务企业、科技初创公司以及上下游关联企业等众多市场主体积极布局保险科技行业，利用数据、资金、技术、生态系统优势重塑保险行业价值链，渗透产品开发、定价核保、理赔服务等各环节，推动保险业数字化、智能化、系统化转型升级。随着保险业务优化、产品设计创新、营销渠道扩展，保险科技的参与主体数量将持续增长，竞争态势愈发激烈。

(二)科技创新引发风险外溢，保险体系脆弱性增加

随着保险科技的发展，交易链条不断延伸，交易行为主体间的连接模式日益复杂。保险科技导致保险风险的交叉性、传染性、复杂性和突发性问题更为突出。

1. 交叉融合增大系统性风险

保险科技所产生的数字化技术和网络化联结可以产生业务风险、技术风险、网络风险的叠加效应，使风险传染更快、波及面更广，进而增加保险体系的脆弱性。一是加剧风险的关联和传染，模糊保险与保险活动之间的边界；二是加剧保险市场参与者的行为趋同性，放大市场波动；三是加剧系统重要性效应，头部保险科技企业一旦发生变故将造成重大影响；四是加剧保险行业的亲周期性，助长了保险机构在经济上行周期扩张和下行周期收缩。

2. 新技术引发新风险

从微观层面上看，保险科技给保险公司带来了一些新的风险。一是技术风险。保险公司在应用新技术时，可能产生技术不成熟、算法缺陷与技术失控等问题，面临技术路线战略失误、IT 治理薄弱、网络安全、过度依赖第三方机构等风险。二是信息风险。保险科技对数据信息的依赖性强，在业务过程中容易出现计算机硬件系统、应用系统、安全技术或网络运行问题，导致数据保密性、系统和数据完整性、客户身份认证安全性、数据防篡改性及其他有关计算机系统、数据库、网络安全等风险。

(三)消费升级融合技术进步，激发全新消费行为偏好

保险科技从生产端、产品端、供应链端、场景端、营销端等方面对保险消费生态产生重大影响，保险消费结构的迭代升级又反向驱动保险科技创新。

1. 科技创新改变保险消费生态

科技不仅改变了保险消费环境和消费方式，而且引发了保险消费者行为的新变化、新

特征。首先，保险消费的主体力量产生了变化，“Z 世代”①逐渐成为保险消费的主力军。这一人群带来了消费新需求和新潜力，但他们对消费的要求更高。其次，保险消费者行为更具个性化、特色化以及多元化。消费者的关注点从消费数量向消费质量转变，保险服务的品质和效率成为影响消费的重要因素。第三，科技应用改变了保险机构与消费者的接触方式，推动客户行为线上化、运营模式数字化和产品形态多样化。

2. 保险消费结构升级反向驱动保险科技创新

保险消费结构升级对保险科技创新提出了新要求。第一，随着“Z 世代”生活场景的不断变迁，保险经营场景也随之延伸，由此衍生出更多的保险新需求。保险科技需要在销售模式探索、风险精准防范、生态服务创新等维度进行变革，从而进一步提升“Z 世代”的保险认同感。第二，为满足保险消费者个性化、特色化以及多元化的需求，保险业需要通过创新技术应用提升保险服务的智能化和精准化。第三，消费结构升级促使保险业与其他行业的关联性增强。如何通过技术创新将健康、养老、数字生活等通过虚实融合的方式与保险价值链衔接，成为保险科技迫切需要解决的问题。

二、中国保险科技发展展望

（一）市场主体不断丰富，多元融合趋势将更加凸显

保险科技生态圈的参与主体将进一步多元化，跨行业、跨领域之间的合作互动成为发展趋势。

1. 市场主体的类型更加多元化

保险科技行业的市场主体众多，包含传统的保险公司、初创科技企业、市场行业巨头、监管机构等。随着人工智能、物联网、区块链、大数据等高科技的融入，保险行业催生出新的业态模式，各种创新平台不断丰富保险生态圈的主体。保险公司内部开发保险科技、孵化保险科技创业公司成为趋势，将激发更多的互联网巨头对保险科技进行战略布局。资本的持续流入使得保险科技蕴含着巨大的发展潜力，又将吸引更多的市场主体涌入保险科技生态圈。越来越多的大型公司为提高自身竞争能力，将探索建立保险科技创新中心、保险科技子公司、保险经纪公司等。此外，保险科技应用的加速落地又将推动社会组织以及专业服务机构等主体的参与，市场主体的多样化趋势明显。

2. 跨界融合不断深化

保险科技的推广、保险产业链的延伸、消费者期望的升级，各股力量交错碰撞，使得整个保险生态呈现出跨界融合的趋势。未来的保险不仅是提供风险保障的工具，更是满足客户需求的综合性服务。例如，在大健康领域，越来越多保险公司与医疗机构联合，研发与患者所患疾病紧密相关的病情进展保险、带病体可投保的大病健康险等新型险种。在汽车保险领域，保险公司同汽车生产厂商、经销商、维修商合作，为客户提供智能客服、驾驶数据分析、理赔支持、应急救援等服务。另一方面，互联网巨头、产业巨头以及手握数

① “Z 世代”又称“互联网世代”，通常是指 1995 年至 2009 年出生的一代人，他们一出生就与网络信息时代无缝对接，数字信息技术、即时通信设备、智能手机产品等对这一代人的影响很大。

字科技的服务商也在向保险领域跨界，与保险机构合作或者独立谋求牌照，利用自身的数据和技术优势实现保险产品的精算定价、精准营销以及智能理赔。

(二)技术与业务双向驱动，自主创新能力将显著提升

保险科技持续动态发展，技术与业务将形成双向驱动模式，不断提高科技自主创新活力。

1. 技术发展驱动业务升级

从技术对业务的影响角度看，技术对业务的影响和重塑不断加深，技术驱动业务、技术创造业务将成为发展趋势，风控、产品研发等将成为保险机构的关键发力点。随着区块链的发展，构建基于联盟链的多方主体可信协作网络、构建基于"隐私计算+区块链"的大数据风控模型等备受关注，未来将推动业务进一步升级。

2. 业务转型推动技术发展

在保险科技重塑保险价值链条的同时，业务将反向驱动技术突破。随着大数据的加速发展，保险业务形态、需求等更加复杂多变，对前后台业务效率提出更高的要求，搭建数据中台成为各保险公司的共识。业务需求的驱动下又将持续推动数据治理技术和隐私计算能力发展。

3. 自主创新能力持续增强

一方面，各保险机构将愈发重视自主科技研发，不断加大科技投入力度，以达到增强自身核心竞争力、在市场变革中抢占竞争高地的目的。另一方面，保险科技的应用有助于激发业务内在潜力，将进一步推动保险科技创新。例如，应用大数据建立用户画像有利于实现精准营销，又将促进保险科技在数据协同共享、保护用户隐私数据方面的创新。

(三)保险"新基建"升级再造，保险"信创"将全面提速

通过技术升级和架构再造来构建安全可控的保险科技新基建，既是保险业数字化转型的大势所趋，更是提升保险业核心竞争力的必行之举。

1. "新基建"升级再造夯实保险科技可持续发展基础

新科技的应用与普及将产生更多新场景，释放更多保险需求。这对保险科技基础设施提出了新的要求，势必带动"新基建"的升级和再造。当前我国保险科技"新基建"的布局还不足以支撑保险科技的高质量发展。除了5G之外，"新基建"的底层技术中有许多都严重依赖国外的技术支持，这为中国保险科技的发展埋下重大的技术风险和安全隐患。未来我国将加强"新基建"的底层技术攻关，以技术创新为驱动，以信息网络为基础，面向保险科技高质量发展的需要，提供数字转型、智能升级、融合创新等服务的基础设施体系。新型基础设施主要包括信息基础设施、融合基础设施、创新基础设施三个方面内容。"新基建"的升级再造将为保险科技的发展提供不可或缺的算力、网络和技术条件，提高保险科技服务的触达能力，提升保险科技的抗冲击性能，降低科技赋能保险的服务成本。

2. 保险"信创"推进保险科技自立自强

"信创"，即信息技术应用创新，是我国信息化建设全面推进科技自立自强阶段的关

键举措。目前国内重要信息系统、关键基础设施中使用的核心信息技术产品和关键服务大多依赖国外，一旦国际形势发生变化，行业乃至国家将面临不可预估的重大风险。在信创发展成为国家战略的大背景下，保险信创必将成为重塑保险行业安全竞争力、推动数字化转型的重要支撑。目前，我国保险科技信创尚处于萌芽阶段，多集中于软件方面的改造，如OA系统、数据库和虚拟化建设等。未来我国保险科技将逐步建立基于自己的IT底层架构和标准，形成自有开放生态，我国科技企业将在分布式、云服务、微服务等技术上通过创新研发，与保险机构一起实现保险业信息系统的国产替代。

(四)数据智能技术加速演进，保险业数据要素价值将进一步释放

作为新时代重要的生产要素，数据现已经成为保险行业高质量发展中不可或缺的要素。

1. 保险企业数据要素价值加速释放

数据智能技术的进步，使得数据要素的价值渗透入保险企业的各个环节。在产品设计环节，数据智能技术通过采集、标注、集合、汇聚等过程，将数据要素资源化，提升用户健康数据、风险数据、理赔数据等数据资源的价值，成为定制保险产品的重要依据，提高保险产品与客户需求的适配性以及险种定价的精准性。在产品营销推广环节，科技带动数据要素的多场景应用将会快速捕捉用户需求，准确定位目标客户，提升投保转化率。在风险管控环节，一方面，科技与数据要素的结合扩大了企业风险识别的覆盖面，通过数据分析以及完善的风险监测框架，做到对潜在风险的早发现、早应对；另一方面，保险企业通过区块链、隐私计算、加密技术等科技手段能够保障用户数据安全，避免被泄露、篡改及滥用等风险。

2. 保险科技质效升级赋能数字时代

保险科技提供的丰富数据将打造出新的数字科技生态系统，科技应用的边际成本进一步下降，计算敏捷度和存储功能将不断优化升级，从而实现高效、安全的数据处理和共享。保险科技将秉承ESG(环境、社会和公司治理)理念，围绕数据收集和数据应用，拓展数字化绿色战略路径，助力绿色低碳事业建设。未来保险科技也将继续释放应用数据要素价值，赋能我国数字经济时代。

◎ 本章小结

1. 保险科技是保险和科技融合创新的成果与生态体系，通过将科技导入保险发展的重要领域，对保险市场、保险机构或保险服务的提供方式产生重大影响。保险科技的主体按照不同的经营路径和业务领域进行分类，主要包括传统保险公司、专业互联网保险公司、保险科技初创公司和第三方技术服务商。保险科技对保险公司经营管理的影响表现为：减少信息不对称性，提高经营效率，降低经营成本，创新保险产品，提高风险管理能力。
2. 全球保险科技创新的环境与策略加速调整，保险科技的投融资空前活跃，关键领域技术取得突破式进展，呈现出多维度、多极化发展的国际格局。我国保险科技发展现状呈现出以下特点：融资规模突破性增长，投资水平不断升级；头部险企成立科技子公

司，加码科技领域布局；互联网保险规范发展，持续优化业务结构；数字化转型进程加速，构建数字保险生态体系；监管政策审慎务实，明确保险科技发展方向；科技普惠属性凸显，服务社会经济高质量发展。

3. 云计算在保险公司经营管理中的典型应用场景可分为开发测试云、生产云和灾备云。通过对全量数据而非抽样数据的分析，大数据技术为保险公司在产品设计、精算定价、客户服务、营销推广和风险控制等方面，提供更加精准的数据分析和全新的视角。人工智能在保险公司经营管理中的应用场景主要有：智能客服、智能保顾、智能核保、智能理赔和智能风控等。区块链在保险公司经营管理中的应用场景主要有：保险智能合约、保险标的溯源、保险产品个性化定制、再保险交易、保险资产管理、反保险欺诈与反洗钱等。保险公司对于物联网技术的运用主要体现在和客户的高效互动、加速和简化承保及索赔处理上，比较常见的应用场景主要有车联网、智能家居和健康管理等。
4. 保险与科技深度融合，不仅只是兼具保险和科技的功能与属性，而是保险与科技功能的重塑和再造。保险科技发展面临新机遇的同时，也面临新的挑战。

◎ 课后练习

1. 简述保险科技与保险数字化的联系和区别。
2. 保险科技的主体有哪些？
3. 保险科技对保险公司经营管理产生了哪些影响？
4. 简述云计算在保险公司经营管理中的应用价值。
5. 大数据具有哪些特点？
6. 举例说明人工智能在保险公司经营管理中的应用场景。
7. 保险公司如何运用区块链进行资产管理？
8. 什么是车联网？车联网会如何改变车辆保险的定价模式？

◎ 实践探索

1. 请在支付宝应用程序中检索“蚂小财”智能理财助手，测试其保险规划能力。
2. 随着以 ChatGPT 为代表的生成式人工智能技术的蓬勃发展，你是否认为人工智能将取代保险代理人的角色？
3. 随着汽车无人驾驶技术的迅猛发展，无人驾驶车辆可能引发的风险亦日益受到关注。在设计相应的保险产品时，需重点考虑的风险因素有哪些？应如何合理地进行风险定价？

◎ 课后荐读

1. 艾瑞咨询 . 2023 年中国保险业数字化转型研究报告[EB/OL]. [2023-08-10]. https://www.idigital.com.cn/report/detail?id=4223.
2. 北京鑫科金融发展研究院 . 2023 保险科技洞察报告[EB/OL]. [2023-09-03]. http://tfdi.org.cn/attach/202309/1693874062130137188.pdf.

3. 许闲．赋能型的保险科技[J]. 中国保险，2021（3）：26-29.
4. 阳光保险集团等．大模型技术深度赋能保险行业白皮书[EB/OL]. [2023-12-11]. https：//www. sohu. com/a/743080505_121779701.
5. 中国保险行业协会．中国保险科技发展报告 2021[M]. 北京：中国财政经济出版社，2022.

参考文献

1. 陈辉，董洪斌．中国保险业可持续发展报告2023[M]．北京：中国经济出版社，2023.
2. 陈辉，鲁阳．保险科技框架与实践[M]．北京：中国经济出版社，2022.
3. 陈娟．工程保险典型案例实务解析[M]．北京：法律出版社，2022.
4. 程潇．侵权责任法教程(第四版)[M]．北京：中国人民大学出版社，2020.
5. [英]大卫·迪克森．保险风险与破产(原书第二版)[M]．李栓明，张志民，译．北京：科学出版社，2019.
6. 杜鹃，陈玲．再保险(第三版)[M]．上海：上海财经出版社，2020.
7. 谷伟．中国信用保证保险(2.0实践手册)[M]．北京：中译出版社，2023.
8. 郭宏彬．责任保险专题研究[M]．北京：中国政法大学出版社，2022.
9. 郭振华．行为保险经济学[M]．上海：上海交通大学出版社，2020.
10. 寇业富．2023保险蓝皮书——中国保险市场发展分析[M]．北京：中国财政经济出版社，2023.
11. 梁慧星．民法总论(第六版)[M]．北京：法律出版社，2021.
12. 梁鹏．“保险”的概念——重新定义《保险法》中的“保险”[J]．保险研究，2024（8）：3-14.
13. 林宝清．论保险功能说研究的若干逻辑起点问题[J]．金融研究，2004（9）：19-24.
14. 林绪东．汽车保险与理赔[M]．北京：机械工业出版社，2024.
15. 刘冬姣．人身保险[M]．北京：中国金融出版社，2022.
16. [美]G. E. 瑞达，M. J. 麦克纳马拉. 风险管理与保险原理(第十二版)[M]．刘春江，译. 北京：中国人民大学出版社，2015.
17. 史卫进，孙宏涛．保险法实务案例精要[M]．北京：北京大学出版社，2019.
18. 粟芳．“保险姓保”的理论探析与监管保障[J]．保险理论与实践，2017（6）：16-34.
19. 粟芳．保险营销学(第五版)[M]．上海：上海财经大学出版社，2023.
20. 粟芳．风险管理与保险[M]．上海：上海财经大学出版社，2019.
21. 孙祁祥．保险学[M]．北京：北京大学出版社，2021.
22. 庹国柱．保险学[M]．北京：首都经济贸易大学出版社，2021.
23. 完颜瑞云，锁凌燕，陈滔．保险科技概论[M]．北京：高等教育出版社，2022.
24. 王和．大数据时代保险变革研究[M]．北京：中国金融出版社，2014.
25. 王韧，胡锡亮，晏飞．保险学[M]．北京：科学出版社，2023.
26. 王晓军，孟生旺．保险精算原理与实务[M]．北京：中国人民大学出版社，2022.
27. 王绪瑾．保险学[M]．北京：高等教育出版社，2017.

28. 魏华林，林宝清．保险学[M]．北京：高等教育出版社，2017.
29. 吴海波，郑先平．保险学[M]．北京：北京大学出版，2023.
30. 熊福生，姚壬元．保险学[M]．武汉：武汉大学出版社，2017.
31. 徐文虎，陈冬梅．保险学[M]．北京：北京大学出版社，2014.
32. 许飞琼，徐晓华，张虹．经典保险案例分析 100 例[M]．北京：中国金融出版社，2020.
33. 许瑾良．人身保险原理和实务[M]．上海：上海财经大学出版社，2015.
34. 许闲．赋能型的保险科技[J]．中国保险，2021（3）：26-29.
35. 余洋，袁辉，仲赛末．保险公司经营管理原理与实务[M]．武汉：武汉大学出版社，2023.
36. 郑伟．中国保险业发展报告 2023[M]．北京：经济科学出版社，2023.
37. 郑秀君．信用保险学[M]．上海：上海财经大学出版社，2020.
38. 中国保险行业协会．中国保险科技发展报告 2021[M]．北京：中国财政经济出版社，2022.
39. 中国保险资产管理业协会．保险资金运用全面风险管理实务[M]．北京：经济科学出版社，2019.
40. 中国保险资产管理业协会．中国保险资产负债管理监管、实践与发展[M]．北京：经济科学出版社，2023.